전근대 우리 역사의 사료와 해석

한국사의 시공

전근대 우리 역사의 사료와 해석

한국사의 시공

박진철 지음

KSI 한국학술정보(주)

들어가는 말

한반도는 좁은가?

한반도는 좁고, 대륙으로 진출하지 못하고 반도로 그 발전방향을 잡은 고구려는 진취적 기상을 상실한 것인가?

이에 대한 대답을 찾기 위해 우리는 먼저 우리들의 사고방식을 검토해 봐야 한다. 과연 우리는 어떤 방식으로 생각하고 판단하고 있는 것일까?

예를 들어 보자. --- 이 선은 길이가 긴가 짧은가? □ 이 도형은 그 면적이 큰가 작은가? 참으로 어리석은 질문이다. 왜냐하면 판단할 수 있는 기준이 없기 때문이다. 이 질문들은 기준이 어떤 것이냐에 따라 대답이 달라질 수 있는 상대적인 개념이다.

또 하나 생각해 볼 것은 사실과 가치의 문제이다. 위의 질문에서 우리는 어떤 기준이 주어진다면 사실의 문제는 답을 할 수 있다. 그러나 어느 것이 좋으냐 혹은 어느 것이 옳으냐라는 물음에는 답하기 곤란해진다. 왜일까? 그것은 후자의 질문은 가치판단의 문제이기 때문이다. 이것은 사실판단이 가치판단의 문제에는 아무런 답을 제공할 수 없다는 것을 의미한다.

역사는 기본적으로 사실에 근거를 두고 가치판단을 적용하는 사실(事實)과 가치(價値) 모두에 관련되어 있는 학문이다. 그렇기에 기본적으로 사실이 아니라면 가치판단을 할 필요성조차 제기되지 않는 것이다. 어떤 역사적 사건이 가치 있다고 생각된다고 해도 그 것이 사실이 아니라면 다시 말해 사실이라고 판단할 만한 근거가 미약하다면 우리는 그 것에 대해 아무런 의미도 부여할 수가 없는 것이다. 이러한 이해를 전제로 다시 처음의 문제로 돌아가 보자.

한반도는 과연 좁은가? 이 또한 위와 같은 어리석은 질문이다. 그런데도 우리가 한반도는 좁다는 생각을 하게 되었다면 그 이유는 어디에서 오는 것인가? 이제 우리는 다시 한번 우리들이 사고하는 기준에 대해서 생각해 보아야 한다. 만약 한반도가 좁다고 생각했다면 한반도가 좁다는 판단의 기준은 어디에 근거한 것인가? 한반도가 좁다는 생각은 언제부터 하게 된 것일까? 이러한 우리의 생각에는 우리 자신의 현실적 욕망이 숨어 있는 것은 아닐까? 과연 우리의 선조들도 우리처럼 한반도가 좁다고 생각했을까? 진취적이라는 것은 무엇인가? 대륙으로 진출하는 것이 진취적인가? 진취(進就)라는 말의 뜻은 점점 일을 이루어 가는 것이라는 의미이다. 그렇다면 왜 대륙으로 나아가는 것은 진취적이고 한반도로 그 목적을 정하고 일을 이루어가는 것은 진취적이 아닌가?

역사적 사실에 대한 판단을 할 때 현재의 기준을 가지고 과거의 사실을 무분별하게 판단하고 있는 것은 아닌지 살펴봐야 한다. 왜냐하면 과거의 사실은 과거 그 당시의 가치 기준을 가지고 인식하고 판단해야 역사적 진실에 접근할 수 있기 때문이다. 그렇게 접근한 역사적 진실을 가지고 현재적 관심 속에서 새로운 의미를 찾아내는 것이 바로 역사에서 말하는 '추체험'이며 '과거에 대한 인식'인 것이다.

한편 앞에서 예로 든 길이와 면적의 크기 판단에서 생각해 볼 수 있듯이 이러한 상대적 개념들은 그 기준이 정해지면 대답 또한 주어진다. 기준이 정해지면 해답은 사실의 문제이다. 그러나 만약 질문이 길이가 "긴 것이 좋은가, 짧은 것이 좋은가?" 혹은 면적이 "큰 것이 좋은가 짧은 것이 좋은가?"라는 것이라면 그 답은 어떻게 할 수 있을까? 이 질문에는 정답이란 있을 수 없다. 이 질문은 가치판단의 문제이다. 그 어느 대답도 옳을 수 있다. 그렇다면 다시 대륙과 반도의 문제로 돌아가서 생각해보자. 과연 영토가 넓은 것만이 좋은 것인가? 대륙은 좋고 반도는 나쁜 것인가? 우리는 이 질문에 대해 대답하기 전에 우리의 판단 기준에 대하여 다시 한번 생각해 보아야 한다.

큰 것만이 좋다는 생각이 바로 사대주의(事大主義)가 아닌가? 큰 것을 섬긴다는 의미의 사대(事大)란 상대적으로 자신을 비하하는 뜻이 숨어 있는 것이다. 그러나 과연 큰 것은 좋고 작은 것은 나쁜가? 우리가 이미 앞에서 생각해 보았듯이 크고 작은 것은 상대적인 개념이며 좋고 싫고는 가치판단의 문제인 것이다. 그 크기가 크든지 작든지 자긍심을 가지고 스스로의 기준에 의해 살아간다면 그것이 바로 주체적인 삶이다. 그렇지 못한 것이 바로 사대주의적이고 타율적인 삶인 것이다. 역사를 해석함에 있어 항상 염두에 두고 주의해야 할 것이 바로 사실판단의 문제를 가치판단의 문제로 착각하는 것임을 다시 한번 되새겨야 한다.

이렇듯 우리가 알고 있는 한국사에 대한 많은 상식들이 역사적 사실과는 다른 오해일 가능성이 있다. 이 책을 통해 그동안 우리가 잘못 알고 있었던 한국사의 그릇된 상식들을 바로잡는 계기가 되었으면 한다. 또한 역사적 사실(史實)은 사료(史料)를 근거로 하여 역사가가 내리는 하나의 해석임을 이해하길 바란다.

한편 역사를 구성하는 또 하나의 중요한 축이 시간(時間)과 함께하는 공간(空間)이다. 그런 점에서 역사적 사실을 이해하는 데 있어 공간에 대한 이해도 반드시 필요하다는 인식을 바탕으로 이 책이 구성되었음을 아울러 밝혀 둔다.

박진철

목차

제1편

역사란 무엇인가?

Ⅰ. 역사의 의미와 성격

1. 역사의 의미

(1) 과거의 사실: 과거에 일어난 일 자체
(2) 과거의 기록: 남겨진 과거의 기록이나 흔적
(3) 해석: 과거의 사실에 대한 기록을 역사가가 연구해서 얻은 결과
　⇒ 이를 종합하여 역사에 대한 정의를 내려 보면 '역사란 단순한 과거 사실이 아니라 과거 사실의 기록을 역사가가 사관(史觀)을 가지고 해석한 것'이라고 할 수 있다.

2. 역사학의 성격

(1) 과거의 사실을 다룸: 역사학이란 인간의 과거를 대상으로 하는 학문이다.
(2) 시간 개념을 내포: 역사학은 과거, 현재, 미래의 연속성과 인과관계(因果關係)를 중시한다.
(3) 역사학은 객관성(客觀性)과 주관성(主觀性)을 공유(共有)하는 학문이다.

Ⅱ. 사관(史觀)이란 무엇인가?

사관(史觀)이란 역사를 보는 관점이라는 뜻으로 역사 해석의 방법론을 의미한다. 우리 역사를 해석하는 가장 대표적인 역사 연구 방법론으로는 다음과 같은 것들이 있다.

1. 식민사관(植民史觀)

식민사관이란 일제(日帝)의 관학자들이 일제에 의한 한반도의 식민통치를 학문적으로 합리화시키기 위한 의도를 강하게 반영시켜 역사 사실을 선택하고 해석·평가하는 한국사 연구의 틀이다. 다시 말하자면 식민사관이란 일제가 자신들의 식민지배를 합리화하고 정당화하려는 목적을 가지고 우리 역사를 해석한 역사연구 방법론이라고 정의할 수 있다. 이러한 식민사관의 가장 핵심적인 논리로는 타율성론과 정체성론을 들 수 있다.

(1) 타율성론(他律性論)이란 한국이 대륙에 붙어 있는 작은 반도였다는 지리적 조건을 들어서 한국의 역사는 대륙이나 섬나라에 의하여 타율적으로 움직여온 역사였다고 강조하는 논리이다. 구체적으로는 '지리적 결정론(地理的 決定論)', '반도사적 성격론(半島史的 性格論, 반도성론(半島性論)]' 등을 들 수 있다.

(2) 정체성론(停滯性論)은 한국이 논농사를 하는 사회였다든지, 혹은 지방분권적인 봉건제도가 없었다든지 하는 이유를 들어서, 한국은 스스로의 힘으로 사회발전을 이룩하지 못한 정체성(停滯性)의 사회였다고 주장한다. 구체적으로는 '중세사회 부재·결여론(中世社會 不在·缺如論)' 등의 논리가 있다.

2. 민족사관(民族史觀)

민족사관이란 우리 민족의 우수성을 강조함으로써 민족의 자긍심을 고취시키려는 목적을 가지고 우리 역사를 해석한 역사연구 방법론이라고 할 수 있다.

한국사의 발전을 민족의 정신적 측면에서 설명하려 하는 것이 특징이다. 특히 우리 민족의 자율성(自律性)을 강조함으로써 민족의 자긍심을 고취시키려고 노력한다. 일제의 식민사관 중에서도 특히 타율성론을 반박하는 역할을 했던 사관이다.

단점은 민족정신을 강조하는 나머지 지나치게 추상적이고 관념적일 뿐 아니라 심지어는 국수주의적 경향으로 흐르게 되어, 결과적으로 한국사의 실제를 외면하는 측면을 가져올 수 있다.

3. 유물사관(唯物史觀)

역사 속에는 경제적(經濟的)으로 지배하는 자와 지배받는 자의 대립이 있어 왔고, 그 대립의 양상은 일정한 공식에 의해서 역사적으로 발전해 왔다고 주장하는 사관이다. 칼 마르크스(Karl Marx)가 만든 사관으로 다시 말하자면 역사를 '계급투쟁(階級鬪爭)의 역사'로 파악하는 사관이다. 인간의 역사를 '역사발전 5단계설'로 설명한다.

유물사관은 우리 역사를 발전적으로 체계화했다는 점에서 기여한 점이 있다. 하지만 서양사를 기준으로 얻어진 특수한 역사이론을 절대적인 것으로 믿고, 이를 일방적으로 한국사에 적용하는 것이 곧 한국사의 과학적 연구라고 생각하여, 실제와는 다른 틀에 박힌 한국사를 만들었다는 문제점이 있다.

4. 실증사학(實證史學)

실증사학이란 한국사의 발전을 어떤 선입견을 가지고 이에 맞추어서 보는 것에 반대하는 역사연구 방법론이다. 이는 실증적인 태도로 객관적인 사실을 정확하게 인식함으로써 한국사의 올바른 이해에 접근할 수 있다고 주장한다. 다시 말하자면 역사를 실재하는 증거를 바탕으로 해석하면 될 뿐, 역사가의 주관인 사관을 개입시켜서는 안 된다고 주장하는 역사연구 방법론이라고 할 수 있다.

실증사학은 개별적인 사실의 천착에 골몰하여 한국사의 전체적인 흐름을 체계적으로 인식하는 데 소홀하다는 단점이 있다. 또한 그 시대를 지배하는 지배자의 사관에 종속될 위험성이 있다는 문제점이 있다.

식민사관을 제외한 이러한 세 가지 역사 연구의 관점은 각기 그 입장과 주장은 다르나, 모두 그들이 짊어진 일정한 역사적 역할을 담당해왔다. 즉, 민족사관은 민족의 독립운동을 정신적으로 뒷받침하였다. 유물사관은 우리 역사의 발전을 설명하고, 전통적인 양반사회의 개혁을 정당화하여 주었다. 실증사학은 한국사학을 독립된 학문으로 정립시키는 데 공헌하였다. 결국 이러한 학문적 전통 속에서 오늘의 한국사학은 성장, 발전하여 왔던 것이다.

제2편

고조선(古朝鮮)은
어떤 나라인가?

Ⅰ. 단군(檀君)·기자(箕子)·위만(衛滿)과 조선

1. 『삼국유사(三國遺事)』와 단군조선

단군조선에 대한 우리 역사 최초의 기록은 『삼국유사』에 등장한다. 그 내용은 다음과 같다.

> 壇君王儉
> 古記云 昔有桓因【謂帝釋也】庶子桓雄, 數意天下 貪求人世 父知子意 下視三危太伯 可以弘益人間 乃授天符印三箇 遣往理之 雄率徒三千 降於太伯山頂【卽太伯 今妙香山】 神壇樹下 謂之神市 是謂桓雄天王也 將風伯雨師雲師 而主穀主命 主病主刑 主善惡 凡主 人間三百六十餘事 在世理化
> 時有一熊一虎 同穴而居 常祈于神雄 願化爲人 時神遺靈艾一炷 蒜二十枚曰 爾輩食之 不見日光百日 便得人形 熊虎得而食之 忌三七日 熊得女身 虎不能忌 而不得人身. 熊女 者 無與爲婚 故每於壇樹下 呪願有孕 雄乃假化而婚之 孕生子 號曰壇君王儉 以唐堯卽位 五十年庚寅【唐堯卽位元年戊辰 則五十年丁巳 非庚寅也 疑其未實】都平壤城【今西京】 始稱朝鮮 又移都於白岳山 阿斯達 又名弓【一作方】忽山 又今彌達 御國一千五百年 周 虎王卽位己卯 封箕子於朝鮮 壇君乃移於藏唐京 還隱於阿斯達爲山神 壽一千九百八歲
>
> － 『三國遺事』 권1 '紀異' －

"단군왕검

고기에 이르기를 옛날에 환인(제석이라고도 한다)의 서자 환웅이 자주 천하에 뜻을 두고 인간 세상을 구하고자 했다. 아버지는 아들의 뜻을 알고 삼위태백을 내려다보니 가히 널리 인간을 이롭게 할 만하였다. 이에 천부인 세 개를 주어 내려가서 이를 다스리게 하였다.

환웅이 그 무리 3천 명을 거느리고 태백산 꼭대기(즉, 태백이란 지금의 묘향산이다) 신단수 아래로 내려왔다. 이곳을 신시라 불렀다. 이를 일러 환웅천왕이라 한다. 그는 풍백, 우사, 운사를 거느리고 곡식, 수명, 질병, 형벌·선악 등 무릇 인간의 삼백예순 가지 일을 주관하여 세계를 다스려 교화시켰다.

이때 곰 한 마리와 범 한 마리가 같은 굴에서 살면서 항상 신웅에게 사람이 되기를 기원했다. 이때 신이 신령한 쑥 한 심지와 마늘 스무 개를 주면서 말하기를 너희들이 이것을 먹고 백일 동안 햇빛을 보지 않는다면 곧 사람의 형상을 얻게 될 것이라고 하였다. 곰과 범은 이것을 받아서 먹었다. 삼가한 지 21일 만에 곰은 여자의 몸이 되었으나 범은 능히 삼가지 못했으므로 사람이 되지 못했다. 웅녀는 그와 혼인할 상대가 없었으므로 항상 단수 밑에서 아이 배기를 축원했다. 환웅은 이에 임시로 변하여 그녀와 결혼하였다. 임신하여 아들을 낳으니 단군왕검이라 불렀다. 요 임금이 왕위에 오른 지 50년인 경인년(요 임금의 즉위원년은 무진이니 50년은 정사이지 경인은 아니다. 사실이 아닌 것으로 의심된다)에 평양성(지금의 서경)에 도읍을 정하고 비로소 조선이라 칭하였다. 또다시 도읍을 백악산 아사달로 옮겼다. 그곳을 궁(혹은 방)홀산 또는 금미달이라 한다. 1,500년 동안 나라를 다스렸다. 주 무왕이 왕위에 오른 기묘년에 기자를 조선에 봉하매 단군은 장당경으로 옮겼다. 아사달에 돌아와 숨어 산신(山神)이 되었다. 나이가 1천9백8세였다.”

『삼국유사(三國遺事)』 고조선조(古朝鮮條)에 인용(引用)한 『위서(魏書)』에는 이렇게 기록되어 있다. '지금으로부터 2천 년 전에 단군왕검(檀君王儉)이 도읍(都邑)을 아사달(阿斯達)에 세우고 나라를 열어 조선(朝鮮)이라 일컬었으니 당고[唐高, 요(堯)임금]와 같은 때다.' 또한 거기에 수록된 고기(古記)에는 단군왕검은 당요(唐堯) 즉위(卽位) 오십 년(五十年)인 경인년(庚寅年)에 평양성(平壤城)에 도읍하고 비로소 조선(朝鮮)이라 일컬었다고도 한다. 그러나 현행(現行) 단군(檀君) 기원(紀元)은 『동국통감(東國通鑑)』[1]에 의하여 당요(唐堯) 무진년(戊辰年), 즉 기원전 2333년 설(說)에 의거한 것이다.[2]

2. 기자동래설(箕子東來說)과 기자조선(箕子朝鮮)

기자조선(箕子朝鮮)이란 기자동래설(箕子東來說)에서 나온 것이다. 그 내용은 중국의 은주(殷周) 교체기에 은나라의 현인(賢人) 기자가 주나라 무왕(武王)에 의하여 조선에 봉해졌다든지, 기자가 조선에 망명하여 단군조선을 교체했다는 이해이다. 이러한 이해는 고구려 시기에는 민간신앙의 차원에서 받들어졌고, 고려시기에는 왕실에서 공인되어 제사가 행해지기도 하였다. 조선에 들어와서는 유학자들 사이에서 동방의 예교정치(禮敎政治)의 시작이라는 인식을 바탕으로 기자를 성현으로 숭배하는 풍조가 유행하기도 하였다. 현재 남한 학계에서는 기자동래설의 허구성을 논증하여 부정하고 있고, 북한 학계에

---

1) 1484년(성종 15년) 서거정·정효항 등이 왕명에 의하여 수찬(修撰)한 편년체(編年體) 사서(史書).
2) 진단학회, 『한국사년표』 참조.

서도 중국인에 의해 후대에 조작된 것으로 부정하고 있다.

기자동래설이란 중국의 은(殷)이)나라가 망했을 때 은나라의 현자(賢者)였던 기자(箕子)가 수천의 무리를 이끌고 동쪽으로 왔다는 전설이다. 그런데 이때 기자의 무리가 왔다는 동쪽이 바로 고조선이고, 이후 단군조선이 끝나고 기자조선이 시작되었다는 것이다. 이 기자동래설은 일제의 식민사관에 의해서 더욱 왜곡 주장되었던 것이다. 현재 이 기자동래설은 몇 가지 이유에서 우리 학계에서는 부정하고 있다. 첫째 이유는 기자동래설은 문헌상으로는 한(漢)나라 초기 복생(伏生)이 쓴 『상서대전(尙書大典)』에서 처음 그러한 기술이 보인다. 그러나 그 이전 기록에는 이에 대한 일체의 언급이 없다. 또한 기자의 묘가 중국 하남성(河南省)이나 산동성(山東省) 등지에 있었다는 기록도 보인다는 점이다. 둘째는 상황적인 측면에서 현실적 가능성이 지극히 낮다는 것이다. 당시 은(殷)나라 기자가 살았던 황하 중류지역과 고조선 사이에는 거칠고 광막한 지역이 가로놓여 있어 왕래가 용이하지 않았다. 셋째는 고고학적 성과를 바탕으로 한 주장이다. 고고학적으로 고조선 등 동북아의 청동기 문화는 그 계통상에서 황하 유역의 그것과 뚜렷이 차이가 난다는 점이다. 즉, 기자 집단이 어떠한 경로를 통해서든 조선에 와 국가를 세웠다면 양 지역 간의 청동기 문화에 긴밀한 상관성이 있어야 한다. 그러나 현재의 고고학적 성과에 의하면 양 지역 간에는 아무런 상관성이 발견되지 않는다는 것이다. 또한 고조선은 처음에는 성읍국가로 출발하여 서서히 주변의 여러 성읍국가들과 연합해서 하나의 커다란 연맹체를 형성하였을 것이다. 이러한 발전과정에서 처음 성읍국가였던 고조선을 다스렸던 통치자를 일컫는 호칭이 '단군왕검'이었다면, 연맹왕국으로 발전한 고조선을 다스리는 통치자의 호칭은 '기자'였을 것으로 추정된다. 여기에서 기자동래설(箕子東來說)이 잘못 전승된 것이라고 생각된다.

관련 기록으로는 『한서(漢書)』 권28, 지리지(地理志) 연조(燕條)에 다음과 같은 내용이 들어 있다. "은(殷)나라의 도(道)가 쇠해지자 기자(箕子)가 조선(朝鮮)으로 가서 그 백성들로 하여금 예의에 힘쓰고, 농사짓고 누에 쳐서 길쌈하도록 가르쳤다."

3. 『사기(史記)』와 위만조선(衛滿朝鮮)

위만조선(衛滿朝鮮) 문제는 중국의 사마천(司馬遷)이 쓴 『사기(史記)』에 위만이 중국 연(燕)나라 사람이라고 기록되어 발생한 것이다. 일제의 식민사관에서는 위만 정권을 중국 한(漢)나라의 식민지 정권이라고 하여 타율성론의 근거로 주장하였다. 하지만 현재 우리 학계에서는 위만이 연나라 사람이라는 것을 부정하고 고조선 사람이라고 파악하고 있다. 그 근거는 다음과 같다.

첫째, 당시 연의 세력권에는 동호(東胡)계 주민과 고조선계 주민이 많았으므로 '연나라 사람 위만'이라는 표현은 연의 세력권 내에 살던 자란 뜻일 가능성이 크다. 당시는 국가와 국가 사이의 국경선이 명확하지 않은 상태였다. 다시 말하면 당시 인접해 있던 국가였던 고조선과 연나라 사이에는 서로 자신들의 영역 또는 영토라고 주장할 수 있는 공통의 지역이 존재했을 가능성이 있다. 아마도 위만은 이러한 고조선과 연의 접경 지역에 살았던 자였을 것이다. 그는 연나라의 입장에서 보면 연나라 사람[연인(燕人)]이고, 고조선의 입장에서 보면 고조선인(古朝鮮人)이라고 생각할 수 있었을 것이다. 사마천(司馬遷)은 중국인이었으므로 이를 연나라 사람으로 본 것이다.

둘째, 위만이 망명할 때 '북상투를 틀고 오랑캐의 옷을 입었다'고 한 점을 들 수 있다. 이때 북상투는 고조선의 풍습이고 오랑캐의 옷이라는 것도 중국인의 입장에서 볼 때 고조선의 옷일 가능성이 크다. 만약 위만이 연나라 사람이었다면 연나라의 머리 모양과 연나라 옷을 입었을 것이다.

셋째, 위만이 망명하였을 당시 고조선의 준왕(準王)은 위만에게 연나라와의 국경 수비의 책임을 맡겼다. 과연 위만이 연나라 사람이었다면 이러한 중요한 직책을 그에게 맡겼겠는가 하는 것이다. 고조선 사람이었기에 믿고 연나라와의 국경 수비라는 중책을 맡겼을 가능성이 큰 것이다.

넷째, 위만이 고조선의 준왕(準王)을 내쫓고 정권을 교체한 후에도 여전히 '조선(朝鮮)'이라는 국호를 유지하고 중국과 강경하게 대치한 점에서도 위만이 조선인임을 알 수 있다. 만약 위만이 중국인이었다면 조선의 정권을 차지한 이후 중국식 국호로 개칭(改稱)했을 가능성이 컸을 것이다.

Ⅱ. 고조선 사회의 성격과 위치 문제

1. 삼조금법(三條禁法)과 고조선 사회의 성격

당시 고조선 사회는 이미 상당한 정도의 계급 분화가 진척되어 있었다. 8조의 금법(禁法) 가운데 현재에 전해지는 3조는 다음과 같다. 첫째, 사람을 죽인 자는 사형에 처한다.

둘째, 남에게 상해(傷害)를 입힌 자는 곡물(穀物)로써 배상(賠償)한다. 셋째, 남의 물건을 훔친 자는 노비(奴婢)로 삼는다. 단, 스스로 속죄하려는 자는 50만 전(錢)을 낸다.

이를 통해 알 수 있는 고조선 사회의 성격은 우선 사람의 목숨을 중히 여기는 인간 존중의 사회였다는 것이다. 단군신화에서도 널리 인간을 이롭게 한다는 홍익인간(弘益人間)의 이념이 나타나듯이 고조선은 사람의 생명을 귀히 여기는 사회였음을 알 수 있다. 다음으로 남을 다치게 한 자는 곡물로써 배상한다는 규정으로 보아 곡식이 가장 중요한 배상의 수단이었음을 알 수 있다. 이는 고조선 사회가 농업 중심의 사회였음을 알 수 있게 해준다. 이는 단군신화에서 환웅(桓雄)이 하늘에서 내려올 때 풍백(風伯)·운사(雲師)·우사(雨師) 등 바람·구름·비를 상징하는 인물들과 함께 한 것에서도 알 수 있다. 마지막으로 도둑질한 자는 노비로 삼는다는 규정에서 고조선 사회는 이미 상당한 정도의 계급 분화가 이루어진 사회라는 것을 알 수 있다. 또한 이러한 절도를 금하는 규정은 그 사회가 개인의 사유재산(私有財産)을 인정하는 사회였음도 엿보게 한다.

이 시기의 사회 구성은 크게 귀족, 일반민, 노비로 대별할 수 있다. 이 시기 노비는 상당수 존재하였으나 노예제 사회였다고는 할 수 없다. 순장(殉葬)이 많이 행해졌을 것으로 여겨진다. 그러나 순장제의 성행이 곧 노예제 사회임을 증명하는 것은 아니다. 당시 고조선 사회에서 기본적인 생산활동을 담당하였던 이들은 일반민이었을 것으로 추측된다. 다음 자료를 참조할 수 있다.

『한서(漢書)』 卷二十八下 地理志第八下
殷道衰, 箕子去之朝鮮, 敎其民以禮義, 田蠶織作. 樂浪朝鮮民犯禁八條. 相殺以當時償殺; 相傷以穀償; 相盜者男沒入爲其家奴, 女子爲婢, 欲自贖者, 人五十萬. 雖免爲民, 俗猶羞之, 嫁取無所, 讎 是以其民終不相盜, 無門戶之閉, 婦人貞信不淫辟

"은나라의 도(道)가 쇠해지자 기자가 조선으로 가서 그 백성을 예의와 농사짓고 누에 치고 길쌈하도록 가르쳤다. 낙랑조선 백성들에게 여덟 조항을 범하는 것을 금지했다. (그 내용은) 대개 사람을 죽인 자는 즉시 죽이고, 남에게 상처를 입힌 자는 곡식으로 배상한다. 도둑질을 한 자가 남자면 그 집 노(남자 종)를 만들고 여자도 비(여자 종)를 만든다. 스스로 용서받고자 하는 자는 사람당 오십만 냥을 낸다. 비록 용서를 받아 보통 백성이 되어도 풍속은 이를 부끄러워하였다. 결혼해서도 바로잡을 수 없었다. 이로써 그 백성들은 끝까지 서로 훔치지 않아서 문을 닫지 않았다. 여자들은 모두 정조와 믿음이 있어 음란하거나 편벽되지 않았다."

2. 고조선의 위치 문제

앞에서 살펴본 사료에 의하면 고조선은 아사달에 건국하였다고 한다. 이때의 고조선은 성읍국가(城邑國家)였다. 고조선이 건국한 아사달의 위치가 지금의 어디인지에 대해서는 크게 세 가지 견해가 존재한다. 그 첫 번째가 재평양설(在平壤說)이다. 즉, 고조선의 위치가 원래 대동강 유역의 평양이라는 것이다. 두 번째는 재요령성설(在遼寧城)이다. 다시 말해 고조선의 위치는 요하 유역, 지금의 중국 요령성에 있었다는 주장이다. 세 번째는 이동설(移動說)이다. 이는 고조선이 처음에는 요하 유역에 있다가 뒤에 대동강 유역으로 옮겼다는 학설이다. 이 고조선의 위치 문제는 고조선의 건국 시기와 관련된 중요한 논란을 발생시킨다. 이는 고고학적 연구성과와 함께 검토해볼 필요성이 있다.

Ⅲ. 고조선의 역사 공간(空間) 평양(平壤)

1. 평양의 유래와 지리적 조건

평양(平壤)은 우리나라 최초의 고대국가인 고조선(古朝鮮)의 도읍으로 성립된 이래 고구려의 도성이 축조되었다. 이후 고려 때에는 고려 삼경(三京)의 하나인 서경(西京)이, 그리고 조선시대에는 평양부(平壤府)가 설치되는 등 행정적·군사적 거점도시로서 연속성을 가지고 전개되어 왔다.

평양은 우리나라 도시 형성사(都市形成史)를 구명함에 있어 시발점(始發点)이 되는 도시로 평가될 수 있다. 평양의 도시형성에 대한 연구가 체계화되는 것은 우리나라 도시형성사의 전체상을 밝히는 데 있어서도 커다란 의의가 있다.[3]

평양은 평안남도 남서부에 위치한 4천여 년의 역사를 가진 고도(古都)로서 역사상 왕조에 따라 왕검성(王儉城), 기성(箕城), 낙랑(樂浪), 서경(西京), 호경(鎬京), 유경(柳京) 등으로 불렸으며, 고조선과 고구려의 도읍이기도 했던 곳이다.

고려 태조 때 서경(西京)으로 하였고, 광종 11년에 서도(西都)로 개칭되었다. 성종 14년에 서경유수(西京留守)라고 불렀다. 목종 원년에는 호경(鎬京)으로 고쳤고, 문종 16년에 다시 서경유수관(西京留守官)이라 하였다. 원종 대에 몽고는 서경을 동녕부(東寧府)로 만들었다. 충렬왕 16년에 원나라가 서경과 여러 성을 돌려주었으므로 다시 서경유수관으로 고쳤다. 공민왕 18년에 만호부(萬戸府)를 두고 후에 평양부(平壤府)로 고쳤다. 1895년(고

---

3) 신상화·장희순, 「평양의 도시형성에 관한 연구-평양성의 축성 경위를 중심으로-」, 『지역개발연구』 제12호, 2004, 118면.

종 32) 전국을 13도로 분할함에 따라 평안남도 도청소재지가 되었다.[4]

한편 평양의 지리적 조건을 살펴보면, 북쪽은 대성산(大城山)을 주봉(主峰)으로 하여 험준한 산들이 첩첩이 연결된 산악지대로 도시방어(都市防禦)의 거점으로, 도시민(都市民)들의 피난처가 되었다. 동쪽, 남쪽, 서쪽은 대동강이 감싸고 흘러서 자연적인 해자(垓字)를 이루고 있다. 또한 동쪽과 서쪽의 강기슭에는 고방산(高坊山), 청암산(淸岩山)을 비롯한 작은 산들이 자리 잡고 있어서 강변요새를 구축할 수 있는 유리한 지리적 조건을 갖추고 있다. 이 일대는 대동강 기슭을 따라 미림(美林)벌, 사동(寺同)벌, 문수(文殊)벌 등 비옥한 충적평야가 넓게 펼쳐져 있어 좋은 농경지(農耕地)를 이루고 있다. 또한 조밀하게 흐르는 대동강, 합장강, 대성천 등 강·하천들은 수상교통(水上交通)과 어로(漁撈)에 좋은 조건을 이루고 있다. 동쪽, 서쪽, 남쪽으로는 내륙지대, 서해안지대, 남쪽 길로 통하는 교통로가 이어져서 교통로상으로도 좋은 조건을 갖추고 있다.[5]

2. 고조선 시대의 평양

古記云昔有桓因[謂帝釋也]庶子桓雄數意天下貪求人世父知子意下視三危太伯可以弘益人間乃授天符印三箇遣往理之雄率徒三千降於太伯山頂[卽太伯今妙香山]神壇樹下謂之神市是謂桓雄天王也將風伯雨師雲師而主穀主命主病主刑主善惡凡主人間三百六十餘事

                 - 『三國遺事』 卷1, 紀異, 古朝鮮條 -

이를 풀이하면,

첫째, 솔도삼천(率徒三千)했으니 신시(神市)는 최소한도 3천 명 이상의 인구를 가지고 있었다. 인류 최초의 도시들에 있어 3천의 인구 규모는 결코 작은 것이 아니었다.

둘째, 풍백·우사·운사라는 존재, 이것은 분명히 농경노동에서 해방된 전임의 전문가들(fulltime specialists)의 존재를 명백히 해주고 있다.

셋째, 왕과 신하, 국가와 계급, 그리고 주형주선악(主刑主善惡)한 데서 어렴풋이나마 법제(法制)의 존재가 명백해진다는 점이다. 이를 통해 보면 한반도에서 도시의 탄생은 적어도 기원전 2천 년경 정도로 거슬러 올라간다고 생각할 수 있다.[6]

---

4) 『高麗史』卷58, 志12, 地理3 참조; 앞의 논문, 119면 주5.

5) 민덕식, 「고구려 평양성의 도시형태와 설계」, 『고구려연구』15집, 2003, 108면.

6) 손정목, 『일제강점기 도시계획연구』, 일지사, 2002, 3쇄(1990 1쇄), 44면.

壇君王儉(中略)都平壤城[今西京]始稱朝鮮又移都於白岳山阿斯達又名弓[一作方]忽山
又今彌達

- 『三國遺事』 卷1, 紀異, 古朝鮮條 -

"단군왕검은 …(중략)… 평양성(지금의 서경)에 도읍하고 비로소 조선이라 칭하였다. 또 도읍을 백악산 아사달로 옮겼다. 또한 궁(방이라고도 한다)홀산 또는 금미달이라 이름하였다."

또한 여러 문헌에 의하면, 평양은 고조선의 도읍이었던 왕검성이었다고 기록되어 있다.

朝鮮王滿者故燕人也 (中略) 滿亡命聚黨千餘人魋結蠻夷服而東走出塞渡浿水居秦故空
地 (中略) 亡命者王之都王險

- 『史記』 卷一百一十五, 朝鮮列傳第五十五 -

"조선왕 (위)만이라는 자는 옛 연나라 사람이다. …(중략)… 만이 무리 천여 명을 모아 망명하였는데 머리는 상투를 틀고 오랑캐의 옷을 입었다. 동쪽으로 달아나 국경을 나가 패수를 건너 진나라 옛 빈 땅에 거하였다. …(중략)… 망명자들이 왕으로 삼으니 왕검에 도읍하였다."

西京留守官平壤府本三朝鮮舊都唐堯戊辰歲神人降于檀木之下國人立爲君都平壤號檀君
是爲前朝鮮周武王克商封箕子于朝鮮是爲後朝鮮逮四十一代孫準時有燕人衛滿亡命聚黨千
餘人來奪準地都于王險城[險一作儉即平壤.]是爲衛滿朝鮮.

- 『高麗史』 卷58, 志12, 地理3 -

"서경유수관 평양부는 본래 삼조선의 옛 서울이다. 당요 무진년에 신인이 박달나무 아래로 내려오니 나라 사람들이 세워 임금으로 삼았다. 평양에 도읍하고 그를 단군이라고 불렀다. 이것이 전조선이며 주나라 무왕이 상나라를 정복하고 기자를 조선에 봉하니 이것이 후조선이다. 기자의 41대손 준 때에 연나라 사람 위만이 천여 명의 무리를 모아 망명하여 와서 준의 땅을 빼앗고 왕험성(험은 검으로도 쓴다. 곧 평양이다)에 도읍을 정하였다. 이것이 위만 조선이 된다."

이와 같이 문헌기록에 근거해 고조선의 도읍 왕검성을 현재의 평양으로 보는 설도 있지만, 당시의 상황을 확인할 수 있는 도시유적이 그다지 잔존하지 않아 그 전모를 밝히기엔 무리가 있다. 또한 문헌에 보이는 평양을 지금의 평양이 아니라고 하는 이설(異說) 또한 제기되고 있다.

한편, 고조선의 멸망 이후 평양에는 한사군(漢四郡)의 하나인 낙랑군(樂浪郡)이 설치되었으며 낙랑군과 관련해서는 당시의 유구로 추정되는 낙랑토성 유구의 발굴 등 지금까지의 고고학적 성과와 문헌의 기록들을 근거해 다소나마 살펴볼 수 있다. 그리고 한사군이 고구려에 의해 폐지된 후 평양지역은 고구려의 영역에 속하게 되는데 고구려 도성으로서의 평양에 대해서는 『삼국사기(三國史記)』를 비롯한 문헌 기록들을 통해 도시의 일단을 살필 수 있다. 특히, 고려시대의 서경(西京)과 조선시대의 평양부(平壤府)는 고구려의 도성인 장안성(長安城)을 기본으로 삼아 도시가 전개되었던 것으로 확인된다.[7]

7) 신상화·장희순, 앞의 논문, 119면.

제3편

삼국시대(三國時代)

Ⅰ. 고구려의 발전 방향

1. 삼국 중 고구려가 가장 강했나?

고대 국가 시대로서 부국강병(富國强兵)을 목표로 했던 중국 전국시대의 제후들이 가장 신경을 썼던 것은 백성의 수를 늘리는 것이었다.[8] 백성의 수, 즉 인구는 곧 농업경제 시대에 있어 가장 중요한 노동력을 의미하는 것이기 때문이다. 당시는 토지가 없어서 농사를 짓지 못하는 것이 아니라 일할 사람이 없어서 농사를 짓지 못하였기 때문이다. 결국 국가의 부, 즉 경제력이란 농사지을 사람의 수와 비례했던 것이다. 또한 군사력도 결국은 백성의 수와 직접적으로 관련되는 문제였다. 보다 많은 수의 병력을 동원할 수 있는 국가가 강대국이었던 것이다. 이렇듯 고대국가 시대에 있어서 국가의 힘, 즉 국력은 인구와 비례하는 것이었다. 따라서 삼국시대 고구려, 백제, 신라의 국력도 기본적으로 인구의 수를 통해 짐작해 볼 수 있다. 『삼국사기』의 기록에 의하면 백제가 멸망할 당시 인구가 약 76만여 호(戶), 고구려가 멸망할 당시의 인구는 약 69만여 호(戶)였다고 한다. 실제로 기록을 살펴보면 고구려는 영토는 넓었으나 농사지을 좋은 땅이 부족하여 먹고 살기 힘들었다는 것을 알 수 있다. 인구(人口)도 상대적으로 적었다. 먹고살기 힘들었던 고구려는 인구가 늘기 어려웠던 것이다.

---

8) 孟子見梁惠王. 梁惠王, 魏侯罃也. 都大梁, 僭稱王, 諡曰惠. 史記:「惠王三十五年, 卑禮厚幣以招賢者, 而孟軻至梁.」王曰:「叟不遠千里而來, 亦將有以利吾國乎?」叟, 長老之稱. 王所謂利, 蓋富國彊兵之類. 梁惠王曰:「寡人之於國也, 盡心焉耳矣. 河內凶, 則移其民於河東, 移其粟於河內. 河東凶亦然. 察鄰國之政, 無如寡人之用心者. 鄰國之民不加少, 寡人之民不加多, 何也?」- 孟子集注卷一梁惠王章句上 -

삼국시대에 가장 먼저 주도권을 장악한 나라는 4세기의 백제(百濟)였다. 백제는 비옥한 한강(漢江) 유역을 차지함으로써 풍요로운 경제력을 바탕으로 인구가 가장 많았고 이는 곧 강한 국력(國力)을 의미했다. 이러한 고구려가 강대국으로 발전하게 된 것은 광개토호태왕의 등장 이후 비옥한 평야(平野)가 있는 남쪽으로 내려왔기 때문이라고 할 수 있다.

2. 광개토호태왕의 위대한 업적은 영토 확장인가?

고구려에서 광개토호태왕(廣開土好太王)[9]이 등장하기 전인 3세기의 상황은 어떠했을까? 이를 알 수 있게 해주는 가장 대표적인 사료(史料)가 중국의 진수(陳壽)가 쓴 『삼국지(三國志)』「위서(魏書)」동이전(東夷傳)의 고구려 관련 기록이다.[10] 그 중요 내용은 다음과 같다.

> 高句麗在遼東之東千里 南與朝鮮濊貊 東與沃沮 北與夫餘接 都於丸都之下 方可二千里
> 戶三萬 多大山深谷 無原澤 隨山谷以爲居 食澗水 無良田 雖力佃作 不足以實口腹 其俗
> 節食 好治宮室 於所居之左右立大屋 祭鬼神 又祀靈星社稷 其人性凶急 喜寇
>
>   -『三國志』卷三十「魏書」三十, 烏丸鮮卑東夷傳 第三十 -

> "고구려는 요동의 동쪽 천리에 있다. 남쪽은 조선, 예맥이 있고, 동쪽은 옥저가 있으며, 북쪽은 부여와 접하고 있다. 환도의 아래에 도읍하였다. 면적은 사방 이천 리이며 백성의 수는 삼만 호이다. 큰 산과 깊은 계곡이 많고, 벌판과 호수가 없다. 산과 골짜기를 따라 거주하며, 계곡물을 마신다. (농사지을) 좋은 밭이 없어, 비록 힘써서 밭 갈고 농사지어도 입과 배를 채우기에 부족하다. 그 풍속은 음식을 절약하고, 궁과 집을 관리하는 것을 좋아한다. 그 거하는 곳의 좌우에 큰 집을 세운다. 귀신에 제사 지내고 또한 신령스러운 별과 사직에도 제사 지낸다. 그 사람들의 성품은 흉악하고 급하며 도둑질을 즐긴다."

이를 통해 알 수 있는 사실은 이 기록이 쓰인 3세기의 고구려의 상황이다. 고구려는 영토가 사방 2천 리에 달하는 거대한 국가였다. 하지만 인구는 불과 3만 호밖에 되지 않았다. 그 이유는 그 땅 대부분이 큰 산과 계곡으로 이루어져 있었기 때문이다. 그렇기에 농사지을 수 있는 좋은 땅이 없었고 비록 힘써서 밭 갈고 농사를 지어도 입과 배를 채우기에도 부족하였던 것이다. 그렇기에 이 당시 고구려 경제는 약탈경제체제에 가까웠다.

---

9) '광개토호태왕'이라는 명칭은 장수왕이 세운 '광개토호태왕비문'에 등장하는데 정식 명칭은 '국강상광개토경평안호태왕(國罡上廣開土境平安好太王)'이다.

10) 『삼국지(三國志)』는 중국의 위(魏)·촉(蜀)·오(吳) 삼국의 정사(正史)이다. 진(晉)나라의 학자 진수(陳壽)가 3세기에 편찬한 것으로, 위서(魏書) 30권, 촉서(蜀書) 15권, 오서(吳書) 20권, 합계 65권이다.

다른 나라나 부족을 쳐서 빼앗을 수밖에 없었던 것이다. 고구려인의 품성이 흉악하고 급하며 도둑질하기를 좋아한다는 표현은 이를 의미한다. 고구려의 상황은 결코 나라가 안정되거나 평화로운 상태가 아니었다. 하루하루 살아남기에도 힘든 불안한 상태였다. 이 당시 고구려는 유목(遊牧) 민족적이고 대륙적인 성격이 강한 국가였던 것이다. 이러한 고구려가 경제적으로 안정되고 평화로운 국가로 발전하게 된 것은 광개토호태왕의 등장 이후라고 볼 수 있다. 광개토호태왕의 가장 위대한 업적은 고구려의 발전 방향을 비옥한 평야가 있는 남쪽 한반도(韓半島)로 정했다는 것에 있다. 남쪽 한반도의 비옥한 평야지대 일부를 차지하게 된 고구려는 정치·경제적으로 발전하였다. 인구도 자연히 늘어나게 되었다. 다시 말하자면 국력(國力)이 신장되게 되었던 것이다. 이러한 광개토호태왕의 업적을 계승한 장수왕(長壽王)은 고구려의 수도를 중국 대륙에 있던 국내성(國內城)에서 한반도 안쪽에 있는 평양성(平壤城)으로 옮긴다. 이는 고구려의 중심지가 이제는 대륙이 아닌 한반도가 되었다는 것을 의미한다. 이것뿐이 아니라 유목민적인 성격이 강했던 고구려인들 대다수가 농사를 짓는 농경(農耕)민족화된다. 이로써 고구려는 백제, 신라와 더불어 한반도 중심의 농경문화 국가로서 발전하게 되었다. 이는 부여(夫餘)[11]와 같이 영토는 고구려보다도 넓었으나 북쪽에 머물렀던 국가들이 고대국가로 발전하지 못하고 멸망한 것과 크게 대비되는 것이다. 이와 같은 사실을 엿볼 수 있는 사료가 6세기 중엽 쓰인 중국의 『위서(魏書)』[12]라는 역사책이다. 그 내용은 다음과 같다.

高句麗者 出於夫余 自言先祖朱蒙(中略)
敎至其所居平壤城 訪其方事 云 遼東南一千餘里 東至柵城 南至小海 北至舊夫余 民戶參倍於前魏時 其地東西二千里 南北一千餘里 民皆土著 隨山谷而居 衣布帛及皮 土田薄
□脊 蠶農不足以自供 故其人節飮食 其俗淫 好歌舞 夜則男女群聚而戲 無貴賤之節 然潔淨自喜 其王好治宮室。

- 『위서(魏書)』 卷 一百 列傳第八十八 -

고구려에 관한 3세기의 기록과 크게 차이가 나는 것이 밑줄 친 부분이다. 해석해 보면 '民戶參倍於前魏時', 즉 '백성의 호(戶) 수가 3세기인 위나라 때보다 3배가 늘었다'는 것이다. 이미 살펴본 바와 같이 인구가 세 배 늘었다는 것은 국력이 세 배 이상 늘었다는 것을 의미한다. 또한 '民皆土著', 즉 '백성 모두가 땅에 정착하고 있다'고 되어 있다. 이것

---

11) 夫餘在長城之北, 去玄菟千里, 南與高句麗, 東與相婁, 西與鮮卑接, 北有弱水, 方可二千里. 戶八萬, 其民土著, 有宮室·倉庫·牢獄. 多山陵·廣澤, 於東夷之域最平敞. 土地宜五穀, 不生五果. 其人序大, 性彊勇謹厚, 不寇. - 『三國志』 卷三十 「魏書」 三十 -

12) 6세기 중엽 중국 남북조시대(南北朝時代) 북제(北齊)의 위수(魏收)가 편찬한 역사서(歷史書).

은 고구려가 이제는 유목민족적 성격을 버리고 농경민족화되었다는 것을 의미한다. 이렇듯 고구려는 광개토호태왕의 남진정책이 이루어진 4세기 말~5세기 이후 경제적으로 풍요로워지고 안정되었고, 한반도 중심의 농경국가가 되었다는 것을 알 수 있다.

3. 고구려 시대의 평양(平壤)

『삼국사기』에 의하면 고구려는 B.C. 53년에 졸본(卒本)에 도읍한 이래 국내성(國內城, A.D. 3~427년), 전기 평양성(前期 平壤城, 427~586년), 후기 평양성[後期 平壤城, 장안성(長安城)]으로 천도하였다.[13]

> 朱蒙行至毛屯谷[魏書云至普述水]遇三人(中略)遂揆其能各任以事與之俱至卒本川[魏書云至紇升骨城]觀其土壤肥美山河險固遂欲都焉而未遑作宮室但結廬於沸流水上居之
> – 『三國史記』 高句麗本紀 東明聖王條 –

"주몽은 모둔곡(위서에는 보술수에 이르렀다고 한다)에 이르러 세 사람을 만났다. …(중략)… 드디어 그 재능을 헤아려 각각 일을 맡기고 그들과 함께 졸본천(위서에는 흘승골성에 이르렀다고 한다)에 이르렀다. 그 토양이 비옥하고 산하가 험고함을 보고 도읍하고자 했다. 그러나 궁실을 지을 겨를이 없어 단지 비류수 위에 오두막을 짓고 거하였다."

고구려가 도읍을 평양으로 옮기게 된 배경은 국내성 도읍시기 중국과의 잦은 전쟁으로 천도의 필요성이 대두되었으며, 다른 한편으로는 고구려의 남진정책과도 밀접한 관계가 있었던 것으로 보인다.

> 王以丸都城經亂不可復都築平壤城移民及廟社平壤者本仙人王儉之宅也
> – 『三國史記』 卷17, 高句麗本紀5, 東川王 21年條 –

"왕이 환도성이 난리를 치러 다시 도읍할 수 없으므로 평양성을 쌓고 백성과 종묘사직을 옮겼다. 평양은 본시 선인 왕검의 택지였다."

졸본(卒本) 도읍기(건국~A.D. 3)와 국내(國內) 도읍기(93~427), 전기 평양(前期 平壤) 도읍기(427~586)의 왕도에는 평지(平地) 주거성(住居城)으로서의 왕성(王城)과 배후(背後)에 유사시(有事時) 사용하는 산성(山城)으로 된 방어성(防禦城)이 하나의 짝을 이루고 있

---

13) 한반도의 古代都市는 성곽(城郭)을 쌓음으로써 농촌과 구별되었다.

었다는 점이 고구려 도성의 특징처럼 지적되어 왔다.[14]

이들 도읍기 중에서 가장 학계에서 논란이 되고 있는 것이 졸본 도읍기에 대한 것이다. 즉, 졸본 도읍기에는 오녀산성(五女山城)과 하고성자토성(下古城子土城)이 거론되고 있다. 많은 학자들은 이 오녀산성이 왕이 거주하는 궁전(宮殿)과 관청(官廳)을 둔 고구려 초기의 궁성(宮城)일 것으로 보고 있다.[15]

국내 도읍기에도 국내성(國內城)과 산성자산성(山城子山城)이 짝을 이루고 있었다고 지적되고 있다.

전기 평양(前期 平壤) 도읍기 역시 안학궁성(安鶴宮城)과 배후의 대성산성(大城山城)이 하나의 세트를 이루는 이중궁조를 갖추고 있었다. 왕성(王城)인 안학궁성은 발굴 결과, 명실상부한 궁성(宮城)의 체제를 갖추고 있었고, 궁궐이 매우 방대한 모습을 띠고 있었다는 점은 전 시기에서는 볼 수 없었던 발전된 형태로, 강대해진 고구려의 국력을 보여 준다고 하겠다.

후기 평양성[後期 平壤城, 장안성(長安城, 북한 국보유적 제1호)]은 북쪽은 금수산(錦繡山) 최고봉인 목단봉(牧丹峰)과 청류벽(淸流壁)의 절벽을 끼고 있으며, 동·서·남에는 대동강과 보통강이 둘러 있다. 평양성의 산세가 산과 벌을 끼고 있기 때문에, 외성에서 보면 뒤에 산을 끼고 있는 평지성(平地城) 같고, 북쪽이나 서북쪽에서 보면 목단봉, 창광산(蒼光山), 서기산(瑞氣山) 등을 연결한 산성이다. 또 평양성은 북성, 내성, 중성, 외성으로 구성되고, 성벽의 바깥 둘레는 약 16km, 성벽의 총 둘레 약 23km, 성내의 총면적이 1만 1,850평방미터나 되는 보기 드문 대규모의 석성(石城)이다. 이는 삼국시대 성곽 중 최대의 규모를 자랑한다. 또한 우리나라의 전체 성곽 중에서도 고려(高麗)의 도성인 개성성(開城城)에 버금가는 큰 성(城)이다.[16]

■ 평양성[平壤城, 장안성(長安城)]의 도시 형성과정과 구조[17]

① 築長安城(『三國史記』 卷19 高句麗本紀 7 陽原王 8年條, 552년)
　　"장안성을 쌓았다."

② 內城築造(『三國史記』 卷19 高句麗本紀 7 平原王 8年條, 566년)
　　"내성을 축조하였다."

---

14) 민덕식, 「고구려 평양성의 도시형태와 설계」, 『고구려연구』 15집, 2003, 114면.

15) 김경삼, 「고구려 초기의 수도형식에 대하여」, 『조선고고연구』 2, 1998, 22면.

16) 민덕식, 앞의 논문, 115~121면.

17) 민덕식, 앞의 논문 참조.

③ 移都長安城(『三國史記』 卷19 高句麗本紀 7 平原王 28年條, 586년)

　"장안성으로 도읍을 옮겼다."

④ 本城四十二年畢役(『平壤續志』 城池條)

　"본성의 공사를 사십이 년에 마쳤다."

장안성(長安城)의 축성을 계획한 목적은 귀족 간의 내분으로 551년 백제·신라·가야 연합군의 공격을 받아 한강(漢江) 유역을 상실한 것이 주된 원인이 아니었던가 짐작된다.[18]

1) 북성(北城)

전체 면적의 2%를 차지하는 북성은 방어적인 면에서는 내성(內城)을 배후에서 막아주고 있다. 북성은 평양성 내에서 가장 먼저 축조된 것으로 보인다.

2) 내성(內城)

566년 2월에 축조되었다. 면적은 약 130만 평방미터로 전체 면적의 11%를 차지한다. 내성(內城) 안에는 궁전(宮殿)이 자리 잡았을 것으로 보인다.

내성의 축성공사는 궁궐 축조공사가 시작된 지 15년 만에 이루어졌다. 한편 내성이 축조되기 시작한 지 21년 만인 平原王 28년(56)에는 드디어 이곳으로 도읍을 옮기게 되었다. 즉, 이곳이 소위 후기 평양성(後期 平壤城)이다. 이는 581년 수(隋)의 건국과 돌궐의 분열, 수(隋)에 의한 돌궐의 격파·복속 등으로 이어지는 동북아의 정세변화(政勢變化)와도 관련이 있었다고 보인다. 이는 583년 수(隋)의 대흥성(大興城) 천도(遷都)와도 무관하지는 않을 것으로 보인다. 즉, 여러 가지 어려움[19]으로 지연되던 천도(遷都)가 수(隋)의 강경한 대외정책으로 인한 심상치 않은 움직임과 대흥성(大興城) 천도(遷都)에 자극되어 급속하게 추진된 것으로 보인다.

3) 중성(中城)

면적은 약 300만 평방미터로 전체 면적의 25%를 차지한다.

---

18) 민덕식, 「고구려 평양성의 축조과정에 관한 연구」, 『국사관논총』 39, 국사편찬위원회, 1992, 36~38면.

19) 遷都에 이처럼 시간이 걸린 것은 천도 반대세력의 撫摩, 都市設計, 宅地分給, 建築物 造營 등 많은 準備 과정이 필요하였기 때문으로 여겨진다.

4) 외성(外城)

면적은 약 730만 평방미터로 전체 면적의 62%나 차지한다. 외성에는 큰 행정구역으로 사신사상(四神思想)과 동방중시사상(東方重視思想)을 내포한 명칭을 가지고 있는 내부[內部, 황부(黃部)], 북부[北部, 후부(後部), 흑부(黑部)], 동부[東部, 상부(上部)·청부(靑部)·좌부(左部)], 남부[南部, 전부(前部)·적부(赤部)], 서부[西部, 하부(下部)·백부(白部)·우부(右部)] 등 5부가 있었다.[20] 이곳은 사서(士庶)가 거주하던 지역으로 상업(商業)·수공업(手工業)을 비롯한 모든 생산활동도 이곳에서 이루어졌을 것으로 보인다.

외성(外城)의 축성공사는 평원왕(平原王) 31년(589)으로 추정되기 때문에, 이곳으로 이도(移都)할 때에는 외성(外城)을 갖추지 못했다. 축성이 완료된 것은 593년보다는 앞서리라고 짐작된다.[21] 축성의 목적은 대동강과 보통강의 범람으로부터 도성민(都城民)을 보호하자는 목적도 있었겠지만, 그보다는 589년에 수(隋)라는 통일제국의 등장이 가져온 결과라고 보인다. 수(隋)와의 결전(決戰)을 앞둔 비상사태하에서 진행된 외성의 축조는 남다른 의미가 있었다. 이곳은 수(隋)의 수군(水軍)이 대동강을 거슬러 올라와 직접 맞닿는 곳이므로 군사적 의미가 매우 컸다. 외성과 함께 축조된 것으로 보이는 문제의 중성(中城) 남벽(南壁)의 축조도 이와 함께 전략적 고려가 있었던 것으로 보인다.

5) 운하(運河)

옛날에는 조수(潮水)를 이용하여 많은 노선(蘆船)[22]들이 다경문(多景門)을 통하여 중성(中城)의 남문인 정양문(正陽門) 밖에 정박하여 성 안으로 물화(物貨)를 운반하였다. 이 때문에 정양문을 일명 노문이라고 하고 양명포(楊命浦)를 일면 노문포(蘆門浦)라고 불렀다고 한다.[23]

도성(都城) 내 운하(運河)의 길이는 다경문으로부터 정양문까지 약 3km나 되며, 노선(蘆船)이 다녔다는 비석으로 보아 먼 곳까지 다니던 배가 오갈 정도의 운하였던 모양이다. 다경문은 본래 양명문(楊命門)으로 양명포의 수문(水門)이었고, 운하는 이 수문을 통해 외성(外城)의 한가운데를 동서로 통하여 중성(中城)의 남문인 정양문 밖의 양명포에

---

20) 5部의 위치는 백제의 사비도성처럼 標石이나 部名이 새겨진 기와가 출토되지 않아 구체적인 내용을 알 수가 없으며, 겨우 部名에 있는 방향 표시가 참고가 될 뿐이다.

21) 中城의 축조도 外城 내에서 출토된 刻字城石에 표기된 受作距離로 보아 외성과 함께 축조된 것으로 짐작된다.

22) 蘆船은 갈대로 지붕을 이은 집을 갖춘 비교적 큰 木船인데, 뱃사공이 배 위에서 숙식도 하면서 원거리를 다니던 배였다.

23) 최희림, 『고구려 평양성』, 1978, 108면.

이르는 큰 운하였다.

궁전(宮殿)이 있던 내성(內城)이나 중성(中城)으로 들어오던 물산(物産)은 양명포를 거쳐 중성의 남문인 정양문을 통해 반입되었던 것으로 보인다. 외성(外城)으로 들어오는 물산은 주로 당포(唐浦)에서 차피문(車避門)을 통해 반입되었던 것으로 보인다. 또 내성의 동남문(東南門)인 대동문(大同門) 밖에도 대동강진(大同江津)이 있었다.[24] 이 나루는 강물이 깊고 폭이 좁아 옛날부터 배를 대는 데 매우 편리한 나루터였다. 건너편의 선교동(船橋洞)에 선교진(船橋津)이 있어 이곳으로 건너다녔음을 알 수가 있다.[25] 즉, 이곳 대동강진에서 대동문을 통해서도 내성(內城)으로 물화(物貨)가 들어왔던 것으로 보인다. 이처럼 운하의 양명포, 당포, 대동강진은 당시 도시(都市)의 발전에 중요한 역할을 하였을 것으로 보인다.

후기 평양성은 행정적인 도성(都城)이자 군사적 요새(要塞)로 전형적인 한국식(韓國式) 산성(山城)이다. 또 방어적인 면에서 외성이 무너지면 중성, 내성으로 방어선이 옮겨지며 최후로 북성에서 전투를 벌일 수 있도록 겹겹으로 축조하였다. 한편 평지인 외성에서 보면 평지성(平地城)이고, 북성의 최고봉인 최승대(最勝臺)가 있는 모란봉(해발 96.1m)에서 보면 산성(山城)의 형태를 취하기 때문에 평산성(平山城)이라고도 부른다.[26] 후기 평양성에서 궁성(宮城)과 산성(山城)이 분리되었던 전기 평양성의 이중구조를 과감하게 탈피하였다. 이처럼 왕성(王城)을 산성(山城)과 복합시켜 군사적으로 요새화한 점은 후일 수(隋)나라와 당(唐)나라와의 전쟁을 효과적으로 수행할 수 있게 한 고구려인들의 선견지명과 지혜라고 하겠다.

■ 전기 평양성(前期 平壤城)의 특징

① 외성(外城)의 시설이 없었기 때문에 제한을 받지 않고, 규모 있게 도시설계(都市設計)를 할 수 있었다.

② 안학궁(安鶴宮)을 중심으로 남북대로(南北大路)와 동서대로(東西大路)를 내고, 좌경(左京)과 우경(右京)을 좌우대칭으로 하는 도시설계가 이루어졌다.

③ 도시 안과 주변에 있는 성곽과 하천들을 도시방어에 잘 활용하고 있다.

④ 중국계 바둑판식 분할제(分割制)에 의한 도시설계는 지금까지의 자료로는 한국에서

---

24) 平壤城의 전경을 조감도식으로 묘사한 「平壤城圖」, 『한국서화자료집』, 한국사학회, 2001, 140면에 나루의 모습이 잘 묘사되어 있다.

25) 최희림, 앞의 책, 81면.

26) 平地를 일부 포함한 包谷式 山城은 삼국시대 말 地方의 據點城에서도 일부 보인다.

는 처음 있던 일이고, 이웃 나라에도 영향을 주었을 가능성이 높다.

⑤ 지금까지의 전통을 이어받은 궁성(宮城)과 중심(中心) 산성(山城)의 분리는 방어 면에서 약점을 초래할 수 있는 여지를 내포하고 있다.

■ 후기 평양성(後期 平壤城)의 특징

① 벌, 산, 강 등 지형적 조건을 잘 선택하여 도시입지(都市立地)로 삼았다.

② 외성(外城)을 갖춘 도시로 발전하여, 내성(內城)·외성(外城) 등 도시 영역을 잘 분할·활용하였다.

③ 면밀한 도시설계로 정연하고 짜임새 있는 도시체제를 갖추었다.

④ 왕성(王城)인 내성(內城)과 일반 서민들의 거주지인 외성(外城)을 함께 결합시켰다.

⑤ 후기 평양성의 도성체제는 고려를 비롯한 한국의 도성체제에 큰 영향을 주었다.

⑥ 도성 내 운하(運河)의 활용은 한국에서는 유일한 예이다.

⑦ 방어상 외성(外城)은 내성(內城)을 방어하는 데도 크게 활용되었으며, 일반서민을 성곽 내에 포함시킴으로써 도성민이 혼연일치가 되어 도성의 방어에 크게 도움을 줄 수 있었다.

〈관련 사료(關聯 史料)〉

■ 『三國史記』

『三國史記』高句麗本紀 第一 東明聖王條

朱蒙行至毛屯谷[『魏書』云至普述水] 遇三人 其一人着麻衣 一人着衲衣 一人着水藻衣 朱蒙問曰 子等何許人也 何姓何名乎 麻衣者曰 名再思 衲衣者曰 名武骨 水藻衣者曰 名黙居 而不言姓 朱蒙賜再思姓克氏 武骨仲室氏 黙居少室氏 乃告於衆曰 我方承景命 欲啓元基 而適遇此三賢 豈非天賜乎 遂揆其能 各任以事 與之俱至卒本川[『魏書』云 至紇升骨城] 觀其土壤肥美 山河險固 遂欲都焉 而未遑作宮室 但結廬於沸流水上 居之

『三國史記』高句麗本紀5 東川王21年

○ 二十一年 春二月 王以丸都城經亂 不可復都 築平壤城 移民及廟社 平壤者本仙人王儉之宅也 或云王之都王儉

『三國史記』-高句麗本紀6 故國原王 4年

○ 四年 秋八月 增築平壤城 冬十二月 無雪

○ 十二年 春二月 修葺瓦都城[丸都城] 又築國內城 秋八月 移居丸都城

『三國史記』高句麗本紀6 故國原王13年

○ 十三年 秋七月 移居平壤東黃城 城在今西京東木覓山中

『三國史記』高句麗本紀6 長壽王15年

○ 十五年 移都平壤

『三國史記』高句麗本紀7 陽原王8年

○ 八年 築長安城

『三國史記』高句麗本紀7 平原王28年

○ 二十八年, 移都「長安城」.

『三國史記』志6 地理4

○ 按通典云 朱蒙以漢建昭二年 自北扶餘東南行 渡普述水 至紇升骨城居焉 號曰句麗 以高爲氏 古記云朱蒙自扶餘避難 至卒本 則紇升骨城卒本 似一處也 漢書志云遼東郡距洛陽三千六百里 屬縣有無慮 則周禮北鎮醫巫閭山也 大遼於其下置醫州 玄菟郡 距洛陽東北四千里 所屬三縣 高句麗是其一焉 則所謂朱蒙所都紇升骨城 卒本者 蓋漢玄菟郡之界 大遼國東京之西 漢志所謂玄菟屬縣 高句麗是歟 昔大遼未亡時 遼帝在燕景[燕京] 則吾人朝聘者 過東京涉遼水 一兩日行至醫州 以向燕薊 故知其然也 自朱蒙立都紇升骨城 歷四十年 孺留王二十二年 移都國內城[或云尉耶巖城[尉那巖城] 或云不而城]

『三國史記』志6 地理4

○ 按漢書 樂浪郡屬縣 有不而 又總章二年 英國公李勣奉勅 以高句麗諸城 置都督府及州縣 目錄云鴨渌以北已降城十一 其一國內城 從平壤至此十七驛 則此城亦在北朝境內 但不知其何所耳

都國內 歷四百二十五年 長壽王十五年 移都平壤 歷一百五十六年 平原王二十八年 移都長安城 歷八十三年 寶臧王[寶藏王]二十七年而滅 古人記錄 自始祖朱蒙王[至]寶臧王[寶

藏王] 歷年丁寧纖悉若此

而或云故國原王十三年 移居平壤東黃城 城在今西京東木覓山中 不可知其然否 平壤城似
今西京 而浿水則大同江是也 何以知之 唐書云平壤城 漢樂浪郡也 隨山屈繚爲郭 南涯浿水
又志云登州東北海行 南傍海壖過浿江口椒島 得新羅西北 又隋煬帝東征詔曰 滄海道軍 舟
艦千里 高帆電逝 巨艦雲飛 橫絶浿江 遙造平壤 以此言之 今大同江爲浿水 明矣 則西京之
爲平壤 亦可知矣 唐書云平壤城亦謂長安 而古記云 自平壤移長安 則二城同異遠近 則不可
知矣 高句麗始居中國北地 則漸東遷于浿水之側 渤海人武藝曰 昔高麗[高句麗]盛時 士三
十萬 抗唐爲敵 則可謂地勝而兵强 至于季末 君臣昏虐失道 大唐再出師 新羅援肋[助] 討
平之 其地多入渤海靺鞨 新羅亦得其南境 以置漢朔溟三州及其郡縣 以備九州焉

■『後漢書』[27) 卷八十五 東夷列傳 第七十五
王制云:「東方曰夷.」夷者, 柢也, 言仁而好生, 萬物柢地而出. 故天性柔順, 易以道御, 至
有君子、不死之國焉. 夷有九種, 曰畎夷, 于夷, 方夷, 黃夷, 白夷, 赤夷, 玄夷, 風夷, 陽夷
[四]. 故孔子欲居九夷也.

夫餘國, 在玄菟北千里. 南與高句驪, 東與挹婁, 西與鮮卑接, 北有弱水. 地方二千里, 本
濊地也.

高句驪, 在遼東之東千里, 南與朝鮮、濊貊, 東與沃沮, 北與夫餘接. 地方二千里, 多大山
深谷, 人隨而為居. 少田業, 力作不足以自資, 故其俗節於飲食, 而好修宮室. 東夷相傳以為
夫餘別種, 故言語法則多同, 而跪拜曳一腳, 行步皆走.(中略)
其人性凶急, 有氣力, 習戰鬥, 好寇鈔, 沃沮、東濊皆屬焉.
案今高驪五部: 一曰內部, 一名黃部, 即桂婁部也; 二曰北部, 一名後部, 即絶奴部也; 三
曰東部, 一名左部, 即順奴部也; 四曰南部, 一名前部, 即灌奴部也; 五曰西部, 一名右部,
即消奴部也.

---

27) 南北朝時代에 송(宋)나라의 범엽(范曄, 398~446)이 5세기 중엽에 저술한 책으로, 후한의 13대(代) 196년간
의 사실(史實)을 기록하였다. 기(紀) 10권, 지(志) 30권, 열전(列傳) 80권으로 되어 있는데, 이 중에서 지(志)
30권은 진(晉)의 사마 표(司馬彪)가 저술한 것이다.

■『梁書』[28] 卷五十四 列傳第四十八

東夷之國, 朝鮮爲大, 得箕子之化, 其器物猶有禮樂云. 魏時, 朝鮮以東馬韓、辰韓之屬, 世通中國. 自晉過江, 泛海東使, 有高句驪、百濟, 而宋、齊間常通職貢, 梁興, 又有加焉. 扶桑國, 在昔未聞也. 普通中, 有道人稱自彼而至, 其言元本尤悉, 故並錄焉.

高句驪者, 其先出自東明. 東明本北夷槖離王之子. 離王出行, 其侍兒於後任娠, 離王還, 欲殺之. 侍兒曰:「前見天上有氣如大雞子, 來降我, 因以有娠.」王囚之, 後遂生男. 王置之豕牢, 豕以口氣噓之, 不死, 王以爲神, 乃聽收養. 長而善射, 王忌其猛, 復欲殺之, 東明乃奔走, 南至淹滯水, 以弓擊水, 魚鱉皆浮爲橋, 東明乘之得渡, 至夫餘而王焉. 其後支別爲句驪種也. 其國, 漢之玄菟郡也. 在遼東之東, 去遼東千里. 漢、魏世, 南與朝鮮、穢貊, 東與沃沮, 北與夫餘接. 漢武帝元封四年, 滅朝鮮, 置玄菟郡, 以高句驪爲縣以屬之.

句驪地方可二千里, 中有遼山, 遼水所出. 其王都於丸都之下, 多大山深谷, 無原澤, 百姓依之以居, 食澗水. 雖土著, 無良田, 故其俗節食. 好治宮室. 於所居之左立大屋, 祭鬼神, 又祠零星、社稷. 人性凶急, 喜寇抄. 其官, 有相加、對盧、沛者、古鄒加、主簿、優台、使者、皁衣先人, 尊卑各有等級. 言語諸事, 多與夫餘同; 其性氣、衣服有異. 本有五族, 有消奴部, 絕奴部, 順奴部, 灌奴部, 桂婁部. 本消奴部爲王, 微弱, 桂婁部代之. 漢時賜衣幘、朝服、鼓吹, 常從玄菟郡受之. 後稍驕, 不復詣郡, 但於東界築小城以受之, 至今猶名此城爲幘溝漊.

■『北史』[29] 卷九十四 列傳第八十二

高句麗, 其先出夫餘. (中略)

其國, 東至新羅, 西度遼, 二千裏; 南接百濟, 北鄰靺鞨, 一千餘裏. 人皆土著, 隨山穀而居, 衣布帛及皮. 土田薄瘠, 蠶農不足以自供, 故其人節飲食. 其王好修宮室, 都平壤城, 亦曰長安城, 東西六裏, 隨山屈曲, 南臨浿水. 城內唯積倉儲器, 備寇賊至日, 方入固守. 王別爲宅於其側, 不常居之. 其外復有國內城及漢城, 亦別都也. 其國中呼爲三京. 復有遼東、玄菟等數十城, 皆置官司以統攝. 與新羅每相侵奪, 戰爭不息.

---

28) 총 56권이며, 기전체(紀傳體)로 된 남조(南朝) 양(梁)나라의 역사책이다. 당나라 요사렴(姚思廉)이 629년(貞觀 3) 역사 편찬의 명을 받고 7년 만에 완성했다.

29) 중국 위진남북조 시대 위(魏)·제(齊)·주(周)·수(隋)의 역사를 다룬 정사(正史). 당(唐)의 이연수(李延壽, 627~649)가 편찬했다. 본기(本紀) 12권, 열전(列傳) 88권의 총 100권으로 구성되어 있다.

■『魏書』[30] 卷 一百 列傳第八十八

高句麗者, 出於夫余, 自言先祖朱蒙。(中略)

敕至其所居平壤城, 訪其方事, 云: 遼東南一千餘里, 東至柵城, 南至小海, 北至舊夫余, 民戶參倍於前魏時. 其地東西二千里, 南北一千餘里. 民皆土著, 隨山谷而居, 衣布帛及皮. 土田薄□脊, 蠶農不足以自供, 故其人節飲食. 其俗淫, 好歌舞, 夜則男女群聚而戲, 無貴賤之節, 然潔淨自喜. 其王好治宮室.

■『周書』 卷四十九 列傳第四十一

高麗者, 其先出於夫余. 自言始祖曰朱蒙, 河伯女感日影所孕也. 朱蒙長而有材略, 夫餘人惡而逐之. 土於紇斗骨城, 自號曰高句麗, 仍以高為氏. 其孫莫來漸盛, 擊夫余而臣之. 莫來裔孫璉, 始通使於後魏. 其地, 東至新羅, 西渡遼水二千里, 南接百濟, 北鄰靺鞨千餘里. 治平壤城. 其城, 東西六里, 南臨浿水. 城內唯積倉儲器備, 寇賊至日, 方入固守. 王則別為宅於其側, 不常居之. 其外有國內城及漢城, 亦別都也, 復有遼東、玄菟等數十城, 皆置官司, 以相統攝.

Ⅱ. 백제(百濟)의 흥망(興亡)

1. 한성(漢城)시대의 백제

1) 백제 정치사의 시기구분

○ 後漢書云三韓凡七十八國 百濟是其一國焉 北史云百濟東極新羅 西南俱限大海 北際漢江 其都曰居拔城 又云固麻城 其外更有五方城

"후한서에 이르기를 삼한은 무릇 78국이다. 백제는 그중 한 나라이다. 북사에 이르기를 백제의 동쪽 끝은 신라이고 서쪽과 남쪽은 모두 큰 바다이다. 북쪽은 한강에 닿아 있다. 그 도읍은 거발성 또는 고마성이라 한다. 그 외에 다시 오방성이 있다."

按古典記東明王第三子溫祚 以前漢鴻嘉三年癸卯 自卒本扶餘至慰禮城 立都稱王 歷三

---

30)『北齊』魏收, 6세기 中, 撰修.

百八十九年 至十三世近肖古王 取高句麗南平壤都漢城 歷一百五年 至二十二世文周王移
都熊川 歷六十三年 至二十六世聖王移都所夫里 國號南扶餘 至三十一世義慈王 歷年一百
二十二

"고전기를 살펴보면 동명왕의 셋째 아들 온조가 전한 홍가 삼년 계묘년(B.C. 18년)에 졸본부여로부터 위
례성에 이르러 도읍을 세우고 왕이라 칭하였다. 389년을 지나 13대 근초고왕에 이르러 고구려 남평양을 취
하고 한성에 도읍했다. (이로부터) 63년이 지나 6대 성왕에 이르러 도읍을 소부리로 옮기고 나라를 남부여
라 불렀다. 31대 의자왕에 이르기까지 122년을 지냈다."

○ 舊有五部 分統三十七郡 二百城 七十六萬戶

– 『三國史記』 卷37, 志6, 地理4 –

"옛날에 5부가 있었고, 37군, 200성, 76만 호로 나누어 통할하였다."

수도(首都)는 국가의 권력을 유지하는 원천으로서, 국가를 지탱하는 가장 기본적인 제반
시설이라고 할 수 있다. 이러한 왕도의 변화는 자연히 지배세력의 변화와 정치·경제·사
회·문화의 변화를 동반한다. 따라서 어느 지역에 수도(首都)를 정하였느냐 하는 문제는
그 역사의 발전 과정을 이해하는 데 있어 중요한 공간적 배경이 되기도 한다.

백제는 한성(漢城, 기원전 18년~475년)에서 웅진(熊津, 475~538년)으로, 그리고 다시
사비(泗沘, 538~660년)로 수도를 천도하였다.[31]

수도의 이동을 기준으로 한 시기구분은 백제가 수도를 한성(漢城)에서 웅진(熊津)으로
웅진에서 다시 사비(泗沘)로 옮긴 것을 기준으로 삼아 한성시대·웅진시대·사비시대로
나눈 것이다. 이러한 시기구분은 고대사회에 있어서 수도가 단순히 행정의 중심지가 아
니라 정치·경제·사회의 중심지였다는 점을 강조한 데서 나온 것으로서 지금까지의 백
제사 연구에 있어서 통설적으로 적용되어 왔다.

그러나 시기구분이 사회의 구조적인 변화를 나타내주어야 한다고 하는 점을 염두에 둔
다면 수도의 이동이 백제정치사의 내적(內的) 변화를 반영해 준다고 하는 데에는 재고(再
考)의 여지가 있다고 본다. 왜냐하면 수도의 이동이 바로 사회변화를 나타내주는 것이 아
니기 때문이다. 따라서 수도의 이동이 갖는 의미와 그것이 수반하는 사회변화를 종합적으
로 살펴보고 거기에서 얻어지는 결론을 전체적인 흐름과 연관시켜 보아야 할 것이다.[32]

---

31) 박현숙, 「웅진 천도와 웅진성」, 『백제문화』 30집, 2001, 117면.
32) 백제사의 시대구분에 대한 諸說은 신형식, 『백제사』, 이화여대출판부, 1992, 133~144면과 노중국, 『백제정
치사연구』, 일조각, 1988, 302~309면 참조.

2) 마한(馬韓) 중심세력의 변천

초기백제의 성장은 마한이라고 하는 보다 큰 연맹체 내에서 전개된 것이었다.

馬韓遣使責讓曰 王初渡河 無所容足 吾割東北一百里之地安之[33]

　　"마한 왕이 사신을 보내 꾸짖으며 말하기를 "왕이 처음 강을 건너 왔을 때 발 디딜 만한 곳도 없었으므로 내가 동북쪽의 100리의 땅을 떼어 편히 살게 하였다.""

위 기록에서 보듯이 초기백제의 성립이 마한(馬韓)의 승인하에서 이루어졌다든가 또 초기백제가 하북위례성(河北慰禮城)에서 하남위례성(河南慰禮城)으로 중심지를 옮길 때 마한에 천도를 먼저 알린 사실 등에서[34] 짐작할 수 있다.

마한 연맹체가 언제 형성되었는지 밝혀주는 직접적인 자료는 없다. 그러나 이 문제와 관련하여 『삼국지(三國志)』 동이전(東夷傳)의 기록[35]에 의하면 고조선의 준왕(準王)이 위만(衛滿)에게 쫓겨와 정착하였다고 한 한(韓)의 땅은 마한(馬韓)의 땅이라고 볼 수 있다. 그런데 이 마한(馬韓)은 진나라의 역(役)을 피해온 도망인들에게 동계(東界)의 땅을 할양(割讓)해 주고 있는 것으로 보아 진(秦)나라 말(末) 한(漢)나라 초(初)인 B.C. 3세기 말경에는 이미 형성되어 있었던 것으로 보인다. 이 시기에 형성된 마한(馬韓)의 성립 기반은 전라도 지역 및 충청도 지역의 청동기문화와 그 후 전개된 초기철기문화(初期鐵器文化)로 볼 수 있다. 그러나 이 마한(馬韓)이 성립될 당시의 중심세력이 어디에 위치하고 있었고 또 어느 정도의 지역까지를 그 영역(領域)으로 하고 있었는지는 알 수가 없다.

그 후 B.C. 2세기 초엽에 위만에게 쫓겨 내려온 준왕 집단이 익산(益山) 지역에 정착하게 되었다. 이러한 준왕 집단의 남쪽으로의 이주에 대해 『삼국지(三國志)』 동이전(東夷傳) 한조(韓條)에는 소규모의 집단으로서 한(韓)의 땅에 정착한 것으로 되어 있다.[36] 반면에 『후한서(後漢書)』 동이전(東夷傳) 한조(韓條)[37]에는 수천 인 규모의 집단으로 남하하여 마한을 공파한 것으로 되어 있다. 이렇듯 두 사료가 서로 다른 기록을 보이는 이유는 『삼국지(三國志)』는 준왕 집단이 처음 내려올 당시의 상태를 반영해주고 있고, 『후한서(後漢書)』는 한(韓)의 땅에 정착한 이후 준왕 집단이 마한의 주도권을 장악하는 과정을

---

33) 『三國史記』, 百濟本紀, 溫祚王 24년條.

34) 『三國史記』, 百濟本紀, 溫祚王 13년條.

35) 辰韓在馬韓之東 其耆老傳世自言 古之亡人 避秦役 來適韓國 馬韓割其東界地與之.

36) 『三國志』 東夷傳 韓條. 노중국, 『백제정치사연구』, 일조각, 86면에서 재인용.

37) 初朝鮮王準 爲衛滿所破 乃將其餘衆數千人 走入海 攻馬韓破之 自立爲韓王.

보여 주는 것이라 볼 수 있다.[38] 그러나 준왕세력의 붕괴 이후 마한의 영도권은 다시 다른 세력집단에게로 넘어가 버린 것으로 추정된다. 이 마한세력은 위만조선 멸망 전후에 파생된 유이민(流移民)에 의해 진한(辰國) 세력이 해체되고 한강유역에 힘의 구심력이 붕괴되자 그 세력범위를 한강유역에까지 확대한 것 같다. 이 과정에서 한(韓) 세력은 오늘날의 경기·충청·전라도 지역을 끌어안는 마한 연맹체로 발전된 것으로 보인다.

연맹체의 영역이 이렇게 경기도 지역까지 확대된 이후 마한의 영도권은 목지국(目支國)이 차지한 것 같다. 마한 연맹체의 맹주국으로서의 목지국이 그 지위를 언제까지 유지하였는지 분명치 않으나 목지국(目支國)의 영도세력으로서의 지위는 3세기 중엽경까지는 지속되어진 것이라 하겠다.[39]

마한 연맹체의 중심세력이 이와 같은 변화를 거치는 과정에서 위례(慰禮) 지역을 기반으로 소국(小國)을 성립시킨 백제는 진왕(辰王)의 영도권하에 존재하면서 성장해 가고 있었다. 하남위례성으로의 천도를 마한(馬韓)에 고했다든가[40] 말갈추장 소모(素牟)를 잡아 마한에 보낸 것 등[41]은 이 시기의 백제가 마한에 종속되어 있는 상황을 보여 주는 것이다.

그러나 초기 백제는 한강유역을 중심으로 미추홀(彌鄒忽)의 세력과 지역연맹체를 성립시키고 나아가 영역을 보다 확대하였다. 그러면서 점차 목지국(目支國)의 영도권에 도전하게 되었다. 이 도전과정은 마한(馬韓) 내에서 백제의 정치적 영향력의 확대과정과 궤도를 같이 하는 것이다.

초기 백제와 마한과의 관계는 몇 단계로 나누어 볼 수 있다. 첫째 단계는 유이민(流移民) 집단으로서 정착한 백제가 마한(馬韓)의 용인하에 성읍국가를 성립시킨 단계이다.

둘째 단계는 초기백제가 마한 연맹체 내에서 일정한 정치적 영향권을 확보하는 단계이다. 이 단계는 초기 백제가 미추홀 세력과 지역연맹체를 성립시키고 그 주도권을 장악한 이후의 일로 생각된다.

셋째 단계는 웅천(熊川, 안성·평택지방)까지 영향력을 확대한 초기 백제가 그 기반 위에서 목지국의 영도권에 도전하게 되는 단계이다.

넷째 단계는 백제가 목지국을 병합하여 마한의 맹주국으로 등장하는 단계이다. 이 단계에 오면 목지국은 맹주국으로서의 지위는 유지하였으나 점차 그 힘이 쇠퇴하여 가고

---

38) 노중국, 『백제정치사연구』, 일지사, 1988, 87면 참조.

39) '辰王治目支國': 『三國志』 東夷傳 韓條. 이 辰王은 마한 연맹체의 연맹장으로 파악하고자 한다. 왜냐하면 『三國志』 韓條는 마한의 54국의 국명과 대략적인 戶數를 든 후에 辰王을 언급하고 있기 때문에 이 辰王은 곧 馬韓王이 되며 辰王의 治所인 목지국은 마한의 영도국이 되는 것이다; 노중국, 앞의 책, 88면 참조.

40) 『三國史記』 百濟本紀, 溫祚王 13년條.

41) 『삼국사기』, 百濟本紀, 溫祚王 18년條.

있었다.[42)]

이처럼 쇠약해 가던 목지국에 결정적 타격을 가한 것은 위정시(魏正始) 7년(247)에 일어난 중국군현과 한(韓)세력과의 대결이다. 마한의 맹주국인 목지국이 중심이 되어 벌어진 중국군현과의 싸움은 마한의 패배로 끝나고 말았다. 중국 군현과의 싸움에서의 패배는 수십 개의 소국(小國)의 이탈을 가져왔다.

이러한 상황 속에서 백제는 여타 도전세력들에 앞서 목지국의 병합에 착수하였던 것이다. 백제가 마한의 맹주국인 목지국을 병합한[43)] 것은 백제의 성장에 있어서 하나의 분수령이 되었다고 할 수 있다. 목지국의 병합은 백제가 연맹체 내의 세력들을 재편하는 바탕을 마련해 주었다. 백제는 이러한 바탕 위에서 영역내의 여러 세력들에 대한 통제력과 결속력을 보다 강화시켜 나갈 수 있었다.

3) 초기 백제의 성립

초기 백제는 마한의 통제를 받으면서 백제보다 앞서 발전한 마한과의 충돌을 가능한 한 피하면서 국가의 성장을 꾀하지 않을 수 없었다. 백제는 2세기 중엽 하북위례성(河北慰禮城)[44)]에서 하남위례성(河南慰禮城)[45)]으로 수도를 옮기게 된다. 이는 어느 정도 백제의 주도권을 장악한 온조 집단이 낙랑·말갈 등 북방세력에 대한 방어를 보다 효율적으로 꾀하고, 강남의 비옥한 토양에서 가능한 생산력의 확대를 기하기 위한 것이었다. 이렇듯 백제는 하남위례성으로 서울을 옮기고 부여씨(扶餘氏)의 왕통(王統)이 확립되면서 비류계(沸流系)의 해상세력을 흡수·통합하였다. 이러한 정치적 발전은 기존의 한강유역의 문화와 경제적 바탕을 기반으로 하였다.

백제가 고대국가로 도약하게 된 것은 고이왕(古爾王, 234~286) 이후이다. 그러나 부여계 왕통을 세운 초고왕(肖古王) 이후 직계[直系, 구수왕(仇首王)·사반왕(沙伴王)]와 방계[傍系, 고이왕(古爾王)]의 대립이 나타났다. 전자는 해(解)씨와 후자는 진(眞)씨와 결속되어 갈등이 첨예화되었다.

---

42) 앞의 책, 백제본기, 온조왕 26년조: 秋七月 王曰馬韓漸弱 上下離心 其勢不能久.

43) 백제가 목지국을 병합한 시기는 『三國史記』에는 온조왕 27년으로 되어 있다. 그러나 노중국은 온조왕대는 十濟의 단계로 파악하는 입장에서 온조왕 27년설은 取信하지 않고 목지국이 급격히 쇠퇴해진 외적 계기가 247년 중국군현과의 싸움에서의 패배라고 하는 점에 주목하여 3세기 중엽 이후의 古尔王代에 이루어진 것으로 추정하고 있다.

44) 하북위례성의 위치에 대해서는 서울의 東小門 밖 10리의 三角山麓 일대로 보는 설과 洗劍亭 일대로 보는 설이 있어 왔는데 근래에는 이를 中浪川 부근에 비정하는 견해도 나왔다. 노중국, 『백제정치사연구』, 일조각, 1988, 56면 참조.

45) 하남위례성의 위치에 대해서는 廣州郡 春宮里 일대로 보는 설과 城東區 風納里土城으로 보는 견해 및 江東區 夢村土城으로 보는 설 등이 있다. 노중국, 『백제정치사연구』, 일조각, 1988, 56면 참조.

여기에서 고이왕은 해씨의 도움을 받은 직계세력의 도전을 물리치고 등장하였다. 더 구나 고이왕은 모구검(母丘儉)의 고구려 정벌을 틈타 낙랑 남부를 탈취하는 한편,[46] 목지국을 정복하여 마한의 새로운 영도국이 되었다.

고이왕대 주요한 정치적 변화는 우선 5부체제를 성립시켜 토착·유이민 세력의 재편성을 꾀한 점이다. 이러한 5부체제의 성립은 고구려 고국천왕(故國川王, 179~197) 때에 부족적 전통을 가졌던 5부가 행정적인 5부로 개편된 것과 마찬가지로 파악할 수 있다. 다시 말하면 5부체제의 성립은 각 부의 지배세력이 중앙 귀족화된다는 것을 의미한다.

다음으로 고이왕대에는 우보(右輔)·좌장(左將)의 임명을 비롯하여 6좌평제(佐平制)와 16관등제를 설치하였다.[47] 이러한 좌·우보의 소멸과 그에 따른 좌평제의 실시는 새로운 관직체계로의 이행을 의미하는 것이다. 그러나 신라의 대등회의(大等會議)나 고구려의 제가회의(諸加會議)와 같이 백제의 군신회의(群臣會議)도 부족적 흔적을 극복하지 못한 현상이다.

끝으로 고이왕은 농업생산력의 확대를 위한 농토개간과 도작(稻作)의 본격화를 꾀하였다. 고이왕 9년의 '나라 사람들에게 명령하여 남쪽 진펄에 벼논(稻田)을 개간하게 하였다'라는 사실은 확대된 웅천(熊川, 안성·평택 등) 지역의 개척으로서[48] 한전(旱田)에서의 벼농사가 수전(水田)으로 확대됨에 따라 왕권의 물질적 기반을 강화시킬 수 있었다. 이와 같은 수리권(水利權)의 국가적 장악은 방어 시설, 궁전의 축조 등과 같이 대규모의 인력동원을 가능케 하는 집권국가 성장의 근거가 될 수 있다.

4) 중앙집권적 고대국가의 완성

(1) 비류계(比流系) 왕통(王統)의 성립

초고왕과 고이왕으로 대표되는 온조왕의 직계·방계는 왕위계승을 둘러싼 갈등을 계속하였다. 비류계(比流系, 초고왕계)는 이러한 상황에서 등장하여 제천사지(祭天祀地)의 의식을 통해 왕실의 권위를 높였고,[49] 궁실을 중수하여 초고계(온조 직계)의 재등장 기반을 마련하였다.

비류왕 때 복구된 초고왕계의 정통 백제 왕실은 근초고왕에 이르러 그 왕통이 확립되

---

46) 『三國史記』 권24 古爾王 13년條.

47) 고이왕 27년(260)의 6佐平 설치(『三國史記』 권24)에 대하여 노중국은 泗沘시대의 사실로 파악하고 있다.

48) 노중국, 앞의 책, 84면.

49) 車勇杰, 「百濟의 祭天祀地와 政治體制의 變化」, 『韓國學報』 11, 1978, 67면; 신형식, 『百濟史』, 이대출판부, 1992, 152면에서 재인용.

어 계승되었다.

근초고왕은 계왕(契王, 고이왕계)으로부터 왕위를 이어받아 비류계 왕통을 되찾았다. 그러나 『삼국사기』에는 3년에서 20년까지의 기록이 누락되어 있다. 이는 즉위 초 정변이나 정치적 시련이 있었음을 시사해준다. 근초고왕은 결국 비류계의 왕통을 확립한 후 분산된 5부의 병권을 하나의 국가의 군대로 편제하여 정복국가로서의 체제를 완비하였다.[50]

비류왕의 초고왕계는 근초고왕(近肖古王) 이후 정상적인 왕위계승을 계속하였다. 근초고왕(346~375) 이후 삼근왕(三近王, 477~479)까지 140여 년간 진사왕(辰斯王)을 제외하고 비교적 순탄한 부자상속이 계속되었다. 무엇보다도 이 시기는 진씨와 해씨로 이어지는 왕비족이 뚜렷하게 나타나 신라(中古)의 박씨 왕비족과 같은 위치를 확보하였다. 또한 불교의 공인과 상좌평(上佐平)의 설치에 따라 왕권의 강화가 촉진되었다.[51] 그러나 이 시기는 왕권이 크게 신장되었다 해도 결과적으로는 귀족연합체제의 모습을 벗어난 것은 아니다. 근초고왕 이후 아신왕(阿莘王)까지 왕비나 좌평 등을 배타적으로 독점한 진씨 세력이나, 전지왕(腆支王) 이후의 해씨 왕비족의 출현이 바로 그 예이다. 그 외 아신왕 7년에 좌장(左將)이 된 사두(沙豆)의 사씨(沙氏) 세력이나 개로왕대의 목씨(木氏) 등도 무시하지 못할 존재였다.

아신왕을 이은 전지왕은 국인(國人)이라는 명분으로 해수(解須)·해충(解忠) 등 해씨세력의 지원을 받아 해씨왕비시대를 이룩하였다. 그는 왕권을 강화하기 위해 왕자(王子)·왕제(王弟)를 상좌평(上佐平)에 임명하기도 하였으나, 왕권은 계속 귀족세력의 견제를 받았다. 그럼에도 전지왕은 해씨 세력을 바탕으로 유력한 귀족세력 간의 정치적 타협물인 상좌평제를 통해 새로운 왕권강화의 모색을 꾀하였다.

비유왕(毗有王)은 나제동맹을 맺어 고구려 세력을 견제하는 한편, 송(宋)·왜(倭)와의 교섭도 활발히 추진하였다. 이와 같은 국난극복과 실추된 왕권 강화를 적극 추진한 장본인은 개로왕(蓋鹵王)이었다. 개로왕은 재위 21년 동안(455~475)에 『삼국사기』에는 4년간의 기록이 남아 있을 뿐이며 즉위 후 14년까지는 공백으로 되어 있다. 그러므로 이와 같은 특이한 기록 삭제는 국초에 정변이 있었음을 의미하거니와, 개로왕은 귀족세력의 대립 속에서 왕권강화를 추진한 것으로 생각된다. 개로왕은 기존의 해씨나 진씨가 아니라 왕족출신의 인물을 발탁하여 친위(親衛) 세력을 확보하려는 정책을 폈다. 그리고 대외적으로는 친북위(親北魏)·친송(親宋) 및 신라와의 우호정책을 펴 나갔다. 이러한 개로왕의

---

50) 신형식, 『백제사』, 이화여대출판부, 1992, 157면.

51) 上佐平의 설치가 갖는 정치적 의미에 대해서 李鍾旭은 '王子·王弟가 중심이 되어 왕권을 제약하는 세력을 축소시켜 상대적으로 왕권을 강화시키는 것'으로 보았다. 이종욱, 「백제의 佐平」, 『진단학보』 45, 1978, 40면.

대외정책은 고구려에 대한 외교적 견제가 하나의 목적이었다.

개로왕의 왕권강화 정책은 왕실의 위엄을 나타내려는 화려한 궁정(宮廷)과 누각(樓閣) 등의 축조에서도 엿볼 수 있다.[52] 이러한 개로왕의 웅대한 계획은 일부 귀족층의 반발과 백성들의 불만 그리고 고구려의 침략으로 실패하였다. 그러나 개로왕의 이러한 정책은 웅진천도 이후 전제왕권 구축의 기반을 마련하였다.

5) 백제의 왕도(王都) 한성(漢城)

○ 遂至漢山 登負兒嶽 望可居之地(中略) 十臣諫曰惟此河南之地 北帶漢水 東據高岳 南望沃澤 西阻大海 其天險地利 難得之勢 作都於斯 不亦宜乎 沸流不聽 分其民 歸弥鄒 忽以居之 溫祚都河南慰禮城 以十臣爲輔翼 國號十濟(中略) 歸見慰禮 都邑鼎定 人民安 泰(中略) 改號百濟

－『三國史記』百濟本紀 卷23, 溫祚王 元年條 －

"드디어 한산(漢山)에 이르러 부아악(負兒嶽)에 올라 가히 거할 땅을 바라보았다. …(중략)… 열 명의 신하가 간하여 가로되 "오직 이 강남의 땅이 북쪽으로는 한수(漢水)를 띠처럼 두르고, 동쪽으로는 높은 산에 의지하였고, 남쪽으로는 비옥한 벌판을 바라보고, 서쪽으로는 큰 바다에 막혔으니 그 천험지리가 얻기 어려운 형세입니다. 이곳에 도읍을 세우는 것이 또한 마땅하지 않겠습니까?"라고 하였다.

비류는 듣지 않고 그 백성을 나누어 미추홀(彌鄒忽)로 돌아가 그곳에 거하였다. 온조는 하남위례성에 도읍을 정하고 열 명의 신하로 보좌를 삼아 국호를 십제(十濟)라 하였다. …(중략)… 위례(慰禮)에 돌아와 보니 도읍은 세 발 달린 솥처럼 안정되고 백성들은 편안하고 태평하였다. …(중략)… 국호를 백제(百濟)로 고쳤다."

한성시대의 백제는 온조왕부터 개로왕 때까지, 다시 말하여 서기전 18년부터 기원후 475년까지의 약 500년간에 걸쳐 존속했다.

『삼국사기』「백제본기」에 보이는 한성(漢城)시대 왕도(王都)에 관한 기사는 다음과 같다.[53]

① 溫祚王 十三年 春二月 王都老嫗化爲男

"온조왕 13년 봄 2월에 왕도의 노파가 변하여 남자가 되었다."

② 肖古王 二十二年 夏五月 王都井及漢水皆竭

"초고왕 22년 여름 5월에 왕도의 우물과 한강의 물이 모두 말랐다."

③ 仇首王 九年 夏六月 王都雨魚

---

52) 『삼국사기』 권24 개로왕 21년조.

53) 서정석, 「백제 웅진도성의 제 문제」, 『백제문화』 제30집, 2001, 141면.

"구수왕 9년 여름 6월에 왕도에 물고기가 비처럼 내렸다."

④ **蓋鹵王 二十一年 秋九月 麗王巨璉帥兵三萬 來圍王都漢城**

"개로왕 21년 가을 9월에 고구려왕 거연(장수왕)이 병사 3만을 거느리고 와서 왕도
한성을 포위하였다."

여기서 보면 하나같이 한성지역을 왕도(王都)로 표기하고 있음을 알 수 있다. 아울러
'한성(漢城)'이라는 것이 방어시설물로서의 성곽을 의미하는 것이 아니라 한성시대 왕도
(王都) 전체를 가리키는 것임도 알 수 있다.

2. 웅진(熊津)시대의 백제

1) 한성(漢城) 함락과 웅진(熊津) 천도(遷都)

(1) 웅진 천도의 배경

백제의 웅진 천도는 고구려의 공격에 의한 왕성(王城) 함락과 왕(王)의 피살이라는 국가
적 위기 상황에서 이루어진 것이었다. 따라서 계획된 천도(遷都)였다기보다는 위기 상황
속에서 이루어진 수세적인(守勢的)인 천도였다고 할 수 있다. 고구려의 남진강화로 압박
을 강하게 받게 된 백제는 이 압박에 대처해 나가기 위해 다각적으로 방책을 강구하였다.

개로왕은 대외적으로 고구려의 압력에 대항하면서 내부적으로 왕권강화를 위해 일련
의 정치적 변혁을 추진하고 있었다. 그러나 개로왕의 이러한 정치적 개혁은 귀족세력들
사이에서 반발을 초래하게 되었고, 또 왕실의 권위를 높이기 위한 대토목공사는 국력의
피폐와 민력의 소모를 가져오게 되었다. 이러한 시기에 고구려는 대군을 보내어 백제공
격을 단행하였던 것이다. 고구려군의 공격을 받게 된 개로왕은 문주를 신라에 보내어 원
군을 요청하였다. 백제를 공격한 고구려군은 왕도한성을 공격함에 있어 먼저 북성을 공
격하여 7일 만에 함락시키고 다시 남성공격에 나섰다.[54] 남성에 있던 개로왕은 고구려의
남성공격이 강화되자 성을 버리고 도망하였으나 마침내 고구려군에게 붙잡혀 아단성(阿
旦城) 아래에서 죽임을 당하고 말았다. 그런데 『일본서기(日本書紀)』에 인용된 『백제기
(百濟記)』에 의하면[55] 고구려군이 7일 동안 대성을 공격하여 이를 함락시킨 후 왕을 비
롯한 태후와 왕자 등을 모두 죽인 것으로 되어 있다. 따라서 이 기사를 통하여 왕도함락

---

54) 『三國史記』 百濟本紀, 개로왕 21년조.
55) 『日本書紀』 雄略紀 20년조.

으로 백제는 왕을 비롯한 무수한 왕족의 피살이라고 하는 인적 피해를 입었다는 사실을 알 수 있다. 이러한 왕족의 대참살은 웅진천도 이후 전개된 정치정세에 미친 영향도 적지 않았던 것으로 보인다.

한편 이 시기에 신라에 구원을 요청하러 간 문주는 신라로부터 구원군 1만 명을 이끌고 한성에 당도하였다. 그러나 구원군이 이르기 전에 한성은 함락되었고 왕을 비롯하여 왕후와 왕자들이 모두 적의 손에 죽었으며 또 고구려군도 이미 물러가고만 뒤였다. 이에 문주는 국맥을 잇기 위해 한성에서 왕위에 올랐다. 문주가 왕위에 오를 수 있었던 배경은 분명치 않으나 한성함락이란 비상시국과 깊은 관련이 있다고 할 수 있다.

한성에서 왕위에 오른 문주는 한성을 버리고 웅진으로 천도를 단행하였다. 한성시대에 웅진이 어떠한 위치에 있었는지는 분명치 않다. 다만 웅진이 지리적 천험으로 군사상의 요지였다는 면에서 볼 때 일장 고구려의 예봉을 피하기 위해 군사적 요지인 웅진을 수도지역으로 택하였을 것으로 생각된다. 이는 개로왕 21년 가을 9월에 고구려의 공격을 받은 후 동년 10월에 도읍을 옮긴 데서 보듯이 문주왕으로서는 수도 택지의 시간적 여유가 없었다는 점과 한성함락 이후 군사지리적 측면에서 최대의 요지가 웅진이었다고 한 사실 등에서 충분히 입증이 되리라 본다.

2) 웅진 천도 초기의 정세

개로왕의 전사, 왕도의 함락과 한강유역의 상실, 그리고 불의의 천도 등은 백제로서는 일대타격이요, 위기였음에 틀림없다. 이와 같은 와중에서 문주왕은 왕제인 곤지(昆支)를 내신좌평에 임명하고 장자 삼근(三斤)을 태자로 봉하였다.[56] 이는 천도라는 급변한 상황 속에서 왕족을 등용하여 왕실의 안정을 꾀하려는 의도에서 나온 조처로 보인다.

그러나 천도초기의 백제는 남하해 온 귀족들의 자체분열과 갈등으로 왕의 피살과 귀족의 반란이라고 하는 정치적 혼미에 빠져들게 되었다. 그러한 정치적 혼란이 최초로 표출된 것이 해구(解仇)의 반란이라 할 수 있다. 전지왕(腆支王) 이후 실권을 장악하였던 해(解)씨 가문이 개로왕대에 어느 정도의 세력을 유지하고 있었는지는 분명치 않다. 다만 웅진천도라고 하는 비상사태에 직면해서 해씨 세력은 다시 그 위세를 떨치게 되었으니 문주왕 2년에 해구가 병관좌평이 되어 군사권을 관장하게 된 것이 그 예가 된다.

군사권을 장악한 해구는 문주왕 3년 7월에 곤지가 사망하자 곧 권력을 마음대로 휘두르고 법을 어지럽히기 시작하였다.[57] 곤지의 사망과 해구의 권력 농단은 긴밀한 상관관

---

56) 『三國史記』百濟本紀, 文周王 3년조.
57) 『三國史記』百濟本紀, 文周王 4년조.

계를 가지고 있는 듯하다. 왜냐하면 곤지는 개로왕대에 왜에 파견되어 하내비조(河內飛鳥) 지역을 개척하여 세력권을 구축하였고 문주왕대에는 내신좌평에 임명되어 이 시기에 가장 비중 있는 세력자였기 때문이다. 이렇게 볼 때 곤지의 죽음은 정변에 의한 결과일 가능성이 크다. 7월의 곤지의 사망, 8월의 해구의 권력 농단이라고 하는 일련의 사태는 해구가 곤지를 제거하였을 가능성이 큼을 보여 준다.[58] 천도 이후 불안정한 상황 속에서 왕의 동생이요, 내신좌평이었던 곤지가 제거됨으로써 문주왕은 그의 정치적 배경을 상실하게 되었다. 이로써 해구는 실권을 장악하였다. 그리고 왕의 출렵(出獵)을 기회로 삼아 마침내 왕을 살해하고 어린 삼근(三斤)을 왕으로 옹립하였다.

어린 삼근왕을 끼고서 군국정사(軍國政事)를 마음대로 하던 해구는 삼근왕 2년에 반란을 일으켰다. 해구의 반란은 여타의 귀족들이 반항하기 시작함에서 비롯된 것 같다. 그러나 이 반란은 덕솔(德率) 진노(眞老)에 의해 마침내 평정되고 말았다.[59]

해구의 반란이 토평된 이듬해에 삼근왕이 죽고 그 뒤를 동성왕(東城王)이 왕위를 이었다. 동성왕은 문주왕의 동생인 곤지의 아들이었다. 따라서 그는 삼근왕의 사촌이 되는 셈이다.

이와 같이 천도초기의 백제는 귀족의 권력농단, 왕의 피살, 귀족의 반란이라고 하는 정쟁의 와중에 빠지게 되었다. 이 와중에서 남쪽으로 내려온 귀족들은 정권쟁탈을 위한 분열과 갈등을 되풀이하였다. 그 과정에서 새로이 실권을 장악한 세력이 있는가 하면 지배층 내에서 이탈되거나 도태되는 세력도 있었다. 그러나 이 시기의 왕권은 지배층 내의 갈등을 조정하지 못하였을 뿐만 아니라 신하들을 능히 제압하지 못하였다. 이로써 이 시기의 왕권은 무력한 상태로 빠지게 되었으며 그로 말미암아 왕의 권위와 위엄은 크게 실추되었다.

3) 신진세력(新進勢力)의 등장과 그 배경

백제가 웅진(熊津)으로 천도한 이후 동성왕 5년까지의 지배세력은 남쪽으로 내려온 귀족들이 중심이 되었다. 그러나 동성왕이 즉위한 후 천도 초기의 정치적 혼란을 수습해 가게 되면서 한성시대에는 거의 알려져 있지 않던 성씨들이 지배세력 속에 다수 등장하게 된다.

웅진천도 이후 신흥한 세력들 중에서 가장 중심이 되는 성씨는 대성 8족과 관련시켜 볼 때 사(沙)씨, 연(燕)씨, 백(苩)씨라고 할 수 있겠다. 이 성씨집단들은 금강 유역권을 기

---

58) 노중국, 『백제정치사연구』, 일조각, 1988, 150면 참조.
59) 『三國史記』 百濟本紀, 三斤王 2년조.

반으로 한 토착세력으로서 이 시기에 새로이 두각을 나타낸 세력으로 파악된다.

그런데 이 신흥세력들은 동성왕 즉위 이후에 집중적으로 나타나고 있다. 이는 오랫동안 왜국에서의 체류로 본국에서의 정치적 기반이 미약하였던 동성왕이 금강유역권의 신흥세력들을 등용함으로써 자기의 세력기반의 확대를 도모한 데서 나온 것이 아닐까 한다. 동성왕의 이와 같은 정책에 따라 중앙으로 등장하게 된 신진세력들은 점차 정치의 주도권을 잡아가게 되었다.

이처럼 동성왕이 정국안정과 왕권강화책의 일환으로 신진세력을 등용하고, 이들이 정치적 활동을 확대하게 됨으로써 정치의 실권은 점차 남쪽으로 내려온 귀족에서 신진세력의 수중으로 들어가게 되었다. 이로써 백제는 한성시대와는 다른 새로운 시대의 서장을 열게 된 셈이다.

그렇다면 동성왕대에 와서 신진세력들이 다수 등장하게 된 배경이 무엇일까. 이 문제에 대한 해명은 두 가지 각도에서 정리할 수 있을 것 같다. 하나는 천도초기의 남쪽으로 내려온 귀족들의 존재양태와 관련한 백제왕실의 정국안정정책이다. 다른 하나는 금강 유역권을 기반으로 한 토착세력들의 성장이다.

웅진 초기에 지배세력의 중추를 이룬 것은 한성시대와 마찬가지로 왕족인 여(餘)씨를 비롯하여 해(解)씨·진(眞)씨·목(木)씨 등 남쪽으로 내려온 귀족으로 구성되었다고 하겠다. 그러나 웅진 초기의 중요지배세력들이 남쪽으로 내려온 귀족을 중심으로 이루어졌다고 하더라도 그들의 정치적 경제적 기반은 한성시대와 동일시할 수가 없다. 왜냐하면 한성의 함락 및 한강유역의 상실은 이 지역에 근거를 가지고 있던 남쪽으로 내려온 귀족들의 세력기반의 상실을 의미하며 세력기반의 상실이란 곧 그들의 존립자체를 위협할 수 있는 것이기 때문이다. 이러한 상황 속에서 백제 왕실의 당면과제는 미약해진 왕권을 회복하여 강화시키고 정치적 안정을 구축하는 것이라 할 수 있다.

이에 동성왕은 정치적 안정 기반을 구축하기 위한 방편으로서 지방의 유력세력들과 연결을 도모하였다. 그리고 그들을 중앙세력으로 흡수하여 남쪽으로 천도한 후 자체 분열로 혼란만 거듭하는 남쪽으로 내려온 귀족세력들에 대한 견제세력으로 내세우면서 이 신구 세력의 조정 위에서 왕권의 강화와 정국안정을 도모하였다. 동성왕의 이와 같은 방향설정이 금강 유역권에 기반을 둔 신진세력들이 대거 중앙으로 등장하게 된 배경의 하나가 되었다.

4) 동성왕(東城王)의 정치적 한계

웅진천도 후 귀족세력 간의 갈등 속에서 즉위하게 된 동성왕은 즉위 후 금강유역에 기반을 가진 신진세력들을 대거 등용함으로써 정치적 기반을 확대하고 나아가 천도에 따른 정국의 혼란을 수습하여 갔다. 그러나 신구 세력의 조정 위에서 왕권의 강화와 안정기반을 구축하려는 동성왕의 시도는 용이하게 수행되어진 것은 아닌 것 같다. 왜냐하면 지배질서가 일단 동요된 상황에서 지방세력들의 향배가 유동적이었다.[60] 또 신진세력의 등장에 따른 신구 세력의 갈등이나 마찰이 제대로 조절되지 않으면 구귀족은 물론 신진세력에 대한 견제도 불가능하였기 때문이다. 신진세력의 등장 이후 점진적으로 행해진 신구세력의 조절 내지 세력교체는 진노(眞老)의 사후 연돌(燕突)이 병관좌평이 됨으로써 일단락되었다. 그러나 신진세력의 힘의 비대화는 왕권으로서는 견제의 대상이 아닐 수 없었다. 이에 동성왕은 가림성(加林城)을 축조하여 웅진지역에 기반을 가진 위사(衛士)좌평 백가(苩加)를 성주(城主)로 내보냄으로써 신진세력에 제동을 걸었다. 동성왕의 이와 같은 견제조치는 위사좌평 백가를 위시한 신진세력의 불만을 사게 되었다. 그 결과 동성왕은 사비서원(泗沘西原)에서의 전렵(畋獵) 후 백가세력에 의해 제거되고 말았다.[61]

이렇듯 동성왕이 신구세력의 조정에 보다 치중하지 않을 수 없었다는 것은 바로 동성왕대의 정치의 한계였다. 또한 이때까지 백제왕권이 딛고 있는 정치기반의 폭이 어느 정도였던가를 보여 주는 것이라 하겠다.

5) 백제 웅진 도성의 구조[62]

백제 웅진시기 연구에 있어 해결해야 할 문제 가운데 하나가 바로 도성(都城)에 관한 것이다. 그리고 이와 관련하여 대두되는 것이 웅진 도읍기의 왕궁지(王宮址)는 어디에 있었는가 하는 문제이다. 이 문제와 관련하여 주목되는 곳이 공산성(公山城)이다.

공산성은 백제시대의 웅진성(熊津城)으로[63] 웅진 도읍기에는 도성(都城)으로 기능하였고, 사비(泗沘) 도읍기에는 북방(北方)의 중심성(中心城)으로 자리하면서 백제시대의 군사·행정적인 면에서 중요한 역할을 담당한 것으로 알려져 있다. 이러한 역할은 비단 백제시대뿐 아니라 백제가 멸망한 후 통일신라시대에도 웅진주(熊津州)의 수부(首府)에 위치

---

60) 大豆城의 燕信이 解仇를 도와 반란을 일으킨 것이 그 예가 되겠다.

61) 『三國史記』百濟本紀, 東城王 23년조.

62) 박현숙, 「웅진 천도와 웅진성」, 『백제문화』 30집, 2001; 서정석, 「백제 웅진도성의 제 문제」, 『백제문화』 제 30집, 2001 참조.

63) 熊津은 경덕왕 때 熊州로 개칭된 다음 '熊'자 대신 '公' 자를 선택하여 公州가 되었고, 熊津城이 있던 '熊山' 역시 '公山'이 되었다. 輕部慈恩, 「熊津城考」, 『百濟遺跡の研究』, 吉川弘文館, 1971, 17~19면.

한 중심성으로 자리했으며, 고려(高麗)·조선(朝鮮)시대에 이르러 호서(湖西) 지방의 행정 중심지가 공주(公州)에 위치하면서는 공주의 지정학적 중요성과 비례하여 공산성(公山城)의 기능도 다양하게 전개되었다.

475년 고구려의 한성(漢城) 함락은 완전한 한성 지역 장악이 아니라, 한강 유역에 교두보를 마련한 것이었다고 할 수 있다. 따라서 백제의 웅진 천도는 475년 고구려 공격에 의한 한성(漢城) 상실 때문만이 아니라 여러 가지 이유가 복합적으로 작용했던 것이다. 그 직접적인 요인은 한성의 폐허화일 것이다. 국가를 지탱하는 가장 기본적인 시설들이 전쟁터가 되어 불타 버리고 파괴된 한성에서 더 이상 머물 수는 없었다. 또 하나는 잠재되어 있는 고구려의 공격 가능성이다. 고구려의 지방 통치방식은 영역지배라기보다는 점(点)과 선(線)을 연결하며 교두보나 거점을 마련하는 거점지배 방식을 보여 주고 있다. 몽촌토성에서 출토되는 고구려 토기나, 이성산성(二聖山城)의 고구려 유물들, 아차산성(阿且山城) 등의 보루는[64] 한강 유역을 두고 고구려와 백제가 계속 대치 국면을 벌이고 있었다는 것을 보여 준다. 이러한 고구려의 잠재적 공격을 방어하기 위해 차령산맥과 계룡산지 사이를 관류하는 금강(錦江) 남안(南岸)에 위치한 천연적 요새지인 웅진(熊津)에 도읍하게 된 것이다. 그리고 또 한 가지 요인은 상처받은 백제 왕실의 권위 회복이라고 할 수 있다. 개로왕의 전사로 왕위에 오른 문주왕(文周王)은 폐허가 된 한성에 더 이상 머물 수 없었다. 새로운 도읍지에서 체제 정비를 모색하였던 것이다.[65] 그러나 웅진천도 후 문주왕과 삼근왕(三斤王)이 단명(短命)하는 정치적 위기는 계속되었으며, 동성왕(東城王)의 즉위를 계기로 왕권이 안정기에 들어서자 동성왕 23년부터는 사비천도 계획이 본격화되고 있다.[66] 이는 웅진(熊津) 천도(遷都)가 백제 국가체제를 재정비하는 준비의 시간이었음을 보여 준다.

백제의 도성 체제를 이해하기 위해서는 한성시기 남성(南城)과 북성(北城)의 존재라든가, 사비시대 평지성(平地城)과 부소산성(扶蘇山城)의 존재를 참고해 볼 수 있을 것이다. 왕궁(王宮)은 국왕의 처소로서 정치적·경제적·문화적으로 중심체 역할을 하였기 때문에 도성(都城)의 핵심에 위치하였다고 할 수 있다. 백제사의 도성 체제는 산 아래의 평지성(平地城)과 산 위의 피난 성(城)인 산성(山城)이 하나의 체제를 이루고 있었다.[67] 공산

---

64) 경기북부 지역에 분포하고 있는 삼국시대의 성곽은 약 85개소이며, 이 가운데 30개소는 고구려의 성곽으로 밝혀지고 있는데 주로 堡壘에 해당된다.

65) 이러한 요인 외에 熊津에 大勢力家가 없었다는 점도 遷都 당시 고려된 것으로 보인다. 이남석, 「熊津地域 百濟遺跡의 存在意味」, 『백제문화』 26, 1997, 47~51면.

66) 노중국, 「백제 왕실의 南遷과 지배세력의 변천」, 『한국사론』 4, 1978, 93~94면.

67) 河上邦彦, 「東아시아의 都城과 苑池」, 『東北아시아의 古代都城』, 1996, 11면.

성은 산성(山城)으로 기능하였다고 보여 진다. 사비 천도 초기 부소산과 금성산 일대의 비교적 높은 구릉지대가 중심지가 되었던 것같이, 웅진 천도 초기에는 공산성(公山城)이 중심지가 되었을 것이다. 그러나 문주왕(文周王) 3년 봄 2월과 동성왕(東城王) 8년 가을 7월에 궁실(宮室)을 중수(重修)하는 기록을 보았을 때 평지성(平地城)인 왕성(王城)을 정비한 것으로 이해된다.

웅진도성(熊津都城)도 평지성(平地城)과 산성(山城)인 웅진성(熊津城)으로 이루어진 것으로 보인다. 도성(都城) 내에는 궁궐과 관공서, 주거공간, 시장[68] 등이 형성되었을 것이다.

한편 웅진 주변에 배치되어 있는 산성을 보면 웅진 왕도(王都)에서 일정한 간격을 두고 원형으로 배치되어 있는 것을 알 수 있다.[69] 이러한 산성 배치는 고구려의 왕도 방비체제에서 보이는 위성방비체제(衛星防備體制)[70]를 연상시킨다. 한성시대 왕도(王都)의 방비체제는 남성(南城)과 북성(北城)으로 이루어진 '남북성체제(南北城體制)'라고 할 수 있다.[71] 웅진시대는 한 단계 진전된 '위성방비체제'를 갖추었던 것이다. 그런 점에서 이렇게 왕도를 중심으로 원형으로 돌려져 있는 산성의 안쪽을 도성(都城)이라고 부를 수 있다. 왕도(王都)를 중심으로 일정 거리에 산성을 배치하는 방법은 경주에서도 확인된다.[72] 이러한 사실은 웅진지역도 경주와 마찬가지로 나성(羅城)을 쌓을 필요가 없었음을 방증해 주는 자료이기도 하다.[73] 『周書』의 다음과 백제 관련 기록을 통해서도 이를 알 수 있다.

東西四百五十里南北九百餘里 治固麻城其外更有五方 中方曰古沙城 東方曰得安城 南方曰久知下城 西方曰刀先城 北方曰熊津城 (中略) 都下有萬家 分爲五部曰上部前部中部下部後部

－『周書』卷49, 列傳41, 異域 上 百濟條 －

"동서로 450리 남북으로 900여 리이다. 고마성과 그 밖에 다시 다섯 방향의 성을 관리하였다. 중방은 고사성, 동방은 득안성, 남방은 구지하성, 서방은 도선성, 북방은 웅진성이다. (중략) 도읍 아래 만가가 있어 이를 나누어 오부로 하였다. 상부, 전부, 중부, 하부, 후부가 그것이다."

---

68) 二年, 春, 燕信奔高句麗 收其妻子 斬於熊津市, 『三國史記』卷26, 百濟本紀4, 三斤王 2年條

69) 서정석, 「공주지역의 산성」, 『국립공주박물관기요』, 창간호, 2001, 113~128면.

70) 蔡熙國・全浩天 譯, 「高句麗の城の特徵」, 『東アジアと日本』, 吉川弘文館, 1987, 552~561면.

71) 왕도가 함락될 때 북성(北城)이 7일간 공격을 받고 이어 남성(南城)이 공격을 받은 다음 함락되는 것으로 보아 알 수 있다.

72) 박방용, 「都城・城址」, 『한국사론』 15, 국사편찬위원회, 1985, 357~359면; 박방용, 「신라 왕도의 수비」, 『신라문화』 9, 동국대신라문화연구소, 1992, 25~38면.

73) 서정석, 「백제 웅진도성의 제 문제」, 『백제문화』 제30집, 2001, 141~145면.

웅진 도읍기는 64년으로 마감되었다. 그것은 웅진 천도가 갑작스럽게 이루어졌고 수세적(守勢的) 입장에서의 천도였다는 점에서 장기간의 왕도(王都)로서는 적합하지 않았기 때문으로 보인다. 따라서 왕권이 안정기에 접어드는 동성왕대(東城王代)에는 사비(泗沘)라는 새로운 도읍지를 물색했던 것이다. 이와 같은 사비(泗沘)로의 천도 배경은 곧 웅진(熊津)이 장기적인 수도로서 약점을 지니고 있었다는 것을 의미한다. 그런데 웅진성은 사비로 천도한 뒤에도 지방통치의 중심성인 오방성(五方城) 가운데 하나인 북방성(北方城)으로서 계속 기능하게 된다. 왕도의 천도와 관계없이 사비시대에도 웅진성은 군사·행정적인 중요성을 지니고 있었기 때문이다.[74]

3. 사비(泗沘)시대의 백제

1) 사비 천도와 관제(官制) 정비

(1) 성왕(聖王)의 사비 천도

무령왕(武寧王)의 뒤를 이어 왕위에 오른 성왕(聖王)은 그 인물 됨됨이가 지식이 영매(英邁)하고 과단성이 있는 인물이었다.[75] 또한 천도지리(天道地理)에 통달하여 그 명성이 사방에 퍼졌다고 칭찬이 자자한 인물이었다.[76] 성왕의 이와 같은 뛰어난 자질과 결단력은 성왕이 사비천도를 단행하는 데 크게 기여하였을 것이다.

성왕은 즉위 후 16년에 사비로 천도를 단행하였다. 천도 후보지로서의 사비지역은 동성왕이 네 번에 걸쳐서 이 지역으로 전렵(畋獵)을 갔다고[77] 하는 데서 보듯이 백제왕실에서 일찍부터 관심을 가진 지역이었다. 성왕이 사비천도를 단행하게 된 목적에 대해서는 명확한 기록이 없다. 그러나 천도 후 성왕이 국호를 남부여(南夫餘)로 고치는 등 혁신적인 정책을 추진한 것에서 미루어 볼 때 사비천도는 실추된 왕실의 권위를 회복하고 왕권의 강화를 도모하고자 하는 목적에서 결행된 것이라 할 수 있다. 따라서 성왕대는 왕권의 강화라고 하는 측면에서 동성왕·무령왕대와 맥락을 같이 한다고 파악할 수 있다. 사비천도는 그러한 맥락의 마지막 완결작업이었다.

---

74) 박현숙, 「웅진 천도와 웅진성」, 『백제문화』 30집, 2001, 128~129면.

75) 知識英邁 能斷事 武寧薨 繼位 國人稱爲聖王: 『三國史記』, 百濟本紀, 聖王 卽位年條.

76) 聖王妙達天道地理 名流四表八方: 『日本書紀』, 欽明紀 16년 條, 노중국, 『백제정치사연구』, 166면에서 재인용.

77) 『三國史記』 百濟本紀, 東城王 12년·14년·22년·23년條 참조.

(2) 관제정비(官制整備)

성왕은 지배질서를 확립하고 왕권을 강화하기 위해 노력하였다. 그리고 그것을 통한 백제 중흥(中興)을 성취하기 위해 여러 방면에서 체제정비(體制整備)를 추진하였다. 성왕이 이 시기에 추진한 여러 조치 중에서 왕권강화를 위한 구체적인 작업이 관제정비라고 할 수가 있다.

사비시대에 정비된 관제로는 중앙관제로서의 '16관등제'와 '22부제(部制)' 및 '수도(首都) 조직으로서의 5부제(部制)'를 들 수가 있다. 지방통치 조직으로는 '5방(方)·군(郡)·성제(城制)'를 들 수 있다. 이들 관계는 웅진 도읍기 후반부터 마련되기 시작하였으며 사비천도 후에 완성되었다.

16관등제는 1품 좌평(佐平)에서부터 16품 극우(剋虞)에 이르기까지 16등급으로 이루어진 관등제(官等制)이다. 16관등 중 1품 좌평(佐平)은 5인, 2품 달솔(達率)은 30인으로 인원수(人員數)가 명기되어 있고, 3품 은솔(恩率) 이하는 정원에 대한 규정이 없다.

'22부제'는 내관(內官)과 외관(外官)으로 나뉘어졌다. 그중 내관은 전내부(前內部)를 비롯하여 12부로 이루어졌다. 외관은 사군부(司軍部)를 필두로 하여 10부로 구성되었다. 각 부의 명칭에서 미루어볼 때 내관은 주로 궁중업무를 관장하는 관서로 생각된다. 외관은 일반 행정을 관장하는 관부로 보인다. 그리고 각 부에는 장(長)이 있어서 행정의 책임을 맡았다. 그 임기는 '삼년일대(三年一代)'[78]라 하여 3년에 한 번씩 교체되도록 되어 있었다.

'수도5부제(首都五部制)'는 수도를 상부(上部)·전부(前部)·중부(中部)·하부(下部)·후부(後部)로 나누고 이 부(部)를 다시 5항(巷)으로 나누어 사서(士庶)로 하여금 거주하게 하는 제도이다. 이 부(部)의 책임은 달솔(達率)의 지위에 있는 자가 맡았으며, 그리고 각 부에는 5백 명의 군사가 통속되어 있었다.

'5방(方)·군(郡)·성제(城制)'는 전국을 중방(中方)·동방(東方)·남방(南方)·서방(西方)·북방(北方)의 5방(方)으로 나누고, 방(方) 밑에 군(郡)과 그 아래에 성[城, 현(縣)]을 둔 지방통치조직이다. 각 방(方)에는 방성(方城)을 두어 방(方)의 중심지로 삼았다. 그 장관을 방령(方領)이라 하여 달솔(達率) 지위에 있는 자가 맡았다. 그리고 방(方)의 총 병사 수는 7백 명 내지 1천 명이었다. 각 방이 관할하는 군(郡)의 수(數)는 7~10군이었다. 이 군에는 군장(郡將) 3인을 두었으며 덕솔(德率)의 지위에 있는 자가 그 책임을 맡았다. 이 외에 여러 작은 성(城)은 방성(方城)이나 군성(郡城)에 소속되어 있었다.

백제가 이와 같이 사비천도를 계기로 중앙과 지방의 제도의 완비를 보게 된 배경에는

---

78) 『周書』 百濟傳, 노중국, 『백제정치사연구』, 168면에서 재인용.

다음과 같은 것들이 있다. 첫째 한성 말(漢城 末) 웅진도읍기를 거치면서 중앙집권력이 약화되어 그 당시의 제도가 제 기능을 제대로 발휘하지 못하게 되었다는 점을 들 수 있다. 둘째는 지배질서의 문란으로 인하여 귀족세력들이 분권적 성격을 농후하게 지녔다는 것이다. 셋째는 웅진천도 이후 기존의 진(眞)씨·해(解)씨 외에 사(沙)씨·연(燕)씨·백(苩)씨 등 신진세력의 진출로 지배세력의 구성면에서도 변화가 있었다는 점이다. 그리고 마지막으로 지방에 대한 통제를 보다 강화하고 조직화할 필요가 있었다고 하는 점 등을 들수 있다.

그러므로 이러한 상황에서 백제 왕실은 왕권강화와 지배체제의 정비를 위해 신구세력의 분권적 성격을 억제할 필요가 있었다. 그렇게 하기 위하여 이들을 일원적인 체제하에 편제(編制)하여야 하였던 것이다. 이렇게 볼 때 수도5부제(首都五部制)는 여러 귀족을 수도에 정주(定住)케 하여 귀족들에 대한 지역적 통제를 용이하게 하고자 하는 데서 취해진 조처인 것이다. 그리고 '5방(方)·군(郡)·성제(城制)'라고 하는 지방통치조직의 정비는 중앙에서 지방관을 파견함으로써 지방에 대한 중앙의 군사적 행정적 통제력을 보다 강화하고자 마련된 것이다. 16관등제는 여러 귀족들을 정비된 관등체계하에 재편제하고 관등에 따라 복색과 대색을 구분하여 위계질서를 확립하고자 하는 목적에서 시행되었다. 22부제라는 행정관서의 정비는 이로 하여금 서정(庶政)을 나누어 맡게 함으로써 중앙집권적 통치를 보다 원활히 운영하려고 하는 데서 취해진 조치였다.

이와 같이 사비천도와 그에 따른 일련의 내외 관제의 정비는 왕권강화의 구체적이고도 핵심적인 작업이었다. 이는 성왕이 웅진천도로 말미암아 야기되었던 지배질서의 혼란을 수습하여 정국의 안정을 도모하고 백제를 중흥하고자 한 기도였다고 할 수 있다.

2) 22부(部) 중심의 정치운영

사비시대 전기는 웅진천도기의 정치적 혼란이 수습되고 왕권강화가 이루어진 시기였다. 이 시기의 중앙의 정치운영 체제에 있어서 주목할 것은 16관등제와 22부제이다.

16관등제에 의하면 좌평(佐平)은 5명으로 되어 있고 달솔(達率)은 30명으로 구성되어 있다. 그러나 은솔(恩率) 이하는 '관무상원(官無常員)'이라 하여 제한을 두지 않고 있다.[79]

16관등제가 귀족들에 대한 상위위계질서 체계라는 것을 미루어볼 때 달솔 이상의 관

---

79) 흠명 4년은 성왕 21년으로 사비천도 후 5년에 해당하는 해이다. 인원수의 제한을 두지 않은 것이 무슨 연유인지 분명치 않지만, 백제가 한성 및 웅진도읍기를 거치면서 신진세력들의 진출 등으로 말미암아 귀족세력들이 수적으로 확대되자 이렇게 확대된 제 귀족세력들의 지배체계 내에 흡수·편제하고자 하는 방책에서 '관무상원'이라는 조처가 나온 것이 아닐까 한다. 노중국, 앞의 책, 173면 참조.

등을 가진 귀족들은 백제 귀족사회에 있어서 중요한 구성체였다고 할 수 있다. 그리고 이 중에서 5명의 좌평은 그 품계가 1품이어서 이들은 귀족 중에서도 최고의 귀족으로서 최고귀족회의체를 구성하고 있었다고 생각된다.

5좌평제[80]에 있어서 5명의 좌평의 명칭이 무엇이었는지 분명하지 않다. 다만 전지왕대에 상좌평의 명칭이 보이고 있고,[81] 『일본서기(日本書紀)』 흠명기(欽明紀) 4년조에 상좌평·중좌평·하좌평 등 명칭이 보인다.[82] 그러나 사비시대 전기에 비록 5좌평제로 대변되는 귀족회의체가 존재하고 있었다고 하더라도 이 당시의 정치는 이 5좌평제를 축으로 하는 귀족회의체에 의해 이루어진 것이 아니라 왕권과 왕명을 봉행하는 22부제를 중심으로 하여 운영되어졌다고 생각된다.[83] 그 이유는 첫째로 사비천도와 중외(中外) 제도의 정비라고 하는 일련의 과정이 왕권강화에 그 목적이 있었다고 하는 점이다. 둘째로 22부제라고 하는 중무(衆務)를 분장(分掌)하는 행정관서가 정비되었다고 하는 점이다. 궁중사무를 관장하는 내관과 일반서정을 담당하는 외관이 구분되어 있고, 각부의 책임자인 장리(長吏)들이 3년마다 교체되었다고 하는 점에서 22부는 왕명을 받들어 정무를 집행하는 관부로 파악할 수 있지 않을까 한다. 셋째로 후술할 6좌평제와는 달리 전기의 이 5좌평제에 있어서는 좌평의 권한이나 직사(職事)에 대해서는 아무런 언급이 없다. 반면에 왕명을 봉행하는 22부제에서는 부의 명칭에서 미루어 그 직사를 추지해 볼 수 있는 것이 상당수 있다. 5좌평의 직사에 대해 언급이 없는 것은 그들의 직능이 상대적으로 약화되었음을 시사해주는 것이라고 생각한다. 넷째로 이와 같은 전반적인 배경 속에서 영매(英邁)한 지식과 결단력이 있는 자질을 갖춘 성왕의 인물 됨됨이도 왕권 중심의 정치운영체제를 확립하는 데 하나의 요인으로 작용하였을 것이다.

위와 같은 몇 가지 측면에서 미루어볼 때 사비시대 전기에 있어서는 5좌평을 중심으로 하는 귀족회의체가 있었지만 왕권에 의해 견제를 당하여 정치에 대한 발언권이 약화될 수밖에 없었다. 다만 22부라고 하는 행정관서가 정비되어 왕명을 따라 업무를 분장하여 나갔을 것이다.

---

80) 5명의 좌평으로 구성된 최고귀족회의체를 '5좌평제'라고 부르는 것은 노중국, 앞의 책, 174면에서 참조.

81) 『三國史記』 百濟本紀, 腆支王 4년條.

82) 노중국, 앞의 책, 174면.

83) 이것을 입증해 줄 만한 구체적인 자료는 거의 없는 형편이다. 여기서는 노중국의 추론을 받아들이기로 한다. 노중국, 앞의 책, 174면 참조.

3) 관산성(管山城) 패전(敗戰)과 왕권의 동요

(1) 관산성 패전

백제는 한성 함락으로 격심한 정치적·사회적 혼란을 겪었다. 그러나 성왕의 사비천도와 제도의 정비 및 그것을 통한 강력한 왕권중심 체제를 확립함으로써 마침내 정치적·사회적 안정을 이루었다. 그리고 그 바탕 위에서 문화의 발달을 가져와 중흥의 시대를 맞이하게 되었다.

성왕은 이처럼 중흥을 통하여 축적되어진 국력을 바탕으로 고구려에게 빼앗긴 한강유역을 회복하기 위한 군대를 일으켰다. 백제는 신라 및 가야와 연합하여 고구려를 공격하였다. 백제는 한강하류의 6군(郡)을 회복하고 신라는 한강상류의 10군(郡)을 차지하였다. 그러나 백제는 신라의 배신으로 고구려로부터 탈환한 한강하류유역을 도리어 신라에게 빼앗겼다. 이에 격분한 성왕은 그 보복으로 신라에 대한 공격을 단행하였다. 『日本書紀』에 의하면 백제의 신라공격은 두 단계로 나누어 진행되었다. 첫 번째 단계는 고구려와의 백합야새(百合野塞)에서의 전투이다.[84] 두 번째 단계는 관산성에서 신라와 벌인 전투이다.[85] 백합야새전투는 『삼국사기』에는 보이지 않는데 성왕 31년에 왕자 여창(餘昌)이 총사령관이 되어 고구려와 백합야새에서 대치하여 마침내 고구려군을 격퇴한 전투이다. 백합야새전투에서 고구려군을 물리친 왕자 여창은 그 이듬해에 신라공격을 단행하였다. 이것이 바로 관산성전투이다. 여러 기록을 종합해 볼 때 이 관산성전투는 양국이 총력을 기울인 싸움이었고 따라서 양국의 장래에 커다란 영향을 미치는 대회전(大會戰)이었다.[86] 그러나 이 전투는 백제의 참패로 끝나고 말았으며 그 결과로 백제는 성왕이 전사하고 좌평 4인을 비롯하여 3만에 가까운 사졸들이 전사하는 피해를 입었다. 이것은 곧 앞으로의 정치정세에 새로운 변화를 가져오는 중요한 변수로 작용하게 되었다.

(2) 6좌평(佐平) 중심의 정치운영

사비시대의 전기에는 왕권과 22부를 중심으로 정치가 운영되었으나 후기에 와서는 귀족중심 체제로 전환하여 갔다. 이러한 전환을 가져온 배경으로는 관산성 패전 이후 귀족들의 정치적 발언권의 증대와 대성팔족(大姓八族)[87]의 존재를 들 수 있다. 이와 같은 정

---

84) 『日本書紀』 欽明紀 14년條, 노중국, 앞의 책, 177면에서 재인용.

85) 앞의 책, 흠명기 15년조.

86) 『三國史記』 백제본기, 성왕 32년조; 같은 책, 신라본기, 진흥왕 15년조;『日本書紀』 흠명기 15년조, 노중국, 앞의 책, 177～178면 참조.

87) 大姓 8족은 『隋書』 百濟傳에 初見되는 것으로서 沙氏·燕氏·劦氏·解氏·眞氏·國氏·木氏·苩氏의 8大族을 말한다. 보다 상세한 내용은 노중국, 앞의 책, 183～187면 참조.

치상황의 변화와 함께 사비시대 후기의 정치운영체제에서 주목되는 것이 6좌평의 존재이다.

무왕 즉위 후에 성립된 6좌평제는 이전의 5좌평제를 확대시킨 것이었다. 5좌평제와 6좌평제의 차이는 우선 명칭상의 변화이다. 6좌평의 명칭은 내신(內臣)·내두(內頭)·내법(內法)·위사(衛士)·조정(朝廷)·병관(兵官) 좌평(佐平)으로 나타나고 있다. 이러한 명칭은 담당한 직사(職事)에서 유래되어 나온 것으로 생각된다. 『舊唐書』에 의거하여 6좌평의 직사(職事)를 살펴보면 다음과 같다.

> 內臣佐平掌宣納事 內頭佐平掌庫藏事 內法佐平掌禮儀事 衛士佐平掌宿衛兵事 朝廷佐平掌刑獄事 兵官佐平掌在外兵馬事[88]

> "내신좌평은 선납의 일을 다루고, 내두좌평은 창고와 저장의 일을 다루고, 내법좌평은 예의의 일을 다루고, 위사좌평은 숙위와 병사의 일을 다루고, 조정좌평은 형옥의 일을 다루고, 병관좌평은 재외병마의 일을 다룬다."

이 기사에서 볼 때 좌평의 직사는 선납(宣納)관계·재정(財政)관계·예의(禮儀)관계·왕궁숙위(王宮宿衛)관계·형옥(刑獄)관계·병마(兵馬)관계 등에 걸치고 있다. 이것은 6좌평이 사비시대 후기에 국가정치 운영의 핵심체가 되어 중요한 국사를 평의하고 결정하였다는 것을 의미하는 것이다.

사비시대의 정치는 전기에는 왕명을 봉행하는 22부가 중요한 기능을 하였던 왕권중심의 정치운영체제였다. 이때는 상대적으로 귀족회의체인 5좌평제는 그 권한이 미약하였다. 그러나 관산성 패전 이후에는 5좌평제의 정치적 비중이 증대되고 그것의 확대인 6좌평제가 정치의 핵심을 이루어 중요한 국무를 논의·결정하게 되었다. 따라서 이전의 왕권 중심의 체제는 실권 귀족들이 주도권을 행사하는 6좌평 중심의 정치운영체제로 전환되었다고 할 수 있다.

4) 무왕(武王)의 정치개혁(政治改革)

(1) 무왕의 즉위

무왕이 즉위할 당시의 백제는 귀족 중심의 정치운영체제가 이루어진 상황이었다. 이러한 체제가 성립된 시기는 위덕왕(威德王) 대(代)부터로 보인다. 위덕왕은 관산성 전투

---

88) 『舊唐書』 百濟傳, 노중국, 앞의 책, 189면에서 재인용.

의 패배의 책임을 짊어짐으로써 그의 정치적 지위는 미약하게 되었던 것이다. 특히 관산성 전투에서 왕의 측근세력들이 전사함으로써 그의 정치적 기반은 약화되었을 것이다. 귀족 중심의 정치운영은 위덕왕 다음에 즉위한 혜왕(惠王) 대(代)에도 계속되었던 것 같다. 이 혜왕은 위덕왕의 동생이었다. 그러나 이 혜왕은 재위 2년 만에 사망하고 만다. 그의 즉위가 평탄한 상황 속에서 이루어진 것이 아니라는 점에서 볼 때 관산성 패전 이후 성립된 귀족 중심의 정치운영체제는 혜왕대에도 그대로 계속되어져 간 것으로 보아야 할 것이다. 이 혜왕 다음에 왕위에 오른 이가 법왕(法王)이다. 『삼국사기』에 의하면 법왕은 재위 2년 만에 훙(薨)한 것으로 되어 있다. 이 법왕의 단명의 원인이 무엇인지는 알 수 없다. 다만 법왕의 단명이 귀족중심체제와의 갈등에서 빚어진 것이라고 하는 추정이 성립된다면 법왕의 사후 왕위의 후사(繼嗣) 문제는 당시 귀족들로서는 중대한 문제였을 것이다. 이 과정에서 이전에 어떠한 정치적 사건에 연루되어 가문이 몰락하고 그 결과 익산 지역으로 도피하여 마를 캐며 빈한한 생활을 하면서 살고 있던 서동이 후계자로 선택되어 왕위에 오르게 된 것이 아닐까 추측해 볼 수 있다.[89]

(2) 무왕의 왕권강화 추진

왕위에 오른 무왕(武王)은 『삼국사기』에 풍의영위(風儀英偉)하고 지기호걸(志氣豪傑) 하였다고 기록되고 있다.[90] 무왕은 왕자(王者)로서의 새로운 면모를 과시하면서 실추된 왕권을 강화하기 위해 일련의 정책을 추진하였다. 그런데 무왕이 왕권 중심의 정치운영을 행하려면 귀족들의 정치적 비중을 약화시켜야 가능한 것이었다. 그러기 위해서는 무왕으로서는 사비(泗沘) 지역에 근거한 귀족들의 권력기반과 경제기반을 축소시키고 반면에 자기의 세력기반을 확대시키는 것이 필요하였다. 이 과정에서 나온 것이 무왕의 천도계획이었을 것이다. 무왕이 천도를 계획하고 그것을 추진해 나감에 있어서 천도의 후보지로 주목된 곳은 익산(益山) 지역이었다. 익산은 무왕이 즉위하기 이전까지 생활이 이루어진 삶의 터전이었다. 그리고 무왕은 이 지역에 어쩌면 상당한 물적 기반을 마련해 두었는지도 모른다. 무왕은 이렇게 왕권중심체제의 확립이라고 하는 정치적 목적하에 익산을 천도지로 정하고 경영에 착수하였다. 무왕은 익산에 왕궁을 세우고 성내에는 백제불교사원 전체를 통괄하는 대관사(大官寺)를 세우고 또 내불당(內佛堂)으로서 제석사(帝釋寺)를 신축하는 등 수도(首都)로서의 면모를 갖추어 나갔다.

무왕의 왕권강화를 살펴봄에 있어서 익산경영과 함께 주목되는 것이 미륵사(彌勒寺)의

---

89) 노중국, 앞의 책, 198~199면.
90) 『三國史記』 百濟本紀, 武王 即位年條.

창건과 전륜성왕사상(轉輪聖王思想)이다. 전륜성왕은 7보(七寶)를 성취하고 사덕(四德)을 온전히 갖추어서 수미사주(須彌四洲)를 통일하고 정법(正法)으로 세상을 다스리는 대제왕(大帝王)을 말한다. 무왕은 왕권강화를 위해 익산을 경영하고 미륵사를 창건하여 전륜성왕을 자처함으로써 불교에 의해 왕의 권위와 위엄을 뒷받침하려고 하였던 것이다.

이렇듯 무왕은 익산경영 등을 통하여 왕권강화를 도모하였다. 그러나 무왕의 왕권강화 노력의 핵심이라 할 수 있는 익산으로의 천도는 실현을 보지 못하였다. 천도의 좌절은 무왕의 정치적 한계를 나타내는 것이다. 이는 귀족들의 정치적 발언권 및 왕권에 대한 견제력이 여전히 유지되고 있었음을 보여 준다.

5) 의자왕(義慈王)의 정변(政變) 단행과 그 한계

무왕은 비록 익산으로의 천도라고 하는 소기의 목적은 이루지 못했다. 하지만 천도계획을 추진하는 과정에서 왕으로서의 권위와 위엄을 갖추고 또 왕권을 뒷받침하는 세력 기반을 확대하고 다져 나갈 수 있었다. 이는 곧 의자왕 대의 정치운영의 바탕이 되었다고 할 수 있다.

의자왕(義慈王)은 무왕의 뒤를 이어 왕위에 올라 즉위 초에 왕권강화를 위한 일대 정치적 변혁을 단행하였다. 의자왕 대 초의 정치적 상황을 엿보게 하는 것으로서 주목되는 것은 『日本書紀』의 다음과 같은 기사이다. 이 기사는 의자왕 2년에 있었던 일을 기록하고 있다.

> 百濟弔使傔人等言 (中略) 又百濟使人擲崑崙使於海裏 今年正月 國主母薨 又弟王子兒翹岐及其母妹女子四人 內佐平岐味 有高名之人卌餘 被放於嶋[91]

> "백제 조사 겸임 등이 말하기를 …(중략)… 또 백제의 사신이 곤륜의 사자를 바다에 던져 넣었습니다. 금년 정월 국왕의 어머니가 돌아가셨습니다. 또 제왕자인 교기 및 그 어머니 자매 등 여자 4인, 내좌평 기미, 고명한 사람 40여 명이 섬으로 쫓겨났습니다."

이 기사는 의자왕 초기의 정치적 변화의 일단을 보여 주는 것으로 백제 지배층 내에서 한 차례의 커다란 정변이 있었던 것을 시사해준다.

의자왕은 효로써 부모를 섬기고, 우애로써 형제와 함께하여 해동증자(海東曾子)로 칭송될 정도의 인물이었다.[92] 또 나중에 태자가 될 아들의 이름을 효(孝)라고 지을 정도로

---

91) 『日本書紀』 皇極紀 元年條, 田溶新 譯, 『完譯 日本書紀』, 一志社, 417면에서 재인용.

92) 『三國史記』 百濟本紀, 義慈王 卽位年條 및 『新唐書』 百濟傳.

효(孝)를 강조한 인물이었다.[93] 의자왕의 유교사상의 강조는 실제 정치에 있어서는 약화된 왕권을 재확립하고자 하는 정책으로 나타나게 되었을 것이다. 유교에서 강조하는 효(孝)는 결국 충(忠)의 가장 중요한 기반이기 때문이다. 그것은 당시의 귀족 중심의 정치운영체제와는 대립과 마찰관계를 조성하였을지도 모른다. 이러한 측면에서 의자왕 2년에 일어난 이 사건은 왕권을 강화하려는 의자왕과 기존의 귀족 중심의 정치운영을 그대로 유지하려는 귀족세력 간의 갈등과 알력의 산물이었다 할 것이다. 그 결과 내좌평 기미(岐味) 등 40여 명의 고명지인(高名之人)이 내쫓기게 된 것으로 이해할 수 있다. 의자왕이 초기의 정변에서 고명지인 40여 명을 축출하였다는 것은 귀족 중심의 정치운영체제에 제동을 걸고자 한 그의 시도가 소기의 목적을 거두었다는 뜻이 된다.

이렇듯 의자왕은 즉위 초에 정변을 단행하여 왕권중심의 정치운영체제를 확립하였다. 그러나 이 당시 의자왕의 정치적 개혁에도 한계성이 있었다. 그 첫째는 귀족세력들의 뿌리가 깊어 그들의 견제력이 상당한 정도로 정치운영에 작용하고 있었다는 것이다. 둘째는 왕의 음황(淫荒)과 궁중내부의 부패와 문란(紊亂)이다. 셋째는 백제에 불리하게 전개되어 간 국제관계의 변화를 들 수 있다.

『삼국사기』 의자왕 본기에 의하면 의자왕은 재위 13년까지는 당(唐)과는 대체적으로 공존관계를 모색했다. 왜(倭)와는 우호관계를 가지면서 고구려와 연합하였다. 이를 통해 신라에 대해 군사적 압박을 가하는 등 정치를 잘한 것으로 되어 있다. 그러나 15년 이후에는 사치와 음황(淫荒)과 탐락(耽樂)에 빠져 정사를 그르친 것으로 되어 있다. 이는 의자왕이 초기에 일대 정변을 단행하여 권력의 주도권을 장악하였으나 결국은 한계성에 부딪치게 된 것으로 볼 수 있다. 그로 말미암아 백제 내부의 모순은 격화되었으며 신라와의 잦은 전쟁으로 국력은 더욱 피폐하게 되었다. 여기에 나·당 연합군이라고 하는 적대세력의 군사적 압력이 더해짐으로써 백제는 마침내 멸망하고 말았던 것이다.

6) 백제의 사비성(泗沘城)[94]

(1) 사비성 천도 배경

백제 사비성은 538년부터 660년의 멸망 때까지 백제의 왕도(王都)였다. 백제의 사비성 천도에 대하여 『삼국사기』 권 26, 성왕(聖王) 16(538)년 춘조(春條)에 다음과 같이 간단히 기술하고 있다.

---

93) 이기백, 앞의 논문, 16면.
94) 田中俊明, 「王都로서의 泗沘城에 대한 예비적 고찰」, 『백제연구』 21, 1990 참조.

移都於泗沘 「一名所夫里」 國號南夫餘

"사비(일명 소부리)로 도읍을 옮겼다. 국호를 남부여라 하였다."

하지만 성왕(聖王) 16년(538년) 사비(泗沘)로 천도하게 된 배경은 첫째로 일반적으로 웅진지역의 토지가 협소하여 왕도로서는 지나치게 좁았다는 점을 들 수 있다. 둘째는 웅진이 금강(錦江)에 면해 있어 홍수로 인한 피해가 잦았다는 점이다. 셋째는 물자수송이나 대외교류에 사비지역이 수운(水運)을 이용하기에 유리하였다는 점 등을 지적할 수 있다. 물론 천도의 정치적 배경으로 무령왕(武寧王) 대(代)를 거치면서 웅진 천도 이후의 불안한 사회상황을 극복하여 어느 정도 국력을 회복하고, 웅진 시기에 연이어 일어난 왕의 피살과 반란 등의 내분에 종지부를 찍기 위해서였다고 볼 수 있다.[95] 또는 성왕 즉위 이후 왕과 귀족세력 사이의 갈등이 재현되고 있어서 이들 귀족세력으로부터 벗어나 강력한 전제왕권(專制王權)을 형성하기 위해서라고 보는 견해 등도 있다.[96]

어쨌든 백제는 고구려와 대항하는 위에 웅진(熊津)을 군사적 거점으로 유지하는 한편, 또한 남방경영도 염두에 두면서 남쪽의 사비(泗沘)로 천도하게 되는 것이다. 그 곳은 백제가 지향하는 왕도건설에 적합한, 금강(錦江)과 산으로 둘러싸여 방어에 적합하며 넓은 평지를 가진 땅이었다.

(2) 사비성(泗沘城)의 구조(構造)

사비성은 '곽(郭)'과 '성(城)'의 2중 구조로 되어 있었다. 그리고 부여의 현상으로 보아 실로 외곽(外郭)으로서의 '곽(郭)'이 현재 나성(羅城)이라고 불리고 있는 성벽에 해당되고, 안쪽의 '성(城)'이 현재 부소산성(扶蘇山城)으로 불리고 있는 성곽에 해당한다. '곽(郭)' 내의 구획으로서 먼저 생각할 수 있는 것은 오부(五部)이다. 오부는 다시 오항(五巷)으로 나뉜다. 이 항(巷)은 실제 중국의 도시구획으로서 남조(南朝)의 도읍 건강(建康)에 있었던 것이 확인된다. 건강에서는 먼저 리(里)로 나누고 그 가운데를 항(巷)으로 나누고 있다. 백제와 남조의 관계가 밀접했다는 것은 잘 알려져 있는데, 특히 왕도 사비성이 건강의 영향을 받았던 것이 아닌가 하는 것은 이미 지적되어 있다.[97]

백제의 오부(五部)는 이미 웅진 시대부터 있었던 것이 명백하다. 그에 대해 항(巷)은 사

---

95) 노중국, 「사비시대의 지배세력」, 『백제정치사연구』, 1988, 167면; 양기석, 「백제 성왕대의 정치개혁과 그 성격」, 『한국고대사연구』 4, 1991.

96) 김주성, 「백제 사비시대 정치사연구」, 전남대 박사학위논문, 1990, 45면; 박현숙, 「웅진 천도와 웅진성」, 『백제문화』 30집, 2001, 129면.

97) 秋山日出雄, 「南朝都城'建康'の復原序說」, 24~25면.

비시대에 있어 건강의 영향을 받아 비로소 채용되었던 것으로 생각한다. 천도에 즈음해서 웅진시대 이래의 오부(五部)와 남조(南朝) 건강(建康)을 모방한 항(巷)을 결합시킨 부항제(部巷制)를 취하였다고 할 것이다.

한편 부(部)가 각각 병오백인(兵五百人)을 통솔하고 있었다고 하지만, 부(部)에서 징발했던 것이 아니라 부(部)의 수비(守備)로서 병사들이 배치되어 있었던 것으로 생각된다. 이들은 항(巷) 각각에 100명씩 배치되어 치안을 담당했을 것으로 보인다.

- 都下有萬家分爲五部曰上部前部中部下部後部

  　　　　　　　　　　　　　－『周書』卷49, 列傳41, 異域 上 百濟條 －

"도읍에는 만개의 집이 있어 5부로 나누었다. 상부, 전부, 중부, 하부, 후부이다."

- 畿內爲五部 部有五巷 士人居焉

  　　　　　　　　　　　　　　　　　　－『隋書』百濟傳 －

"서울 안에는 5부가 있고, 5부에는 5항이 있어 서민들이 산다."

- 都下有方分爲五部 曰上部前部中部下部後部 部有五巷 士庶居焉 部統兵五百人

  　　　　　　　　　　　　　　　　　　－『北史』百濟傳 －

"도읍에는 방위에 따라 5부로 나누었다. 상부, 전부, 중부, 하부, 후부라 한다. 부에는 5항이 있어 서민들이 산다. 부는 병사 5백인을 거느린다."

- 王所都城內 又爲五都(部)皆達率領之 又城中五巷 士庶居焉 一部有兵五百人

  　　　　　　　　　　　　　　　　　－『翰苑』 註所引『括地志』－

"왕의 거소는 도성 안에 있다. 또 5도(부)가 있어 모두 달솔이 거느린다. 또 성 중에는 5항이 있어 서민들이 산다. 1부에는 병사 5백인이 있다."

- 宮南池 出土 木簡
  앞면: 西 丁 部 夷
  뒷면: 西 部 後 巷 巳 達 巳 斯 丁
  　　　依 □ □ □ □ 丁
  　　　歸 人 中 口 四 小 口 二
  　　　邁 羅 城 法 利 源 畓 五 形

"- 궁남지 출토 목간

앞면 : 서 정 부 이
뒷면 : 서 부 후 항 사 달 사 사 정
의 □ □ □ □ 정
귀 인 중 구 사 소 구 이
매 라 성 법 리 원 답 오 향"

• 分國內民戶爲南北部   - 『三國史記』 溫祚王 31年條

" 나라 안의 민호를 나누어 남부와 북부로 하였다."

• 加置東西二部   - 『三國史記』 溫祚王 33年祚

" 더하여 동부와 서부 2부를 두었다."

(3) 사비성의 형성과정과 특징[98]

첫째, 왕궁을 중심으로 한 예정지의 정지 및 여러 건물의 조영이 행하여졌다.

둘째, 왕궁을 지키는 시설로서 특히 고구려를 의식한 동측의 방어선으로서 동라성(東羅城)이 축조되었다.

셋째, 왕궁의 배후지(背後地)인 부소산성(扶蘇山城)이 개축되었다. 그때까지 지방 산성(山城)에 지나지 않았던 소규모적인 부소산성이 왕도 방어의 일환으로 특히 도피성(逃避城)에 적합하도록 개축되었던 것이다.

넷째, 부항(部巷)이 구분 배치되었다. 주요한 남북도로·동서도로가 만들어져 거기에 근거해서 부항이 배치되었다.

다섯째, 천도 후에 제방으로서의 목적으로 서라성(西羅城)이 축조되었다.

여섯째, 634년에는 서라성(西羅城)의 남동에 궁남지(宮南池)라는 커다란 연못이 만들어졌다.

일곱째, 이와 같이 사비성은 나성(羅城)의 출현과 부항제(部巷制)의 채용과 같이 전통적 요소를 수용하면서도 새로운 요소를 채용한 새로운 형태의 절충적인 도시 형태였다고 할 수 있다.

---

98) 田中俊明, 앞의 논문, 1990, 191쪽.

〈관련 사료(關聯 史料)〉

■『後漢書』[99] 卷八十五 東夷列傳 第七十五

韓有三種: 一曰馬韓, 二曰辰韓, 三曰弁辰. 馬韓在西, 有五十四國, 其北與樂浪, 南與倭接. 辰韓在東, 十有二國, 其北與濊貊接. 弁辰在辰韓之南, 亦十有二國, 其南亦與倭接. 凡七十八國, 伯濟是其一國焉. 大者萬餘戶, 小者數千家, 各在山海閒, 地合方四千餘里, 東西以海爲限, 皆古之辰國也. 馬韓最大, 共立其種爲辰王, 都目支國, 盡王三韓之地. 其諸國王先皆是馬韓種人焉.

■『梁書』[100] 卷五十四 列傳第四十八

百濟者, 其先東夷有三韓國, 一曰馬韓, 二曰辰韓, 三曰弁韓. 弁韓、辰韓各十二國, 馬韓有五十四國. 大國萬餘家, 小國數千家, 總十餘萬戶, 百濟即其一也. 後漸強大, 兼諸小國. 其國本與句驪在遼東之東, 晉世句驪既略有遼東, 百濟亦據有遼西、晉平二郡地矣, 自置百濟郡. 晉太元中, 王須, 義熙中, 王餘映, 宋元嘉中, 王餘毗, 並遣獻生口. 餘毗死, 立子慶. 慶死, 子牟都立. 都死, 立子牟太. 齊永明中, 除太都督百濟諸軍事、鎭東大將軍、百濟王. 天監元年, 進太號征東將軍. 尋爲高句驪所破, 衰弱者累年, 遷居南韓地. 普通二年, 王餘隆始復遣使奉表, 稱「累破句驪, 今始與通好」. 而百濟更爲強國. 其年, 高祖詔曰:「行都督百濟諸軍事、鎭東大將軍百濟王餘隆, 守藩海外, 遠脩貢職, 迺誠款到, 朕有嘉焉. 宜率舊章, 授茲榮命. 可使持節、都督百濟諸軍事、寧東大將軍、百濟王.」五年, 隆死, 詔復以其子明爲持節、督百濟諸軍事、綏東將軍、百濟王. 號所治城曰固麻, 謂邑曰簷魯, 如中國之言郡縣也.

其國有二十二簷魯, 皆以子弟宗族分據之. 其人形長, 衣服淨潔. 其國近倭, 頗有文身者. 今言語服章略與高驪同, 行不張拱, 拜不申足則異. 呼帽曰冠, 襦曰複衫, 袴曰褌. 其言參諸夏, 亦秦、韓之遺俗云. 中大通六年, 大同七年, 累遣使獻方物; 並請涅槃等經義、毛詩博士, 並工匠、畫師等, 敕並給之. 太淸三年, 不知京師寇賊, 猶遣使貢獻; 既至, 見城闕荒毀, 並號慟涕泣. 侯景怒, 囚執之, 及景平, 方得還國.

---

99) 南北朝時代에 송(宋)나라의 범엽(范曄, 398~446)이 5세기 중엽에 저술한 책으로, 후한의 13대(代) 196년간의 사실(史實)을 기록하였다. 기(紀) 10권, 지(志) 30권, 열전(列傳) 80권으로 되어 있는데, 이중에서 지(志) 30권은 진(晉)의 사마 표(司馬彪)가 저술한 것이다.

100) 총 56권이며, 기전체(紀傳體)로 된 남조(南朝) 양(梁)나라의 역사책이다. 당나라 요사렴(姚思廉)이 629년(貞觀 3) 역사 편찬의 명을 받고 7년 만에 완성했다.

■『北史』[101) 卷九十四 列傳第八十二

百濟之國, 蓋馬韓之屬也, 出自索離國. 其王出行, 其侍兒於後妊娠, 王還, 欲殺之. 侍兒曰:「前見天上有氣如大雞子來降, 感, 故有娠.」王捨之. 後生男, 王置之豕牢, 豕以口氣噓之, 不死; 後徙於馬闌, 亦如之. 王以爲神, 命養之, 名曰東明. 及長, 善射, 王忌其猛, 復欲殺之. 東明乃奔走, 南至淹滯水, 以弓擊水, 魚鱉皆爲橋, 東明乘之得度, 至夫餘而王焉. 東明之後有仇台, 篤於仁信, 始立國於帶方故地. 漢遼東太守公孫度以女妻之, 遂爲東夷強國. 初以百家濟, 因號百濟.

■『魏書』[102) 卷 一百 列傳第八十八

百濟國, 其先出自夫余. 其國北去高句麗千餘里, 處小海之南。其民土著, 地多下濕, 率皆山居。有五穀, 其衣服飲食與高句麗同。

■『周書』 卷四十九 列傳第四十一

百濟者, 其先蓋馬韓之屬國, 夫余之別種. 有仇台者, 始國於帶方. 故其地界東極新羅, 北接高句麗, 西南俱限大海. 東西四百五十里, 南北九百餘里. 治固麻城. 其外更有五方: 中方曰古沙城, 東方曰得安城, 南方曰久知下城, 西方曰刀先城, 北方曰熊津城. 王姓夫余氏, 號於羅瑕, 民呼爲鞬吉支, 夏言並王也. 妻號於陸, 夏言妃也. 官有十六品. 左平五人, 一品; 達率三十人, 二品; 恩率三品; 德率四品; 扞率五品; 奈率六品. 六品已上, 冠飾銀華. 將德七品, 紫帶; 施德八品, 皂帶; 固德九品, 赤帶; (李)[季]德十品, 青帶; 對德十一品, 文督十二品, 皆黃帶; 武督十三品, 佐軍十四品, 振武十五品, 克虞十六品, 皆白帶. 自恩率以下, 官無常員, 各有部司, 分掌衆務. 內官有前內部、谷部、肉部、內掠部、外掠部、馬部、刀部、功德部、藥部、木部、法部、後官部. 外官有司軍部、司徒部、司空部、司寇部、點口部、客部、外捨部、綢部、日官部、都市部. 都下有萬家, 分爲五部, 曰上部、前部、中部、下部、後部, 統兵五百人. 五方各有方領一人, 以達率爲之; 郡將三人, 以德率爲之. 方統兵一千二百人以下, 七百人以上.

---

101) 중국 위진남북조 시대 위(魏)·제(齊)·주(周)·수(隋)의 역사를 다룬 정사(正史). 당(唐)의 이연수(李延壽, 627~649)가 편찬했다. 본기(本紀) 12권, 열전(列傳) 88권의 총 100권으로 구성되어 있다.

102)『北齊』魏收 , 6세기 中, 撰修.

Ⅲ. 천년 왕국 신라(新羅)

1. 신라의 삼국통일

1) 삼국(三國)의 정립(鼎立)[103]과 통일(統一)에 대한 시각

고구려·백제·신라는 각각 자생적인 산물이었다. 처음 우리나라에는 여러 부족국가가 분립하여 성장하였는데, 이들 부족국가가 정복과 병합을 거듭하여 국왕이 지배하는 보다 광역의 영토국가로 발전한 것이 고구려·백제·신라였다. 그러므로 삼국은 한국사의 발전과정에서 자연히 생성한 고대국가의 모습이었다고 할 수 있다. 삼국은 '분열'이 아니라 곧 '성립'이었던 것이다.

삼국의 정립이라는 표현에도 문제가 없는 것은 아니다. 왜 굳이 고구려·백제·신라만을 가리켜 삼국이라 하였는가 하는 점이다. 이때 동아시아에는 이들 세 나라 외에도 한족(漢族)의 여러 왕조(삼국·남북·수·당)가 있었고 또 흉노·선비·말갈·왜 등 여러 국가와 민족이 존망을 겪고 있었다. 그런데 특별히 고구려·백제·신라만을 따로 묶어 삼국이라 구별한 데 대한 문제이다. 이것은 뒤에 신라가 고구려·백제를 멸망시켜 삼국을 통일한 결과론적인 표현이 아닌가 하는 반론을 제기할 수도 있기 때문이다. 그러나 삼국의 정립과 통일이라는 표현에는 충분한 타당성이 있다고 생각한다. 삼국인은 다른 이민족과는 구별된 동질성을 인식하고 있었음이 확실하기 때문이다. 651년 당(唐) 고종이 백제 의자왕(義慈王)에게 보낸 국서(國書)에 '해동삼국(海東三國)', '삼한지맹(三韓之氓)'이라 하였다.[104] 이처럼 고구려·백제·신라를 해동삼국 또는 삼한이라 불렀으니, 이것은 당시의 중국인이 삼국을 동류의 종족으로 보고 있었음을 나타낸다. 신라가 백제·고구려를 통합하고 '일통삼한(一統三韓)'이라 표현한 것도 삼국을 동족으로 여기고 있었기 때문이었다. 우리가 여기서 삼국의 정립과 통일에 대한 민족사적 의미를 찾는 것은 이런 점에서 정당한 작업이라 할 수 있다.

---

103) 본고에서는 삼국의 '분열'이란 말을 쓰지 않고 '정립'이란 표현을 하였다. 삼국시대는 고구려·백제·신라의 세 나라가 나뉘어 존재하였다는 사실은 틀림없는 일이다. 그러나 삼국은 원래 한 국가로 존재하였다가 뒤에 셋으로 나누어진 것이 아니라 처음부터 삼국으로 각각 분립하고 있었다. 통일국가로 있다가 그것이 세 나라로 분열된 것이 아닌 삼국은 각기 독자적으로 성립하였기 때문에, '분열'이란 표현은 적당치 못하여 이를 '정립'이라고 쓴 것이다.

104) 『舊唐書』百濟傳 및 『三國史記』28, 百濟本紀 6, 義慈王 11년조, 변태섭, 「삼국의 정립과 신라통일의 민족사적 의미」, 『한국사시민강좌』 5, 일조각, 1989에서 재인용.

2) 삼국의 정립(鼎立)과 대립의식(對立意識)

삼국은 독자적인 국왕의 지배하에 별개의 독립국가를 이룩하고 영토를 달리하여 분립하고 있었다. 그렇기 때문에 그 사이에 대립과 충돌이 일어났을 것은 당연한 일이다.

삼국의 상쟁은 5세기에 들면서 더욱 치열해지기 시작하였다. 고구려의 광개토호태왕(廣開土好太王, 391~413)·장수왕(長壽王, 413~491)이 대외적인 정복사업을 강행함으로써 백제·신라에 압박을 가해 왔기 때문이다. 이에 신라와 백제는 우호관계를 맺고 공동전선을 구축하였다. 그러나 이러한 삼국관계에 일대 변화가 생기는 사건이 일어났다. 그것은 신라의 법흥왕(法興王, 514~540)·진흥왕(眞興王, 540~576)이 북진정책을 감행한 것이다. 신라는 고구려의 영토를 병합하는 동시에 551년에는 백제와 연맹하여 고구려를 쳐서 한강 상류지역 10군(郡)을 점유하였다. 다시 2년 후에는 백제가 점령한 한강 하류마저 약취하였다. 이제 삼국의 관계는 변화하여 백제는 고구려와 연결하여 신라와 싸우는 정세로 바뀌고 말았다. 이때부터 삼국은 내부적으로 치열한 통일전쟁에 돌입하면서 대외적으로 중국세력을 이용하려는 외교전이 전개되었던 것이다.[105] 이러한 삼국관계와 대중국외교를 단적으로 나타낸 것이 『삼국사기』 5, 선덕왕(善德王) 11년조의 아래와 같은 내용이다.

> 秋七月 百濟王義慈大擧兵 攻取國西四十餘城 八月 又與高句麗謀 欲取項城 以絶歸唐
> 之路 王遣使 告急於太宗
>
> -『三國史記』 5, 善德王 11年條 -

> "가을 7월에 백제 왕 의자(義慈)가 크게 병사를 크게 일으켜 나라의 서쪽 40여 성을 공격하여 빼앗았다. 8월에 또 고구려와 함께 모의하여 항성[당항성(黨項城)]을 취하여 당나라와 통하는 길을 끊으려 하였다. 왕[선덕여왕(善德女王)]이 사신을 보내 (당나라) 태종에게 위급함을 고하였다."

이 내용은 이때 백제·고구려가 동맹하여 신라를 공격하고 신라는 당과 연결되고 있었던 당시의 정세를 말하는 것이다.

삼국 사이의 통일전쟁은 6세기 중엽부터 100여 년간에 걸쳐 치열하게 전개되었다. 이때 삼국의 치열한 상쟁은 삼국인들 사이에 극심한 적대감을 야기했을 것이다. 이러한 삼국인의 적대의식에 세 나라의 이질성이 작용하였다는 사실은 부정할 수 없다. 장기간에 걸친 삼국의 정립과 상쟁은 삼국인으로 하여금 서로 다른 자국민(自國民) 의식을 갖게 하고 적대감을 자아내게 하였을 것이다. 삼국인의 적대감은 족속의 차이에서 연유하기보

---

105) 삼국의 相爭에 대한 연구로는 이용범, 「삼국 간의 대립과 그 양상」, 『통일기의 신라사회연구』, 동국대 신라문화연구소, 1987이 있다.

다도 세 나라가 서로 싸워 사느냐 죽느냐 하는 생존경쟁과 자기 보존의 방편에서 나타난 것이다.[106] 이것은 삼국의 이질성보다도 동질성에 보다 큰 비중을 두는 의미가 되는 것이다.

3) 통일신라의 민족융합정책

신라는 삼국통일이 '일통삼한(一統三韓)'이란 점을 강조하였다. 이것은 병합한 고구려·백제인이 같은 삼한이라는 뜻으로 동족의식을 내세운 표현이다. 이는 통일 국가를 일원적으로 지배하기 위하여 고구려인과 백제인을 신라인으로 회유하고 동화시키기 위한 일종의 민족융합정책이었다고 할 수 있다.

우선 신라는 백제·고구려를 멸망시킨 직후 그들의 유민을 포섭 회유하였다. 문무왕(文武王) 10년(670) 고구려의 부흥군인 검모잠이 패강(浿江) 남쪽에 이르러 당(唐) 관리를 죽이고 고구려 왕족인 안승(安勝)을 받들었다. 이에 신라는 안승을 고구려왕[107]에 봉하고 함께 대당항전(對唐抗戰)에 나서게 하였다. 또한 신라는 삼국통일 후 전국을 일원적인 행정조직으로 단일화하였다. 이것도 민족융합정책의 하나라고 할 수 있다. 즉, 통일신라는 신문왕(神文王) 5년(685)에 전국을 9주(州)로 나누고 그 밑에 군(郡)·현(縣)을 두었으며, 지방 요지에 5소경(小京)을 설치하였다. 이때 9주(州)는 옛 신라 땅에 3주, 옛 백제 땅에 3주, 옛 고구려 땅에 3주를 배당하였다. 이것은 신라가 백제와 고구려의 옛 영토를 점령지역으로 구별하지 않고 동일한 행정구역으로 조직화하였음을 보여 준다. 이와 같이 신라가 통일 후 전국토를 동질적인 행정조직으로 지배한 것은 고구려와 백제 사람들을 같은 통일신라인으로 동질화시키려는 의도였던 것이다. 또한 통일신라는 전국 9주의 3산(山)·5악(岳) 이하 명산(名山)·대천(大川)을 함께 제사하였다.[108] 통일신라는 신라뿐만 아니라 옛 고구려 및 백제의 자연신에게도 국가제사를 행하였다. 이로써 삼국인의 정신적·종교적 융합을 꾀하였던 것이다.[109]

이러한 융합정책은 고구려인과 백제인을 통일신라의 관리와 군인으로 등용한 데서도 나타난다. 고구려 출신에게는 최고 일길찬(一吉湌, 7위)까지의 내·외관을 주었고, 백제 출신에게는 최고 대내마(大奈麻, 10위)까지의 관직을 주었다. 비록 차별을 두었으나 이들을 신라 관리로 등용하였음이 분명하다. 또한 신문왕 때 완성된 중앙군단인 9서당은 신라인뿐 아니라 옛 고구려와 백제 사람들까지 포함하여 편성하였다. 이것도 앞의 관리채

---

106) 신형식, 「삼국통일의 역사적 성격」, 『한국사연구』 61·62 합집, 1988, 72면.
107) 뒤에 보덕왕(報德王)으로 개칭.
108) 『三國史記』 32, 雜志 1, 祭祀條.
109) 김상현, 「신라삼국통일의 역사적 의의」, 『통일기의 신라사회 연구』, 동국대 신라문화연구소, 1987, 396면.

용과 함께 동질화 정책의 표현이라 할 수 있다.

이러한 통일신라의 융합정책이 한민족 형성의 촉진제가 되었다. 삼국통일 이전까지 삼국은 분립되어 종족적인 유사성과 비슷한 문화권 및 언어권을 형성하면서도 정치·경제·사회·문화 면에서 분화가 심화되어 왔었다. 그러나 신라가 삼국을 통합하여 하나의 국가를 성립시키고 융합정책을 추진함으로써 단일적인 한국민족을 형성하는 계기가 되었음은 의심의 여지가 없다.

4) 삼국통일의 민족사적(民族史的) 의의(意義)

삼국통일의 민족사적 의의에 대하여 이를 부정적으로 이해하는 견해가 있다. 지금의 북한의 사학계는 신라의 삼국통일을 인정하지 않고 통일신라를 '후기신라(後期新羅)'로 표현하고 있으며 고려의 후삼국 통일을 우리 역사의 최초의 통일로 보고 있다.[110]

실제로 신라의 삼국통일을 평가할 때 문제가 전혀 없는 것은 아니다. 그것은 고구려 영토였던 만주의 상실과 당(唐)이라는 외세(外勢)의 이용(利用)[111]이라는 두 가지 점이다. 아마 삼국통일의 의의를 부정하는 견해도 이 두 사실에서 나왔다고 보여 진다.

통일신라가 삼국통일 후 고구려의 옛 땅이었던 만주지방을 지배하에 편입시키지 못하였다는 것은 우리 역사상 가장 뼈아픈 사실 중의 하나이다. 이때 신라가 만주지방을 상실한 까닭에 고대로부터 우리 민족의 활동무대였던 만주가 오늘날 우리나라 역사권의 밖으로 방치되게 되었던 것이다. 혹자가 삼국통일을 '반도통일(半島統一)'이라고도 표현하는 것은 이 때문이다. 그러나 비록 반도통일에 그쳤다 하더라도 엄연히 고구려·백제라는 국가는 멸망되고 백제의 전(全) 국토 및 국민이 신라에 포함되고 고구려의 일부 국토와 국민도 새로 편입되었으므로 삼국통일이라는 표현은 가능하다. 따라서 통일신라가 고구려의 구토를 모두 점유하지 못하였다는 사실만으로 삼국통일이 아니라고 말하는 것[112]은 편견이라 보지 않을 수 없다. 오히려 고구려의 옛 땅인 만주지방에 고구려의 유민을 지배세력으로 하는 발해가 건국됨으로써 우리 민족의 국가가 계승되어 이른바 남북국가(南北國家)의 형세를 이루었다는 새 국면으로 이해함이 옳을 것 같다.

다음은 삼국통일에 있어서의 신라의 당(唐)세력 이용의 문제이다. 외세를 도입하여 동족인 고구려·백제를 멸망시킨 신라의 반민족적 행위는 자주적인 통일이 되지 못하였다

---

110) 북한의 『조선전사』 5, 1979에서는 '발해 및 후기신라사'라고 하였다. 변태섭, 앞의 논문에서 재인용.

111) 신라의 삼국통일을 부정적으로 보는 견해 가운데 신라가 唐이라고 하는 외세에 의존했다는 견해가 있다. 그러나 외세에 의존했다는 것과 외세를 이용했다는 것 사이에는 커다란 인식의 差가 존재한다.

112) 특히 김영하「신라의 삼국통일을 보는 시각」, 『한국고대사론 9』, 한길사, 1988에서 신라의 주요 목적은 체제안정과 직결된 백제 정벌로 보아 신라의 삼국통일이 아닌 백제통합이라는 관점을 제시하고 있다.

는 비판이다. 그러나 당시의 삼국관계는 서로 죽느냐 사느냐 하는 생존의 문제와 직접 연결된 상쟁이었음을 상기할 필요가 있다. 삼국 사이에도 그들의 자기보존을 위하여 이해관계에 따라 친선과 대립의 관계가 교차되었다. 또한 신라뿐 아니라 고구려・백제도 처음에는 모두 힘써 대중(對中) 외교를 폈던 사실은 통일 전 삼국의 대수당사행(對隋唐使行)의 통계에서도 증명된다.[113] 7세기 중엽에 이르러 고구려와 당과의 충돌이 세계적 제국을 이룩하려는 당으로 하여금 당시 고구려・백제 연합세력의 침략을 받고 있었던 신라와의 연결을 가능케 하였던 것이다. 이렇게 보면 신라의 대당(對唐) 외교는 변화하는 당시의 동아시아 국제정세에 능동적으로 대응한 실리적인 외교적 승리였다고 볼 수 있다.[114] 당시의 고구려・백제의 동맹이나 신라・당의 연결은 모두가 자기 이익에 입각한 외교적 방편이었던 것이다. 이를 뒷받침하는 것이 백제・고구려 멸망 후의 신라의 당군(唐軍) 축출운동이다.

이와 같이 삼국통일의 문제점인 만주 상실과 외세 이용이라는 두 가지 사실을 가지고 삼국통일의 민족사적 의의를 부정하는 것은 정당한 이해라고 할 수 없다. 오히려 삼국통일은 세 나라 국민을 하나의 국가체제 안에 통합 지배함으로써 하나의 민족국가 형성의 출발점이 되었다는 점에서 그 의의를 인정해야 옳을 것이다. 삼국통일에 의해 세 나라 국민이 하나의 주권 밑에 동일한 영토・국민으로 일원화됨으로써 단일적인 민족국가가 성립될 수 있었던 것이다.

결론적으로 신라의 삼국통일이 갖는 역사적 의의는 크게 세 가지로 살펴볼 수 있다. 첫째, 신라의 통일은 최초의 민족통일의 실현이라는 것이다. 비록 영토상으로는 만주대륙까지 통합하지 못하였으나 고구려의 중심부는 거의 차지한 결과가 되었으며, 백제인의 대부분과 고구려인의 상당 부분이 신라로 흡수되어 한국민족의 틀이 이때에 비로소 잡혀지게 되었다. 이로써 한반도는 하나의 민족이 하나의 국가를 이루고 살게 되는 한민족의 터전이 되었던 것이다. 통일 이전까지는 삼국 간의 투쟁이 치열하게 전개되었다는 사실이 단적으로 보여 주듯이 동족(同族)의식은 미숙하고 결여되어 있었다. 그것이 이제 하나의 민족으로서의 공동의식으로 발전하는 크나큰 계기를 마련하게 된 것이다. 한(韓)민족은 이제 정치적 분열을 극복하고 하나의 국가, 하나의 사회, 하나의 문화를 가질 수 있게 되었다. 이리하여 이후에는 한민족이 보다 더 대내외적(對內外的)으로 역사발전과 도약을 할 수 있게 되었으며 민족의 정통성과 영속성을 확인할 수 있게 되었다.

둘째로 민족의 자주성의 성취를 들 수 있다. 나(羅)・당(唐) 연합군이 백제와 고구려를

---

113) 서영수, 「신라통일외교의 전개와 성격」, 『통일기의 신라사회연구』, 동국대 신라문화연구소, 1987, 255면.
114) 이용범・서영수, 「7세기 전반기 동아세아정세와 신라」, 『통일기의 신라사회연구』, 동국대 신라문화연구소, 1987.

차례로 정복한 뒤에 신라와 당의 대결이 뒤따른 것은 필연적인 현상이었다. 당의 본래의 속셈은 한반도 전체를 그들 지배하에 두려는 것이었고, 신라는 신라대로 고구려와 백제와의 전쟁에서 당을 이용하려는 데 불과했기 때문이다. 이 결과 당과 치열한 전쟁을 거듭하게 되고, 끝내 당의 세력을 축출하는 데 성공하였다. 이로써 신라는 명실상부한 한반도의 통일을 달성하게 되었다. 이같이 신라가 당의 침략을 무력으로 물리치고 자주성을 쟁취하였다는 사실은 우리 역사상 커다란 의미를 지니는 것이다. 당이 백제와 고구려를 멸망시키고 신라까지 손에 넣으려는 야욕은 한사군(漢四郡) 설치 못지않은 민족적 위기였다. 그러나 신라는 이에 실력으로 대항하여 끝내 우리의 독립을 지키는 데 성공하였다. 이것은 곧 우리 민족의 자주성·주체성의 표현으로서 높이 평가되어야 할 것이다. 이로써 우리 민족은 문화적·민족적 단일성을 성취할 수 있게 되었다.

셋째로 들 수 있는 것은 신라의 통일이 민족문화의 전통을 계승하고 문화적 토착화를 성취하였다는 점이다. 일찍이 대륙문화의 영향이 컸던 고구려와 백제에 비하여 신라는 보다 더 고유한 전통문화를 유지, 발전시켜 왔다. 그렇기 때문에 통일신라는 이러한 우리 민족고유의 전통을 바탕으로 외래문화를 흡수하여 찬란한 민족문화의 토대를 이룩케 되었다. 신라는 원래부터 자기 토대 위에 외래문화를 잘 소화하여 특색 있는 문화를 형성해 왔다. 통일 후에는 더욱 안정과 번영(繁榮) 속에 우리 문화사상 가장 빛나는 한 창조기를 이루게 되었다. 이러한 사실은 통일 후 신라불교의 융성에서 찾아볼 수 있다. 더욱이 그 문화의 화합적 성격은 유(儒)·불(佛)·선(仙) 삼교(三敎)를 회통하는 성공적 문화체계의 수행에서 잘 나타나고 있다.

이렇듯 삼국통일이 성취됨에 따라 삼국의 이질성은 사라지고 삼국문화는 하나로 융합되었다. 통일신라의 찬란한 문화는 이러한 토대 위에서 형성되었던 것이다. 영토의 통합보다 더욱 중요한 것은 문화의 통합과 융화 발전인 것이다. 이런 점에서 신라의 삼국통일은 지극히 중대한 의미를 지녔다고 말할 수 있다.

2. 신라 천년의 고도(古都) 경주(慶州)

1) 도성(都城)의 입지(立地) 및 형성과정(形成過程)[115]

경주는 B.C. 57년 신라 건국에서부터 935년 통일신라의 멸망에 이르기까지 약 1천 년간 줄곧 왕도로서 명맥을 유지하여온 한국 최고의 역사도시이다. 경주는 신라시대 당시

---

115) 강태호, 「신라 都城의 공간구조 형성과정에 관한 연구」, 『경주사학』 제15집, 1996.

에 한자어로는 왕도(王都), 왕성(王城), 경사(京師), 경성(京城), 경도(京都), 금경(金京), 대경(大京) 등으로 불렀고, 우리말로는 '새벌'이었을 것이다.[116]

경주가 터를 잡은 지역은 서쪽과 북쪽이 험한 산맥으로 둘러싸여 있고 동으로는 동해안과 접하고 있어 대륙의 문화와 쉽게 교류하기 힘든 지역이었다. 이 같은 요인으로 고대 문화의 발전은 다른 도시들보다 늦었다. 대신 신라 고유의 문화가 일찍부터 시작하였다. 경주는 큰 강을 끼고 있지도 않고, 교통 또한 불편한 산간 벽지였으나 천년 동안이나 왕도를 유지하여 왔다. 그 까닭은 조상의 발생지이며 부족 발전의 터전이었기 때문이다. 또한 주변의 자연 지형지세가 천연의 성곽을 이루어 외침에 방어하기가 용이하였고 동쪽으로 바다로의 진출이 비교적 편리한 이점이 있었기 때문이다.

신라의 시조 박혁거세는 도성(都城)을 금성(金城)이라 칭하고 궁전을 영조하고 수도로서의 면모를 갖추어 나갔다.[117] 금성은 왕궁의 명칭이었으나 왕궁이 도시의 핵심적 위치를 차지하고 있었던 당시의 도시 성격으로 자연히 도성의 명칭도 겸하였을 것이다. 고대도시에 있어 왕궁은 도시의 핵심으로서 물리적 중심을 차지하고 있어 도시계획의 근간이 되었을 것이다. 그러므로 왕궁의 위치를 찾는 일은 도시 형성을 구명하는 데 중요한 단서가 된다.

당시 왕궁이었던 금성은 문헌상 명칭만 언급하고 있을 뿐 정확한 위치에 대한 설명이 없다. 다만 금성 동남쪽에 월성(月城)을 축조하였다는 기록[118]과 금성 서편에 시림[始林, 현 계림(鷄林)숲]이 있었다[119]는 기록이 있다. 그러므로 금성은 현 월성의 북서쪽, 계림의 동편에 위치하였을 것으로 추정된다. 여기에 합당한 지역은 현 첨성대(瞻星臺) 부근 지역으로 추정할 수 있다. 계림은 건국 설화가 담긴 성스러운 장소이다. 또한 이 지역 인근에는 신라 초기의 고분군이 밀집되어 있는 지역으로서 고대신라의 정치·종교적 신성구역이었을 것이다. 따라서 당시의 도성 계획은 동시대에 건설된 유적의 분포를 보면 이 지역을 중심으로 외곽으로 발전하여 흡사 방사환상(放射環狀)의 형태를 이루면서 확장되었을 것으로 추정된다. 국력이 신장됨에 따라 왕권이 강화되고 도시가 발전함에 따라 새로운 궁성을 필요로 하게 되었다. 파사왕(婆娑王) 22(101)년에 새로운 궁성을 축조하여 월성이라 하였으며 왕의 거처를 월성으로 옮겼다.

---

116) 이근우, 「신라의 都城과 일본의 都城」, 『신라문화』 26집, 2005, 181면.

117) 『삼국사기』 권1, 「신라본기」 1, '二十二年 築京城 號曰金城···', '二十六年 春正月 營宮室於金城.'

118) 『삼국사기』 권34, 「地理志」 3, '婆娑王 二十二年 於金城東南築城 號月城或號在城.'

119) 『삼국사기』, 「신라본기」 1, '脫解尼師今 九年春三月 王夜聞金城西始林樹間 有鷄鳴聲.'

婆娑尼師今 二十二年, 春二月 築城名月城 秋七月 王移居月城

-『三國史記』권2,「新羅本紀」-

"파사이사금 22년 봄 2월에 성을 쌓고 월성이라 이름하였다. 가을 7월에 왕이 월성으로 옮겨 거주하였다."

새로운 궁성은 주례(周禮)의 영향을 받아 도성의 중앙에 위치하도록 배치하였다. 월성은 성의 형태가 초승달처럼 생겼다 하여 신월성(新月城)이라고도 하였으며 왕이 거처하는 곳이라 하여 재성(在城)이라고도 불렸다.

성의 크기는 동서(東西) 860m, 남북(南北) 250m로서 성벽의 길이는 1,840m이다. 성벽의 높이는 10~20m 정도이며 토석(土石)을 함께 다져 쌓았고 상부는 점토를 이겨 다지고 축조하였다. 남측은 문천[蚊川, 남천(南川)]과 천연 절벽의 요새로 되어 있어 성벽을 쌓지 않았으며 반대편은 너비 10~20m 정도의 해자(垓字)를 축조하여 방호를 견고히 하였다. 월성의 남측은 남천(南川)의 유로(流路)를 따라 축조되어 오목한 형태를 띠게 되었다. 북측은 여기에 평행하게 토성을 축조하여 초승달형의 반월의 형태를 이루게 되었다. 이 지역은 원래 평지로서 외곽을 의도적으로 초승달의 모양을 띠게 했다. 이는 풍수지리 사상에 입각한 형국론(形局論)의 영향을 받은 것으로서 국가의 발전을 염원하는 뜻이 담겨 있는 것으로 보인다. 그러나 당시의 도성 체제는 금성에서 월성으로 궁성을 옮겼을 뿐 뚜렷한 도시계획 원리에 입각하여 도성을 조영한 흔적을 찾아보기 어렵다. 동시대에 조영된 유적들의 방향이 남향이나 동향보다 첨성대를 중심으로 향하고 있는 것으로 보아 도성 계획에 있어 첨성대가 정점(頂点)의 역할을 담당하였을 것으로 추정된다.

신라는 국력이 신장되어 국력에 걸맞은 새로운 도성 건설의 필요성이 대두되었다. 자비왕(慈悲王) 22(469)년에는 행정구역인 6부(部)를 다시 세분하고 중국식 제도를 도입하여 리(里)와 방(坊)의 명칭을 정하여 도시체제를 정비하기 시작하였다. 소지왕(炤知王) 12(490)년에 최초로 시장을 개설하고 지증왕(智證王) 10(510)년에는 동시(東市)를 설치하여 동·서 양시(兩市) 체제를 갖추게 되었다.

2) 도성체제(都城體制)

신라는 초기 중심에 금성(金城)을 배치하고 도성을 건설하였다. 그리고 제정일치(祭政一致)의 통치구조에 따라 첨성대를 중심으로 도시가 형성되었을 것으로 보인다.

도성계획에 있어서는 궁성(宮城)을 도성 북측 중앙에 재배치하고 중심가로인 주작대로를 개설하였다. 동서 양시(兩市)를 설치하고 격자형(格子形)의 가로망을 완비하여 통일국가로서의 도성의 면모를 갖추었다. 또한 외곽성을 축조하지 않은 것이 특징이다.

도성 계획에는 풍수지리사상이 많은 영향을 끼쳤다. 초기 궁성을 평지에 건설하면서 외곽선을 직선으로 하지 않고 국가의 발전을 기원하는 초승달 모양으로 축조한 것은 풍수지리 사상의 영향으로 볼 수 있다. 또한 궁성은 혈(穴)의 위치에 놓이게 하였고, 소금강산(小金剛山)-탈해왕릉(脫解王陵)-궁성(宮城)-남산(南山)을 일직선상에 놓이게 하였다. 이는 소금강산이 주산(主山)이 되게 하고 남산(南山)이 안산(案山)에 해당되도록 배치하였다. 그리고 좌청룡에 명활산, 우백호에 선도산(仙桃山)이 있어 장풍(藏風)의 형국(形局)을 이루도록 하였다.

(1) 도성(都城)의 규모

당시의 왕경의 규모를 추정할 수 있는 근거자료는 다음과 같은 기록들이다.

> 王都長三千七十五步 廣三千一十八步 三十五里 六部
>
> — 『三國史記』, 「地理志」 —

"왕도의 길이는 3075보이고, 넓이는 3018보이고, 35리 6부이다."

> 新羅全盛之時 京中十七萬八千九百三十六戶 一千三百六十坊 五十五里 三十五金入宅[120]
>
> — 『三國遺事』, 「辰韓條」 —

"신라의 전성 시기에 서울에는 17만 8천9백36호, 1,360방, 55리, 35금입택이 있었다."

> 城中 三百六十坊 十七萬戶
>
> — 『三國遺事』, 「念佛師條」 —

"성 가운데 360방 17만 호가 있었다."

발굴 조사된 월성(月城)과 남산신성(南山新城)에 사용된 척(尺)의 크기를 실제 길이와 비교하여 보면 29.8~30.0cm[121] 정도가 된다. 따라서 1보(步)를 6척(尺)으로 환산하여 계산하여 볼 때 도성의 규모는 남북 길이가 5,442m, 동서의 폭이 5,341m가 된다.

---

120) 이기동, 「新羅 金入宅考」, 『진단학보』 45, 1978. 4~5면: 신라의 전성시대라 하면 삼국통일 이후 약 백여 년간의 소위 中代(654~780)를 가리키는 것이 보통이다. 그러나 이를 중대로 보기보다는 慶州가 王都로서 가장 발전했던 下代 末期의 憲康王代(875~886)로 생각하는 견해가 타당할 듯하다. 금입택에서는 대토지를 소유하여 그로부터 막대한 수입을 확보하고 있던 호족의 '富潤大宅' 이상의 의미가 깃들여 있는 듯이 보인다.

121) 경주문화재연구소, 『월성유적 발굴조사보고서・남산신성유적발굴조사 보고서』, 1985~1993.

『삼국사기(三國史記)』「지리지(地理志)」의 35리(里)와 『삼국유사(三國遺事)』「진한조(辰韓條)」의 55리(里)는 거리를 나타내는 수치가 아니고 도성 내의 행정구역 단위를 나타낸 것이다. 1리(里)는 약 25방(坊) 정도였으며 6부(部) 역시 1부(部)가 9리(里) 정도로 나누어진다. 부(部)와 리(里)의 규모는 씨족(氏族)의 세력 혹은 인구밀집도에 따라 차이가 있었다.[122]

이상과 같은 문헌자료와 실측 지형도상에 남아 있는 이방(里坊)의 흔적을 토대로 도성의 범위를 추정하여 보면 서측으로는 서천이 경계이며 동측으로는 명활산성(明活山城)의 일부와 동방동(東方洞)과 보문동(普門洞), 북관동(北串洞) 일부가 포함된다. 동남측은 낭산(狼山) 부근의 사천왕사(四天王寺), 망덕사(望德寺), 신문왕릉(神文王陵)이 포함되며 문천(蚊川)까지가 경계였을 것이다. 서남 측은 나정(蘿井), 양산재가 포함되고 금강 저수지의 수로가 서쪽으로 흐르는 제방 앞까지이다. 북측의 경계는 북천을 훨씬 넘어 굴불사(掘佛寺) 사면석불(四面石佛)을 포함하여 황성국교 북측까지 이르렀던 것으로 추정된다.

삼국유사의 진한조에는 방(坊)의 수를 1,360방(坊)이라 하였으나 염불사조에는 360방(坊)이라 하여 큰 차이를 보이고 있다. 당시에 구역을 분할하는 행정단위로 리(里)와 방(坊)을 혼용하였으므로 문헌에 나타난 35리(里)는 장안성의 방(坊)에 해당되는 것으로 볼 수 있다. 여기에 왕궁 지역이 1개 방(坊)을 차지하였다고 가정하면 전체의 방수는 36방(坊)이 된다. 따라서 360방(坊)과 1,360방(坊)이라는 기록은 보다 세분화된 행정단위이거나 36방(坊)의 오기일 것이다.[123]

(2) 왕궁(王宮) 및 주작대로(朱雀大路)

王之所居曰金城 周七八里 衛兵三千人 說獅子隊

  -『舊唐書』,「東夷傳・新羅傳」-

"왕이 거하는 곳을 일러 금성이라 하였다. 둘레는 7~8리이다. 지키는 병사가 3천 명이고, 사자대라 말하였다."

王居金城環八里 所衛兵三千人

  -『新唐書』,「東夷傳・新羅傳」-

"왕이 거하는 금성의 둘레는 8리이고, 지키는 병사는 3천 명이다."

---

122) 민덕식, 「신라왕경의 도시설계와 운영에 관한 고찰」, 『백산학보』, 1986, 14면.
123) 윤무병, 『역사도시 경주의 보존에 대한 조사』, 1972, 49~52면.

金城在府東四里 赫居世二十一年甲申築京城號曰金城

- 『東京雜記』 권1, 「城郭」 -

"금성은 부의 동쪽 4리에 있었다. 혁거세 21년 갑신년에 경성을 쌓고 금성이라 하였다."

위 기록에 나오는 사방 8리(里)를 당척(唐尺)으로 환산하여 볼 때 약 4,320m 정도가 되어 궁성 한 변의 크기가 약 1,000m 정도가 된다. 또한 금성의 위치는 경주부(慶州府) 동쪽 4리(里)가 되는 지점이라 하였다.

왕궁의 북단(北端) 배치와 왕궁의 중심축에 잇대어 남북을 관통하는 주작대로(朱雀大路)의 개설은 당의 장안성 영향을 많이 받은 흔적 중의 하나라 할 수 있다. 주작대로의 폭은 약 120m로 추정되는데 방(坊) 한 변의 크기가 160m 정도였던 것을 감안한다면 당시 도성 계획에 있어 주작대로의 기능을 매우 중요시하였던 것을 알 수 있다.

(3) 시장(市場) 및 도로망

신라는 주작대로를 중심으로 좌·우경(左·右京)으로 구역을 정하여 통치하였던 것으로 추정된다.[124] 지증왕 10(509)년에는 동시(東市)를 설치하였으며 위치는 월성의 동측일 것으로 추정된다. 효소왕(孝昭王) 4(695)년에는 서시(西市)와 남시(南市)를 설치하였다. 이때부터 월성의 서측으로 도시가 확장되어 방리(坊里)가 형성되었음을 알 수 있다.

신라의 도성 내에는 주작대로 외에 대로(大路)와 중로(中路), 소로(小路)를 개설하여 각 방(坊)과 방(坊)을 연결하였다. 지금까지 밝혀진 대로는 동서를 가로 지르는 도로로 분황사대로(芬皇寺大路), 황룡사대로(黃龍寺大路), 사천왕사대로(四天王寺大路)가 있다. 세로로 남북을 잇는 도로는 흥륜사대로(興輪寺大路), 울주행대로(蔚州行大路)가 개설되어 있었다. 특히 분황사십자대로는 10리로(里路)라 하여 가장 중요한 도로로 다루었다. 동서대로보다 남북도로가 보다 잘 구획되고 중요시하였던 것으로 보인다. 도로의 폭은 대로는 동위척(東魏尺)으로 80척(尺)인 약 28m이며, 중로는 40척(尺)인 약 14m 정도였다.[125]

도로망은 도성 전체가 평지가 아니었기 때문에 전체를 격자형 도로로 구획하기는 어려웠을 것이다. 지형 형태에 따라 자연스럽게 조성되었을 것으로 보인다.

(4) 성곽(城郭)

신라의 도성은 주변이 하천과 산으로 둘러싸인 분지형이므로 정방형의 외곽성을 구축

---

124) 주작대로 서측의 읍남고루(邑南古壘) 부근에서 우경(右京)이라고 새긴 기와 조각이 발견된 것으로 미루어 추측할 수 있다.

125) 민덕식, 앞의 책, 1986, 14~15면.

하는 데 불편하였다. 또한 주위의 산 위에 축조한 명활산성(明活山城), 남산신성(南山新城), 서형산성(西兄山城), 부산성(富山城), 북형산성(北兄山城) 등과 같은 견고한 산성들이 있기 때문에 별도의 외곽성 축조의 필요성을 느끼지 못하였던 것 같다.

명활산성은 실성왕(實聖王) 14(405)년에 도성의 동측에 축조되어 왜병(倭兵)의 침입을 막아내는 등 도성의 방비에 중요한 역할을 담당하였다.[126] 남산신성은 진평왕(眞平王) 13(591)년에 도성의 남측에 축조되어 왕궁인 월성의 방비를 주로 수행하였다. 서형산성과 부산성은 서쪽에서 침입하는 외적인 백제를 막기 위해 진평왕대에 축조하여[127] 통일의 기틀을 다지는 데 중요한 역할을 담당하였다. 북형산성은 통일 후 문무왕(文武王) 13(673)년에 축조하여 도성이 북쪽으로 확대됨에 따라 동북 해안으로 침입하는 왜적을 막기 위한 역할을 수행하였다. 관문성(關門城)도 성덕왕(聖德王) 21(722)년 축조되어 도성이 동남쪽으로 확대됨에 따라 동남쪽에서 침입하는 왜적(倭敵)을 막는 역할을 하였다. 산성이 도성의 주변에 축조된 시기는 대략 6세기 초(初)에서부터 말(末)에 이르는 시기이다. 이때는 대내적으로 왕권의 전제화(專制化)가 이루어졌다. 대외적으로는 영토 확장과 한반도의 주도권 쟁탈을 위하여 삼국 간의 치열한 항쟁이 계속되던 시기였다. 따라서 왕권을 수호하고 도성의 백성들을 보호하기에 유리한 주변 요충지역에 산성을 축조하게 된 것이다.

3) 도성(都城)의 인구(人口)와 주민구성

사료에 의하면 신라 최전성기 도성 내의 인구는 17만 8,936호(戶)였다. 이는 1,360방(坊)을 기준으로 할 때 1방(坊)에 약 130호(戶)가 거주한 것이다. 그러나 1호(戶)를 1가구(家口)로 할 때 1가구당 인구를 6인으로 계산하면 1백만 명이 넘는 엄청난 인구가 된다. 이는 1방(坊)의 규모를 140m×160m로 하였을 때 1방당 거주인구는 780명으로서 거주밀도는 348人/ha(28.7평방미터/1人)가 된다. 일반적으로 저층 저밀도 주거지역의 적정 인구밀도 기준이 60~150人/ha(166평방미터~66평방미터/1人)인 것을 감안할 때 이 자료에 의한 인구는 매우 높은 고밀도이므로 자료의 신빙성에 무리가 있다고 판단된다. 그러므로 17만 호는 관청에 등재된 인구를 나타내는 호구(戶口)의 오기(誤記)가 아니면 도성 외곽의 가구 수를 포함하여 산정된 수치일 것으로 보인다.

도성에는 다양한 사람들이 살았다. 육부민(六部民)을 중심으로 한 정통적인 왕경민이 있는가 하면, 왕경의 수비나 잡일을 담당하기 위해서 상경한 지방호족 자제들, 각종 세금을 바치러 왕경에 온 지방민들, 물품을 거래하기 위하여 온 상인들, 외국에서 건너온 외

---

126) 『三國史記』 권3, 實聖麻立干四年條, '夏四月 倭兵來攻明活城 不克而歸.'

127) 오영훈, 『신라 王京에 대한 고찰』, 1992, 26면.

교사절, 사찰에서 생활하는 승려들, 불교를 수학하기 위해서 온 외국의 유학승 등 다양한 사람들이 왕경에 생활하였을 것이다.

4) 도성 생활 환경과 관리체계

- 第四十九憲康大王代 城中無一草屋 接角連墙 歌吹滿路 晝夜不絶

  － 『三國遺事』, 「紀異」, 又四節遊宅條 －

"제49대 헌강왕대 성 안에는 하나의 초가집도 없었다. 처마는 달아 있었고 담은 연이어 있었다. 노래 부르는 소리가 길거리에 가득하여 밤낮으로 끊이지 않았다."

- 王與左右登月上樓 四望 京都民屋相屬 歌吹連聲 王顧謂侍中敏恭日狐聞今之民間 覆屋以瓦不以茅 炊飯以炭不以薪 有是耶 敏恭對日臣亦嘗聞之如此

  － 『三國史記』 卷11, 「新羅本紀」, 憲康王 6年 9月 9日條 －

"왕이 좌우와 더불어 월상루에 올라 사방을 바라보았다. 서울에 민가는 서로 이어져 있고 노래 부르는 소리가 연이어 들렸다. 왕이 시중 민공을 돌아보고 말하기를, '내가 들으니 지금 민간에서는 집을 기와로 덮고 띠로써 하지 않으며, 밥을 숯으로 짓고 땔나무로써 하지 않는다는데 이런 일이 있는가?' 민공은 대답하여 말하기를, 신 또한 일찍이 이와 같다고 들었습니다."

　신라 왕경의 주민들은 각각 자신의 신분과 관직에 상응하는 택지를 부여받아 생활하였다. 금입택(金入宅)이라고 불리는 대저택들 중에는 궁궐에 필적하는 경우도 있었을 것이다. 금입택(金入宅)은 신라통일기 진골귀족(眞骨貴族)들의 막대한 경제력과 호사스러운 생활을 반영하는 상징적 존재였다. 진골귀족들의 특권의식과 경제력 증가에 비례하여 안일함과 소비적인 기풍, 사치, 환락 생활은 더욱 조장되기만 했다.[128] 그러나 왕경의 번영, 특히 금입택(金入宅)의 전성(全盛)은 바로 지방의 피폐를 의미하는 것이었다. 이에 대해서 일반인들은 2~300평 규모, 혹은 그보다 작은 규모의 택지에 집을 짓고 살았을 것이다.

　도성은 궁궐과 관사, 귀족들의 저택과 사찰, 탑과 같은 크고 아름다운 건축물들이 즐비한 '화려한 도시'였다. 그러나 다른 한편으로는 많은 인구로 인하여 하천이 오염되고 고아와 빈민들도 적지 않았다. 또한 질병이 크게 유행할 때는 시신들이 방치될 수밖에 없는 '어두운 도시'의 일면도 함께 가지고 있었다.[129] 신라 도성에서 일성이사금(逸聖尼

---

128) 이기동, 「新羅 金入宅考」, 『진단학보』 45, 1978, 18면.

129) 도성이 도시로서 기능할 경우 큰 문제 중의 하나가 人口集住에 따른 오물의 처리라고 할 수 있다. 도성의 생활환경 중 또 다른 측면으로는 다양한 형태의 범죄 발생을 들 수 있다.

師今) 16년 11월에 크게 역병이 돌았다는 기록이 있다.[130] 역병에 관한 기사는 지마이사금(祇摩尼師今) 9년,[131] 아달라이사금(阿達羅尼師今) 19년,[132] 내물이사금(奈勿尼師今) 34년,[133] 소지마립간(炤知麻立干) 5년,[134] 원성왕(元聖王) 12년,[135] 문성왕(文聖王) 3년,[136] 경문왕(景文王) 7년[137] 등에서도 나타난다. 성덕왕(聖德王) 13년 여름에도 많은 사람들이 질병에 걸렸다고 하였는데, 이는 도성의 상황을 이야기하고 있을 가능성이 크다.[138]

신라 도성의 관리 체계에 대해서는 상세히 알 수 없다. 하지만 잦은 지진과 홍수 등으로 인하여 각종 시설을 재건할 필요성이 상존하고 있었다. 또한 많은 사람들이 살고 있었으므로, 여러 관사조직과 정교한 관리 방법이 동원되었을 것이다. 예를 들어 경덕왕 때 전경부(典京府)로 개칭된 전읍서(典邑署)는 도성 관리를 위한 기본적인 관사였을 것으로 생각된다. 다만 이 관사는 6부를 중심으로 운영되었던 것으로 보인다. 역시 경덕왕 때 수성부(修城府)로 개칭된 경성주작전(京城周作典)은 도성의 성곽을 관장하는 기관이었다. 영창궁성전(永昌宮成典)은 영창궁(永昌宮)을 조영하는 일을 담당한 관사였을 것이다. 성전(成典)은 궁궐이나 사찰을 조영하기 위해 특별히 설치되었으며, 조영이 완료된 이후에도 중요한 시설에 대해서는 사후관리를 책임졌던 것으로 생각된다.

5) 도성의 시장(市場)과 사찰(寺刹)

(1) 시장(市場)

도성의 주민들의 일상생활을 위해서는 여러 가지 물품을 조달하고 유통할 필요가 있었다. 도성에 필요한 모든 물자를 공납을 통해서 조달할 수 없었기 때문에 이를 보완하기 위한 유통경제가 반드시 필요하였던 것이다.[139] 이를 위해서 만들어진 것이 시장이다. 신라 도성에는 동시(東市)와 서시(西市) 그리고 남시(南市)가 있었다.[140] 물론 현재 그 위

---

130) 『三國史記』, 「新羅本紀」, 逸聖尼師今 十六年條.

131) 『三國史記』, 「新羅本紀」, 祇摩尼師今 九年 三月, 京都大疫.

132) 『三國史記』, 「新羅本紀」, 阿達羅尼師今 十九年 二月, 有事始祖廟. 京都大疫.

133) 『三國史記』, 「新羅本紀」, 奈勿尼師今 三十四年 春正月, 京都大疫.

134) 『三國史記』, 「新羅本紀」, 炤知麻立干 五年 十一月, 雷. 京都大疫.

135) 『三國史記』, 「新羅本紀」, 元聖王 十二年 春, 京都飢疫, 王發倉廩賑恤之.

136) 『三國史記』, 「新羅本紀」, 文聖王 三年條.

137) 『三國史記』, 「新羅本紀」, 景文王 七年 夏五月, 京都疫.

138) 『三國史記』, 「新羅本紀」, 聖德王 十三年條.

139) 佐藤信, 『日本古代の宮都と木簡』, 吉川弘文館, 1977, 47～48면.

140) 『三國史記』, 「新羅本紀」, 孝昭王 四年 冬十月 京都地震 中侍元宣退老 置西南二市.

치를 정확히 확인할 수는 없지만, 도성에서 필요한 여러 가지 물자를 유통하는 공간으로서 또한 형벌을 집행하는 장소로 기능하였음을 확인할 수 있다. 예를 들어 진평왕 53년에 반란을 일으킨 이찬 칠숙과 석품을 동시(東市)에서 참형에 처했다.[141] 시장에서 죄인들을 처형한 사례들은 고구려와 백제에서도 확인할 수 있다.[142]

도성에 시장(市場)이 설치되는 것은 대규모 인구가 집단 거주하게 된 결과라고 할 수 있다. 대규모 인구가 자급자족할 수 없기 때문에 외부로부터 식량이나 필수품을 공급받아야만 했다. 당시에 국가가 거두어들이는 조세(租稅)는 기본적으로 현물(現物)이었으나, 필요로 하는 모든 물품을 거두어들일 수는 없었다. 따라서 거두어들인 현물을 팔아서 필요한 물품을 구입할 수 있는 장소가 필요하였던 것이다. 이처럼 일정 수 이상의 인구가 집주하게 되면 물품을 교환 판매하는 장소로서의 시장이 반드시 필요하게 된다. 시장은 신라의 도성처럼 10만 이상의 인구가 거주하는 도성에는 필요불가결한 존재였던 것이다.

(2) 사찰(寺刹)

사찰 역시 도성을 구성하는 중요한 시설로서 기능하였다. 신라 도성에는 이름을 확인할 수 있는 100여 개에 달하는 사찰이 있었다. 그중에 적지 않은 절들의 위치까지 확인되고 있다.[143]

도성 내의 많은 사찰들 중에는 이른바 성전사원(成典寺院)이라고 불리는 관사(官寺)들이 있었다. 이들 사찰 중에는 다시 왕실과 깊은 연관을 맺고 있는 경우도 적지 않았다. 감은사, 봉성사, 봉덕사, 봉은사 등은 모두 원찰(願刹)의 성격을 갖는 사찰이라고 한다. 각각 문무왕, 태종무열왕, 성덕왕, 진지왕의 봉복(奉福) 혹은 추복(追福)을 위해 건립된 사원이다. 또한 사찰은 왕실의 장례와 밀접한 연관을 가지고 있으며, 죽은 왕이나 왕족 그리고 귀족들의 극락왕생이나 보다 나은 윤회전생을 위해서 기원하는 원찰(願刹)의 성격을 가지고 있었다. 왕의 장례의례가 불교식으로 진행되었다는 것은 왕실과 불교의 밀접한 관련을 보여 주는 것이다. 신라의 경우에 황룡사는 원래 궁을 지으려고 하다가 황룡이 출현하므로 절로 바꾸었다는 이야기가 전한다. 이는 궁과 절의 밀접한 관련을 보여 주는 것이다. 황룡사 발굴결과로 미루어 이미 상당한 정도로 궁궐 건축이 완성된 단계에서 사찰로 전환하였음을 알 수 있다. 그리고 그것은 한편으로 고대국가의 정치가 불교와 긴밀하게 연관되어 있다는 사실을 보여 주는 것이기도 하다. 불교가 개인을 구원하는 종

---

141) 『三國史記』, 「新羅本紀」, 眞平王 五十三年 夏五月條.

142) 『三國史記』, 「百濟本紀」, 三斤王 二年 春條

143) 또한 경주의 지표조사에 의거하면 신라시대 사찰의 수가 200여 개에 달하며, 그중에 19개소는 조선시대까지 존속하였다고 한다. 박방룡, 「신라왕경의 사찰 조영」, 『미술사학』 13, 1999, 117~119면.

교로서만이 아니라 왕권과 국가를 수호하는 정치적인 이념으로서 기능한 것이다. 궁(宮)이 구체적인 정치행위의 장으로서 그 기능을 수행하고 있었다면, 사찰은 이질적이고 이형적인 문화공간이었다. 사찰은 왕권을 상징하는 장소로 기능하기도 하고, 현실의 국왕이 곧 부처와 다르지 않다는 생각을 전파하는 곳이기도 하였다. 왕즉불(王卽佛) 사상이야 말로 왕권이 불교와 밀착되어 있는 증거이며, 궁과 사찰의 상관관계를 직접적으로 보여주는 것이다.[144]

한편 경주 도성에서는 귀족들이 사찰을 조영하는 일이 드물지 않았다. 김대성의 불국사 조영이 대표적인 사례라고 할 수 있다.

〈관련 사료(關聯 史料)〉

■ 『梁書』[145] 卷五十四 列傳第四十八

新羅者, 其先本辰韓種也. 辰韓亦曰秦韓, 相去萬里, 傳言秦世亡人避役來適馬韓, 馬韓亦割其東界居之, 以秦人, 故名之曰秦韓. 其言語名物有似中國人, 名國爲邦, 弓爲弧, 賊爲寇, 行酒爲行觴. 相呼皆爲徒, 不與馬韓同. 又辰韓王常用馬韓人作之, 世相係, 辰韓不得自立爲王, 明其流移之人故也; 恒爲馬韓所制. 辰韓始有六國, 稍分爲十二, 新羅則其一也. 其國在百濟東南五千餘里. 其地東濱大海, 南北與句驪·百濟接. 魏時曰新盧, 宋時曰新羅, 或曰斯羅. 其國小, 不能自通使聘. 普通二年, 王姓募名秦, 始使使隨百濟奉獻方物.

■ 『北史』[146] 卷九十四 列傳第八十二

其國東極新羅, 北接高句麗, 西南俱限大海, 處小海南, 東西四百五十裏, 南北九百餘裏. 其都曰居拔城, 亦曰固麻城. 其外更有五方: 中方曰古沙城, 東方曰得安城, 南方曰久知下城, 西方曰刀先城, 北方曰熊津城. 王姓餘氏, 號「於羅瑕」, 百姓呼爲「鞬吉支」, 夏言並王也. 王妻號「於陸」, 夏言妃也. 官有十六品: 左平五人, 一品; 達率三十人, 二品; 恩率, 三品; 德率, 四品; 杆率, 五品; 奈率, 六品. 已上冠飾銀華. 將德, 七品, 紫帶. 施德, 八品, 皂帶. 固德,

---

144) 이영호, 「신라중대 왕실사원의 관사적 기능」, 『한국사연구』 43, 84면.

145) 총 56권이며, 기전체(紀傳體)로 된 남조(南朝) 양(梁)나라의 역사책이다. 당나라 요사렴(姚思廉)이 629년(貞觀 3) 역사 편찬의 명을 받고 7년 만에 완성했다.

146) 중국 위진남북조 시대 위(魏)·제(齊)·주(周)·수(隋)의 역사를 다룬 정사(正史). 당(唐)의 이연수(李延壽, 627~649)가 편찬했다. 본기(本紀) 12권, 열전(列傳) 88권의 총 100권으로 구성되어 있다.

九品, 赤帶. 季德, 十品, 青帶. 對德, 十一品; 文督, 十二品, 皆黃帶. 武督, 十三品; 佐軍,
十四品; 振武, 十五品; 剋虞, 十六品, 皆白帶. 自恩率以下, 官無常員. 各有部司, 分掌衆務.
內官有前內部、穀內部、內椋部、外椋部、馬部、刀部、功德部、藥部、木部、法部、後宮部.
外官有司軍部、司徒部、司空部、司寇部、點口部、客部、外舍部、綢部、日官部、市部. 長
吏三年一交代. 都下有萬家, 分爲五部, 曰上部、前部、中部、下部、後部, 部有五巷, 士庶
居焉. 部統兵五百人. 五方各有方領一人, 以達率爲之, 方佐貳之. 方有十郡, 郡有將三人, 以
德率爲之. 統兵一千二百人以下, 七百人以上. 城之內外人庶及餘小城, 鹹分隸焉.

新羅者, 其先本辰韓種也. 地在高麗東南, 居漢時樂浪地. 辰韓亦曰秦韓. 相傳言秦世亡
人避役來適, 馬韓割其東界居之, 以秦人, 故名之曰秦韓. 其言語名物, 有似中國人, 名國爲
邦, 弓爲弧, 賊爲寇, 行酒爲行觴, 相呼皆爲徒, 不與馬韓同. 又辰韓王常用馬韓人作之, 世
世相傳, 辰韓不得自立王, 明其流移之人故也. 恒爲馬韓所制. 辰韓之始, 有六國, 稍分爲十
二, 新羅則其一也. 或稱魏將毋丘儉討高麗破之, 奔沃沮, 其後復歸故國, 有留者, 遂爲新羅,
亦曰斯盧. 其人雜有華夏、高麗、百濟之屬, 兼有沃沮、不耐、韓、濊之地. 其王本百濟人,
自海逃入新羅, 遂王其國. 初附庸於百濟, 百濟征高麗, 不堪戎役, 後相率歸之, 遂致強盛.
因襲百濟, 附庸於迦羅國焉. 傳世三十, 至真平. 以隋開皇十四年, 遣使貢方物. 文帝拜真平
上開府、樂浪郡公、新羅王.

■『三國遺事』卷1, 紀異, 辰韓條
辰韓[亦作秦韓].
後漢書云: 辰韓耆老自言, 秦之亡人, 來適韓國, 而馬韓割東界地以與之, 相呼爲徒, 有似
秦語, 故或名之爲秦韓, 有十二小國, 各萬戶, 稱國. 又崔致遠云: 辰韓本燕人避之者, 故取涿
水之名, 稱所居之邑里, 云沙涿, 漸涿等[羅人方言, 讀涿音爲道, 故, 今或作沙梁, 亦讀道.].

新羅全盛之時, 京中十七萬八千九百三十六戶, 一千三百六十坊, 五十五里, 三十五金入
宅[言富潤大宅也], 南宅, 北宅, *「于,丐」比所宅, 本彼宅, 梁宅, 池上宅[本彼部], 財買井
宅[庾信公祖宗], 北維宅, 南維宅[反香寺下坊], 隊宅, 賓支宅[反香寺*犯{北}], 長沙宅,
上櫻宅, 下櫻宅, 水望宅, 泉宅, 楊上宅[梁南], 漢岐宅[法流寺南], 鼻穴宅[上同], 板積宅
[芬皇寺上坊], 別敎宅[川北], 衙南宅, 金楊宗宅[梁官寺南], 曲水宅[川北], 柳也宅, 寺下
宅, 沙梁宅, 井上宅, 里南宅[于所宅], 思內曲宅, 池宅, 寺上宅[大宿宅], 林上宅[靑龍之寺

東方有池], 橋南宅, 巷叱宅[本彼部], 樓上宅, 里上宅, 椧南宅, 井下宅.

又四節遊宅

春, 東野宅, 夏, 谷良宅, 秋, 仇知宅, 冬, 加伊宅. 第四十九憲康大王＊伐{代}, 城中無一
草屋, 接角連墻, 歌吹滿路, 晝夜不絶.

■『三國史記』卷11,「新羅本紀」, 憲康王 6年

九月九日, 王與左右, 登「月上樓」, 四望, 京都民屋相屬, 歌吹連聲. 王顧謂侍中「敏恭」
曰: "孤聞今之民間, 覆屋以瓦不以茅, 炊飯以炭不以薪. 有是耶?"「敏恭」對曰: "臣亦嘗聞
之如此" 因奏曰: "上卽位以來, 陰陽和, 風雨順, 歲有年, 民足食, 邊境謐靜, 市井歡娛, 此,
聖德之所致也." 王欣然曰: "此, 卿等輔佐之力也, 朕何德焉?"

■『高麗史』卷57, 志11, 地理

○ 慶尙道在三韓爲辰韓在三國爲新羅及太祖幷新羅百濟置東南道都部署使置司慶州. 成
宗十四年分境內爲十道以尙州所管爲嶺南道慶州金州所管爲嶺東道晉州所管爲山南道睿宗
元年稱慶尙晉州道. 明宗元年分爲慶尙晉陝州兩道十六年爲慶尙州道神宗七年爲尙晉安東
道其後又改爲慶尙晉安道. 高宗四十六年以和登定長四州沒於蒙古割道之平海德原盈德松生
隷溟州道. 忠烈王十六年又以德原盈德松生移隷東界忠肅王元年定爲慶尙道領京一牧二府
三郡三十縣九十二.

○ 東京留守官慶州本新羅古都. 始祖赫居世王開國建都國號徐耶伐或稱斯羅或稱斯盧後
稱新羅脫解王九年始林有雞怪更名雞林因以爲國號基臨王十年復號新羅. 太祖十八年敬順王
金傅來降國除爲慶州二十三年陞爲大都督府改其州六部名梁部爲中興部沙梁爲南山部本彼
爲通仙部習比爲臨川部漢祇爲加德部年梁爲長福部. 成宗六年改爲東京留守十四年稱留守
使屬嶺東道. 顯宗三年廢留守官降爲慶州防禦使五年改安東大都護府二十一年復爲東京留
守. 時銳方所上三韓會土記有高麗三京之文故復置之. 神宗五年東京夜別抄作亂攻劫州郡遣
師討平之七年以東京人造新羅復盛之言傳檄尙淸忠原州道謀亂降知慶州事奪管內州府郡縣
鄕部曲分隷安東尙州高宗六年復爲留守. 忠烈王三十四年改稱雞林府辛禑二年府與金州爭使
營. 都評議使奏金州賊殺按廉且置營歲月不及雞林. 況近海濱倭賊可畏乞移置雞林禑從之.
別號樂浪[成廟所定.] 有赫居世王陵金庾信墓又有瞻星臺[新羅善德女主所築.] 奉德寺[新羅
惠恭王鑄大鍾重銅一十二萬斤撞之聲聞百餘里]屬郡四縣十領郡五.[防禦郡四知事郡一.]

Ⅳ. 해동성국(海東盛國) 발해(渤海)

1. 대조영과 발해의 건국

渤海靺鞨大祚榮者 本高麗別種也 高麗旣滅 祚榮率家屬徙居營州 萬歲通天年 契丹李盡
忠反叛 祚榮與靺鞨乞四比羽各領亡命東奔 保阻以自固 盡忠旣死 則天命右玉鈐衛大將軍
李楷固率兵討其餘黨 先破斬乞四比羽 又度天門嶺以迫祚榮 祚榮合高麗靺鞨之衆以拒楷固
王師大敗 楷固脫身而還 屬契丹及奚盡降突厥 道路阻絶 則天不能討 祚榮遂率其衆東保桂
婁之故地 據東牟山 築城居之 祚榮驍勇善用兵 靺鞨之衆及高麗餘燼 稍稍歸之 聖曆中 自
立 爲振國王

— 『舊唐書』 卷199 下, 列傳 第149 渤海靺鞨 —

"발해말갈의 대조영은 본래 고(구)려의 별종이다. 고구려가 멸망하자 조영은 가속을 거느리고 영주로 옮겨 살았다. 만세통천년에 거란의 이진충이 반란을 일으키자 조영과 말갈의 걸사비우는 각기 망명자를 이끌고 동쪽으로 달아나서 견고하게 지켰다. 진충이 죽자 측천(무후)은 우옥검위대장군 이해고에게 병사를 이끌고 그 잔당을 토벌토록 명하였다. 먼저 걸사비우를 격파하여 목 베었다. 또 천문령을 넘어 조영에게 접근하였다. 조영은 고구려와 말갈의 무리를 합하여 해고에게 대항하자, 왕의 군대가 크게 패하였다. 해고는 몸을 빼어 돌아왔다. 마침 거란과 해가 모두 돌궐에 항복하여 도로가 막히고 끊어져 측천이 토벌할 수 없었다. 조영은 드디어 그 무리를 이끌고 동쪽 계루의 옛 땅으로 들어갔다. 동모산을 거점으로 성을 쌓고 거주하였다. 조영이 용맹하고 병사를 잘 다루므로 말갈의 무리와 고구려의 남은 무리가 점차 그에게 돌아왔다. 성력 중에 자립하여 진국왕(振國王)이 되었다."

渤海本粟末靺鞨附高麗者 姓大氏 高麗滅 率衆保挹婁之東牟山 地直營州東二千里 南比
新羅 以泥河爲境 東窮海 西契丹 筑城郭以居 高麗逋殘稍歸之

— 『新唐書』 卷235, 列傳 第144 —

"발해는 본래 속말말갈이 고(구)려에 붙은 것이다. 성은 대씨이다. 고구려가 멸망하자 무리를 이끌고 읍루의 동모산으로 들어갔다. 이 땅은 곧바로 영주에서 동쪽으로 2천 리 떨어진 곳이고, 남으로는 신라와 견주어 니하로 경계를 삼았다. 동쪽은 바다에 닿았다. 서쪽은 거란이다. 성곽을 쌓고 살자 고구려에서 달아났던 세력들이 점차 돌아왔다."

발해사 연구에서 대조영이 말갈족 출신이냐 고구려인 출신이냐는 문제는 발해가 과연 말갈계 국가냐 고구려계 국가냐는 문제와 직결되어 논란이 되어 왔다. 여기에 각국의 민족적 입장까지 가미되어 활발한 논의에도 불구하고 실제로 해결된 것이 별로 없다.

이제까지 연구된 것을 대체적으로 정리해 보면 다음과 같다. 대조영의 원래 출신은 속말말갈의 수령으로 말갈족의 혈통을 가졌을 가능성이 있다. 그러나 아마도 그의 조상대에 고구려로 옮겨와 살면서 대조영이 고구려의 장수가 되었을 것이다. 고구려가 멸망당할 때에 이르러서는 왕족과 같은 높은 지위에 있었다. 대조영의 증손녀 정혜공주 무덤이 고구려 양식을 띠고 있는 것도 이러한 배경에서 이해될 수 있다. 따라서 그는 비록 혈통상으로 말갈족 출신이지만 이미 국적상으로 고구려인이라 할 수 있을 것이다. 그럼으로써 영주에서 말갈족과 고구려인 및 물길족(勿吉族)들을 영도할 수 있었다. 이렇듯 발해의 건국에는 다수의 고구려인과 말갈족 등이 참여하였다. 결국 그는 순수 말갈인도 아니었고 순수 고구려인도 아니었으므로 말갈의 별종이요, 고구려의 별종이었던 것이다.

대조영은 발해를 건국한 후 영주로부터 같이 행동하였던 고구려인과 만주 동부 지역에 잔존하던 고구려인들을 취합하면서 고구려 재건의 기치를 내걸었던 것이다. 발해는 대외적인 면에서나 실제 국가운영 면에서도 고구려 후계 국가로 자처하였다. 예컨대 당시 외교 문서를 보면 일본과 발해 모두가 발해를 '고려(高麗)'라고 칭하고 있다. 신라인들도 과거의 고구려가 지금의 발해가 되었다거나, 고구려 남은 세력이 발해를 세웠다는 인식을 가졌던 것이다.

2. 발해의 사회구조와 정치제도[147)

1) 사회구조(社會構造)

발해 사회는 다수의 고구려계와 소수의 말갈계가 왕실과 유력 귀족층을 이루고 있었다. 이러한 민족구성의 이중성은 신라인들이 발해를 말갈계 국가로 취급하기도 하고 고구려계 국가로 취급하기도 하는 배경을 마련해 주었던 것이다. 그러나 발해는 기본적으로 고구려의 유민들이 건설한 국가였다. 따라서 정치적 지배권은 고구려의 유민들이 차지하였다. 이와 함께 발해사회에서 부곡, 노비 또는 성(姓)이 없는 천한 신분도 많았다. 이와 같이 발해의 사회구조는 첫째, 고구려유민인 왕실을 정상으로 하고 그 지배층은 모두 고구려 유민들에 의하여 형성되고 있었다. 둘째, 행정구조의 하부에서 실무를 맡고 있는 말갈과 평민에 속하는 말갈인이 있었다. 셋째, 사회의 밑바닥에 있는 자유 신분을 누리지 못하는 부곡, 노비 등 천한 일에 종사하는 미개의 말갈인 등으로 신분상의 여러 계층을 가진 사회였다. 발해는 이러한 복잡한 사회구조로 인하여 민족 간, 신분계층 간 다양한 문제가 발생할 수밖에 없었다. 결국 발해가 거란의 침입에 너무도 쉽게 멸망한 데

---

147) 발해에 관해서는 김동우, 「발해의 지방통치체제 운영과 그 변화」, 『한국사학보』 24. 고려사학회, 2006; 박진숙, 「발해의 지방지배와 수령」, 『국사관논총』 97, 국사편찬위원회, 2001; 송기호, 『발해정치사연구』, 일조각, 1995; 한규철, 『발해의 대외관계사』, 신서원, 2005; 김종복, 『발해정치외교사』, 일지사, 2009 등 참조.

에는 사회구성의 취약성이 중요한 원인으로 작용한 것이다.

2) 정치제도(政治制度)

발해는 새로 건국한 까닭에 당(唐)나라 제도를 많이 모방하였다. 중앙통치조직은 당나라 제도를 따라 3성 6부를 비롯한 행정 관부를 설치하여 국가사무를 분장하였다. 수도였던 상경 용천부의 동경성은 당의 장안성을 본떠 조방제를 실시하였다. 지방통치조직을 살펴보면 지방은 5경 15부 62주로 편제한 다음 주의 아래에는 현을 설치하였다. 지배층인 고구려 출신들은 피지배층인 말갈족의 효율적인 지배를 위하여 지방관에 임명되었다. 자연부락은 토착유력자인 수령이 관장하였다. 군사제도는 8위에 의해 운영되었는데 이것은 당의 16위제를 변용한 것으로 추측된다.

(1) 중앙(中央) 행정관제

발해의 중앙 통치조직은 고왕(대조영), 무왕(대무예)대를 거쳐 문왕(대흠무)대에 이르러 갖추어졌다. 대조영 대에 이미 당나라 율령의 영향을 강하게 받아 관료체제를 본격적으로 정비하기 시작한 것으로 보인다. 국가기구는 무왕대까지만 해도 비교적 단순하여 군사와 정치가 합일적인 성격을 강하게 지녔다. 따라서 수령이라는 전통적인 관직이 중앙관직으로 자리 잡고 있었다. 그러나 문왕이 즉위한 이후 수령이라는 관직체계가 사라지고 중국식 관직체계로 정비되었다. 이후 10대 선왕 대를 거치면서 한 번 더 정비과정을 거쳤게 된다.

국왕은 발해 지배체제의 정점이었다. 왕권은 대체로 지배체제가 정비되면서 전제권력을 행사하였다. 국왕의 지위는 장자상속제의 원칙에 따라 계승되었다. 그에 따라 문왕 대부터는 동궁제(東宮制)를 시행하였다. 왕의 장자는 동궁이라고 하거나 국왕 다음 가는 정치적 실권자로서의 의미를 지니는 부왕(副王)이라고도 하였다. 이러한 동궁제의 시행은 전제권력의 확립을 상징적으로 보여 준다.

발해는 당나라 제도를 모방하여 중앙행정관제를 갖추었다. 3성(省) 6부(部) 1대(臺) 7시(寺) 1원(院) 1감(監) 1국(局)이 그것이다. 3성은 선조성(宣詔省), 중대성(中臺省), 정당성(政堂省)으로 구성되었다. 선조성은 당의 문하성에 해당하며, 군국(軍國)의 정령(政令)을 심의하여 결정하는 역할을 담당하였다. 중대성은 당의 중서성에 해당하는데, 정령을 기초하고 제정하여 정책을 심의하는 일을 담당했다. 정당성은 당의 상서성에 해당하며 심의 의결된 정령을 집행하는 최고의 행정서무기구이다.[148] 이것은 정당성의 장관인 대내상(大內相)이

---

148) 당의 상서성은 중서성과 문하성으로부터 지배당하는 위치에 있었지만, 발해에서는 정당성이 최고의 행정관부로서 중대성과 선조성을 지배하고 있었다.

선조성과 중대성의 장관인 좌상과 우상의 위에 위치했던 사실로 짐작할 수 있다.

정당성의 하부에는 행정의 실무를 직접 담당하는 6부가 있었다. 6부는 충부(忠部), 인부(仁部), 의부(義部), 지부(智部), 예부(禮部), 신부(信部)이다. 각 부의 아래에는 지사(支司)가 있었다. 충부는 당의 이부(吏部)에 해당하며, 관리의 선발이나 인사고과를 담당하였다. 인부는 당의 호부(戶部)에 해당하는데 토지나 공부를 관장하였다. 의부는 당의 예부(禮部)에 해당하는 것으로 의례, 제사, 공거(貢擧)를 담당하였다. 지부는 당의 병부(兵部)에 해당하는 것으로 무관(武官)의 인사를 담당하였다. 예부는 당의 형부(刑部)에 해당하는 것으로 법률과 형옥을 관장하였다. 신부는 당의 공부(工部)에 해당하는 것으로 교통, 수리, 공장(工匠) 등의 직무를 담당하였다. 이렇듯 발해의 6부가 기본적으로 당의 6부를 모방하였으면서도 그 명칭을 유교덕목을 나타내는 용어를 사용한 것은 발해 통치조직의 특성을 보여 주는 것이다.

3성 6부 외에 가장 중요한 관부로는 중정대(中正臺)를 꼽을 수 있다. 중정대는 당의 어사대(御史臺)에 해당하며 관리의 비위(非違)를 감찰하는 관부였다. 중정대의 장관은 대중정(大中正)이라 하였고 그 아래에는 실무를 전담하는 소정(少正)이 1명 있었다.

이 밖에 전중시(殿中寺)는 국왕의 궁정생활을 담당하였다. 종속시는 왕족에 대한 사무를 관장하였고, 태상시(太常寺) 예의, 제사를 맡았다. 사빈시(司賓寺)는 외국사신의 접대를 담당하였다. 사장시(司藏寺)는 재화나 그 보관 및 무역 등의 업무를 관장한 기구였다. 사선시(司膳寺)는 궁중의 주례(酒禮), 선식(膳食)을 맡았다. 대농시(大農寺)는 창고와 영전(營田)의 사무를 관장하였다. 또한 문적원(文籍院)을 두어 경적(經籍), 도서를 관리하고 비문이나 제문을 찬사(撰寫)하였다. 주자감(冑子監)은 귀족자제에 대한 유학교육을 담당하였다.

(2) 군사제도(軍事制度)

발해의 군사조직에 대해서는 그 전모를 파악하기 어렵다. 단지『신당서(新唐書)』발해전(渤海傳)의 기록에 따르면 발해에는 중앙군으로서 좌맹분위(左猛賁衛), 우맹분위(右猛賁衛), 좌웅위(左熊衛), 우웅위(右熊衛), 좌비위(左羆衛), 우비위(右羆衛), 남좌우위(南左右衛), 북좌우위(北左右衛) 등의 8위(衛)가 존재했던 것으로 되어 있다.

其武員有左右猛賁、熊衛、羆衛, 南左右衛, 北左右衛衛, 各大將軍一、將軍一。
- 『新唐書』卷235, 列傳 第144 -

"그 군대는 좌우 맹분, 웅위, 비위가 있고, 남좌우위, 북좌우위가 있다. 각 대장군이 한 명, 장군이 한 명이다."

이와 같은 군사조직은 대체로 당의 16위제를 모방한 것으로 보인다. 그러나 각 위가 구체적으로 어떠한 역할을 담당하였는지에 대해서는 알 수 없다. 다만 맹분위, 웅위, 비위가 궁성의 숙위를 담당하였을 것으로 추측된다.

각 위에는 대장군(大將軍) 1명, 장군 1명씩을 지휘관으로 두었다. 장군의 아래에는 다수의 지휘관이 있었던 것이 분명하다. 발해의 군대는 초기에는 10만 명, 최전성기에는 20만 명에 가까웠다. 이들은 모두 발해의 국방뿐만 아니라 궁성의 수비나 치안을 담당한 것으로 추측된다. 군대의 충원 방법은 당의 부병제(府兵制)를 모방하였을 것으로 보는 견해가 있다. 하지만 발해의 주민구성이 복잡했던 만큼 일률적인 형태의 충원보다는 다양한 형태의 충원방법을 동원하였을 것이다.

(3) 지방제도(地方制度)

발해 지방 통치조직은 5경 15부 62주로 되어 있었다. 그리고 영주, 동주, 속주 등 3개의 독주주(獨奏州)가 행정구역으로 배치되었다. 5경은 상경(上京), 중경(中京), 동경(東京), 남경(南京), 서경(西京)이다.[149] 이들의 위치에 대해서는 아직 정설이 없다. 발해는 4차례에 걸쳐 천도하였다. 상경(上京)이 오랫동안 국도로 유지되었고, 다른 지역은 국도로서의 이용기간이 짧았다. 상경은 다른 곳에 비해 규모가 한층 크고 정제되었던 것으로 보인다.

발해는 대흠무대에 부, 주체제가 갖추어졌던 것으로 보인다. 15부는 발해 지방행정의 중심이었다. 15부는 대체로 여러 종족의 거주지를 중심으로 편제한 것으로 추정된다.[150] 15부 가운데 중요한 곳에는 다시 5경이 설치되었다. 부의 장관은 도독이라고 불렀다. 하나의 부는 적을 경우에는 2개, 많을 경우에는 9개의 주를 통속하고 있었다. 주의 장관은 자사(刺史)이며 도독의 지휘를 받았다. 주 아래에는 늦어도 9세기 중반 이전에는 현이 설치되어 부, 주, 현의 3단계 행정조직이 갖춰진 것으로 보인다. 현에는 장관으로서 현승(縣丞)을 두었다. 이들 지방관들은 토인(土人), 즉, 고구려인이 주로 임명되었다. 그 아래 자연부락은 수령(首領)이라 불리는 토착 재지(在地) 유력자층에 의해 장악되었다. 독주주(獨奏州)는 비교적 문제가 많은 지역에 설치하였다. 이는 발해의 왕실이 직접 장악함으로써 이곳을 완충지대로 삼아 통치하기에 편리하도록 하기 위한 것이었다.

발해의 지방통치조직은 겉으로는 당제를 모방했으면서도 내용적으로는 발해의 독자성이 강하게 드러나고 있다. 이는 발해가 여러 종족으로 이루어진 국가였던 만큼 그러한

---

149) 상경용천부(上京龍泉府), 중경현덕부(中京顯德府), 동경용원부(東京龍原府), 남경남해부(南京南海府), 서경압록부(西京鴨綠府)

150) 『신당서』 발해전에 따르면 어느 종족의 고지(故地)라고 한 것으로 미루어 보아 알 수 있다. 『新唐書』 卷 235, 列傳 第144.

점에 대한 배려가 반영된 결과로 보인다.

〈관련 사료(關聯 史料)〉

■『舊唐書』卷199 下, 列傳 第149 渤海靺鞨

渤海靺鞨大祚榮者, 本高麗別種也. 高麗既滅, 祚榮率家屬徙居營州. 萬歲通天年, 契丹李盡忠反叛, 祚榮與靺鞨乞四比羽各領亡命東奔, 保阻以自固. 盡忠既死, 則天命右玉鈐衛大將軍李楷固率兵討其餘黨, 先破斬乞四比羽, 又度天門嶺以迫祚榮. 祚榮合高麗、靺鞨之衆以拒楷固, 王師大敗, 楷固脫身而還. 屬契丹及奚盡降突厥, 道路阻絶, 則天不能討, 祚榮遂率其衆東保桂婁(新書卷二一九北狄傳作「挹婁」.)之故地, 據東牟山, 築城以居之.

祚榮驍勇善用兵, 靺鞨之衆及高麗餘燼, 稍稍歸之. 聖曆中, 自立爲振國王, 遣使通于突厥. 其地在營州之東二千里, 南與新羅相接. 西接越靺鞨, 東北至黑水靺鞨, 地方二千里, 編戶十餘萬, 勝兵數萬人. 風俗與高麗及契丹同, 頗有文字及書記. 中宗即位, 遣侍御史張行岌往招慰之. 祚榮遣子入侍, 將加冊立, 會契丹與突厥連歲寇邊, 使命不達. 睿宗先天二年, 遣郎將崔訢往冊拜祚榮爲左驍衛員外大將軍、渤海郡王, 仍以其所統爲忽汗州, 加授忽汗州都督, 自是每歲遣使朝貢.

開元七年, 祚榮死, 玄宗遣使弔祭, 乃冊立其嫡子桂婁郡王大武藝襲父爲左驍衛大將軍、渤海郡王、忽汗州都督.

十四年, 黑水靺鞨遣使來朝, 詔以其地爲黑水州, 仍置長史, 遣使鎭押. 武藝謂其屬曰:「黑水途經我境, 始與唐家相通. 舊請突厥吐屯, 皆先告我同去. 今不計會, 即請漢官, 必是與唐家通謀, 腹背攻我也.」 遣母弟大門藝及其舅任雅發兵以擊黑水. 門藝曾充質子至京師, 開元初還國, 至是謂武藝曰:「黑水請唐家官吏, 即欲擊之, 是背唐也. 唐國人衆兵強, 萬倍於我, 一朝結怨, 但自取滅亡. 昔高麗全盛之時, 強兵三十餘萬, 抗敵唐家, 不事賓伏, 唐兵一臨, 掃地俱盡. 今日渤海之衆, 數倍少於高麗, 乃欲違背唐家, 事必不可.」武藝不從. 門藝兵至境, 又上書固諫. 武藝怒, 遣從兄大壹夏代門藝統兵, 徵門藝, 欲殺之. 門藝遂棄其衆, 間道來奔, 詔授左驍衛將軍. 武藝尋遣使朝貢, 仍上表極言門藝罪狀, 請殺之. 上密遣門藝往安西, 仍報武藝云:「門藝遠來歸投, 義不可殺. 今流向嶺南, 已遣去訖.」乃留其使馬文軌、勿雅, 別遣使報之. 俄有洩其事者, 武藝又上書云:「大國示人以信, 豈有欺誑之理! 今聞門藝不向嶺南, 伏請依前殺卻.」 由是鴻臚少卿李道邃、源復以不能督察官屬, 致有漏洩,

左遷道邃爲曹州刺史, 復爲澤州刺史。遣門藝暫向嶺南以報之。

二十年, 武藝遣其將張文休率海賊攻登州刺史韋俊。詔遣門藝往幽州徵兵以討之, 仍令太僕員外卿金思蘭往新羅發兵以攻其南境。屬山阻塞凍, 雪深丈餘, 兵士死者過半, 竟無功而還。武藝懷怨不已, 密遣使至東都, 假刺客刺門藝於天津橋南, 門藝格之, 不死。詔河南府捕獲其賊, 盡殺之。

二十五年, 武藝病卒, 其子欽茂嗣立。詔遣內侍段守簡往冊欽茂爲渤海郡王, 仍嗣其父爲左驍衛大將軍、忽汗州都督。欽茂承詔赦其境內, 遣使隨守簡入朝貢獻。大曆二年至十年, 或頻遣使來朝, 或間歲而至, 或歲內二三至者。十二年正月, 遣使獻日本國舞女一十一人及方物。四月、十二月, 使復來。建中三年五月、貞元七年正月, 皆遣使來朝, 授其使大常靖爲衛尉卿同正, 令還蕃。八月, 其王子大貞翰來朝, 請備宿衛。十年正月, 以來朝王子大清允爲右衛將軍同正, 其下三十餘人, 拜官有差。

十一年二月, 遣內常侍殷志瞻冊大嵩璘爲渤海郡王。十四年, 加銀青光祿大夫、檢校司空, 進封渤海國王。嵩璘父欽茂, 開元中, 襲父位爲郡王左金吾大將軍, 天寶中, 累加特進、太子詹事、賓客, 寶應元年, 進封國王, 大曆中, 累加拜司空、太尉; 及嵩璘襲位, 但授其郡王、將軍而已, 嵩璘遣使敘理, 故再加冊命。十一月, 以王姪大能信爲左驍衛中郎將、虞候、婁蕃長, 都督茹富仇爲右武衛將軍, 放還。

二十一年, 遣使來朝。順宗加嵩璘金紫光祿大夫、檢校司空。元和元年十月, 加檢校太尉。十二月, 遣使朝貢。四年, 以嵩璘男元瑜爲銀青光祿大夫、檢校祕書監、忽汗州都督, 依前渤海國王。五年, 遣使朝貢者二。七年, 亦遣使來朝。八年正月, 授元瑜弟權知國務言義銀青光祿大夫、檢校祕書監、都督、渤海國王, 遣內侍李重旻使焉。

十三年, 遣使來朝, 且告哀。五月, 以知國務大仁秀爲銀青光祿大夫、檢校祕書監、都督、渤海國王。十五年閏正月, 遣使來朝, 加大仁秀金紫光祿大夫、檢校司空。十二月, 復遣使來朝貢。長慶二年正月, 又遣使來。四年二月, 大叡等五人來朝, 請備宿衛。寶曆中, 比歲修貢。大和元年、四年, 皆遣使來朝。

五年, 大仁秀卒, 以權知國務大彝震爲銀青光祿大夫、檢校祕書監、都督、渤海國王。六年, 遣王子大明俊等來朝。七年正月, 遣同中書右平章事高寶英來謝冊命, 仍遣學生三人。隨寶英請赴上都學問。先遣學生三人, 事業稍成, 請歸本國, 許之。二月, 王子大先晟等六人來朝。開成後, 亦修職貢不絕。

■『新唐書』卷235, 列傳 第144

渤海, 本粟末靺鞨附高丽者, 姓大氏。高丽灭, 率众保挹娄之东牟山, 地直营州东二千里,

南比新罗，以泥河为境，东穷海，西契丹。筑城郭以居，高丽逋残稍归之。斋万岁万岁通天中，契丹尽忠杀营州都督赵翙反，有舍利乞乞仲象者，与靺鞨酋乞四比羽及高丽馀种东走，度辽水，保太白山之东北，阻奥娄河，树壁自固。武后封乞四比羽为许国公，乞乞仲象为震国公，赦其罪。比羽不受命，后诏玉钤卫大将军李楷固、中郎将索仇击斩之。是时仲象已死，其子祚荣引残痍遁去，楷固穷蹑，度天门岭。祚荣因高丽、靺鞨兵拒楷固，楷固败还。于是契丹附突厥，王师道绝，不克讨。祚荣即并比羽之众，恃荒远，乃建国，自号震国王，遣使交突厥，地方五千里，户十余万，胜兵数万。颇知书契，尽得扶馀、沃沮、弁韩、朝鲜海北诸国。中宗时，使侍御史张行岌招慰，祚荣遣子入侍。睿宗先天中，遣使拜祚荣为左骁卫大将军、渤海郡王，以所统为忽汗州，领忽汗州都督。自是始去靺鞨号，专称渤海。知玄宗玄宗开元七年，祚荣死，其国私谥为高王。子武艺立，斥大土宇，东北诸夷畏臣之，私改年曰仁安。帝赐典册袭王并所领。未几，墨水靺鞨使者入朝，帝以其地建黑水州，置长史临总。武艺召其下谋曰："黑水始假道于我与唐通，异时请吐屯于突厥，皆先告我，今请唐官不吾告，是必与唐腹背攻我也。"乃遣弟门艺及舅任雅相发兵击黑水。门艺尝质京师，知利害，谓武艺曰："黑水请吏而我击之，是背唐也。唐，大国，兵万倍我，与之产怨，我且亡。昔高丽盛时，士三十万，抗唐为敌，可谓雄强，唐兵一临，扫地尽矣。今我众比高丽三之一，王将违之，不可。"武艺不从。兵至境，又以书固谏。武艺怒，遣从兄壹夏代将，召门艺，将杀之。门艺惧，儳路自归，诏拜左骁卫将军。武艺使使暴门艺罪恶，请诛之。有诏处之安西，好报曰："门艺穷来归我，谊不可杀，已投之恶地。"并留使者不遣，别诏鸿胪少卿李道邃、源复谕旨。武艺知之，上书斥言："陛下不当以妄示天下"，意必杀门艺。帝怒道邃、复漏言国事，皆左除，而阳斥门艺以报。古后十后十年，武艺遣大将张文休率海贼攻登州，帝驰遣门艺发幽州兵击之。使太仆卿金思兰使新罗，督兵攻其南。会大寒，雪袤丈，士冻死过半，无功而还。武艺望其弟不已，募客入东都狙刺于道。门艺格之，得不死。河南捕刺客，悉杀之。知武艺武艺死，其国私谥武王。子钦茂立，改年大兴，有诏嗣王及所领，钦茂因是赦境内。天宝末，钦茂徙上京，直旧国三百里忽汗河之东。讫帝世，朝献者二十九。宝应元年，诏以渤海为国，钦茂王之，进检校太尉。大历中，二十五来，以日本舞女十一献诸朝。贞元时，东南徙东京。钦茂死，私谥文王。子宏临早死，族弟元义立一岁，猜虐，国人杀之。推宏临子华玙为王，复还上京，改年中兴。死，谥曰成王。

　钦茂少子嵩邻立，改年正历，有诏授右骁卫大将军，嗣王。建中、贞元间凡四来。死，谥康王。子元瑜立，改年永德。死，谥定王。弟言义立，改年硃雀，并袭王如故事。死，谥僖王。弟明忠立，改年太始，立一岁死，谥简王。从父仁秀立，改年建兴，其四世祖野勃，祚荣弟也。仁秀颇能讨伐海北诸部，开大境宇，有功，诏检校司空、袭王。元和中，凡十六朝献，长庆四，

宝历凡再。大和四年，仁秀死，谥宣王。子新德蚤死，孙彝震立，改年咸和。明年，诏袭爵。终文宗世来朝十二，会昌凡四。彝震死，弟虔晃立。死，玄锡立。咸通时，三朝献。

初，其王数遣诸生诣京师太学，习识古今制度，至是遂为海东盛国，地有五京、十五府、六十二州。以肃慎故地为上京，曰龙泉府，领龙、湖、渤三州。其南为中京，曰显德府，领庐、显、铁、汤、荣、兴六州。貊故地为东京，曰龙原府，亦曰栅城府，领庆、盐、穆、贺四州。沃沮故地为南京，曰南海府，领沃、晴、椒三州。高丽故地为西京，曰鸭渌府，领神、桓、丰、正四州；曰长岭府，领瑕、河二州。扶馀故地为扶馀府，常屯劲兵扞契丹，领扶、仙二州；鄚颉府领鄚、高二州。挹娄故地为定理府，领定、潘二州；安边府领安、琼二州。率宾故地为率宾府，领华、益、建三州。拂涅故地为东平府，领伊、蒙、沱、黑、比五州。铁利故地为铁利府，领广、汾、蒲、海、义、归六州。越喜故地为怀远府，领达、越、怀、纪、富、美、福、邪、芝九州；安远府领宁、郿、慕、常四州。又郢、铜、涑三州为独奏州。涑州以其近涑沫江，盖所谓粟末水也。龙原东南濒海，日本道也。南海，新罗道也。鸭渌，朝贡道也。长岭，营州道也。扶馀，契丹道也。

俗谓王曰"可毒夫"，曰"圣王"，曰"基下"。其命为"教"。王之父曰"老王"，母"太妃"，妻"贵妃"，长子曰"副王"，诸子曰"王子"。官有宣诏省，左相、左平章事、侍中、左常侍、谏议居之。中台省，右相、右平章事、内史、诏诰舍人居之。政堂省，大内相一人，居左右相上；左、右司政各一，居左右平章事之下，以比仆射；左、右允比二丞。左六司，忠、仁、义部各一卿，居司政下，支司爵、仓、膳部，部有郎中、员外；右六司，智、礼、信部，支司戎、计、水部，卿、郎准左：以比六官。中正台，大中正一，比御史大夫，居司政下；少正一。又有殿中寺、宗属寺，有大令。文籍院有监。令、监皆有少。太常、司宾、大农寺，寺有卿。司藏、司膳寺，寺有令、丞。胄子监有监长。巷伯局有常侍等官。其武员有左右猛贲、熊卫、罴卫，南左右卫，北左右卫，各大将军一、将军一。大抵宪象中国制度如此。以品为秩，三秩以上服紫，牙笏、金鱼。五秩以上服绯，牙笏、银鱼。六秩、七秩浅绯衣，八秩绿衣，皆木笏。

■ 정혜공주묘지(貞惠公主墓誌)[151]

貞惠公主墓誌并序

151) 정혜공주묘지(貞惠公主墓誌)와 관련하여 참고할 자료는 다음과 같다. 韓國古代社會研究所 編, 『譯註 韓國古代金石文』 III, 駕洛國史蹟開發研究院, 1992; 한국역사연구회 고대사분과, 『고대로부터의 통신』, 푸른역사, 2004; 權悳永, 『韓國古代金石文綜合索引』, 학연문화사, 2002; 國史編纂委員會, 『韓國古代金石文資料集』 III, 國史編纂委員會, 1995; 이종훈, 「해방 후 중국에서 발굴된 발해유적들과 그 성격」, 『역사와 사회』 8, 彩文研究所, 1992; 방학봉, 「정혜공주묘지와 정효공주묘지에 대한 비교연구」, 『발해문화연구』, 이론과 실천, 1991; 채희국, 「발해의 정혜공주묘와 정효공주묘에 대하여」, 『조선고고연구』, 1988; 孫秀仁, 「新中國時期渤海考古學的進展」, 『白山學報』 35, 白山學會, 1988; 閻萬章, 「關于渤海貞惠公主墓志考釋中的一些問題」, 『遼金史論集』(陳述 主編) 3, 書目文獻出版社, 1987; 許興植, 『韓國金石全文』 古代篇, 亞細亞文化社, 1984; 송기호, 「발해 정혜공주묘비의 고증에 대하여」, 『한국문화』 2, 서울대학교 한국문화연구소, 1981.

夫緬覽唐書嬀汭降帝女之濱博詳丘傳魯舘開王姬之筵豈非婦德昭昭譽名其於有後母儀穆穆
餘慶集於無疆襲祉之稱其斯之謂也公主者我大興寶曆孝感金輪聖法大王之第二女也惟祖惟父
王化所興盛烈戎功可得而論焉若乃乘時御辨明齊日月之照臨立極握機仁均乾坤之覆戴配重華
而旁夏禹陶殷湯而周文自天祐之咸如之吉公主稟靈氣於巫岳感神仙於洛川生於深宮幼聞婉嫕
環姿稀遇曄似瓊樹之叢花瑞質絕倫溫如崑峯之片玉早受女師之教克比思齊每慕曹家之風敦詩
悅禮辨慧獨步雅性自然☒☒好仇嫁于君子標同車之義叶家人之永貞柔恭且都履慎謙謙簫樓之
上韻調雙鳳之聲鏡臺之中舞狀兩鸞之影動響環珮留情組紃藻至言琢磨潔節繼敬武於勝里擬魯
元於豪門琴瑟之和蘐蕙之馥誰謂夫犂先化無終助之謨稚子又夭未經請郎之日公主出織室而
灑淚望空閨而結愁六行孔備三從是亮學恭姜之信矢衛杞婦之哀悽惠于 聖人聿懷閫德而長途未
半隙駒疾馳逝水成川藏舟易動粵以寶曆四年夏四月十四日乙未終於外第春秋四十謚曰貞惠公
主寶曆七年冬十一月廿四日甲申陪葬於珍陵之西原礼也 皇上罷朝興慟避寢弛懸喪事之儀命官
備矣挽郎鳴咽遵阡陌而盤桓轜馬悲鳴顧郊野而低昂喻 以鄂長榮越崇陵方之平陽恩加立厝荒山
之曲松檟森以成行古河之隈泉堂邃而永翳惜千金於一別留尺石於萬齡乃勒銘曰丕顯烈祖功等
一匡明賞慎罰奄有四方爰及君父壽考無疆對越三五囊括成康惟主之生幼而洵美聰慧非常博聞
高視北禁羽儀東宮之姊如玉之顏莃華可比漢上之靈高唐之精婉之熊閫訓茲成嬪于君子柔順顯
名鴛鴦成對鳳凰和鳴所天早化幽明殊途雙鸞忽背兩劍永孤篤於潔信載史應圖惟德之行居貞且
都愧桑中詠愛柏舟詩玄仁匪悅白駒疾辭奠殯已畢卽還靈轜魂歸人逝角咽笳悲河水之畔斷山之
邊夜臺何曉荒隴幾年森森古樹蒼蒼野煙泉扃俄闔空積悽然

　寶曆 七年 十一月 廿四日

　　■『東文選』卷之三十三
　謝不許北國居上表
　臣某言。臣得當蕃宿衛院狀報。去乾寧四年七月 內。渤海賀正王子大封裔。進狀請許渤
海居新羅 之上。伏奉勅旨。國名先後。比不因強弱而稱。朝制 等威。今豈以盛衰而改。宜
仍舊貫。准此宣示者。綸 飛漢詔。繩擧周班。積薪之愁歘歔銷。集木之憂兢 轉切。惟天照
膽。何地容身。中謝。臣聞禮貴不忘其 本。是誠浮虛。書稱克慎厥猷。唯防僭越。苟不循
其 涯分。乃自掇其悔尤。臣謹按渤海之源流也。句驪 未滅之時。本爲疣贅部落靺羯之屬。
寔繁有徒。是 名栗末小蕃。嘗逐句驪。內徙其首領乞四羽及大祚榮等。至武后臨朝之際。
自營州作孽而逃。輒據荒丘。始稱振國。時有句驪遺燼勿吉雜 流。梟音則嘯聚白山。鴟義
則喧張黑水。始與契丹濟惡。旋於突厥通謀。萬里耦耕。累拒渡遼之轍。十年食葚。晚 陳
降漢之旗。初建邑居。來憑隣援。其酋長大祚榮。始授臣蕃第五品大阿餐之秩。後至先天二

年。方 受大朝寵命。封爲渤海郡王。邇來漸見辜恩。遽聞 抗禮臣蕃。絳灌同列。所不忍言。廉藺用和。以爲前 誠。而渤海汰之沙礫。區以雲泥。莫愼守中。唯圖犯 上。恥爲牛後。覬作龍頭。妄有陳論。初無畏忌。豈拘儀於隔座。寔昧禮於降階。伏惟陛下。居高劫毖。視遠孔昭。念臣蕃之驥或羸而可稱。牛雖瘠而非怯。察彼虜之鷹。飽腹而高颺。鼠有體而恣貪。永許同 事梯航。不令倒置冠屨。聞魯府之仍舊。驗周命之 惟新。抑且名位不同。等衰斯在。臣國受秦官極品。彼蕃假周禮夏卿。而乃近至先朝。驟霑優寵。戎狄 不可厭也。堯舜其猶病諸。遂攀滕國之爭。自取葛 王之誚。向非皇帝陛下英襟獨斷。神筆橫批。則必 槿花鄕廉讓自沉。楛矢國毒痛愈盛。今者遠綏南 越。漢文之深意融春。罷省東曹。魏祖之嘉言同曉。自此八裔絕躁求之望。萬邦無妄動之徒。礭守成 規。靜銷紛競。臣伏限統戎海徼。不獲奔詣天朝。

제4편

새로운 시대의 서막,
후삼국시대의 영웅들

Ⅰ. 호족들의 등장과 그 유형[152]

1. 신라 골품(骨品)체제의 모순과 호족(豪族)의 대두

신라의 중대(中代)에서 하대(下代)로의 변화는 모든 사회체제의 운영에 변화가 일어나기 시작한 시기이다. 또한 왕권에 대한 지배귀족의 반발뿐만 아니라 피지배계급의 반발과 저항이 나타나고 가열되어 갔던 시기이다. 다시 말해 신라사회의 구조적 모순이 드러나고 있던 시기로 이해할 수 있다. 특히 신라의 국가 형성과정과 맥을 같이하면서 형성된 골품체제가 그 운영에 있어서 기본적 한계를 보였던 시기이기도 했다.

신라의 골품체제는 다음과 같은 구조적 문제점을 야기하였다. 첫째는 폐쇄적 신분제의 운영에서 오는 문제점이다. 진골신분 내의 인적구성원의 자연적 증가와 사실상 진골귀족 출신이면 누구나 실력으로 왕위에 오를 수 있는 분위기 속에서 골품제는 더 이상 현실적인 운영능력을 유지할 수 없었다. 둘째, 골품제를 기초로 한 신라지배체제는 왕경(王京)인 경주의 6부(部) 중심체제라고 볼 수 있다. 그러나 지방사회의 성장과 발전으로 경주 중심의 지배체제운영은 한계에 이르고 있었다. 셋째, 친족집단의 변동이다. 친족집단은 신라사회를 구성하는 기초적 단위이다. 신라의 골품제적 신분제나 정치·경제적 지배 등도 친족집단을 단위로 운영되었다. 그러나 신라 하대(下代)에 이르러서는 친족집단의 규모나 성격이 족단(族團)이라고 파악하기 어려울 정도로 작은 단위의 것으로 분화되

---

152) 한국사특강편찬위원회 편,『한국사특강』, 서울대학교출판부, 1990, 83~100쪽; 이기백,『한국사신론』, 일조각, 2002, 113~117쪽 참조.

었다. 이는 친족집단이 더 이상 사회구성의 기초적 단위집단의 기능을 하기 어렵게 되었다는 것을 의미한다. 이렇듯 신라 하대의 사회혼란은 변화하는 사회적 조건에 적합한 새로운 사회구성을 요구하는 진통이었던 것이다. 넷째는 신라경제체제의 붕괴를 들 수 있다. 신라 골품지배계층에 설정된 경제체제는 크게 녹읍제(祿邑制)와 녹봉제(祿俸制)이다. 녹읍제는 토지(土地)의 지배와 이를 통한 인신적(人身的) 지배를 가능하게 하는 제도이다. 녹읍제의 부활은 귀족 중심의 토지지배와 수탈의 강화를 의미한다. 귀족들은 녹읍제를 바탕으로 하여 사적 토지소유의 확대를 도모하였다. 결과적으로 대토지사유화가 진행되었다. 특히 당시의 왕실 및 귀족들은 사원(寺院)을 통해 토지를 집적해 갔다. 이렇게 왕실이나 귀족지배계급의 경제가 확대된다는 것은 상대적으로 농민이나 평민의 부담이 증대해 갔다는 것을 의미한다. 이는 백성에 대한 수탈이 가혹하게 행해졌음을 의미한다. 자연히 농촌경제는 급속도로 붕괴되어 갈 수밖에 없었다. 백성들은 점차 이 같은 가혹한 경제적 착취에 저항하기 시작하였던 것이다. 결국 신라 하대의 혼란은 골품체제의 구조적 모순과 그 운영원리의 한계가 드러난 것이라 할 수 있다.

지방 세력은 이와 같이 신라의 골품체제가 그 모순을 드러내는 상황에서 등장하게 된다. 그렇기에 이들은 그 생성과정이 신라 골품제사회의 구조적 모순에 저항하면서 출발하였다. 더 나아가 신라 중앙권력의 통제가 약해지자 신라 골품제사회 전체를 부인하고 독자적 지배권력을 행사하는 정치적 성격을 띠게 되었다. 이들은 민란(民亂)에서 시작하여 각 지방에 상당한 독자적 지배영역을 확보하였다. 여기에 신라 지배층에서 분화해 나온 소수 지식인들도 이들 각 지방의 유력자들과 산발적으로 결합하는 양상을 보이게 되었다. 이로써 나말여초(羅末麗初)의 사회변동을 주도하는 새로운 역사의 주체세력인 지방 호족세력이 등장하게 된다.

2. 호족(豪族)의 유형과 성격

신라 하대의 혼란은 한편으로는 중앙세력에서는 소외되었지만 꾸준히 성장해온 지방 유력자들에게는 좋은 기회가 되었다. 이들은 각 지방단위로 세력을 장악하여 나말여초기 사회변동을 주도하면서 역사무대의 주체세력으로 등장하였다. 대체로 호족이라고 불리는 이들 지방세력의 성격은 그 출신과 성장과정에 따라 다음과 같이 나뉘어진다.

첫째, 내륙 산악지대를 중심으로 주로 약탈적 방식으로 무리를 구성해간 것으로 보이는 초적적(草賊的) 성격의 집단이다. 이들은 농민봉기나 유이민을 규합하여 세력을 결집하고 중앙세력에 반기를 든 집단에서 성장한 세력이다. 신라 말 중앙의 귀족들의 사치와 향락을 늘어갔고, 이에 따른 재정적 위기를 타개하기 위해 지방에 대한 수탈을 심해졌다. 농민들은 이러한 상황 속에서 중앙정부뿐 아니라 자기가 속해 있는 지방의 실력자에게 도 조세를 납부해야 하는 이중적 부담을 떠안게 되었다. 결국 농민들은 유민(流民)이 되 어 고향을 떠나거나 무리를 지어 도적이 될 수밖에 없었다. 그 대표적인 세력이 죽주(竹 州; 죽산)에서 일어난 기훤(箕萱), 북원(北原; 원주)에서 일어난 양길의 세력이 있었다. 그 리고 처음에는 기훤 밑에 있다가 나중에는 양길의 부하가 된 궁예(弓裔)가 가장 대표적 인 초적세력의 우두머리였다고 할 수 있다.

둘째, 군진(軍鎭) 세력을 바탕으로 등장한 집단이다. 군진은 변경의 영토관장을 위해 설치된 것이다. 육지에 설치된 군진으로는 삼척(三陟)의 북진(北鎭)이나 평산(平山)의 패 강진(浿江鎭) 같은 것들이 있다. 해안 요지에 설치된 군진으로는 남양(南陽)의 당성진(唐 城鎭), 강화(江華)의 혈구진(穴口鎭) 등이 있다.

셋째, 해상(海上) 세력의 성장이다. 신라가 삼국을 통일하고 난 후 가장 커다란 변화를 보인 부분의 하나가 해외무역이었다. 통일신라에서는 국제적인 조공을 통한 공(公)무역 에 제한되지 않고 사(私)무역이 허용됨으로써 신라상인의 유례없는 활발한 해상무역활동 이 전개되었다. 이를 통하여 신라는 중국·일본과는 물론 서남아시아까지 포함하는 전 아시아 무역권을 형성하였다. 이 같은 활발한 해상무역활동을 국가적으로도 보호할 필요 성에서 해상군진이 설치되었던 것이다. 이러한 해상활동을 기반으로 부(富)를 축적하고 이를 통해 세력을 성장시켜온 부류가 있었던 것이다. 당시 가장 대표적인 해상세력으로 는 청해진(淸海鎭; 완도)의 장보고(張保皐)를 들 수 있다. 그 밖에 강주(康州; 진주)의 왕봉 규(王逢規)와 왕건의 할아버지인 송악(松嶽; 개성)의 작제건(作帝建) 등이 유명하였다. 그 러나 이들 이외에도 해상무역이 활발하던 나주(羅州)와 같은 곳 등에는 많은 해상세력이 있었을 것이다.

마지막으로, 각 지역의 촌주(村主) 세력들이 있다. 이들은 성장하여 향촌의 정치력과 군사력을 장악하며 성주(城主) 또는 장군(將軍)을 자처했던 세력이다. 지금까지의 연구결 과로는 이 부류가 가장 전형적인 지방호족이면서 당시의 대다수 호족을 구성한 집단으 로 이해된다.

이들 전국 각지에서 등장한 지방 세력들 가운데 크게 장악한 대표적 인물들이 견훤, 궁예, 왕건이다. 그리고 이들 세 인물들을 중심으로 이끌어져 가는 새로운 시대를 후삼국 시대라 한다. 또한 이들을 후삼국시대의 세 영웅이라는 뜻으로 '후삼국 시대의 삼걸(三 傑)'이라고도 부른다. 견훤 세력은 광주·전주를 중심으로 정권을 세우고 후백제를 건국 하였다. 궁예는 기훤·양길의 밑에서 성장하여 강원도·경기도 일대를 휩쓸었다. 또한 궁예는 개성의 호족인 왕건집단과 연합하여 철원을 중심으로 정권을 수립하고 나중에 태봉(泰封)으로 개칭한 후고구려를 건국하였다. 이들은 당시 지방세력 중 가장 넓은 영역과 중소호족들을 장악하여 신라와 더불어 이른바 후삼국의 형상을 이루었다. 이들은 각자 반(反)신라적 성격을 갖는 점에서는 분명하였다. 그러나 백제와 고구려를 계승한다는 것은 지역적 특징을 고려한 정치적 표방일 뿐 뚜렷한 이유가 있는 것은 아니었다.

궁예는 그가 신라의 왕자이면서 신라에서 쫓겨난 자라는 점에서 신라에 대한 적개심과 증오심을 갖고 있었다. 그가 표방한 고구려 계승과 반신라정책(反新羅政策)은 바로 이러한 감정의 다른 표현이었다.

견훤은 궁예보다 정치적 기술은 세련되었다고 평가된다. 그러나 견훤 역시 반신라정책으로 후삼국 상호 간의 냉정한 국제관계 수립이라는 적절한 정책은 보여 주지 못한 한계가 있었다. 특히 경애왕 4년(927)에 경주를 습격하여 경애왕을 죽이고 약탈을 자행한 것은 바로 견훤의 대신라정책의 한계를 보여 주고 있다. 당시의 상황에서 왕건의 고려는 세력이 매우 약한 때였다. 그러나 이 일이 있고 난 이후 신라의 민심은 친신라정책(親新羅政策)을 내세운 고려에 완전히 기울어져 버렸다.

왕건은 918년 여러 장수의 추대형식을 거쳐 궁예를 제거하고 왕위에 올라 고려를 세웠다. 왕건은 왕위에 오른 뒤 일차적으로 표방한 것이 백성들에 대한 수취(收取)체계 정비였다. 이는 왕건이 당시 사회혼란의 근본적인 원인이 가혹한 고대적(古代的) 수취체계(收取體系)에서 야기된 경제모순에 있다는 것을 알고 있었음을 의미한다. 당시의 여러 지방세력들은 반신라(反新羅) 또는 반골품제(反骨品制)라는 공통적 성향을 가지고 있었다. 하지만 그 본질은 신라사회가 가지고 있는 시대적 모순에 지양(止揚)하고 새로운 역사적 성격의 사회를 수립하는 것이었다. 다시 말해 신라 말의 사회적 혼란은 고대적 사회의 모순으로부터 새로운 사회로 나아가던 역사적 변동의 과정이었던 것이다. 그렇기에 이러한 역사성을 충실히 이해하고 반영하는 자만이 모든 민중과 호족 세력의 지지를 얻어 결국 역사의 승자로 살아남을 수 있었던 것이다. 왕건이 후삼국을 통일할 수 있었던 것은 왕건만이 시대의 변화가 가지는 역사적 의미를 가장 정확히 파악하고 또한 이에 충실히 대응했기 때문이다.

3. 호족과 선종(禪宗)[153]

　신라하대에 있어 불교계의 새로운 경향은 선종(禪宗)이 대두한 것이다. 선종은 7세기 중엽 당으로부터 전래되었다. 처음에는 별로 흥미를 끌지 못하다가 하대에 신라사회의 붕괴와 때를 같이하면서 새 세력과 함께 다시 등장하게 되었다.

　선종은 불립문자(不立文字)·직지인심(直指人心)·즉심성불(卽心成佛)의 심전(心傳)을 강조하는 불교이다. 이는 대중적이고 혁신적인 경향을 가지고 있었으므로 지방호족들에 의하여 주목을 받은 것은 당연한 추세였다. 더욱이 선종의 사상은 교종이 통일화합적·체제적·이론적인 것에 반하여 개인주의적·반체제적·실천적이었다. 이러한 사상은 당시 사회체제에 저항적이던 육두품·지방호족·농민들에게 큰 환영을 받았던 것이다. 이와 같이 신라하대에 전국에서 대두된 선종은 불교의 대중화에 공헌하였다. 한편 선종은 지방 세력과 밀접한 관계를 가짐으로써 지역적·사회적 한계를 어느 정도 극복하고 지방문화와 기층사회의 역량을 증대시키는 중심사상이 되었던 것이다.

　삼국통일 뒤의 신라불교는 철학 면에서 원효의 통불교적인 사상체계나 의상의 화엄학, 원측 계통의 유식학의 성립을 통하여 커다란 진전을 이루었다. 이를 통해 신라불교철학의 기반은 확립되었고, 다른 한편으로 원효 등의 불교대중화운동에 의하여 일반 서민계층에도 불교는 크게 전파되었다. 그러나 시대가 내려오면서 소수의 귀족이나 지식계층의 철학적 불교인 화엄종이나 법상종 등 교종은 실천과 유리되어 갔다. 이에 반하여 일반 서민들의 불교신앙은 샤머니즘적 성격에서 여전히 벗어나지 못하고 있었다. 그런데 선종은 교종의 기성사상체계에 의존하지 않고 스스로 사색하여 진리를 깨닫는 것이 옳다고 주장하였다. 이러한 사상은 교종의 관념적인 성격이나 무격신앙과 결합된 미신적 불교의 모순을 극복할 수 있게 하였다. 이리하여 선종은 당시의 정신계에 많은 영향을 주었고 중세적인 지성을 성립시키는 데 중요한 역할을 하게 된다. 그리고 선종은 중앙의 진골 중심, 경주 중심의 지배 체제에 대하여 반항하고 있던 지방의 호족세력과 연결되었다. 그리고 그들의 후원을 받아 선종 각파의 근거지로 마련된 곳이 경주와는 멀리 떨어진 변방 지역이었던 것이다. 이와 같은 조건 속에서 선종은 사회적 모순과 지역적 모순을 극복하고 기층사회와 지방문화 역량의 증대에 기여했던 것이다.

　선종(禪宗)은 경전의 이해를 통하여 깨달음을 추구하는 교종과는 달리 구체적인 실천

---

153) 호족과 선종에 관해서는 최병헌, 「新羅下代 禪宗九山派의 成立」, 『한국사연구』 7, 1972; 최병헌, 「羅末麗初 禪宗의 社會的 性格」, 『사학연구』 25, 1975; 김두진, 「朗慧와 그의 禪思想」, 『역사학보』 57, 1973; 김두진, 「了悟禪師 順之의 禪思想」, 『역사학보』 65, 1975; 최두진, 「新羅末 金海地方의 豪族勢力과 禪宗」, 『한국사론』 4, 1978 참조.

을 통하여 깨달음을 이루려고 하는 것이었다. 그러므로 선종에서는 '불립문자(不立文字) 교외별전(敎外別傳)'을 표방하면서 교종에 도전하였다. 즉, 문자(경전)는 달을 가리키는 손가락에 불과한 것이며 선은 문자 밖의 소식이기 때문에 '교외별전'이라고 하는 것이다. 그리고 나아가 문자에 의하지 않고 선(禪)을 통하여 각자의 마음속에 진심, 곧 불성을 직접적으로 깨닫는 것이기 때문에 '직지인심(直指人心) 견성성불(見性成佛)'이라고 말하는 것이다. 그런데 이와 같은 혁명적인 주장이 나오게 된 것은 재래의 교종이 지나치게 이론에만 치중하여 관념화하는 경향이 있었기 때문이었다. 그리고 다른 한편으로는 화엄종이나 법상종 같은 교종은 중앙의 귀족세력과 밀착되어 체제불교적인 성격이 강하였다. 이에 반하여 선종은 각 개인의 극단적인 실존을 문제로 삼았다. 이러한 선종이 크게 대두하게 되었다는 것은 고대적인 사유체계에 대한 비판이라는 점에서 큰 의의가 있다.

선종이 신라하대에 와서 크게 유행하게 된 것은 중앙의 진골귀족세력의 교체세력으로 대두하는 지방의 호족세력의 환영을 받았기 때문이었다. 선종(禪宗) 구산(九山)을 비롯한 대부분의 선종사원은 지방의 호족들과 밀접한 관련을 지니고 있었다. 우선 선종(禪宗) 구산(九山)의 개조(開祖)를 비롯한 선승들은 호족 출신이 대부분이었다. 혹은 그 선조가 중앙귀족인 경우라 하더라도 그들 자신 대에 와서는 이미 지방에 낙향하여 호족화한 인물이었다. 그리고 이들 선승들을 후원하여 독자적인 선문을 개창하게 한 것도 지방의 호족들이었다. 그러므로 자연히 9산문(九山門)을 비롯한 선문은 모두 그들을 후원하는 유력한 호족의 근거지와 가까운 지방에 자리 잡게 되었다.

선종의 교화방법은 애초에 문자(文字)에 기초를 둔 이론적인 교설이 아닌 직관(直觀) 위주의 실천을 주장하는 것이었기 때문에 무사적(武士的)인 성격을 가지고 있던 지방호족들의 구미에 맞았던 것이다. 이는 인과설(因果說)을 내세워 현 체제에 대한 당연성을 주장하면서 진골귀족과 밀접한 관계를 지님으로써 귀족적 취향을 보이던 종래의 교종, 특히 화엄종이나 법상종과는 달랐다. 선종은 정반대로 마음만 잘 닦으면 곧 부처가 될 수 있다는 희망적이고 혁명적인 해석으로 불법을 가르쳤다. 그렇기 때문에 신라의 중앙집권적인 지배체제에 불만을 품고 있던 호족들의 절대적인 지지를 받게 되었던 것이다.

한편 선종의 입장에서도 신라왕실이나 중앙귀족과 결합되어 있던 교종에 대항하기 위해서는 지방호족들의 적극적인 후원이 필요하였다. 따라서 양자는 자연스럽게 결합될 수 있었던 것이다. 그리하여 호족들은 경제적인 뒷받침은 물론 여러 가지의 편의를 제공하여 선문(禪門)의 개창을 후원하였던 것이다. 이에 대하여 선종은 호족들의 세력 확장에 정신적인 지원뿐만 아니라 정치적인 면에서도 중요한 역할을 담당하였던 것이다.

Ⅱ. 장보고의 해상왕국

장보고(張保皐)는 신라의 청해진 대사로 흥덕왕(826~836) 대를 전후한 시기에 활약하였던 인물이다. 그는 우리 역사상 특기할 만한 경이로운 인물로 주목되어 왔다. 왜냐하면 그 출신의 미천함에 비하여 그가 이룬 성취는 실로 놀라웠기 때문이다. 성과 이름조차 변변히 가지고 있지 않았던 자가 신라 왕실의 왕위 계승에까지 관여할 정도의 힘을 가졌던 것이다. 그는 황해를 가로질러 신라와 당의 연해지방을 연결하는 일대 세력권을 구축하였다. 그리고 이를 통해 신라와 당, 그리고 일본을 잇는 해상교역의 왕자적 지위에 올랐다. 또한 신라의 왕위 쟁탈전에 개입하여 공을 세우고 왕실에 대하여 납비(納妃)까지 시도하였다. 이와 같은 역사적 사실은 그가 비록 자객에 의하여 허무하게 생을 마감하게 되었지만 일찍이 그 유례를 찾아보기 어려운 일이라 할 수 있다. 따라서 그간 그러한 장보고의 행적과 관련하여서는 여러 모로 검토되어 왔다.[154] 이러한 기왕의 연구에 기초하면서 장보고 세력의 흥망이 특히 신라사의 전개과정과 관련하여 차지하는 위치가 어떠한 것인가를 이해해 보고자 한다.

1. 신라인의 황해교역(黃海交易)과 대당진출(對唐進出)

황해를 중심으로 하는 연안세력의 교역은 이미 고조선 시기부터 활발히 진행되어 왔다. 그리고 그 교역로는 특히 신진세계로의 접속이 서편으로만 가능하였던 당시 한반도 내의 세력들에게는 곧 그 발전의 성패가 달린 것이기도 하였다. 따라서 진작부터 한반도 내의 여러 세력을 장악하고자 하는 자는 의당 그 황해를 통한 대중국 교역로를 제어하고자 하였다. 또한 그로 인하여 한민족 지역의 여러 세력들 간에는 때로는 중국의 세력들까지도 결부되는 가운데 크고 작은 정치적 충돌이 있어 왔다. 그리고 그러한 상황은 고구려와 백제의 사이를 가르고 경기만 일대를 장악하여 대중교역로를 확보함으로써 후일 삼국통일로 이어지는 일대 전기를 마련한 신라의 국가적 발전의 예에서 보다 확실해진다.[155]

그런데 이렇듯 신라대에 이르기까지의 황해 교역에서 좀 더 유의할 것은 신라의 삼국통일 이후 그 양상이 다음과 같이 두 가지 점에서 변화를 보이고 있다는 점이다. 우선 지적할 것은 그 교역의 중심에 관한 것이다. 당초 황해를 둘러싼 교역은 고조선-낙랑-고

---

154) 관련 논문과 저서는 김광수, 「장보고 세력의 흥망의 역사적 의미」, 손보기 엮음, 『장보고와 청해진』, 혜안, 1996, 182면 참조.

155) 신형식, 「한국고대사에 있어서 한강유역의 정치·군사적 성격」, 『향토서울』, 1983, 64~70면 참조.

구려 등으로 이어지면서 그 북부 해안을 중심으로 연안 해로를 따라 남으로 연계되어 왔다. 그러던 것이 신라의 삼국통일 이후에는 경기만과 산동반도를 잇는 선의 남쪽에 중심을 두고 황해를 가로질러 이루어지게 되었다는 점이다.[156] 다른 하나는 그러한 교역로를 따라 이루어진 한민족의 중국 방향으로의 진출에 관한 것이다. 황해교역을 주도하였던 한민족계 세력들은 이미 삼국기로부터 시적 또는 국가적으로 중국 쪽 연안에 그 교역의 근거지를 마련하기도 하였던 것으로 보인다. 또한 식자층은 보다 넓은 세계를 동경하며 새로운 문물을 접하고자 중국 방면으로 유학의 길에 오르고 있었다. 그러나 신라통일기에 와서는 일시적 또는 특수한 목적에서만이 아닌 농업 정착의 성격을 띤 이주가 산동반도와 그 인근의 해안지역에서 이루어지고 있었으며, 능력 있는 자들의 대중국 진출에는 자기 사회에 대한 비판 의식이 한층 강화되는 면을 보여 가고 있었던 것이다. 물론 이러한 변화는 우선 연안항로를 벗어날 수 있는 항해술의 발달, 그리고 당시 신라의 교역상대국인 당이 극히 개방적이었다는 상황적 조건을 배경으로 가능해진 것이었다. 그러나 좀 더 근본적으로는 신라의 삼국통일에 따른 한반도 내에서의 정치적·사회적 변혁에서, 더욱 좁혀 말하자면 신라사의 전개 과정에서 이루어졌던 것이라 하겠다. 즉, 전자의 경우는 신라의 삼국통일 이후 예성강 이남의 한반도가 신라영역으로 합일되고 그에 반해 종래 북부의 중심지였던 대동강 유역이 황폐화되는 정치적 상황의 변화에 기인한 것이었다. 후자의 경우는 크게 보아 이미 삼국항쟁기로부터 시작되었던 신라사회의 산업발달과 영역확대에 따른 질적 변화와 원래의 신라 귀족 중심체제인 골품체제와의 괴리에서 오는 정치·사회적 이완현상이라 할 수 있다.

다시 말해 골품체제가 점차 비진골(非眞骨) 귀족들의 반신라적 성향을 강화시키게 되었다는 것을 의미한다. 그리고 이러한 상황은 신라의 정치적 통제력의 약화와 함께 흉년 등으로 타격을 입은 농민들을 이미 그 중심이 남쪽으로 이동되어 있던 황해 무역로를 따라 멀리 중국 연안으로 집단 이주케 하였다. 또한 다수의 능력 있는 자들의 도당(渡唐)을 부추기기에 이르렀다. 여기에서 장보고의 도당(渡唐)과 그 세력의 기반이 된 재당 신라인 집단의 형성이 이루어지게 된 것이다.

---

156) 고대 대중 항로와 관련하여서는 다음과 같은 논문이 참조된다. 손태현·이영택, 「견사항운시대에 관한 연구」, 『논문집』 16, 한국해양대학, 1981; 김재근, 「장보고 시대의 무역선과 그 항로」, 『장보고의 신연구』, 시대문화사, 1985.

2. 장보고의 출신과 세력 형성과정

장보고의 이름은 신라, 당, 그리고 일본 측 자료가 각기 그 표기를 달리하고 있다. 여러 기록을 통해 유추해 보면 대체로 그의 본래 이름은 활 잘 쏘는 아이라는 뜻의 '활보'였다고 생각된다. 신라에서는 그를 표기할 때 훈과 음을 섞어 '궁복(弓福)' 또는 '궁파(弓巴)'라고 한 것으로 보인다.[157] 그리고 당나라로 건너간 이후에는 활을 잘 쏜다는 의미에서 '장(張)'이라는 성(姓)을 취하고 어미의 음(音에) 따라 '장보고(張保皐)'라는 중국식 성명을 만들어 사용하였다. 후일 일본에서는 그의 부유함을 들어 '장보고(張寶高)'로 표기하였다고 생각된다.[158]

그의 출신에 관련하여서는 다만 '해도인(海島人)'이었다든가 또는 '측미(側微)'하였다는 전문(傳文)만이 있다. 이는 그가 후일 청해진을 설치하였던 완도(莞島) 지방의 미천한 신분 출신이 아닌가 하는 추측을 할 수 있을 뿐이다. 그러나 그가 뛰어난 무재(武才)의 소유자였다고 전하고 있음을 보면, 단순한 생업 백성이라기보다는 변방의 도서에서일망정 나름대로 지배적 위치에 있는 토호(土豪) 집안 출신이 아니었을까 하는 추측을 갖게 한다.[159]

이렇듯 신라의 변방 도서 출신으로 추측되는 장보고가 처음 그 역량을 발휘하여 세인의 눈에 뜨이게 된 것은 당시 어느 수준까지는 외국인에게도 극히 개방적이었던 당(唐)에서의 일이었다. 그의 도당 시기나 당에서의 자세한 행적은 전하지 않는다. 하지만 그가 출중한 무재의 소유자로 나이 30세경에 서주(徐州)의 무령군(武寧軍) 소장(少將)이 되었음이 전하고 있어 그가 스스로의 능력으로 무장으로 입신하였음을 알려 주고 있다.[160]

그런데 820년대 초반에는 이미 그의 활동범위가 일본에까지 가 닿는 것으로 나타나고 있다. 따라서 장보고가 이미 이 시기에는 당에서 해상(海商)으로 변신하여 그 세력을 형성한 것으로 추측된다. 실제 당시 산동지역의 정세나 무령군의 형편도 그러할 수 있는 가능성을 보여 주고 있다. 819년에는 절도사로 4대 50여 년에 걸쳐 산동지역을 장악하고 또 신라·발해 교역을 통제하던 고구려 유민 출신 이정기(李正己) 일가가 몰락하였다.[161] 따라서 대략 821년경에는 그를 토벌할 때 선봉에 선 무령군에 감군(減軍)이 있었던 것으

---

157) 노태돈, 「羅代의 門客」, 『한국사연구』 21·22 합집, 1978, 28면 참조.

158) 김광수, 「장보고의 정치사적 위치」, 『장보고의 신연구』, 시사문화사, 1985, 62~63면 참조.

159) 김광수, 앞의 글, 63~65면 참조.

160) 『三國史記』 권44, 列傳 제4 張保皐傳.

161) 김문경, 「唐代藩鎭의 한 硏究-高句麗 遺民 李正己一家를 중심으로-」, 『省谷論叢』 6, 1975 참조.

로 예상된다. 이때 대체로 장보고 또한 군에서 나와 이 지역 신라 거류민 집단을 규합하였을 것이다. 이 가운데 특히 이정기 일가의 몰락으로 일시 공백상태가 된 황해무역권을 장악하게 된 것이 아닌가 생각한다.

당에서의 그의 활동은 대체로 당의 연안항로와 나·당 항로의 중계지가 될 수 있었던 산동반도의 돌출부인 적산포(赤山浦)[162]를 중심으로 이루어진 것으로 보인다. 일본 승려 엔닌(円仁)의 견문에 의하면 장보고는 그곳을 중심으로 '신라방(新羅坊)' 또는 여타 신라인 촌락의 총수 격으로 성장하였다. 당시 신라인들은 산동반도로부터 남쪽으로 회수(淮水)와 양자강(揚子江) 어구에 이르기까지의 해안과 강안 지역에 분포하여 자치적인 집단을 이루고 있었다. 그는 그들 신라인을 결속시키는 가운데 그 지역 해운업을 독점하다시피 한 것으로 추측된다. 그리고 적산촌 산중에 위치하였던 그의 원찰(願刹)인 법화원(法華院)은 그의 영향력 아래 있던 신라인들의 정신적 구심점의 역할을 한 것으로 전하고 있다.

장보고는 이미 살펴본 것과 같이 일단 당에서 세력을 구축하여 일본에 이르기까지의 해상교역의 주역으로 성장하였다. 그는 828년에는 귀국하여 당시 국왕인 흥덕왕에게 해적들을 막기 위해 지금의 완도에 청해진을 설치할 것을 청하였다. 완도는 그의 고향으로 생각되며 또한 신라와 당 및 일본을 잇는 해상교역의 요충이기도 하였다.

> 後保皐還國, 謁大王曰, 遍中國以吾人爲奴婢, 願得鎭淸海, 使賊不得掠人西去, 淸海新羅海路之要, 今謂之莞島, 大王與保皐萬人, 此後海上無鬻鄕人者
> − 『三國史記』, 권44, 列傳 제4, 張保皐傳 −

> "후에 (장보고가 귀국하여 대왕을 뵙고 아뢰기를 '중국을 돌아보니 내 나라 사람들이 노비가 됩니다. 원컨대 청해에 진을 설치하여 도적들이 사람을 붙잡아 서쪽으로 가지 못하도록 하기를 바랍니다.' 청해는 신라 해로의 요충지로서 지금은 완도라고 부른다. 대왕이 보고에게 만 명을 주었다. 이후 해상에서 고향 사람을 파는 자가 없었다."

그리고 대략 그 인근 주민들의 동원 내지 관할권을 가지는 것으로 생각되는 청해진 대사에 취임하였다. 이로써 좀 더 확실한 새로운 세력기반을 구축하고 동시에 공적인 지위까지 획득하였다. 그는 신라의 인정을 받음으로써 국제적으로도 인정받을 수 있는 일정한 지배 영역과 직분까지 얻게 되었다. 그리하여 밖으로는 격식을 차린 견당매물사(遣唐賣物使) 또는 회역사(廻易使) 등의 명칭으로 당과 일본에 교관선(交關船)을 보내는 등 위

---

162) 등주부(登州府) 영해주(寧海州) 문등현(文登縣) 청녕향(淸寧鄕) 소재.

상을 한층 높여 갔다. 안으로는 신무왕(神武王) 옹립에 그 군사적 후견인으로 관여하면서 신라 조정에 영향력을 행사하기에 이르렀다. 더 나아가 납비(納妃)를 자청하고 나서게까지 되었다.[163] 이처럼 장보고는 신라의 청해진과 당의 적산포를 양축으로 하여 황해 남부의 나·당 양안의 신라인 사회를 이끄는 일대 세력권을 구축하게 되었다. 또한 이를 기반으로 명실상부하게 황해교역에서 패권적 지위에 오르게 되었던 것이다.

3. 장보고 세력의 정치·사회적 성향

장보고 세력의 기초가 되는 인적 기반은 지역별로 크게 두 집단으로 나누어진다. 그 하나는 적산포 중심의 도당 신라인이며 다른 하나는 청해진 관할하의 서남해안 주민들이다. 그리고 조직 면에서 보면 장보고 휘하에는 다수의 유능한 막료급의 인적자원이 있었던 것으로 나타나고 있다.[164]

장보고가 이러한 인적 기반에 밀착될 수 있었던 것은 무엇보다도 우선 그 처지가 동류(同類) 의식을 가질 수 있는 상황이었기 때문이다. 크게 보아 장보고를 포함한 그들 모두는 골품체제하의 신라 사회에서 볼 때 주변에 위치하여 이미 또는 점차 그로부터 이탈해 가고 있는 부류들이었다. 그리고 직접적으로는 재당 신라인은 이국(異國)에서의 동족으로, 또 청해진 관할 주민은 동향인(同鄕人)으로서 장보고와 결속하기에 용이한 처지였다. 그리고 특히 그 막료급 인물들은 국내외에서 부랑하던 능력 있는 인물들로 이들은 더욱 장보고와 비슷한 처지였다.

그러나 장보고가 그러한 인적 기반을 이끌고 일대 세력을 이룰 수 있었던 것은 이러한 동질성에 더하여 이미 노쇠한 당과 신라가 포기한 그들의 생존에 대한 보호자 역할을 대행했기 때문이다. 그가 무령군의 무장 출신이라는 점과 그가 처음 자신의 세력으로 삼은 당시 재당 신라인 사회가 기실 자위적(自衛的) 자치집단이었음을 연결시켜 보면 그의 역할을 쉽게 이해할 수 있다. 그리고 이 점은 특히 청해진 설치에서 한층 더 극명하게 드러난다. 그는 신라인을 당에 노비로 잡아 파는 해적들을 소탕하고자 한다는 명분에서 청해진을 세울 것을 청하였다. 그리고 장보고가 청해진을 설치한 후 해상에서 신라인을 잡아 파는 자가 없어졌다.[165] 이는 그가 주민 보호를 명분으로 나·당 연안지역의 신라인 사회를 장악하였다는 것을 알 수 있게 해준다.

---

163) 『三國史記』 권10·11, 新羅本紀 제10·11; 『三國遺事』 권2, 紀異2.

164) 노태돈, 앞의 글, 28~30면 참조.

165) 『三國史記』 권44, 列傳 제4, 장보고전.

한편 그의 세력 형성 및 유지에는 개방적이고도 포용력 있는 인물 기용이 중요한 역할을 한 것으로 생각된다. 당시 신라와 당의 교역로상에는 신분적인 한계에 부딪친 다수의 능력 있는 인물들이 내왕하고 있었다. 장보고는 그들을 막료로서 폭넓게 포섭 기용하였다.

그런데 장보고 세력의 형성에 내재한 이러한 여러 요인은 그들 집단이 이미 골품제를 근간으로 하는 기존의 신라사회로는 회귀할 수 없다는 것을 보여 준다. 이들은 새로운 사회를 지향할 수밖에 없었을 것이다. 다시 말하자면 골품체제를 고수하고자 하는 한 신라 왕조와는 병존할 수 없는 한층 진보적인 정치·사회적 성향을 지닌 집단이 되고 있었다. 그리고 이 점은 그들 집단의 우두머리인 장보고와 신라 왕실의 관계에서 좀 더 분명해진다.

귀국 후 장보고는 일단 신라의 권위를 빌려 청해진대사가 되었다. 하지만 직함으로 알 수 있듯이 그는 결코 기존의 신라 관직체계에는 편입되지 않았다. 즉, '청해(淸海)'란 일정 지역의 명칭이라기보다는 모든 바닷길을 맑게 한다는 의미에 불과하다. 또한 '대사(大使)'란 신라의 고유한 관명이 아니다. 독립성이 강한 번진의 의미를 지닌 것으로서 당시 중국의 절도사 별칭에서 유래한 것이다. 그리고 그에게 주어진 그 밖의 호칭도 '감의군사식실봉이천호(感義軍使食實封二千戶)'의 봉작(封爵)이거나 '진해장군(鎭海將軍)'의 장군호일 뿐이었다.[166] 따라서 장보고와 신라 왕실의 통혼 기도는 기존의 신라체제를 고수하려 한 세력에게는 그 자체로서 자신의 존재를 부정당하는 것이기도 하였다. 이에 당시 중앙의 실권자 김양(金陽)과 기존의 질서하에서는 청해진 지역보다 우위에 있었을 것으로 여겨지는 무주(武州) 출신 염장(閻長)의 공작으로 장보고는 암살되고 그의 세력은 소멸되었던 것이다.

그러나 장보고 세력이 이룩한 내적 지배질서는 분명 신라 사회가 안고 있는 골품체제의 한계에서 본다면 진일보한 것이었다. 비록 해체되었지만 그들 세력은 제2, 제3의 그와 같은 세력의 등장을 예고하는 것이었다. 그리고 실제 곧이어 수많은 호족세력이 출현하였다. 그중에서도 특히 경기만의 해상세력에 기초하고 나주 호족과 결탁하여 서남해안을 장악함으로써 창업의 첫발을 내딛은 고려 태조 왕건의 활약상은 이를 좀 더 분명히 보여 준다고 하겠다.

---

166) 김광수, 앞의 글, 76~77면 참조.

〈관련 사료(關聯 史料)〉

■ 『三國史記』 卷44 列傳4 張保皐

張保皐羅紀作弓福·鄭年年或作連 皆新羅人 但不知鄉邑父祖 皆善鬪戰 年復能沒海底 行五十里不噎 角其勇壯 保皐差不及也 年以兄呼保皐 保皐以齒 年以藝 常齟齬不相下 二人如唐 爲武寧軍小將 騎而用槍 無能敵者 後保皐還國 謁大王曰 "遍中國以吾人爲奴婢 願得鎭淸海 使賊不得掠人西去" 淸海 新羅海路之要 今謂之莞島 大王與保皐萬人 此後海上無鬻鄉人者 保皐旣貴 年去職饑寒 在泗之漣水縣 一日言於戍將馮元規曰 "我欲東歸 乞食於張保皐" 元規曰 "若與保皐所負如何 奈何去取死其手" 年曰 "饑寒死 不如兵死快 況死故鄉耶" 遂去 謁保皐 飮之極歡 飮未卒 聞王弑國亂無主 保皐分兵五千人與年 持年手泣曰 "非子不能平禍難" 年入國 誅叛者立王 王召保皐爲相 以年代守淸海 此與新羅傳記頗異 以杜牧立傳 故兩存之

論曰 杜牧言『天寶安祿山亂 朔方節度使安思順 以祿山從弟賜死 詔郭汾陽代之 後旬日 復詔李臨淮 持節分朔方半兵 東出趙·魏 當思順時 汾陽·臨淮 俱爲牙門都將 二人不相能 雖同盤飮食 常睚相視 不交一言 及汾陽代思順 臨淮欲亡去 計未決 詔臨淮 分汾陽半兵東討 臨淮入請曰 '一死固甘 乞免妻子' 汾陽趨下 持手上堂 偶坐曰 '今國亂主遷 非公不能東伐 豈懷私忿時耶' 及別執手泣涕 相勉以忠義 訖平巨盜 實二公之力 知其心不叛 知其材可任 然後 心不疑 兵可分 平生積憤 知其心 難也 忿必見短 知其材 益難也 此保皐與汾陽之賢等耳 年投保皐 必曰 '彼貴我賤 我降下之 不宜以舊忿殺我' 保皐果不殺 人之常情也 臨淮請死於汾陽 亦人之常情也 保皐任年事 出於己 年且饑寒 易爲感動 汾陽·臨淮平生抗立 臨淮之命 出於天子 擢於保皐 汾陽爲優 此乃聖賢遲疑成敗之際也 彼無他也 仁義之心 與雜情並植 雜情勝則仁義滅 仁義勝則雜情消 彼二人 仁義之心旣勝 復資之以明 故卒成功 世稱周·召爲百代之師 周公擁孺子 而召公疑之 以周公之聖·召公之賢 少事文王 老佐武王 能平天下 周公之心 召公亦且不知之 苟有仁義之心 不資以明 雖召公尚爾 況其下哉 語曰 '國有一人 其國不亡' 夫亡國 非無人也 丁其亡時 賢人不用 苟能用之 一人足矣』宋祁曰『嗟乎 不以怨毒相甚 而先國家之憂 晉有祁奚 唐有汾陽·保皐 孰謂夷無人哉』

■ 『三國史記』 卷 第十 新羅本紀 第十 僖康王 二年

二年 春正月 大赦獄囚殊死已下 追封考爲翌成大王 母朴氏爲順成太后 拜侍中金明爲上大等 阿利弘爲侍中 夏四月 唐文宗 放還宿衛王子金義琮 阿飱徵 以父均貞遇害 出怨言 金

明·利弘等不平之 五月 祐徵懼禍及 與妻子奔黃山津口 乘舟往依於淸海鎭大使弓福 六月 均貞妹壻阿禮徵與阿良順 亡投於祐徵 唐文宗賜宿衛金忠信等錦綵有差

■『三國史記』卷44 列傳4 金陽

至開成二年八月 前侍中祐徵 收殘兵 入淸海鎭 結大使弓福 謀報不同天之 陽聞之 募集謀士兵卒 以三年二月 入海 見祐徵 與謀擧事 三月 以勁卒五千人 襲武州 至城下 州人悉降 進次南原 新羅兵 與戰克之 祐徵以士卒久勞 且歸海鎭 養兵馬 冬彗見西方 芒角指東 衆賀曰 "此除舊布新 報寃雪恥之祥也" 陽號爲平東將軍 十二月再出 金亮詢以鵡洲軍來 祐徵又遣驍勇閻長·張弁·鄭年·駱金·張建榮·李順行六將統兵 軍容甚盛 鼓行至武州鐵冶縣北川 新羅大監金敏周 以兵逆之 將軍駱金·李順行 以馬兵三千 突入彼軍 殺傷殆盡 四年正月十九日 軍至大丘 王以兵迎拒 逆擊之 王軍敗北 生擒斬獲 莫之能計 時 王顗沛逃入離宮 兵士尋害之

■『三國史記』新羅本紀 第十一 文聖王 八年

八年 春 淸海弓福 怨王不納女 據鎭叛 朝廷將討之 則恐有不測之患 將置之 則罪不可赦 憂慮不知所圖 武州人閻長者 以勇壯聞於時 來告曰 "朝廷幸聽臣 臣不煩一卒 持空拳 以斬弓福以獻" 王從之 閻長佯叛國 投淸海 弓福愛壯士 無所猜疑 引爲上客 與之飮極歡 及其醉 奪弓福劒斬訖 召其衆說之 伏不敢動

Ⅲ. 견훤(甄萱)과 후백제(後百濟)

1. 견훤의 출생과 성장

　　　甄萱 尙州加恩縣人也 本姓李 後以甄爲氏 父阿慈介 以農自活 後起家爲將軍 初萱生孺褓時 父耕于野 母餉之 以兒置于林下 虎來乳之 鄕黨聞者異焉 及壯體貌雄奇 志氣倜儻不凡 從軍入王京 赴西南海防戍 枕戈待敵 其勇氣恒爲士卒先 以勞爲裨將
　　　　　　　　　　　　　　　　　　　－『三國史記』卷第五十 列傳 第十 甄萱 －

　　"견훤은 상주 가은현 사람이다. 본래의 성은 이씨이나 후에 견(甄)혹은 진으로 씨를 삼았다. 아버지 아자개(阿慈介)는 농사를 지어 스스로 살았다. 후에 집을 일으키어 장군이 되었다. 처음 견훤이 태어나 강보에 쌓인 아기였을 때 아버지가 들에서 일하면 어머니는 밥을 가져갔다. 그래서 아이를 수풀 아래에 놓아두면 호랑이가 와서 젖을 먹었다. 시골사람들이 듣고 기이하게 여겼다. 장성하자 체격과 용모가 크게 뛰어났다. 뜻과 기개가 대범하고 뛰어나 평범하지 않았다. 군대를 따라 왕경에 들어갔다. 서남해를 지키러 갔을 때에 창을 베개 삼으면서 적을 방비했다. 그의 용기는 항상 사졸의 선두가 되었다. 그 공로로 비장이 되었다."

기록에 의하면 견훤은 상주 가은현 사람으로 아버지는 아자개(阿慈介)라고 되어 있다. 가은현은 현재 경북 문경군 가은읍이다. 아버지 아자개는 농민이었다가 후에 스스로 일어나 장군을 자처한 것으로 되어 있다. 그런데 『삼국사기』 권12 신라본기 경명왕(景明王) 2년(918)의 기록에 상주 도적떼의 우두머리 아자개(阿玆盖)가 고려 태조 왕건에게 사신을 보내 항복하였다고 되어 있다.[167] 이 두 기록에 등장하는 아자개가 같은 인물인지 아니면 동명이인(同名異人)인지에 대하여 이견(異見)이 있다. 한편 견훤의 성이 이(李)씨인데 후에 견(甄)으로 바꾸었다고 되어 있다. 하지만 이 또한 확실하지 않다. 왜냐하면 견훤의 자식들이 '견'이란 성을 사용하지 않았기 때문이다. 그냥 이름이었을 가능성이 크다. 또한 이 글자를 '견'이 아닌 '진'으로 읽을 수 있다는 점에서 '진훤'으로 불렸을 수도 있다.[168] 어쨌든 견훤은 호랑이 젖을 먹고 자랐다는 이야기가 전하듯 어렸을 때부터 범상하지 않는 인물이었다. 결국 군대에 들어가 잠을 잘 때조차 창을 놓지 않고 열심히 노력하여 공을 세웠던 것이다. 그 결과 사졸에서 비장(裨將)으로 출세하였던 것이다.[169] 견훤은 비장이 되어 무진주(武珍州), 즉 지금의 광주로 오게 된다. 결국 자신이 이끌고 온 군대를 배경으로 이 지역을 장악하여 후백제를 건국하게 된 것이다. 이런 측면에서 견훤은 신라 하대의 대표적인 군진세력으로 이해할 수 있다.

2. 견훤 정권의 정치적 추이

견훤은 후삼국시대에 있어서 가장 강력한 군사력과 방대한 지배영역을 차지하였다. 불과 약 반세기 동안 후백제를 건국하고 발전시켜 갔음에도 불구하고 마지막 1, 2년 만에 갑자기 몰락하고 말았다. 후백제의 멸망에 대해서는 기존의 역사서(歷史書), 특히 『삼국사기』 견훤전과 『삼국유사』 후백제 견훤에도 나름대로의 기록이 있다. 즉, 견훤이 여러 아들 가운데 하나만을 편애함으로써 다른 아들들의 불만을 초래하게 되었고, 나아가 그들 간에 권력투쟁이 일어나 견훤 자신도 그들의 손에 쫓겨나면서 후백제는 멸망하게

---

167) 二年 秋七月 尙州賊帥阿玆盖 遣使降於太祖:『三國史記』卷第十二 新羅本紀 第十二 景明王 二年.

168) 견훤의 이름의 '甄' 자 대신 '眞'을 사용한 기록도 보인다.

169) 비장(裨將)이란 부장(副將), 즉 보좌관이란 뜻과 일방전임지장(一方專任之將), 즉 한 지역을 전부 책임지는 장수라는 뜻이 있다. 아마도 견훤은 후자로 무진주, 즉 지금의 광주를 책임지는 장수가 되었던 것 같다.

되었다는 것이다. 다시 말하면 전적으로 견훤 개인의 성격적 결함이나 잘못으로 인해 초래된 필연적인 결과라는 것이다. 그러나 그 내용은 후대의 사가들에 의해 이루어진 지극히 피상적인 설명에 불과한 것이다.[170] 물론 왕실의 내분이 후백제 몰락의 결정적 계기가 되었다는 점은 부인할 수 없다. 하지만 내분의 원인이 전적으로 견훤 개인의 성격적 결함에서 비롯되었다는 것은 문제가 있다. 후삼국시대라고 하는 특정한 시대적 배경을 염두에 두고, 후백제 내의 정치 지배세력을 다각적으로 분석해야만 멸망의 원인을 보다 합리적으로 추출해 낼 수 있을 것이다.

후백제의 정치적 변동은 대외관계의 변화와 밀접하게 관련되어 있다. 그리고 그러한 정치적 변화는 크게 네 개의 시기로 나누어 살펴볼 수 있다.[171]

제1기는 견훤이 무진주[武珍州, 광주(光州)]를 중심으로 세력을 규합한 시기이다. 견훤은 이후 점차 동북(東北) 방향으로 자신의 세력권을 확대하여 갔다. 이 시기에 견훤은 '스스로 왕 노릇하였으나 감히 공공연하게 왕이라 칭하지는 못하였다(自王猶不敢公然稱王).' 다시 말하면 뚜렷한 정치조직이나 지배체제를 수립하지 못한 상태였다.

제2기는 무진주에서 완산[完山, 전주(全州)]으로 세력의 근거지를 옮긴 시기이다. 이후 '입도어완산(立都於完山)', '자칭후백제왕(自稱後百濟王)', '설관분직(設官分職)' 등을 하였다. 풀이하면 완산에 도읍을 세우고, 스스로 후백제왕이라 칭하면서 관직을 설치하고 나누어 주었다. 다시 말하자면 본격적인 국가체제를 갖추어 가던 시기이다. 아울러 오월(吳越)과 후당(後唐)에 사신을 파견하는 등 중국과 외교관계를 맺기 시작하였다. 한편 이 시기는 왕건이 궁예를 축출하고 고려를 건국하던 시기이다. 견훤은 초기의 왕건과 비교적 우호관계를 유지하였다.[172] 반면 주로 주변지역의 호족세력을 점령, 회유, 포섭하는 데 주력하였다.

제3기는 고려의 왕건(王建)과 본격적으로 대립하며 투쟁을 통하여 서로의 지배영역을 확대하고자 하던 시기이다. 이때는 전국적으로 일어났던 반란군들은 대부분 견훤과 왕건의 지배권 아래에 놓이게 되었다. 이제 후삼국 시대의 패권을 놓고 후백제와 고려가 본격적인 대결을 벌이게 되었다고 할 수 있다.

---

170) 『삼국사기』 견훤전과 『삼국유사』 후백제 견훤의 문헌적 성격에 대하여는 신호철, 「후백제견훤 연구(Ⅰ)-견훤 관계 문헌의 예비적 검토-」, 『백제논총』 Ⅰ, 1985 참조.

171) 신호철, 「후백제의 지배세력에 대한 분석」, 『두계 이병도 박사 구순기념 한국사논총』, 1987; 이와 관련하여 甄萱政權의 成立 段階에 대해서는 신호철, 『後百濟 甄萱政權硏究』, 일조각, 1993, 46~48면 참조.

172) 김갑동, 「고려태조 왕건과 후백제 신검의 전투」, 『박병국 교수 정년기념 사학논총』, 1994, 267면. "그리하여 견훤은 왕건이 즉위하자 사신을 보내 즉위를 축하하고 공작이 그려진 부채와 지리산의 竹箭을 선물로 보내기도 하였다. 기록에는 보이지 않지만 왕건도 이에 대한 답례를 했을 것이다. 또 견훤은 고려의 영역을 공격하지 않는 태도를 보여 주었다."

제4기는 후백제 내의 지배세력들 사이에 내분이 일어나는 시기이다. 후백제는 신검을 중심으로 한 무진주(광주) 세력과 넷째 아들인 금강을 중심으로 한 완산주(전주) 세력을 대립으로 분열하게 된다. 결국 견훤의 큰아들인 신검(神劍) 등이 반란을 일으켜 견훤을 대신하여 왕위에 오르게 된다. 하지만 곧 고려와의 전투에서 패배함으로써 후백제는 멸망하게 되었다.

이상의 네 시기 가운데 제4기를 제외하고는 후백제가 고려에 대해서 항상 우세한 입장에 있었다고 할 수 있다. 견훤은 왕건보다 먼저 정치체제를 확립하고 자신의 지배권을 수립하였고, 고려와의 전투에서도 주도권을 장악하고 있었던 것이다.[173]

그러나 930년을 전후로 후백제와 고려의 전투양상은 크게 변하고 있었다. 즉, 929년 7월까지는 후백제 측이 주도권을 잡고 있었고 양군의 직접적인 대결도 거의 대부분 견훤의 승리로 돌아갔다. 그러나 929년 10월 이후 전세는 크게 역전되어 왕건 측이 오히려 유리한 국면을 전개시켜 나갔다.[174]

이처럼 930년을 전후하여 후백제가 고려와의 군사적 대결에서 급격히 열세에 놓이고[175] 마침내 멸망에 이르게 된 주요 원인은 어디에 있었을까? 물론 후백제의 멸망 원인은 견훤과 왕건이 추구했던 '정치적(政治的) 표방(標榜)'의 차이라든가,[176] 그로 인한 주변 호족세력과 민심의 동향, 신라 측의 태도, 대중국관계 등 여러 측면에서 고려해 볼 수 있다. 하지만 가장 근본적인 것은 후백제 내의 정치적 혼란에 있었던 것으로 보인다.

『삼국사기』 견훤전에 의하면 그 정치적 혼란은 견훤 자식들 간에 있었던 왕위쟁탈전에서 비롯된 것으로 되어 있다. 그 과정을 정리하여 보면 다음과 같다. 견훤은 여러 아들이 있었는데 그 가운데 넷째인 금강(金剛)을 총애한 나머지 그에게 왕위를 물려주려고 하였다. 이에 큰아들인 신검(神劍)과 둘째아들 양검(良劍), 셋째아들 용검(龍劍)이 불만을 품게 되었다. 결국 신검·양검·용검 3형제가 정변을 일으켜 넷째아들인 금강을 죽이고 견훤을 금산사(金山寺)에 유폐시킨 후, 신검이 왕위에 올랐다. 그러나 금산사에 유폐되어 있던 견훤은 탈출하여 고려 왕건에게 투항하였다. 이어 후백제 내에 있던 견훤의 사위

---

173) 견훤이 889년에 일어나 892년에 이미 후백제을 건국한 데 비해, 왕건은 그보다 약 30년 후인 918년에 궁예를 축출하고 고려를 건국하였다.

174) 신호철, 앞의 논문, 131~133면 참조.

175) 930년의 高昌전투는 후백제·고려 간의 세력다툼에 있어서 일대 전환점이 되는 주목할 만한 사건이라고 하겠다. 태조 13년(930) 고창군(안동) 전투에서 왕건이 크게 승리하면서부터 전세는 고려 쪽으로 기울기 시작하였다; 김갑동, 앞의 논문, 263면 참조.

176) 왕건이 후삼국을 통합할 수 있었던 이유로, 그가 추구했던 '정치적 표방'이 견훤이나 궁예와는 달랐기 때문이라고 보는 견해가 있다. 김철준, 「후삼국시대의 지배세력의 성격」, 『한국고대사회연구』, 지식산업사, 1975 참조.

박영규(朴英規)도 왕건과 은밀히 내응(內應)하였다. 고려 왕건은 견훤과 박영규의 도움을 얻어 936년 신검군과 황산(黃山)에서 결전을 벌여 승리하였다.[177] 신검·양검·용검 3형제는 항복하였고 곧 후백제는 멸망되었다.

이상의 견훤전에 나타난 기록이 후백제 멸망의 대세를 전해주고 있는 것은 분명하다. 그러나 이것만으로 후백제 멸망의 원인이 충분히 설명되었다고는 할 수 없다. 약 반세기 동안이나 존속하였던 후백제의 지배세력은 다양하고 복잡한 정치집단들로 구성되어 있었다. 그들 간에 권력의 핵심을 둘러싸고 상호 대립과 투쟁이 끊이지 않았으리라는 점은 충분히 예상해 볼 수 있다. 따라서 신검 3형제와 금강 간의 싸움도 이들 형제를 둘러싼 서로 다른 정치 지배세력의 존재라든가 그 세력을 구성하였던 인물들 간의 관계 속에서 파악해야 한다. 이를 통해 후백제의 정치세력의 실상을 새롭게 이해할 수 있을 것이다. 나아가 신검과 금강이 대립하게 된 근본적인 이유나 내분의 양상·발전과정 등도 깊이 있게 이해하게 될 것이다.

3. 견훤의 외척(外戚)세력

『삼국사기』 견훤전에는 견훤이 여러 명의 부인을 두고 있었고 자식이 10여 명이 된다고 하였다. 후삼국시대 초기 견훤과 왕건이 후백제와 고려를 건국하였다. 하지만 각 지방에는 여전히 독자적인 세력권을 가지고 있는 호족들이 존재하고 있었다. 또한 이들 지방 호족들의 향배가 견훤과 왕건의 세력 확장에 중요한 변수로 작용하였다. 따라서 견훤이나 왕건의 입장에서 지방호족들의 지지를 받는다는 것은 대단히 중요한 문제였다. 이는 자신들의 지배적 권위와 지배영역의 확대, 그리고 민심의 동향에 영향을 미치는 매우 중요한 의미를 갖고 있었다.

왕건이 지방호족들을 포섭하고 회유하기 위한 주요 수단으로서 힘 있는 지방호족의 딸들을 왕비로 맞이하는 소위 '혼인정책(婚姻政策)'을 썼다는 것은 널리 알려진 사실이다. 왕건은 20여 호족들과 통혼하였다. 그리하여 29명의 비빈(妃嬪)과 34명의 자녀를 얻었던 것이다.[178]

견훤이 여러 명의 부인과 10여 명의 자녀를 두었다는 것도 왕건처럼 혼인정책의 결과로 이해할 수 있을 것이다. 물론 견훤의 통혼정책을 명시하는 구체적인 기록은 보이지

---

177) 黃山郡 전투는 김갑동, 앞의 논문, 271~275면 참조.
178) 6명의 비(妃)와 23명의 부인(夫人)을 얻어 25명의 왕자(王子)와 9명의 왕녀(王女)를 낳았다.

않는다. 하지만 견훤이 호족세력과 혼인을 통하여 결합하였음을 시사하는 기록들이 있다. 첫째로 『삼국유사』에 인용된 소위 '구인교혼설화(蚯蚓交婚說話)'를 들 수 있다. 이 설화의 내용은 지렁이[구인(蚯蚓)]가 변신한 자의남(紫衣男)과 광주(光州) 북촌(北村)의 부잣집 딸과의 혼인과정에 관한 것이다. 이는 견훤이 혼인정책을 통하여 광주지역의 지방호족들과 결합하였을 것이라는 것을 시사해주고 있다. 견훤이 무진주[武珍州, 광주(光州)]에 들어온 지 불과 한 달 사이에 5천 명의 무리를 모집하였다는 사실도[179] 바로 광주의 부호(富豪)와 혼인을 통한 결합에서 가능했으리라 생각된다. 이 기록이 비록 설화이지만 그 내용 속에는 견훤이 초기 세력기반을 형성해 가는 과정을 의미 있게 함축하고 있는 것으로 볼 수 있다.

두 번째는 그의 사위인 박영규와 지훤(池萱)이 모두 호족 출신이라는 점이다. 박영규는 승주(昇州) 출신의 장군으로서 훗날 견훤을 따라 왕건에게 귀부(歸附)하였다. 왕건이 그를 극진히 대우하였던 사실로 보아 후백제 멸망에서 박영규의 비중이 얼마나 컸던가를 짐작할 수 있다. 그리고 박영규가 그렇게 큰 비중을 차지할 수 있었던 것은 대호족세력이었기 때문에 가능했을 것이다. 견훤의 또 다른 사위인 지훤에 대해서는 지리지류(地理志類) 이외에는 기록이 없다.[180] 그러나 그가 후백제 초기에 무진성주(武州城主)로 견훤과 함께 왕건과 싸웠다는 기록으로 보아 그 역시 광주(光州)지방의 호족세력이었을 것으로 보인다. 이처럼 견훤이 자신뿐만 아니라 그의 자식들도 지방호족과 혼인시키는 정책을 펴고 있었음을 알 수 있다.

셋째로 견훤이 호족세력과 혼인정책을 추구하였을 것이라는 점은 당시의 시대적 상황을 통하여서도 짐작할 수 있다. 즉, 후백제는 고려와 비슷한 정치·사회체제를 갖고 있었다. 초기까지만 하더라도 견훤과 왕건 사이에는 사신의 상호방문 및 서신(書信)과 인질의 교환, 문물의 교류 등을 통하여 밀접한 외교관계를 유지하고 있었다.[181] 따라서 왕건이 지방의 여러 호족세력과 혼인관계를 맺고 있었음은 후백제에도 알려졌을 것이다. 이에 견훤 역시 호족세력과의 혼인을 통하여 그들을 포섭하고 회유하고자 했을 가능성이 충분히 있다. 더구나 경상도 상주(尙州) 출신이었던 견훤이 전라도 광주(光州) 및 전주(全州)

---

179) 『삼국사기』 견훤전.

180) 池萱에 대하여는 『世宗實錄』 151, 地理志, 茂珍郡條와 『新增東國輿地勝覽』 35, 光山縣條 등에만 보일 뿐 『三國史記』, 『三國遺事』의 甄萱傳과 『高麗史』 등에는 전혀 기록이 없다. 신호철, 앞의 논문, 140면에서 재인용.

181) 신호철, 앞의 논문, 140면. 후백제와 고려가 초기 얼마 동안 우호관계를 유지하였던 것은 견훤이나 왕건 모두가 아직 지배체제를 확립하지 못한 상태여서, 주변의 호족세력을 포섭·정복함으로써 자신들의 지배권을 공고히 하는 것이 무엇보다도 급선무였을 것이고, 따라서 견훤·왕건 모두 직접적인 대결을 원치 않았을 것이기 때문으로 생각된다.

일대의 토착세력과의 결합을 절실히 원하였을 것임은 당연하다고 하겠다.

이상에서 살펴본 바와 같이 견훤도 지방의 호족들과 혼인을 통하여 자신의 지배권과 영역을 확대하여 갔음을 짐작할 수 있다. 그러나 한편으로 견훤과 통혼한 호족들은 자연히 후백제의 지배세력이 되었을 것이다. 이들은 점차 견훤의 외척세력으로 그 권력을 증대하여 갔을 것이다. 그리고 견훤이 정책적으로 추구한 여러 호족세력과의 통혼으로 말미암아 그 외척세력의 존재 또한 복잡하게 대두하였을 것이다.

4. 신검계(神劍系)와 금강계(金剛系)의 대립

견훤의 큰아들인 신검과 그의 친형제인 양검·용검 형제들은 후백제 초기 정치일선에서 크게 활약하였다. 그들은 고려군과의 전투에도 직접 지휘관으로 참가하고 있었다. 그러나 후백제의 후기 새로운 정치세력이 등장하면서 후백제 내에는 정치적 혼란이 야기되었다. 신검 형제들은 새롭게 등장한 정치세력에 의하여 점차 정권의 중심에서 밀려나게 되었던 것 같다. 신검이 정변을 일으켰을 당시 신검만이 홀로 견훤 곁에 있었을 뿐이다. 양검과 용검은 각각 강주(康州)와 무주(武州)의 도독(都督)으로 나가 있었던 것은 바로 이러한 사실을 뒷받침하는 것으로 보인다.

새로운 정치세력은 정권을 장악하여 신검 형제들을 정치일선에서 축출하고 금강(金剛)을 왕위에 추대하고자 하였다. 따라서 이들은 금강을 중심으로 한 외척세력이었을 것이다. 결국 신검과 금강과의 대립은 신검 3형제를 중심으로 한 그의 외척세력과 금강의 외척세력 간의 권력쟁탈전이었다고 할 수 있다.

그렇다면 이들 두 지배세력에는 구체적으로 어떤 인물들이 속해 있었고 또 그들의 성격이 어떠하였는지 살펴보자. 먼저 신검계 인물로는 우선 신검·양검·용검의 3형제를 들 수 있다. 이들은 이미 언급한 것처럼 후백제 초기에 대고려전을 주도했던 지배세력의 중심인물이었다. 그리고 신검 형제의 외가세력으로서 서남해(西南海)에서 광주로 진출하면서 결합하였던 광주호족을 들 수 있다. 그러나 광주지방 외척세력의 구체적인 인물에 대해선 별다른 기록을 찾을 수 없다. 다만 고려에 인질로 교환되었던 '진호(眞虎)'라는 인물이 그 가운데 하나였을 것으로 생각된다. 견훤이 925년 조물성 회전에서 왕건군과 대전할 때 왕건은 견훤군을 이길 수 없게 되자 서신을 보내 화친을 청하고 서로 인질을 교환하였다. 왕건은 당제(堂弟)인 왕신(王信)을, 견훤은 외생(外甥)인 진호(眞虎)를 인질로 보냈다. 이때 견훤의 외생이라 함은 견훤의 처남이라는 뜻이다.[182] 즉, 견훤의 초기 외척세력 가운데 한 명이었을 것으로 보인다. 그러나 인질로 가 있던 진호는 1년 만인 926년 고려에서 갑자기 죽고 만다. 견훤은 진호의 사망 소식을 듣고 고려 측의 인질인 왕신을 처형하고 고려에 선물로 보냈던 총마(驄馬)를 되돌려 받았다. 아울러 이후부터 고려와 본격적으로 대립하며 투쟁을 벌이게 되었다. 이와 같이 후백제가 진호의 죽음에 대해 민감한 반응을 보인 것은 그가 바로 당시의 지배세력이었던 광주의 외척세력이었기 때문일 것이다. 이뿐만 아니라 초기 지배세력인 신검계(神劍系)의 주전적(主戰的)인 입장도 진호의 죽음이 크게 영향을 미친 결과로 분석된다.[183] 또 다른 신검계 인물로는 이찬 능환(能奐)과 파진찬 신덕(新德)·영순(英順) 등을 들 수 있다. 『삼국사기』 견훤전을 보면 신검정변의 최고주모자는 능환이었음을 알 수 있다. 능환은 934년 금강에 대한 왕위추대 움직임이 있자 강주(康州)와 무주(武州)에 도독으로 가 있던 양검과 용검에게 사람을 보내 정변에 대한 음모를 꾸몄던 것이다. 다음 해인 935년 3월에는 신덕·영순 등과 함께 견훤을 축출하고 금강을 살해한 후 신검을 왕위에 오르게 하였다. 그런데 능환이나 신덕·영순 등이 신검 형제들과는 어떤 관계에 있었는지는 명확히 알 수가 없다. 다만 이들이 이찬과 파진찬이라는 높은 관등에 있었던 것으로 보아 후백제의 지배집단에 속했던 인물들로서 신검정변에 핵심적인 역할을 하였음은 분명하다. 또한 이들이 정변을 일으킨 주원인이 금강계의 정권장악에 있었던 것으로 보아 신검 형제의 외척세력이거나 광주 세력에 속했던 인물들이었을 것으로 추측된다. 다음으로 부달(富達)과 소달(小達)도 역시 신검계로 분류할 수 있을 것이다. 이 둘은 신검군과 고려군과의 마지막 전투에서 최후까지 후백제군을 지휘하였던 장군들이었다. 이들이 신검·양검·용검·능환과 함께 최후까지 결전을 벌였던 것을 보면 신검계 인물로 보아 좋을 것이다. 끝으로 견훤의 사위인 지훤도 신검계였을 가능성이 있다. 그가 신검 외척세력의 근거지인 무주의 성주였던 점을 생각하면 지훤은 신검 형제와 관련이 깊었을 것으로 추정된다.

다음으로 금강계(金剛系)의 인물들에 대하여 살펴보기로 하자. 이들은 신검의 「교서(敎書)」에서 '간신(姦臣)'으로 표현된 인물들이다. 이들은 930년을 전후하여 신검계를 누르고 정권을 장악했던 세력이었을 것으로 생각된다. 이들은 신검계의 정변에 의해 대부분 제거되었을 것이므로 찾을 수 있는 인물은 별로 없다. 그러나 그 가운데 대표적인 사람으로서 박영규(朴英規)를 들 수 있다. 그는 신검정변 후 견훤을 따라 고려에 귀부(歸附)한 인물이다. 그가 자기 처에게 "만일 나의 임금을 버리고 반역한 아들을 섬긴다면 무슨

---

182) 外甥은 ① 처의 형제와 ② 他家에 시집간 자매가 낳은 男兒라는 뜻이 있다(諸橋轍次, 『大漢和辭典』 3, 331면). 여기서는 ①의 뜻으로 해석하는 것이 옳을 것 같다. 신호철, 앞의 논문, 144면 참조.

183) 신호철, 앞의 논문, 45면 참조.

얼굴로 천하(天下)의 의사(義士)들을 대하리요"라고 말한 것으로 기록되어 있다. 이것을 보면 신검의 정변에 불만을 갖고 있었음이 분명하다. 그런 점에서 그는 반신검세력으로 금강계로 볼 수 있을 것이다. 다음으로 견훤과 함께 금산사에 갇혀 있었던 막내아들 능예(能乂)와 딸 쇠복(衰福), 폐첩(嬖妾) 고비(姑比) 등도 금강계였을 것이다. 후궁인 고비(姑比)의 소생으로 생각되는 능예와 쇠복이 금강과 동복형제인지는 확실하지 않다. 다만 신검정변 후 견훤과 함께 유폐되었던 것을 보면 금강과 비슷한 처지에 있었음을 알 수 있다. 따라서 금강계로 보아도 좋을 듯하다. 신강(信康)이라는 인물도 금강계로 파악할 수 있겠다. 그에 대하여는 『삼국유사』에 잠깐 언급되어 있다. 즉, 왕건이 고려에 귀부한 견훤을 상보(尙父)라 칭하고, 이어 '먼저 내항(來降)해 왔던 후백제인 신강을 견훤의 아전(衙前)으로 임명하였다'고 하는 기록이 있다.[184] 견훤은 금산사를 탈출한 후 나주로 도망하여 왕건에게 사람을 보내어 귀순의 뜻을 알렸다. 신강은 바로 견훤이 이때 왕건에게 보낸 견훤의 측근인물이었을 것이다.

이상의 신검계와 금강계의 인물들을 중심으로 두 지배집단의 성격을 정리하여 보면 다음과 같다. 우선 신검계에 속한 인물들은 대부분 신검정변에 참여하였던 것으로 생각된다. 신검과 그 형제들은 물론, 능환, 영순, 신덕 등이 그 대표적인 인물이다. 그 밖에 부달·소달·지훤도 확실하지는 않지만 관련을 갖고 있었을 것이다. 이들은 후백제 전기의 지배세력으로 아마도 신검 형제 및 능환 등이 그 핵심인물이었을 것이다. 아울러 신검계는 신검 형제의 외척 세력이 그 주류를 이루었을 것으로 보인다. 신검의 외척 세력은 광주지방의 호족으로 자연히 광주 일대가 그들의 세력근거지가 되었을 것이다.

한편 금강계는 후백제의 후기에 새롭게 등장한 지배집단으로 신검정변이 일어난 935년에 제거되기까지 짧은 기간 동안 정권을 장악하고 있었다. 이들 금강계는 금강의 외척세력이 주류를 이루었을 것이다. 그러나 구체적인 인물은 명확히 알 수 없다. 이들은 대고려전에 있어 신검계와는 달리 소극적·타협적인 태도를 취하였던 세력이었다. 박영규나 신강 등이 고려에 귀순한 것은 바로 그러한 입장을 반영한 것으로 보인다. 그리고 신검계가 광주를 중심으로 한 외척세력이었던 것에 비하여 금강계는 전주를 중심으로 한 세력이었을 것이다. 금강계는 전주로 도읍을 옮긴 이후 견훤 후기에 대두된 세력으로 금강의 외척세력은 전주지방의 호족이었을 것으로 생각된다.

후백제는 전기 약 40년 동안은 빠르게 발전하였고 고려와의 대결에 있어서도 크게 우세한 입장에 있었다. 견훤은 왕건에 비해 강력한 군사력을 갖고 있었고 그 숫자도 많았

---

184) 『삼국유사』 후백제견훤.

다. 그렇기 때문에 견훤군과 왕건군과의 직접적인 대결도 대부분 후백제의 승리로 돌아
갔었다. 그러나 930년을 기점으로 하여 그 이후의 전세는 역전되기 시작하였다.

후백제의 대외전투 양상의 변화는 930년을 전후한 후백제의 후기 크게 변화하였다. 이
는 후백제 내의 정치 지배세력 간의 정권교체와 밀접하게 관련된 것이었다. 견훤은 왕건
과 마찬가지로 호족세력을 포섭하고 회유하기 위하여 혼인정책을 실시하였다. 그 결과
여러 호족세력들이 외척으로 후백제 내의 지배집단으로 등장하게 되었다. 그 대표적인
세력이 신검계의 외척세력과 금강계의 외척세력을 들 수 있다. 신검 외척세력은 후백제
전기에는 정권을 장악하고 있었지만 930년 이후에는 금강의 외척세력이 새로운 지배집
단으로 등장하였다.

신검계와 그의 외척세력을 중심으로 하는 전기의 지배집단은 광주지방의 호족세력이
었다. 이에 반해 금강계와 그의 외척세력인 후기의 지배집단은 전주지방의 호족세력이
중심이었다. 아울러 신검계는 대고려전에서 적극적이고 주전적 입장을 취하고 있었다.
반면에 금강계가 정권을 장악한 후에는 대고려전에 소극적이고 타협적인 태도를 보였다.
이는 신검계와 금강계의 대외적 인식의 차이에서 비롯되었고, 이로 인해 정권투쟁으로
이어진 측면도 있었던 것이다. 결국 신검계와 금강계의 내분은 그들은 둘러싼 외척 지배
집단 간의 정권쟁탈전이었다. 그리고 이러한 후백제의 내분이 결국 후백제 멸망의 결정
적인 원인이 되었던 것이다.

〈관련 사료(關聯 史料)〉

■ 견훤(甄萱) 관련 『三國史記』 기록

- 892년(진성왕 6년)

唐昭宗景福元年 是新羅眞聖王在位六年 嬖竪在側 竊弄政柄 綱紀紊弛 加之以饑饉 百姓
流移 羣盜蜂起 於是萱竊有覦心 嘯聚徒侶 行擊京西南州縣 所至響應 旬月之間 衆至五千
人 遂襲武珍州 自王 猶不敢公然稱王 自署爲新羅西面都統指揮兵馬制置持節都督全武公等
州軍事行全州刺史兼御史中丞上柱國漢南郡開國公 食邑二千戶 是時 北原賊良吉雄强 弓裔
自投爲麾下 萱聞之 遙授良吉職爲裨將 萱西巡至完山州 州民迎勞 萱喜得人心 謂左右曰
"吾原三國之始 馬韓先起 後赫世勃興 故辰·卞從之而興 於是百濟開國金馬山 六百餘年

摠章中 唐高宗以新羅之請 遣將軍蘇定方 以船兵十三萬越海 新羅金庾信卷土 歷黃山至泗
沘 與唐兵合攻百濟滅之 今予敢不立都於完山 以雪義慈宿憤乎"

- 900년(효공왕 4년)

遂自稱後百濟王 設官分職 是唐光化三年 新羅孝恭王四年也 遣使朝吳越 吳越王報聘 仍
加檢校太保 餘如故

- 901년(효공왕 5년)

天復元年 萱攻大耶城不下

- 910년(효공왕 14년)

開平四年 萱怒錦城投于弓裔 以步騎三千圍攻之 經旬不解

- 912년(신덕왕 원년)

乾化二年 萱與弓裔戰于德津浦

- 918년(경명왕 2년)

貞明四年戊寅 鐵圓京衆 心忽變 推戴 我太祖卽位 萱聞之 秋八月 遣一吉湌閔郃稱賀 遂
獻孔雀扇及地理山竹箭 又遣使入吳越進馬 吳越王報聘 加授中大夫 餘如故

- 920년(경명왕 4년)

六年 萱率步騎一萬 攻陷大耶城 移軍於進禮城 新羅王遣阿湌金律 求援於太祖 太祖出師
萱聞之 引退 萱與我太祖陽和而陰尅

- 924년(경애왕 원년)

同光二年秋七月 遣子須彌强 發大耶・聞韶二城卒 攻曹物城 城人爲太祖固守且戰 須彌
强失利而歸 八月 遣使獻驄馬於太祖

- 925년(경애왕 2년)

三年冬十月 萱率三千騎 至曹物城 太祖亦以精兵來 與之确 時萱兵銳甚 未決勝否 太祖
欲權和以老其師 移書乞和 以堂弟王信爲質 萱亦以外甥眞虎交質 十二月 攻取居昌等二十

餘城 遣使入後唐稱藩 唐策授檢校太[주석301]尉兼侍中判百濟軍事 依前持節都督全武公
等州軍事行全州刺史海東四面都統指揮兵馬制置等事百濟王 食邑二千五百戶

- 926년(경애왕 3년)

四年眞虎暴卒 萱聞之 疑故殺 卽囚王信獄中 又使人請還前年所送驄馬 太祖笑還之

- 927년(경순왕 원년)

天成二年秋九月 萱攻取近品城 燒之 進襲新羅高鬱府 逼新羅郊圻 新羅王求救於太祖 冬
十月 太祖 出師援助 萱猝入新羅王都 時王與夫人嬪御出遊鮑石亭 置酒娛樂 賊至狼狽不知
所爲 與夫人歸城南離宮 諸侍從臣寮及宮女伶官 皆陷沒於亂兵 萱縱兵大掠 使人捉王 至前
戕之 便入居宮中 强引夫人亂之 以王族弟金傅嗣立 然後虜王弟孝廉·宰相英景 又取國帑·
珍寶·兵仗 子女百工之巧者 自隨以歸 太祖以精騎五千 要萱於公山下大戰 太祖將金樂·
崇謙死之 諸軍敗北 太祖 僅以身免 萱乘勝取大木郡 契丹使裟姑·麻咄等三十五人來聘 萱
差將軍崔堅 伴送麻咄等 航海北行 遇風至唐登州 悉被戮死 時新羅君臣以衰季 難以復興
謀引我太祖 結好爲援 甄萱自有盜國心 恐太祖先之 是故 引兵入王都作惡 故十二月日寄書
太祖曰 "昨者國相金雄廉等 將召足下入京 有同鼈應鼈聲 是欲鷃披隼翼 必使生靈塗炭 宗
社丘墟 僕是用先着祖鞭 獨揮韓鉞 誓百寮如皦日 諭六部以義風 不意姦臣遁逃 邦君薨變
遂奉景明王之表弟獻康王之外孫 勸卽尊位 再造危邦 喪君有君 於是乎在 足下勿詳忠告 徒
聽流言 百計窺覦 多方侵擾 尙不能見僕馬首 拔僕牛毛 冬初 都頭索湘 束手於星山陣下 月
內 左將金樂 曝骸於美理寺前 殺獲居多 追擒不少 强羸若此 勝敗可知 所期者 掛弓於平壤
之樓 飮馬於浿江之水 然以前月七日 吳越國使班尙書至 傳王詔旨 知卿與高麗 久通歡好
共契鄰盟 比因質子之兩亡 遂失和親之舊好 互侵疆境 不戢干戈 今專發使臣 赴卿本道 又
移文高麗 宜各相親比 永孚于休 僕義篤尊王 情深事大 及聞詔諭 卽欲祗承 但慮足下 欲罷
不能 困而猶鬪 今錄詔書寄呈 請留心詳悉 且獹狐迭憊 終必貽譏 蚌鷸相持 亦爲所笑 宜迷
復之爲戒 無後悔之自貽"

- 928년(경순왕 2년)

三年正月 太祖答曰 "伏奉吳越國通和使 班尙書所傳詔書一道 兼蒙足下辱示長書敘事者
伏以華軺膚使 爰致制書 尺素好音 兼承教誨 捧芝檢而雖增感激 闢華牋而難遣嫌疑 今託廻
軒 輒敷危衽 僕仰承天假 俯迫人推 過叨將帥之權 獲赴經綸之會 頃以三韓厄會 九土凶荒
黔黎多屬於黃巾 田野無非於赤土 庶幾弭風塵之警 有以救邦國之災 爰自善隣 於焉結好 果

見數千里農桑樂業 七八年士卒閑眠 及至酉年 維時陽月 忽焉生事 至於交兵 足下始輕敵
以直前 若螳螂之拒轍 終知難而勇退 如蚊子之負山 拱手陳辭 指天作誓 今日之後 永世歡
和 苟或渝盟 神其殛矣 僕亦尚止戈之武 期不殺之仁 遂解重圍 以休疲卒 不辭質子 但欲安
民 此則我有大德於南人也 豈謂歃血未乾 凶威復作 蜂蠆之毒 侵害於生民 狼虎之狂 爲梗
於畿甸 金城窘忽 黃屋震驚 仗義尊周 誰似桓·文之霸 乘間謀漢 唯看莽·卓之姦 致使王
之至尊 枉稱子於足下 尊卑失序 上下同憂 以爲非有元輔之忠純 豈得再安於社稷 以僕心無
匿惡 志切尊王 將援置於朝廷 使扶危於邦國 足下見毫釐之小利 忘天地之厚恩 斬戮君王
焚燒宮闕 葅醢卿士 虔劉士民 姬姜則取以同車 珍寶則奪之稇載 元惡浮於桀·紂 不仁甚於
獍梟 僕怨極崩天 誠深却日 誓效鷹鸇之逐 以申犬馬之勤 再擧干戈 兩更槐柳 陸擊則雷馳
電擊 水攻則虎搏龍騰 動必成功 擧無虛發 逐尹邠於海岸 積甲如山 擒鄒造於城邊 伏尸蔽
野 燕山郡畔 斬吉奐於軍前 馬利城邊 戮隨晤於纛下 拔任存之日 邢積等數百人捐軀 破清
州之時 直心等四五輩授首 桐藪望旗而潰散 京山銜壁以投降 康州則自南而來歸 羅府則自
西移屬 侵攻若此 收復寧遙 必期泜水營中 雪張耳千般之恨 烏江岸上 成漢王一捷之功 竟
息風波 永淸寰海 天之所助 命欲何歸 況承吳越王殿下 德洽包荒 仁深字小 特出綸於丹禁
諭戰難於靑丘 旣奉訓謀 敢不尊奉 若足下祗承睿旨 悉戢凶機 不惟副上國之仁恩 抑可紹海
東之絶緖 若不過而能改 其如悔不可追" 夏五月萱潛師襲康州 殺三百餘人 將軍有文生降
秋八月 萱命將軍官昕 領衆築陽山 太祖命命旨城將軍王忠 擊之 退保大耶城 冬十一月 萱
選勁卒 攻拔缶谷城 殺守卒一千餘人 將軍楊志·明式等生降

- 929년(경순왕 3년)
四年秋七月 萱以甲兵五千人 攻義城府 城主將軍洪術戰死 太祖哭之慟曰 "吾失左右手
矣" 萱大擧兵 次古昌郡甁山之下 與太祖戰 不克 死者八千餘人 翌日 萱聚殘兵 襲破順州城
將軍元逢不能禦 棄城夜遁 萱虜百姓 移入全州 太祖以元逢前有功宥之 改順州 號下枝縣

- 934년(경순왕 8년)
淸泰元年春正月 萱聞 太祖屯運州 遂簡甲士五千至 將軍黔弼 及其未陣 以勁騎數千突擊
之 斬獲三千餘級 熊津以北三十餘城 聞風自降 萱麾下術士宗訓·醫者訓謙·勇將尙達·崔
弼等降於太祖

-『三國史記』卷第五十 列傳 第十 甄萱
甄萱多娶妻 有子十餘人 第四子金剛 身長而多智 萱特愛之 意欲傳其位 其兄神劍·良劍·

龍劍等知之 憂悶 時良劍爲康州都督 龍劍爲武州都督 獨神劍在側 伊飧能奐 使人往康・武
二州 與良劍等陰謀 至清泰二年春三月 與波珍飧新德・英順等 勸神劍 幽萱於金山佛宇 遣
人殺金剛 神劍自稱大王 大赦境內 其教書曰『如意特蒙寵愛 惠帝得以爲君 建成濫處元良
太宗作而卽位 天命不易 神器有歸 恭惟 大王神武超倫 英謀冠古 生丁衰季 自任經綸 徇地
三韓 復邦百濟 廓清塗炭 而黎元安集 鼓舞風雷 而邇遐駿奔 功業幾於重興 智慮忽其一失
幼子鍾愛 姦臣弄權 導大君於晉惠之昏 陷慈父於獻公之惑 擬以大寶授之頑童 所幸者上帝
降衷 君子改過 命我元子 尹茲一邦 顧非震長之才 豈有臨君之智 兢兢慄慄 若蹈冰淵 宜推
不次之恩 以示惟新之政 可大赦境內 限清泰二年十月十七日昧爽以前 已發覺未發覺 已結
正未結正 大辟已下 罪咸赦除之 主者施行』萱在金山三朔 六月 與季男能乂・女子哀福・
嬖妾姑比等逃奔錦城 遣人請見於太祖 太祖喜 遣將軍黔弼・萬歲等 由水路勞來之 及至 待
以厚禮 以萱十年之長 尊爲尚父 授館以南宮 位在百官之上 賜楊州爲食邑 兼賜金帛蕃縟・
奴婢各四十口・內廏馬十匹 甄萱壻將軍英規 密語其妻曰 “大王勤勞四十餘年 功業垂成 一
旦以家人之禍 失地投於高麗 夫貞女不事二夫 忠臣不事二主 若捨己君以事逆子 則何顏以
見天下之義士乎 況聞高麗王公 仁厚勤儉 以得民心 殆天啓也 必爲三韓之主 盍致書以安慰
我王 兼殷勤[주석329]於王公 以圖將來之福乎?” 其妻曰 “子之言是吾意也” 於是 天福元
年二月 遣人致意 遂告太祖曰 “若擧義旗 請爲內應 以迎王師” 太祖大喜 厚賜其使者而遣之
兼謝英規曰 “若蒙恩一合 無道路之梗 則先致謁於將軍 然後升堂拜夫人 兄事而姊尊之 必
終有以厚報之 天地鬼神 皆聞此言” 夏六月 萱告曰 “老臣所以投身於殿下者 願仗殿下威稜
以誅逆子耳 伏望大王借以神兵 殲其賊亂 則臣雖死無憾” 太祖從之 先遣太子武・將軍述希
領步騎一萬 趣天安府 秋九月 太祖率三軍 至天安 合兵進次一善 神劍以兵逆之 甲午 隔一
利川 相對布陣 太祖與尚父萱觀兵 以大相堅權・述希・金山・將軍龍吉・奇彦等 領步騎三
萬爲左翼 大相金鐵・洪儒・守鄉・將軍王順・俊良等 領步騎三萬爲右翼 大匡順式・大相
兢俊・王謙・王乂・黔弼・將軍貞順・宗熙等 以鐵騎二萬 步卒三千及黑水鐵利諸道勁騎
九千五百爲中軍 大將軍公萱 將軍王含允 以兵一萬五千爲先鋒 鼓行而進 百濟將軍孝奉・
德述・明吉等 望兵勢大而整 棄甲降於陣前 太祖勞慰之 問百濟將帥所在 孝奉等曰 “元帥
神劍 在中軍” 太祖命將軍公萱 直擣中軍 一軍齊進挾擊 百濟軍潰北 神劍與二弟及將軍富
達・小達・能奐等四十餘人生降 太祖受降 除能奐 餘皆慰勞之 許令與妻孥上京 問能奐曰
“始與良劍等密謀 囚大王立其子者 汝之謀也 爲臣之義當如是乎” 能奐俛首不能言 遂命誅
之 以神劍僭位爲人所脅 非其本心 又且歸命乞罪 特原其死 一云三兄弟 皆伏誅 甄萱憂懣
發疽 數日卒於黃山佛舍 太祖軍令嚴明 士卒不犯秋毫 故州縣案堵 老幼皆呼萬歲 於是存問
將士 量材任用 小民各安其所業 謂神劍之罪 如前所言 乃賜官位 其二弟與能奐罪同 遂流

於眞州 尋殺之 謂英規 "前王失國後 其臣子無一人慰藉者 獨卿夫妻 千里嗣音 以致誠意 兼歸美於寡人 其義不可忘" 仍許職左丞 賜田一千頃 許借驛馬二十五匹 以迎家人 賜其二子以官 甄萱起唐景福元年 至晉天福元年 共四十五年而滅

  論曰 新羅數窮道喪 天無所助 民無所歸 於是群盜投隙而作 若猬毛然 其劇者 弓裔·甄萱二人而已 弓裔 本新羅王子 而反以宗國爲讐 圖夷滅之 至斬先祖之畵像 其爲不仁甚矣 甄萱 起自新羅之民 食新羅之祿 而包藏禍心 幸國之危 侵軼都邑 虔劉君臣 若禽獮而草薙之 實天下之元惡大憝 故弓裔見棄於其臣 甄萱産禍於其子 皆自取之也 又誰咎也 雖項羽·李密之雄才 不能敵漢唐之興 而況裔·萱之凶人 豈可與 我太祖相抗歟 但爲之敺民者也

Ⅳ. 궁예-신라의 왕자, 후고구려를 세우다

1. 궁예, 출생의 비밀

『삼국사기』의 궁예열전을 바탕으로 궁예의 출생과 성장과정을 정리해 보면 다음과 같다. 궁예(弓裔)는 신라사람으로 성은 김(金)씨이고, 아버지는 신라의 제47대 헌안왕이라 한다. 하지만 현재 학계에서는 궁예의 아버지는 신라의 제48대 경문왕이라고도 한다.[185] 어머니는 왕의 후궁이었는데 그 성과 이름은 알 수 없다. 궁예는 5월 5일에 외가에서 태어났는데 그때 지붕 위에 흰 빛이 있어 긴 무지개처럼 위로 하늘에까지 뻗쳤다고 한다. 또 궁예는 태어나면서부터 이빨이 나 있었다고 한다. 천문에 관한 일을 맡는 일관(日官) 이 점을 쳐 아뢰기를 장차 나라에 이롭지 못할 것이라고 하였다. 이에 왕이 궁중의 사람을 시켜 그 집에 가서 궁예를 죽이도록 하였다. 그 사람이 강보에 쌓인 갓난아이 궁예를 꺼내 누각 아래로 던졌다. 그런데 유비(乳婢)가 떨어지는 궁예를 몰래 받다가 잘못하여 손가락으로 한쪽 눈을 찔렀다. 이를 안고 도망가서 힘들게 키웠다. 여기까지의 내용을 보면 궁예는 신라의 왕자로 태어난 인물이다. 태어날 때부터 범상치 않은 징조를 가지고 있었다. 당시는 신라의 하대(下代)로 치열한 왕위쟁탈전이 벌어지고 있는 상황이었다. 아마도 궁예는 이러한 왕위쟁탈전의 희생양이 되었던 것 같다. 젖 먹이는 유비에게 겨우 구출되어 숨어 살았다. 그 후 자신의 출생의 비밀을 알게 되고 10여 세에 출가(出家)하여 중이 되었다. 궁예가 출가하였던 절은 세달사(世達寺)라는 영월에 있던 사찰이다. 중이

---

185) 조인성, 「태봉의 궁예정권연구」, 서강대학교 박사학위논문, 1991, 7면 참조.

된 궁예는 스스로를 선종(善宗)이라 이름하였다. 그러나 중이 된 궁예는 계율에 구애되지 않았고 헌출하고 담력이 있었다고 한다. 신라 말기에 정치가 잘못되어 백성이 흩어지고 사방에 도적떼가 일어났다. 궁예는 진성왕 5년(891)에 절을 나와 죽주(竹州)[186]의 초적세력인 기훤(箕萱)에게 의탁하였다. 그러나 기훤이 궁예의 능력을 알아보지 못하고 제대로 대접하지 않았다. 이에 궁예는 기훤의 부하였던 원회(元會), 신훤(申煊)과 함께 양길에게로 들어갔다. 이때가 진성왕 6년(892)이다. 양길은 북원(北原)[187]의 초적세력으로 궁예를 신뢰하여 군사를 나누어 주었다. 궁예는 군사를 이끌고 주천(酒泉),[188] 나성(奈城),[189] 울오(鬱烏),[190] 어진(御珍)[191] 등의 고을을 습격하여 모두 항복시켰다. 894년에는 지금의 강원도 강릉인 명주에까지 이르렀는데 궁예를 따르는 군사가 3천5백 명에 이르렀다고 한다. 궁예는 이어 저족(猪足),[192] 성천(狌川),[193] 부약(夫若),[194] 금성(金城)[195] 등지를 복속시켰다. 양길의 군사로 시작하였으나 결국에는 양길의 세력까지도 타도하고 후고구려를 세웠던 것이다. 이는 궁예의 지도자로서의 뛰어난 능력 때문으로 보여 진다. 다음 기록에서 그 일단을 엿볼 수 있다.

> 與士卒同甘苦勞逸 至於予奪 公而不私 是以衆心畏愛 推爲將軍
> ― 『三國史記』卷第五十 列傳 第十 弓裔 ―

"(궁예는) 사졸과 더불어 좋은 것과 나쁜 것을 함께 먹었고, 일할 때 같이 일하고 쉴 때 같이 쉬었다. 주고 뺏을 때에도 공정하여 사사롭지 않았다. 이로써 모든 사람의 마음이 두려워하고 사랑하였다. 추대되어 장군이 되었다."

2. 궁예의 인물됨과 한계

『삼국사기(三國史記)』나 『삼국유사(三國遺事)』는 물론 조선시대에 편찬된 『고려사(高

---

186) 지금의 경기도 안성군 이죽면(二竹面). 신라시대의 명칭은 개산군(介山郡)이었고 고려 초에 죽주로 개칭되었다.
187) 현재의 강원도 원주.
188) 현재의 강원도 영월군 주천면.
189) 현재의 강원도 영월군 영월읍.
190) 현재의 강원도 평창군 평창읍.
191) 현재의 경북 울진군 울진읍.
192) 현재의 강원도 인제.
193) 현재의 강원도 화천.
194) 현재의 강원도 철원군 금화.
195) 현재의 강원도 철원.

麗史)』에 있어서도, 궁예는 포악하고 미치광이로 기록되어 있다. 그의 불교신앙도 미신적인 것으로 묘사되었다. 한국사에 있어서 궁예에 대한 연구 또한 이러한 시각이 크게 영향을 주었다. 그리하여 궁예는 일정한 경륜을 갖추지도 못한 괴팍한 성격의 소유자였고, 초적(草賊) 무리를 규합하여 권력을 장악한 것으로 이해되었다.[196]

반면 한국사상 가장 왜곡하여 기록된 인물이 궁예라는 견해도 있다. 왕건의 정변이 정당화되기 위해 궁예는 폭군으로 떨어질 수밖에 없었다는 것이다. 그렇기에 고려조를 통해 그에 대한 기록은 왜곡되었다는 것이다. 조선조에 와서도 궁예는 특별히 신원될 만한 계기를 가질 수 없었다. 궁예에 대한 평가는 이러한 역사 흐름의 소산이라 할 수 있다. 근래에 궁예에 대해서 재평가가 행해졌는데, 지금까지와는 달리 궁예의 긍정적인 측면을 극도로 부각시키려는 경향이 있다. 이제 궁예를 재조명하여 왜곡되어진 모습을 일부나마 바르게 인식해 보도록 하자.

궁예의 인물됨은 우선 그의 뛰어난 정략(征略) 면에서 나타나고 있다.[197] 원주에서 강릉까지를 확보한 궁예는 이후 서정(西征)에서 주도적 역할을 수행하였다. 우선 한강유역 전반을 장악하려는 그의 포부가 돋보인다. 사실 한강유역을 완전히 장악한 세력이 항상 한반도의 패권을 쥘 수 있었다. 왕건은 한강유역의 장악으로 말미암아 후삼국을 통합하게 되는데 그 기반은 이미 궁예에 의해 마련된 것이었다. 한강유역 전체를 장악하기까지 궁예는 우선 호족세력의 기반이 약한 상류지역을 먼저 확보하였다. 궁예의 휘하에는 초적화(草賊化)된 무리들이 흡수되었다. 그다음으로 궁예는 주로 한강을 따라 서쪽으로 영토를 확대하여 패서(浿西) 지역까지 장악하였다. 이때 기름진 평야지대를 낀 한강의 남부 지역인 청주(淸州)나 충주(忠州) 지역은 그의 상관인 양길에게 할양하였다. 이는 훗날 궁예가 양길과 한강유역의 패권을 놓고 일전을 겨루게 되었을 경우를 염두에 둔 포석이라고 보여 진다. 전략상 강적인 견훤 세력을 뒤에 두고 싸워야 할 충주나 청주 지역보다 한강 이북의 철원 지역이 보다 유리하기 때문이다. 이렇듯 궁예의 전략은 양길의 그것과는 비교할 수 없을 정도로 월등하였다.

궁예는 신라 효공왕(孝恭王) 8년(904)에 국가체제를 완비하고 광평성(廣評省) 등의 관부와 정광(正匡) 등 관리들의 관품(官品)을 설정하였다. 광평성은 신라에서는 내성(內省)에 소속되어 있었던 것이 독립된 것이다. 이 체제는 궁예 때에 완비되어 고려 국가체제의 정비에 영향을 주었다. 정광(正匡)에서 중윤(中尹)에 이르는 관등도 고려 초에 그대로 수용되었다. 고려 성종 대에 관등체계가 확립된 이후에는 향직(鄕職)체계로 계속 이어져

---

196) 김철준, 「후삼국시대의 지배세력의 성격」, 『한국고대사연구』, 지식산업사, 1975, 256면.
197) 『三國史記』 권50, 列傳 제10, 弓裔傳 참조.

갔다. 궁예가 설정한 관직이나 관계체제는 전제주의의 확립을 위한 신라 관제의 모방에서 나온 것이다. 하지만 궁예는 새로운 사회의 건설을 꿈꾸면서 관제를 개혁하였기 때문에 고려 관제의 정비에 큰 영향을 주었다. 그런 면에서도 궁예의 정치이념은 재평가를 받을 수 있을 것이다.

궁예는 그의 정략뿐 아니라 정치이념에 있어서도 긍정적 평가를 가능하게 한다. 앞서 살펴본 바와 같이 강릉에 입성한 후 궁예는 공(公)을 앞세우고 사(私)를 물리침으로써 여러 사람들로부터 두려움과 함께 사랑을 받아 장군으로 추대되었다. 궁예의 군대는 위엄이 매우 엄하여 패서(浿西)의 적들이 그에게 항복해 왔다.[198] 이렇듯 궁예는 대단히 뛰어난 능력과 인품의 소유자였던 것이다. 이제까지 우리가 상식적으로 알고 있는 궁예에 대한 인식은 상당히 왜곡되었을 가능성이 큰 것이다. 그 이유는 고려시대에 궁예에 대해서 그 성격을 왜곡하거나 그의 능력을 축소하여 기록하는 분위기가 형성되어 있었기 때문이다.

궁예는 신라 조정에서 용납되지 못하고 제거된 자였다. 하지만 궁예는 오로지 자신의 능력과 노력으로 한 나라를 세웠다. 그러나 결과적으로 후삼국의 혼란을 수습하면서 새 사회를 건설하는 과정에서 실패하고 말았다. 따라서 궁예에 대한 재평가 속에는 그의 한계성에 대한 인식도 곁들여져야 할 것이다.

그렇다면 궁예의 한계성, 즉 실패요인은 무엇인가? 첫째로 그의 반신라정책(反新羅政策)을 들 수 있다. 그는 출생의 비밀에서 알 수 있듯이 신라 조정에 강한 적개심을 갖고 있었다. 그의 휘하에는 반신라적 인물이 모여들었다. 그는 나라를 세운 후 신라를 멸도(滅都)라 부르게 하였다. 또한 그가 부석사(浮石寺)에 갔을 때에는 신라 왕의 초상화를 칼로 찢어 버렸다. 이와 같은 사실들은 그가 얼마나 신라를 증오했는지 알 수 있게 해준다. 이러한 적개심을 바탕으로 한 반신라정책은 신라를 붕괴시킬 수는 있었을 것이다. 하지만 적개심만으로는 후삼국의 혼란을 수습하고 새로운 사회규범을 위한 질서의 수립에 대한 안목을 갖추기는 어려웠다.[199] 둘째, 궁예의 초기 기반이 된 세력은 주로 초적(草賊) 출신이 많았다. 초적은 도적떼로서 기본적으로 남의 것을 뺏는 데 익숙하다. 이들이 권력을 가졌을 때 백성에 대한 수취가 신라와 비교하여 오히려 가혹하게 나타날 수 있었다. 이는 궁예의 기반이 백성들의 지지를 받는 데 한계가 될 수 있음을 보여 준다.

마지막으로 궁예는 후삼국의 지배자로서 긍정적으로 평가될 수 있으나, 삼국을 통합하면서 새로운 사회를 건설하려는 데 뚜렷한 전망을 가지지는 못했다. 궁예는 지도자로서 기존의 사회를 깨뜨리는 데는 탁월한 능력을 발휘했다. 하지만 지도자에게는 새로운

---

198) 『三國史記』 권50, 궁예전.

199) 鄭淸柱, 「궁예와 호족세력」, 『전북사학』 10, 1986, 29면.

세계에 대한 비전(Vision)을 제시할 수 있는 능력이 더욱 중요하다. 궁예에게 부족한 것이 바로 이것이었던 것이다.

3. 궁예와 불교

궁예는 왕이 되기 이전에 세달사(世達寺)라는 법상종(法相宗)의 사찰에 출가하였다. 그는 중이 되어 선종(善宗)이라는 법호를 가졌다. 세달사에 있을 당시의 궁예는 승률에 구속되지 않고 권모와 담기가 있었다고 기록되어 있다. 그런데 왕이 되고 난 후 궁예의 불교관은 오히려 미신적으로 묘사되고 있다. 궁예는 자신을 미륵불로 자처하였다. 이뿐만 아니라 큰아들은 청광(靑光) 보살, 작은아들은 신광(神光) 보살로 불렀다. 청광보살은 관음으로 신광보살은 아미타로 이해된다.

신라 법상종은 미륵불을 주존으로 모시는 종파이다. 이 종파는 다시 주존불 옆에 미타를 모시는 교단과 이와는 달리 지장을 모시는 교단으로 나뉘어져 있었다.[200] 그중 전자의 교단을 대표하는 인물로 원측(圓測)·도증(道證)·태현(太賢)을 들 수 있다. 후자의 교단을 이끌어 갔던 인물은 원광(圓光)·진표(眞表) 등이 있다. 궁예는 전자, 곧 미륵과 미타의 양존(兩尊)을 받드는 신라 법상종파에 속해 있었다. 또한 이 교단에서는 관음(觀音)을 중요하게 받들었다.[201]

궁예에게로 이어진 태현계의 법상종파에서는 관음을 중시하면서 정토(淨土)를 희구하는 경향을 가졌다. 이 교단에서 강조한 삼존(三尊)은 정토 3불이기도 하다. 반면 미륵과 지장을 모신 진표계 법상종파에서는 계율을 중시하였다. 신라 말기의 불교종파는 그 안에 몇 개의 교단으로 나뉘어져 있어서 서로 대립하기도 했다. 궁예가 석총을 죽이는 사건은 종파나 교단의 대립이라는 관점에서 이해되어야 한다.

궁예가 속한 태현계 법상종 교단에서는 정토신앙이 중요시되었다. 관음의 강조는 정토신앙과 연관되기 때문이다. 궁예가 장자를 관음보살로 칭한 이유가 바로 이러한 데서 찾아진다. 궁예는 이 땅에서 불교적 이상세계의 실현을 갈구한 인물이다. 그런데 유가(瑜伽)에서 받드는 관음은 청경대비왕(靑頸大悲王)으로 현신(現身)한다. 궁예의 장자가 청광보살로 관념된 것은 바로 청경대비왕의 관념을 표방한 것이다. 즉, 다음 대의 명왕(明王)인 전륜성왕으로 등장한다는 의지의 표현이다. 그렇기 때문에 미타(彌陁)를 부존(副尊)으로 받

---

200) 문명대, 「신라 법상종(유가종)의 성립문제와 그 미술-감산사 미륵보살상 및 아미타불상과 그 명문을 중심으로-」(하), 『역사학보』 63, 1974, 158~160면.

201) 김두진, 「고려초기의 법상종과 그 사상」, 『한우근 박사 정년기념 사학논총』, 지식산업사, 1981.

드는 법상종 교단에 속해 있으면서도 차자가 아닌 장자를 특별히 관음으로 관념하였다.

이렇듯 스스로를 미륵으로 장자를 전륜성왕으로 상정하려는 궁예의 불교신앙은 용화 이상세계를 구현하려는 것이었다. 이미 신라 진성여왕 대(眞聖女王代)는 초적(草賊)이 난무하는 혼란한 시대에 들어 있었다. 이러한 혼란한 세상에서 민중들은 미륵의 출현을 기대하게 된다. 미륵정토신앙은 말법(末法)시대, 즉 불교의 교리와 부처의 설법이 모두 어그러져 지켜지지 않은 혼탁한 세상을 배경으로 퍼져 나갔다. 미륵신앙은 크게 상생(上生)신앙과 하생(下生)신앙으로 나누어진다. 그중 하생신앙은 인간세상이 혼란에 빠질 때 미륵이 출현하여 새로운 사회를 실현시킨다는 사상이다. 그것은 기존의 세계가 변혁되어 이상사회가 도래할 것을 바라는 불교적 메시아사상이다. 궁예가 스스로를 미륵불이라 칭한 이유는 민중들의 희구에 부응하면서 이상세계를 지향하는 궁예의 현실사회에 대한 개혁의지의 표현이라고 할 수 있다. 이렇듯 궁예에 의해 미륵신앙 중에서도 현실사회를 개혁하려는 의지가 표면화되고 정토의 구현이 강조되었다. 상대적으로 계율의 강조는 뒤로 밀려나게 되었다. 궁예는 우리나라의 미륵신앙이 강한 현실 개혁사상을 갖게 하는 계기를 제공하였던 것이다.

한편 궁예의 이상세계가 향도(香徒)조직과 연관되어 전개되었는지는 분명하지 않다. 하지만 연관은 있었을 가능성은 충분히 있다. 향도는 같은 목표 아래 상부상조하는 무리들을 가리킨다. 이는 미륵과 관련된 용화향도(龍華香徒)에서 유래하였으므로 미륵을 받드는 무리들을 뜻한다. 궁예 이후에 미륵신앙은 향도조직을 통하여 더욱 민중 속으로 스며들었다. 지방의 민중조직인 향도는 사회가 불안한 시기에 오히려 강화되어 비밀결사의 성격을 띠게 된다. 또한 사회체제를 개혁하려는 운동을 전개하기도 하였다. 이렇듯 미륵신앙이 가진 이상세계의 도래를 위한 현실 개혁사상은 향도조직과 얽혀 비밀결사나 반란세력과 연결되었던 것이다.

〈관련 사료(關聯 史料)〉

■ 궁예(弓裔) 관련 『三國史記』 기록

- 『三國史記』 卷第五十 列傳 第十 弓裔

弓裔 新羅人 姓金氏 考第四十七憲安王誼靖 母憲安王嬪御 失其姓名 或云 "四十八景文

王膺廉之子” 以五月五日 生於外家 其時屋上有素光 若長虹 上屬天 日官奏曰 “此兒以重午日生 生而有齒 且光焰異常 恐將來不利於國家 宜勿養之” 王勒中使 抵其家殺之 使者取於襁褓中 投之樓下 乳婢竊捧之 誤以手觸 其一目 抱而逃竄 勞養育 年十餘歲 遊戲不止 其婢告之曰 “子之生也 見棄於國 予不忍竊養 以至今日 而子之狂如此 必爲人所知 則予與子俱不免 爲之奈何” 弓裔泣曰 “若然則吾逝矣 無爲母憂” 便去世達寺 今之興敎寺是也 祝髮爲僧 自號善宗

及壯不拘檢僧律 軒有膽氣 嘗赴齋行次 有烏鳥銜物 落所持鉢中 視之 牙籤書王字 則而不言 頗自負 見新羅衰季 政荒民散 王畿外州縣 叛附相半 遠近盜 蜂起蟻聚 善宗謂乘亂聚衆 可以得志 以眞聖王卽位五年 大順二年辛亥 投竹州賊魁箕萱 箕萱侮慢不禮 善宗鬱不自安 潛結箕萱麾下

元會·申煊等爲友 景福元年壬子 投北原賊梁吉 吉善遇之 委任以事 遂分兵 使東略地 於是出宿雉岳山石南寺 行襲酒泉·奈城·鬱烏·御珍等縣 皆降之 乾寧元年 入溟州 有衆三千五百人 分爲十四隊 金大·黔毛·長·貴平·張一等爲舍上 舍上謂部長也 與士卒同甘苦勞逸 至於予奪 公而不私 是以衆心畏愛 推爲將軍

- 892년(진성왕 6년)
景福元年壬子 投北原賊梁吉 吉善遇之 委任以事 遂分兵 使東略地 於是出宿雉岳山石南寺 行襲酒泉·奈城·鬱烏·御珍等縣 皆降之

- 894년(진성왕 8년)
乾寧元年 入溟州 有衆三千五百人 分爲十四隊 金大·黔毛·昕長·貴平·張一等爲舍上 舍上謂部長也 與士卒同甘苦勞逸 至於予奪 公而不私 是以衆心畏愛 推爲將軍 於是擊破猪足·狌川·夫若·金城·鐵圓等城 軍聲甚盛 浿西賊寇 來降者衆多 善宗自以爲衆大 可以開國稱君 始設內外官職 我太祖自松岳郡來投 便授鐵圓郡太守

- 896~7년(진성왕 10~11년)
三年丙辰 攻取僧嶺·臨江兩縣 四年丁巳 仁物縣降 善宗謂松岳郡漢北名郡 山水奇秀 遂定以爲都 擊破孔巖·黔浦·穴口等城 時梁吉猶在北原 取國原等三十餘城有之 聞善宗地廣民衆 大怒 欲以三十餘城勁兵襲之 善宗潛認 先擊大敗之

– 898년(효공왕 2년)

光化元年戊午春二月 葺松岳城 以我太祖爲精騎大監 伐楊州·見州 冬十一月 始作八關會

– 899년(효공왕 3년)

三年庚申 又命太祖伐廣州·忠州·唐城·靑州或云靑川·槐壤等 皆平之 以功授太祖阿飡之職

– 904년(효공왕 8년)

天祐元年甲子 立國號爲摩震 年號爲武泰 始置廣評省 備員 匡治奈今侍中·徐事今侍郎·外書今員外郎 又置兵部·大龍部今倉部·壽春部今禮部·奉賓部今禮賓省·義刑臺今刑部·納貨府今大府寺·調位府今三司·內奉省今都省·禁書省今秘書省·南廂壇今將作監·水壇今水部·元鳳省今翰林院·飛龍省今太僕寺·物藏省今少府監 又置史臺掌習諸譯語·植貨府掌栽植菓樹·障繕府掌修理城隍·珠淘省掌造成器物 又設正匡·元輔·大相·元尹·佐尹·正朝·甫尹·軍尹·中尹等品職 秋七月 移靑州人戶一千 入鐵圓城爲京 伐取尙州等三十餘州縣 公州將軍弘奇來降

– 905년(효공왕 9년)

天祐二年乙丑 入新京 修葺觀闕·樓臺 窮奢極侈 改武泰爲聖冊元年 分定浿西十三鎭 平壤城主將軍黔用降 甑城赤衣·黃衣賊明貴等歸服 善宗以强盛自矜 意欲幷吞 令國人呼新羅爲滅都 凡自新羅來者 盡誅殺之

– 911년(효공왕 15년)

朱梁乾化元年辛未 改聖冊爲水德萬歲元年 改國號爲泰封 遣太祖率兵 伐錦城等 以錦城爲羅州 論功 以太祖爲大阿飡將軍 善宗自稱彌勒佛 頭戴金幘 身被方袍 以長子爲靑光菩薩 季子爲神光菩薩 出則常騎白馬 以綵飾其鬃尾 使童男童女奉幡蓋·香花前導 又命比丘二百餘人 梵唄隨後 又自述經二十餘卷 其言妖妄 皆不經之事 時或正坐講說 僧釋聰謂曰 "皆邪說怪談 不可以訓" 善宗聞之怒 以鐵椎打殺之

– 913년(신덕왕 2년)

三年癸酉 以太祖爲波珍飡侍中

- 914년(신덕왕 3년)

四年甲戌改水德萬歲 爲政開元年 以太祖爲百船將軍

- 915년(신덕왕 4년)

貞明元年 夫人康氏 以王多行非法 正色諫之 王惡之曰 "汝與他人姦 何耶" 康氏曰 "安有此事" 王曰 "我以神通觀之" 以烈火熱鐵杵 撞其陰殺之 及其兩兒 爾後多疑急怒 諸寮佐將吏 下至平民 無辜受戮者 頻頻有之 斧壤·鐵圓之人 不勝其毒焉

- 918년(경명왕 2년)

先是有商客王昌瑾 自唐來寓鐵圓市廛 至貞明四年戊寅 於市中見一人 狀貌魁偉 鬢髮盡白 著古衣冠 左手持[玆瓦]椀 右手持古鏡 謂昌瑾曰 "能買我鏡乎" 昌瑾卽以米換之 其人以米俵街巷乞兒而後 不知去處 昌瑾懸其鏡於壁上 日映鏡面 有細字書 讀之若古詩 其畧曰 "上帝降子於辰馬 先操鷄後摶鴨 於巳年中二龍見 一則藏身靑木中 一則顯形黑金東" 昌瑾初不知有文 及見之 謂非常 遂告于王 王命有司 與昌瑾 物色求其鏡主 不見 唯於敎滷寺佛堂 有鎭星塑像 如其人焉 王嘆異久之 命文人宋含弘·白卓·許原等 解之 含弘等相謂曰 "上帝降子於辰馬者 謂辰韓·馬韓也 二龍見 一藏身靑木 一顯形黑金者 靑木 松也 松岳郡人 以龍爲名者之孫 今波珍湌侍中之謂歟 黑金 鐵也 今所都鐵圓之謂也 今主上初興於此 終滅於此之驗也 先操鷄後摶鴨者 波珍湌侍中先得鷄林 後收鴨綠之意也" 宋含弘等相謂曰 "今主上 虐亂如此 吾輩若以實言 不獨吾輩爲葅醢 波珍湌亦必遭害" 遂飾辭告之 王凶虐自肆 臣寮震懼 不知所措 夏六月 將軍弘述·白玉·三能山·卜沙貴 此 洪儒·裴玄慶·申崇謙·卜知謙之少名也 四人密謀 夜詣太祖私第 言曰 "今主上 淫刑以逞 殺妻戮子 誅夷臣寮 蒼生塗炭 不自聊生 自古廢昏立明 天下之大義也 請公行湯·武之事" 太祖作色拒之曰 "吾以忠純自許 今雖暴亂 不敢有二心 夫以臣替君 斯謂革命 予實否德 敢效殷·周之事乎" 諸將曰 "時乎不再來 難遭而易失 天與不取 反受其咎 今政亂國危 民皆疾視其上如仇讐 今之德望 未有居公之右者 況王昌瑾所得鏡文如彼 豈可雌伏 取死獨夫之手乎" 夫人柳氏聞諸將之議 遂謂太祖曰 "以仁伐不仁 自古而然 今聞衆議 妾猶發憤 況大丈夫乎 今輩心忽變 天命有歸矣" 手提甲領進太祖 諸將扶衛太祖出門 令前唱曰 "王公已擧義旗" 於是 前後奔走 來隨者不知其幾人 又有先至宮城門 鼓噪以待者 亦一萬餘人 王聞之 不知所圖 遂微服逃入山林 尋爲斧壤民所害 弓裔起自唐大順二年 至朱梁貞明四年 凡二十八年而滅

Ⅴ. 왕건–고구려 계승에서 후삼국 통일로[202]

1. 후삼국관계의 전개

태조 왕건은 920년 10월부터 새로이 전개되는 신라와 후백제와의 미묘한 관계 속에서 고려의 안정과 국력의 신장을 위해 노력을 기울였다. 아마도 후삼국 관계에 있어서 태조의 기본전략은 신라와 제휴하여 후백제의 세력을 견제하면서 후삼국 통일의 주도권을 장악하는 데 있었던 것으로 보인다. 이런 점에서 낙동강 유역, 특히 상류 지역의 확보는 태조에게 있어서 절대적인 지상과제가 아닐 수 없었다. 그러나 이곳은 후백제로서도 도저히 좌시할 수 없는 지역이었다. 후백제는 어떻게 하든 고려가 이 지역에 세력을 확보하고 신라와 통하는 것을 차단하고자 하였다. 그리하여 고려와 후백제는 이 일대에서 군사적으로 가장 날카롭게 대립하게 되었고, 그에 따라 서로 전력을 다해 치열한 공방전이 되풀이되지 않을 수 없었다. 그리하여 쌍방의 주력부대가 직접 대결하는 치열한 전투가 조물성(曹物城)·공산(公山)·고창(古昌) 등지에서 벌어지게 되었다.

2. 조물성(曹物城) 회전(會戰)과 그 이후의 상황

1) 조물성 회전의 실태

고려와 후백제 사이에 최초로 본격적인 전투가 벌어진 곳은 조물성이었다. 조물성은 낙동강 상류의 안동과 상주 사이의 지역으로 추정되는 전략적 요지의 하나였다. 이 최초의 조물성 회전에서 주목되는 것은 우선 쌍방에서 정예군을 투입했으리라는 사실이다. 대규모의 전투는 925년 10월에 일어났다. 이때에는 고려의 태조 왕건과 후백제의 견훤이 직접 군대를 이끌고 맞서 싸웠다. 두 숙적 사이의 최초의 정면대결로서 두 왕이 모두 이 지역을 어느 정도 중요시하고 있었는가를 잘 설명해 주고 있다. 이 최초의 정면대결이 어떻게 끝났는가는 이 당시의 고려와 후백제의 군사적 우열을 가름하는 데 있어서 대단히 중요한 의미를 갖는다. 이 전투의 상황과 그 결과를 종합 정리하면 대략 다음과 같은 결론을 얻을 수 있다. 즉, 925년 10월 조물성에서 벌인 태조와 견훤의 정면대결에서는 태조의 군사적 열세로 판가름 났다. 이에 태조는 걸화(乞和)하여 당제(堂弟) 왕신(王信)을 인질로 보내고, 견훤을 '상보(尙父)'라고 존칭하면서 그 어려움을 수습할 수 있었다. 당시

---

202) 하현강, 『한국중세사연구』, 일조각, 51~83쪽 참조.

태조의 주력이 수비에도 힘이 달릴 정도였음을 감안하면 쌍방 군사력 우열의 현격한 차이를 알 수 있다.

2) 조물성 회전 이후의 상황

당시 고려와 후백제의 군사력은 크게 두 방면에서 대결하였다. 그 하나가 웅주(熊州)·운주[運州, 홍성(洪城)] 등의 호서(湖西) 지방이다. 다른 하나는 바로 낙동강 유역이었다. 그러나 쌍방의 주된 관심지역은 낙동강 유역이었다. 쌍방이 웅주·운주 등지에서 군사적 대결을 하는 것도 그 주된 목표는 낙동강 상류지역으로 통하는 통로 확보문제 때문이었던 것 같다.

고려는 927년 낙동강 유역에 거점 확보를 위하여 전력을 다하였고 때로는 신라의 군사적 권조를 받기까지 하였다. 이처럼 태조가 낙동강 유역에서 적극적으로 군사활동을 펴게 되자, 후백제의 견훤은 그에 대한 철저한 대응책을 마련하지 않을 수 없었다. 따라서 쌍방의 이해관계는 다시 날카롭게 대립되었고, 그 결과 공산(公山), 대구(大邱) 지방]에서 격전을 치르게 되었던 것이다.

3. 공산(公山) 회전(會戰)과 그 전후사정

927년에 들어서면서 낙동강 유역에서 고려 군사력을 떨치고 고려와 신라와의 관계가 더욱 밀접하게 되었다. 이에 견훤은 다시 직접 군대를 이끌고 이 지역에서 적극적인 군사 활동을 펴기 시작하였다. 견훤은 927년 9월에 정예군을 인솔하여 근품성(近品城)을 공략하였다. 견훤군은 진군을 계속하여 신라의 고울부(高鬱府)를 습격하고 신라 수도의 교외에까지 육박하였다. 이에 신라의 경애왕은 태조 왕건에게 구원을 요청하였다. 이에 태조는 시중(侍中) 공훤(公萱)에게 군사 1만 명을 거느리고 가서 신라를 구원하게 하였다. 사태가 이렇게 전개되자 견훤은 신라 도성에 대한 군사적 점령을 결정한다.

한편 견훤의 신라 왕도(王都)에 대한 침범 소식을 접한 태조는 다시 한번 견훤과의 정면대결을 하지 않을 수 없게 되었다. 그 대결 장소가 바로 공산(대구 팔공산)이었다. 태조 왕건은 군사를 이끌고 달려왔으나 이미 견훤은 신라 도성을 유린한 뒤였다. 왕건은 신라에 사신을 보내어 경애왕의 죽음을 애도하는 한편 친히 정예기병 오천을 거느리고 견훤을 공산 동수에서 맞아 크게 싸웠다. 그러나 왕건은 크게 패하여 겨우 목숨만 부지하여 달아났다. 이처럼 공산 회전은 태조의 완전 참패로 끝났다.

이 공산 회전은 후백제와 고려가 동등한 여건에서 정면대결할 경우 결과가 어떠할 것인가를 예측하는 데 좋은 예가 되었다. 그 결과는 위에서 본 것처럼 후백제 견훤의 군사력이 압도적 우세에 있음이 판명되었다. 공산 회전 이후 대체로 후백제는 도처에서 공세를 취하였고, 고려는 그 세력이 크게 위축되었다. 중앙의 지원을 받지 못하는 고려 측의 지방세력은 고립 상태로 후백제의 공세에 고전을 면치 못하게 되었다. 따라서 태조 왕건으로서는 낙동강 유역으로 진출하는 통로 확보가 시급한 과제였다.

929년에 들어서서 낙동강 상류, 죽령 이남의 지역에 대한 고려·후백제 간의 주도권 싸움이 치열하게 벌어졌다. 이 무렵에 고려는 지금의 안동 지방 일대에 상당한 세력을 유지하고 있었다. 그리하여 또 한 차례 이 지역에서의 대격전이 불가피하게 되어 갔다. 이 해 9월에 태조는 강주[剛州, 영주(榮州)]에 행차하였다. 이것은 고려의 죽령 통로가 확보되어 있었음을 의미한다. 아마도 태조는 견훤의 이 지역에 대한 적극적 공세가 있자 현지에 출동하지 않을 수 없었던 것 같다. 이어서 12월 견훤이 고창군[古昌郡, 안동(安東)]을 포위하자 이 지역에 다시 커다란 전운이 감돌게 되었다.

4. 고창(古昌) 회전(會戰)과 후삼국통일

1) 고창 회전의 경위와 영향

태조 왕건은 고창군이 견훤에 의해 포위당하자 이를 구원하기 위해 출동하였다. 930년 정월에 태조와 견훤은 고창에서 직접 군사를 거느리고 격전을 벌였다. 이 전투에서 비로소 왕건이 승리하고 견훤은 패주하였다. 이때 견훤은 전사자만도 8천여 명으로서 대참패를 당하였던 것이다. 이로써 태조는 견훤과의 정면대결에서 처음이자 결정적인 승리를 거두게 되었다. 이 고창 회전의 승리는 그 뒤 후삼국시대의 정세를 크게 바꾸어 놓는 전환점이 되었다.

우선 첫째 고려가 경상도 일원에 대한 주도권을 완전히 장악하게 되었다. 다음으로 고려와 신라와의 관계가 더욱 밀접해졌다. 즉 신라의 민심이 고려 쪽으로 기울어지고 있었던 것이다. 끝으로 고려는 고창의 승리를 계기로 다른 지역에서도 후백제에 대하여 적극적인 대응책을 마련하여 나갔던 것이다.

2) 왕건의 후삼국 통일과 그 의의

후백제 견훤의 군사적 권위와 지위는 고창 회전의 패전 이후 약해지기 시작하였다. 특히 후백제의 934년 9월 운주(運州) 전투에서의 참담한 패배는 후백제 내부에 있어서 견훤의 군사적 지위의 붕괴를 초래하게 하였다. 따라서 후백제 왕실이 안고 있던 모순과 갈등이 견훤을 축출하는 정변의 형식으로 나타나게 되었다. 견훤은 935년 6월 나주로 탈출하여 고려에 입조할 것을 청하였다. 이에 태조는 그를 맞아들여 후하게 대우하였다. 견훤에 대한 이와 같은 후대는 후삼국 관계에 있어서 고려의 지위를 한층 높여 놓았다. 특히 두 가지 면에서 주목된다. 첫째는 신라의 항복을 촉진하였다. 이 해 10월에 신라 경순왕은 고려에 입조를 청하였고, 11월에 문무백관을 거느리고 개성에 들어왔다. 이로써 태조는 평화적인 방법으로 신라를 병합하게 되었다. 둘째는 후백제의 내부 분열을 촉진시켰다. 견훤에 대한 후대는 후백제 내에 있는 견훤 지지세력의 호응을 이끌어 내었다.

태조 왕건은 이렇듯 후삼국 통일의 여건이 무르익자 후백제의 신검과 최후의 결전을 하게 된다. 결국 태조 왕건이 승리함으로써 후백제는 견훤이 일으킨 지 45년, 완산(完山)에 도읍하고 국호를 후백제라 칭한 지 36년 만에 멸망하였다. 이로써 태조 왕권은 대망의 후삼국 통일을 성취하게 되었다.

신라 말기에 야기된 여러 가지 혼란한 모습은 사회의 발전적 변화에 따르는 새로운 시대적 요청에 부응하지 못한 것에 그 원인이 있었다. 즉, 당시 사회의 당면 과제는 육두품·호족 등 새로운 정치세력을 회유 포섭하고 일반 민중에 대한 국역 부담에 일정한 기준을 세우는 일이었다. 그러나 신라의 집권세력은 이를 해결하지 못하였다. 따라서 이러한 시대적 과제는 새로운 세력에게 넘어갈 수밖에 없었다.

고려 태조 왕건 궁예나 견훤과는 달리 새로운 시대적 요청에 부응하는 방향에서 후삼국의 혼란을 수습하고자 노력하였다. 따라서 고려 태조 왕건의 후삼국 통일로서 당시 사회는 정치·사회·경제·문화 전반에 걸쳐 새로운 역사 발전의 토대가 마련되었다. 바로 여기에 고려 후삼국 통일의 역사적 의의를 찾을 수 있다.

5. 고려 태조 왕건의 대내정책과 정치사상

1) 호족세력의 성격

우리는 흔히 고려 초기의 정권 형태를 호족연합정권이라 부르고 있다. 왕권이 호족과 연합하여 정권을 유지하였다는 것은 상대적으로 호족세력이 강대하였음을 의미하는 것이다. 이들 호족세력은 대체로 하나의 공통성을 지니고 있었다. 호족은 지방의 유력자로서 그의 세력이 미치는 지방의 민중들을 직접 지배하며 독자적인 군사력을 보유하고 있었다는 사실이다. 고려 왕조의 성립 뒤에 많은 호족들이 태조에게 가담하였지만 이러한 호족의 성격은 해소되지 않았다. 즉 호족들은 독자적인 세력 기반을 지닌 채 고려 왕조에 참여하게 되었던 것이다. 당시 태조는 호족의 세력기반을 중앙행정력에 흡수시킬 수는 없었던 것이다. 여기에 왕권(王權)의 한계가 있었다. 이 당시 고려 왕조에 귀부한 호족의 성격은 다만 그 전에 고려왕조에 대하여 지니고 있던 적대의식 또는 독립적인 태도를 버린 것에 불과하였다. 호족들은 고려 왕조에 가담하거나 협력하는 대신 그에 상응하는 혜택을 받고자 하였을 뿐이다. 말하자면 고려의 국왕과 지방호족 간에는 쌍무계약적인 호혜관계였던 것이다.

그러면 호족들이 구체적으로 어떤 양상으로 권력구조에 참여하고 있었던 것일까? 결론부터 말한다면 호족들은 중앙에서도 완전히 독립된 단위로서 활동하고 있었던 것이라 생각된다. 즉, 호족 자신의 세력 기반은 각각 독립성이 인정되어 있었으며, 그 기반이 중앙의 권력 구조에 용해 흡수되지 않았던 것이다.

고려 초에 있어서 호족들은 독자적인 세력기반을 지닌 채 권력구조에 참여하였다. 다시 말하자면 여전히 자신들의 출신지방과도 밀접한 관련을 맺으면서 행동하고 있었던 것이다. 이처럼 강대한 호족 세력은 왕권의 안정과 왕조의 존립에 커다란 위협이 되었을 것이다. 이에 따라 태조 왕건은 이들 호족들을 회유 무마하면서 동시에 이들을 적절히 견제할 수 있는 방법을 동시에 강구하지 않을 수 없었다.

2) 왕건의 대호족정책

태조 왕건이 호족세력의 이탈을 방지하고 동시에 고려왕실의 세력 기반을 보다 강화하려고 시행한 가장 중요한 정책의 하나가 그의 왕실 혼인정책이다.

태조 왕건은 고려 왕실의 기반을 안정시키고 왕권을 강화하기 위해서는 호족들의 세력을 왕실 주변에 묶어둘 필요성을 느꼈을 것이다. 그 방책의 하나가 왕족 간의 혼인이었던 것이다. 다음으로 호족 세력에 대한 중요한 시책이 사심관제도(事審官制度)와 기인제도(其人制度)를 들 수 있다. 사심관제도를 시행한 목적은 호족세력을 무마하고 통제하기 위한 것이었다. 당시의 중앙행정력이 지방에까지 미치지 못했으므로 수도에 거주하는 호족 출신의 지배계층을 매개로 하여 간접적인 지방통제를 꾀하였던 것이다. 여기서도 우리는 중앙의 호족과 그 출신 지방과의 밀접한 관련성을 엿볼 수 있다. 기인제도는 태조년간에 왕권과 호족 상호 간의 호혜적인 조처로서 시작되었다. 당시에 있어서는 태조는 호족의 자제를 우대하지 않을 수 없었을 것이다. 그리고 중앙의 필요에 의해서 일방적으로 기인을 뽑아 올릴 수 있는 사회적 여건도 성숙되어 있지 않았던 실정을 이해해야 할 것이다. 요컨대 태조가 시행한 사심관제도와 기인제도는 그 제도 자체의 내용은 다르지만 그 목적은 동일한 동기에서 출발하였다. 즉, 태조가 일방적으로 지방의 호족세력을 통제할 수 없는 권력의 한계를 인식하고 그 절충방법으로 이 제도들을 마련하였다는 사실이다. 태조에게 있어서 대내문제 중 가장 중대하고 긴급한 과제는 한정된 왕권으로 어떻게 하면 강대한 호족세력을 회유하고 포섭하여 새 왕조의 기반을 굳혀 나가느냐 하는 것이었다. 그리하여 태조 왕건은 이러한 대호족정책과 함께 고려왕실의 독자적인 세력 기반을 육성하기 위해 노력하였던 것으로 보인다. 강대한 호족세력을 견제하고 왕권을 안정시키기 위해서는 그것에 대응할 만한 새로운 세력 기반을 마련하는 것이 무엇보다도 시급한 일이었다. 태조 왕건이 그의 즉위 초부터 고구려의 구도(舊都)인 평양에 주목하여 여러 가지 시책을 강구하고 있는 데에는 이러한 목적도 개재되어 있던 것으로 생각한다.

'서경(西京)'은 태조 4년부터 '평양' 대신 쓰인 유서 깊은 고도(古都)였다. 그러나 당시 서경은 황폐해 있었다. 그러나 이것이 오히려 태조에게는 한편으로는 다행스러운 일이었다. 왜냐하면 황폐해 있었다는 것은 이 지역에 힘 있는 호족세력이 없다는 의미이기 때문이다. 이것은 태조가 자신의 구상과 경륜을 펴나가는 데 있어서 가장 좋은 입지적 조건이 될 수 있었을 것이다. 그리하여 태조는 줄기차고 활발하게 서경을 경영하여 고려왕실의 세력 기반을 위한 요지로 육성하였던 것이다. 이에 따라 그는 강대한 호족세력을 견제하고 왕권을 안정시킬 수 있는 전기를 마련할 수 있었다. 그러나 현실적으로 호족의 세력은 여전히 왕권을 압도하고 있었다. 따라서 호족세력에 대한 근본적인 문제해결은 태조년간에 이루어지지 못하였다. 결국 이 문제는 그의 후계자들에게 가장 심각하고 중대한 과제로 넘겨질 수밖에 없었다.

3) 왕건의 정치사상

태조 왕건이 아마도 그의 모든 역량(力量)을 기울여 남긴 것이 「훈요십조(訓要十條)」였을 것이다. 이 유훈의 내용을 통하여 알 수 있는 것은 우선 태조 왕건의 정치이념을 뒷받침하고 있는 사상은 불교와 풍수지리설, 그리고 유학이었다는 사실이다. 불교와 풍수지리설은 새 왕조의 정신적 기반이 되었다. 반면 유학은 실제적인 실천윤리로서 존중되었다.

먼저 주목할 만한 것은 「훈요십조」의 제2조, 제5조 그리고 제8조는 풍수지리설이 그 사상적인 배경을 이루고 있다는 점이다. 태조 왕건이 서경 경영에 깊은 열의를 가진 이유의 하나도 풍수지리설의 영향이었을 것이다.

　태조 왕건이 유학에 소양이 얼마나 있었는지 알 길이 없다. 그러나 태조 19년에 『정성 (政誠)』, 『계백료서(誡百寮書)』를 친히 지었다는 사실과 「훈요십조」 중 제7조·제9조·제 11조의 내용을 통해서 그가 유교적인 정치이념의 요체를 터득하고 있었다고 볼 수 있다. 태조는 그 13년에 서경에 거동하였을 때에 처음으로 학교를 세우고, 또 곡창 백석을 내려 학보(學寶)로 만들었다. 이와 같은 것은 모두 태조의 유교적 교육이념의 발로로서 그의 유교 장려책의 일단을 볼 수 있는 것이다.

　끝으로 태조 왕건의 정치활동의 자세와 그 궁극적인 목표를 간추려 보면 다음과 같다. 먼저 태조의 정치적 자세는 새로운 시대적 요청에 부응하는 방향에서 전통적인 제도의 모순과 폐단을 시정하는 데 적극적이었다. 그리고 그의 정치활동의 궁극적인 목표는 첫째가 새 왕조의 기반 확립이었다. 그리고 둘째가 민심의 안정이었다. 태조는 이 목표를 달성하기 위하여 가능한 모든 것을 동원하였다. 당시 사회의 사상 면을 지배하고 있던 불교·지리도참설·민간신앙, 그리고 유교를 정치 면에 모두 적절하게 활용하였다. 이와 함께 태조는 광범한 친선정책과 포섭정책을 시행하여 호족을 비롯하여 신라와 후백제의 잔존세력 그리고 발해유민까지 받아들이고 있었다. 물론 거기에는 일정한 한계가 있었다. 가령 「훈요십조」에서 볼 수 있듯이 안으로는 후백제 출신 인물을 등용하지 말라고 하였다. 밖으로는 거란과 여진을 각각 '금수의 나라'와 '인면수심(人面獸心)' 등 과격한 표현을 쓰면서 경계하고 있다. 여기서 우리는 새 왕국의 창업주로서 그 국가의 운명을 걱정하는 태조 왕건의 조심스러운 일면을 보게 되는 것이다.

〈관련 사료(關聯 史料)〉

■ 태조 왕건의 훈요 10조

- 『高麗史』 世家 2, 太祖 癸卯 二十六年 四月

○ 御內殿, 召大匡朴述希, 親授訓要, 曰朕聞, 大舜耕歷山, 終受堯禪, 高帝起沛澤, 遂興 漢業, 朕亦起自單平, 謬膺推戴, 夏不畏熱, 冬不避寒, 焦身勞思, 十有九載, 統一三韓, 居 大寶二十五年, 身已老矣, 第恐後嗣, 縱情肆欲, 敗亂綱紀, 大可憂也, 爰述訓要, 以傳諸後, 庶幾朝披夕覽, 永爲龜鑑, 其一曰, 我國家大業, 必資諸佛護之力, 故創禪敎寺院, 差遣住持

焚修, 使各治其業, 後世, 姦臣執政, 徇僧請謁, 各業寺社, 爭相換奪, 切宜禁之, 其二曰, 諸寺院, 皆道詵, 推占山水順逆而開創, 道詵云, 吾所占定外, 妄加創造, 則損薄地德, 祚業不永, 朕念後世國王公侯后妃朝臣, 各稱願堂, 或增創造, 則大可憂也, 新羅之末, 競造浮屠, 衰損地德, 以底於亡, 可不戒哉, 其三曰, 傳國以嫡, 雖曰常禮, 然昔朱不肖, 堯禪於舜, 實爲公心, 若元子不肖, 與其次子, 又不肖, 與其兄弟之衆, 所推戴者, 承大統, 其四曰, 惟我東方, 舊慕唐風, 文物禮樂, 悉遵其制, 殊方異土, 人性各異, 不必苟同, 契丹, 是禽獸之國, 風俗不同, 言語亦異, 衣冠制度, 慎勿效焉, 其五曰, 朕三韓山川陰佑, 以成大業. 西京, 水德調順, 爲我國之之根本, 大業萬代之地, 宜當四仲巡駐, 留過百日, 以致安寧, 其六曰, 朕所至願, 在於燃燈八關, 燃燈, 所以事佛, 八關所以事天靈, 及五嶽名山大川龍神也, 後世姦臣, 建白加減者, 切宜禁止, 吾亦當初誓心, 會日, 不犯國忌, 君臣同樂, 宜當敬依行之, 其七曰, 人君, 得臣民之心, 爲甚難, 欲得其心, 要在從諫遠讒而已, 從諫則聖, 讒言如蜜, 不信, 則讒自止, 又使民以時, 輕薄賦, 知稼穡之艱難, 則自得民心, 國富民安, 古人云, 芳餌之下, 必有懸魚, 重賞之下, 必有良將, 張弓之外, 必有避鳥, 垂仁之下, 必有良民, 賞罰中, 則陰陽順矣, 其八曰, 車峴以南, 公州江外, 山形地勢, 趨背逆, 人心亦然, 彼下州郡人, 與朝廷, 與王侯國戚, 婚姻, 得秉國政, 則或變亂國家, 或統合之怨, 犯生亂, 且其曾屬官寺奴婢, 津驛雜尺, 或投勢移免, 或附王侯宮院, 姦巧言語, 弄權亂政, 以致變者, 必有之矣, 雖其良民, 不宜使在位用事, 其九曰, 百群僚之祿, 視國大小, 以爲定制, 不可增, 且古典云, 以庸制祿, 官不以私, 若以無功人, 及親戚私, 虛受天祿, 則不止下民怨謗, 其人, 亦不得長享福祿, 切宜戒之, 又以强惡之國, 爲隣, 安不可忘危, 兵卒, 宜加護恤, 量除役, 每年秋閱, 勇銳出衆者, 隨宜加授 其十曰, 有國有家, 儆戒無虞, 博觀經史, 鑑古戒今, 周公大聖, 無逸一篇, 進戒成王, 宜當圖揭, 出入觀省, 十訓之終, 皆結中心藏之四字, 嗣王, 相傳爲寶.

-『高麗史』世家 1, 太祖

太祖, 應運元明光烈大定睿德章孝威穆神聖大王, 姓王氏, 諱建, 字若天, 松嶽郡人, 世祖長子, 母曰威肅王后韓氏.

○ 唐乾符四年丁酉正月丙戌, 生於松嶽南第, 神光紫氣, 耀室充庭, 竟日盤旋, 狀若蛟龍, 幼而聰明睿智, 龍顏日角, 方廣, 氣度雄深, 語音洪大, 有濟世之量, 時, 新羅政衰, 群賊競起, 甄萱叛據南州, 稱後百濟, 弓裔據高勾麗之地, 都鐵圓, 國號泰封, 世祖, 時爲松嶽郡沙粲, 乾寧三年丙辰, 以郡歸于裔, 裔大喜, 以爲金城太守, 世祖說之曰, 大王, 若欲王朝鮮·肅慎·卞韓之地, 莫如先城松嶽, 以吾長子, 爲其主, 裔從之, 使太祖, 築勃禦塹城, 仍爲城主, 時, 太祖年二十.

- 『高麗史』 高麗世系, 虎景

高麗之先, 史闕未詳, 太祖實錄, 位二年, 追王三代祖考, 冊上始祖尊諡, 曰元德大王, 爲貞和王后, 懿祖爲景康大王, 爲元昌王后, 世祖爲威武大王, 爲威肅王后.

○ 金寬毅編年通錄云, 有名虎景者, 自號聖骨將軍, 自白頭山遊歷, 至扶蘇山左谷, 娶妻家焉, 富而無子, 善射以獵爲事, 一日與同里九人, 捕鷹平那山, 會, 日暮, 就宿巖竇, 有虎當竇口大吼, 十人相謂曰, 虎欲我輩, 試投冠, 攬者當之, 遂皆投之, 虎攬虎景冠, 虎景出, 欲與虎鬪, 虎忽不見, 而竇崩, 九人皆不得出, 虎景還告平那郡, 來葬九人, 先祀山神, 其神見曰, 予以寡婦, 主此山, 幸遇聖骨將軍, 欲與爲夫婦, 共理神政, 請封爲此山大王, 言訖, 與虎景俱隱不見, 郡人, 因封虎景, 爲大王, 立祠祭之, 以九人同亡, 改山名, 曰九龍, 虎景不忘舊妻, 夜常如夢來合, 生子, 曰康申忠, 康忠體貌端嚴, 多才藝, 聚西江永安村富人女, 名具置義, 居五冠山摩訶岬, 時新羅監干八元, 善風水, 到扶蘇郡, 郡在扶蘇山北, 見山形勝而童, 告康忠曰, 若移郡山南, 植松使不露巖石, 則統合三韓者, 出矣, 於是, 康忠與郡人, 徙居山南, 栽松遍嶽, 因改名松嶽郡, 遂爲郡上沙粲, 且以摩訶岬第, 爲永業之地, 往來焉, 家累千金, 生二子, 季曰損乎述, 改名寶育, 寶育性慈惠, 出家, 入智異山修道, 還居平那山北岬, 又徙摩訶岬, 嘗夢登鵠嶺, 向南便旋, 溺溢三韓山川, 變成銀海, 明日, 以語其兄伊帝建, 伊帝建曰, 汝必生支天之柱, 以其女德周妻之, 遂爲居士, 仍於摩訶岬, 橫木菴, 有新羅術士見之曰, 居此, 必大唐天子來作壻矣, 後生二女, 季曰辰儀, 美而多才智, 年甫, 其, 夢登五冠山頂而旋, 流溢天下, 覺與辰義說, 辰義曰, 請以綾裙買之, 許之, 辰儀令更說夢, 攬而懷之者三, 旣而身動若有得, 心頗自負, 唐肅宗皇帝邸時, 欲遍遊山川, 以明皇天寶十二載癸巳春, 涉海到浿江西浦, 方潮退, 江渚泥, 從官取舟中錢, 布之, 乃登岸, 後名其浦, 爲錢浦,

- 『高麗史』 高麗世系, 作帝建

果生男, 曰作帝建, 後追尊寶育, 爲國祖元德大王, 其女辰義, 爲貞和王后, 作帝建幼而聰睿神勇, 年五六, 問母曰, 我父誰, 曰唐父, 盖未知其名故耳, 及長, 才兼六藝, 書射尤絶妙, 年十六, 母與以父所遺弓矢, 作帝建, 大悅, 射之百發百中, 世謂神弓, 於是欲覲父, 寄商船, 行至海中, 雲霧晦暝, 舟不行三日, 舟中人卜曰, 宜去高麗人,【閱漬編年, 或云新羅金良貞, 奉使入唐, 因寄其船, 良貞夢, 白頭翁曰, 留高麗人, 可得順風】作帝建, 執弓矢, 自投海, 下有巖石, 立其上, 霧開風利, 船去如飛, 俄有一老翁拜曰, 我是西海龍王, 每日, 有老狐, 作熾盛光如來像, 從空而下, 羅列日月星辰於雲霧閒, 吹螺擊鼓, 奏樂而來坐此巖, 讀腫經, 則我頭痛甚, 聞郎君善射, 願除吾害, 作帝建, 許諾,【閱漬編年, 或云作帝建, 於巖邊, 兄有一徑, 從其徑, 行一里許, 又有一巖, 巖上, 復有一殿, 門戶洞開, 中有金字寫經處, 就視之,

筆點猶濕, 四顧無人, 作帝建, 就其坐, 操筆寫經, 有女忽來前立, 作帝建, 謂是觀音現身,
驚起下坐, 方將拜禮, 忽不見, 還就坐, 寫經, 良久, 其女復見而言, 我是龍女, 累載寫經, 今
猶未就, 幸郎君善寫, 又能善射, 欲留君, 助吾功德, 又欲除吾家難, 其難則待七日, 可知】
及期, 聞空中樂聲, 果有從西北來者, 作帝建, 疑是眞佛, 不敢射, 翁復來曰, 正是老狐, 願
勿復疑, 作帝建, 撫弓挼箭, 候而射之, 應弦而墜, 果老狐也, 翁大喜, 迎入宮, 謝曰, 郎君,
吾患已除, 欲報大德, 將西入唐, 覲天子父乎, 富有七寶, 東還奉母乎, 曰吾所欲者, 王東土
也, 翁曰, 王東土, 待君之子孫三建, 必矣, 其他惟命, 作帝建, 問其言, 知時命未至, 猶豫未
及, 坐後, 有一老, 戲曰, 何不娶其女而去, 作帝建, 乃悟, 請之, 翁以長女旻義, 妻之, 作帝
建, 七寶將還, 龍女曰, 父有楊杖與豚, 勝七寶, 請之, 作帝建, 請還七寶, 願得楊杖與豚, 翁
曰, 此二物, 吾之神通, 然, 君有請, 敢不從, 乃加與豚, 於是, 乘漆船, 載七寶與豚, 泛海到
岸, 昌陵窟前江岸也, 白州正朝劉相晞等, 聞曰, 作帝建, 娶西海龍女來, 實大慶也, 率開・
貞・・白四州, 江華・喬桐・河陰三縣人, 爲築永安城, 營宮室, 龍女初來, 往開州東北山
麓, 以銀盂, 掘地, 取水用之, 今開城大井是也, 居一年, 豚不入牢, 乃語豚曰, 若此地不可
居, 吾將隨汝所之, 詰朝, 豚至松嶽南麓而臥, 遂營新第, 康忠舊居也, 往來永安城, 而居者,
三十餘年, 龍女嘗於松嶽新第寢室外, 鑿井, 從井中, 往還西海龍宮, 廣明寺東上房北井也,
常與作帝建約曰, 吾返龍宮時, 愼勿見, 否則不復來, 一日, 作帝建, 密伺之, 龍女與少女,
入井, 俱化爲黃龍, 興五色雲, 異之, 不敢言, 龍女還怒曰, 夫婦之道, 守信爲貴, 今旣背約,
我不能居此, 遂與少女, 復化龍入井, 不復還, 作帝建, 晚居俗離山長岬寺, 常讀釋典而卒,
後追尊爲懿祖景康大王, 龍女爲元昌王后, 元昌生四男, 長曰龍建, 後政隆, 字文明, 是爲世
祖, 貌魁偉美髥, 器度宏大, 有幷呑三韓之志, 嘗夢見一美人, 約爲室家, 後自松嶽, 往永安
城, 道遇一女, 惟肖, 遂與爲婚, 不知所從來, 故世號夢夫人, 或云以其爲三韓之母, 遂姓韓
氏, 是爲威肅王后, 世祖居松嶽舊第, 有年, 又欲創新第於其南, 延慶宮奉元殿基也, 時, 桐
裏山祖師道詵, 入唐, 得一行地理法而還, 登白頭山, 至鵠嶺, 見世祖新構第, 曰種穄之地, 何
種麻耶, 言訖而去, 夫人聞而以告, 世祖倒追之, 及見, 如舊識, 遂與登鵠嶺, 究山水之, 上
觀天文, 下察時數, 曰此地, 自壬方白頭山水母木幹, 來落馬頭明堂, 君又水命, 宜從水之大
數, 作宇六六, 爲三十六區, 則符應天地之大數, 明年, 必生聖子, 宜名曰王建, 因作實封,
題其外, 云謹奉書百拜獻書于未來統合三韓之主大原君子足下, 時唐僖宗乾符三年四月也,
世祖從其言, 築室以居. 是月, 威肅有娠, 生太祖.

〈보론: 선각국사(先覺國師) 도선(道詵)의 사상(思想)〉

　도선은 신라 말기의 선승(禪僧)이면서, 한국풍수지리설의 비조(鼻祖)로 유명한 사람이다. 그러나 그의 생애나 사상 및 모습을 알아볼 만한 정확한 자료는 거의 없다.[203] 그렇기 때문에 그에 대해 자세한 것은 알아낼 방법이 없다. 그러나 사료적 가치가 있는 기록과 그가 활약했던 신라 말기의 시대적 상황을 살펴봄으로써 그의 사상에 대해 추론해 볼 수는 있을 것이다.

　도선이 살았던 당시는 혼란기였다. 극심한 왕권쟁탈전이 계속되어 중앙정부의 통치력은 급속히 쇠약해지고 반면 지방세력인 호족이 성장하여 다투어 실력을 키우고 있었다. 당시의 골품제는 이미 힘을 쓸 수 없게 되었고 또 그러한 차별적인 제도는 유지될 수 없는 시대가 되었다. 이러한 시대적 상황을 깊이 관찰했던 것으로 생각되는 도선이 구시대의 혼란과 모순을 극복하고 새로운 시대를 창조하기 위해 적극적으로 내세운 사상은 무엇이었는지 살펴보자.

1. 도선의 불교사상

　우리는 먼저 그가 불교의 선종(禪宗)을 배운 선승(禪僧)이라는 데 주목할 필요가 있다. 도선국사는 신라 말기에 새로 나타나게 되어 당시 불교계에 새로운 분위기를 일으키고 있던 선종(禪宗) 계통의 스님이다. 그는 선문구산(禪門九山) 중의 하나였던 동리산(桐裏山) 개산조(開山祖) 혜철(惠徹) 선사(禪師)의 직계 제자였다. 도선은 혜철의 인가를 받아 전남 광양에 있던 옥룡사(玉龍寺)에서 독자적인 선문(禪門)을 개설하였다. 그러므로 도선의 사상은 기본적으로 불교 선종의 사상을 그 기본으로 하고 있다고 할 수 있다. 그렇다면 선종의 기본사상은 어떤 것인가?

　선종은 경전의 이해를 통하여 깨달음을 추구하는 교종과는 달리 구체적인 실천을 통하여 깨달음을 이루려고 하는 것이었다. 그러므로 선종에서는 '불립문자(不立文字) 교외별전(敎外別傳)'을 표방하면서 교종에 도전하였다. 즉, 문자(경전)는 달을 가리키는 손가락에 불과한 것이며 선(禪)은 문자 밖의 소식이기 때문에 '교외별전'이라고 하는 것이었

---

203) 도선에 관한 자료는 양적으로는 상당수에 달하고 있으나 그 대부분이 후세에 많이 윤색되어 있거나 가작(假作)된 것이어서 사료(史料)로서의 가치가 적다. 그중 사료적 가치가 높은 것은 최유청(崔惟淸)의 「백계산옥룡사증시선각선사비명병서(白鷄山玉龍寺贈諡先覺國師碑銘竝序)」가 유일한 것이다. 이하 글에서는 「도선비문」으로 약칭한다. 그 밖의 도선 관련 자료들은 양은용, 「도선국사 비보사탑설의 연구」, 『선각국사 도선의 신연구』, 영암군, 1988, 186~190면 참조.

다. 그리고 나아가 문자에 의하지 않고 선을 통하여 각자의 마음속에 진심, 곧 불성을 직접적으로 깨닫는 것이기 때문에 '직지인심(直指人心) 견성성불(見性成佛)'이라고 말하는 것이었다. 이것은 인과설(因果說)을 내세워 현 체제에 대한 당연성을 주장하면서 진골귀족과 밀접한 관계를 가짐으로써 귀족적 취향을 보이던 종래의 교종, 특히 화엄종이나 법상종과는 달랐다. 선종은 교종과는 반대로 마음만 잘 닦으면 곧 부처가 될 수 있다는 희망적이고 혁명적인 해석인 것이다. 그렇기에 중앙귀족 중심, 수도 경주 중심의 지배체제를 타파하는 데 중요한 역할을 담당할 수 있는 사상이었다.

2. 도선의 풍수(風水)사상

신라 말기 선종의 성립으로 인한 고대적 정신세계의 극복과정을 언급하면서 빼놓을 수 없는 것이 풍수지리설이다. 그리고 이 풍수지리설을 논하면서 반드시 언급할 수밖에 없는 인물이 도선국사이다.

이 풍수지리설은 신라 말기 선종의 유행과 함께 전국적으로 광범위하게 유행되었던 사상이다. 이는 불교와 밀접한 관계를 맺었을 뿐만 아니라 유학이나 노장사상과도 관련을 가지면서 크게 발전하였다. 특히 나말여초 같은 사회적인 전환기에 풍수지리설의 인문지리적인 인식이 혁명적인 선종과 연결되었다. 또한 예언적인 도참신앙과 결부되어 사회적인 전환의 추진력이 되기도 하였던 점에서 이에 대한 이해의 의의는 더욱 커지는 것이다.

「도선비문」에 의하면 도선은 20세부터 4년간 동리산 태안사에 머물다가 23세 때에 천도사(穿道寺)에서 구족계(具足戒)를 받은 후 전국각처를 유력(遊歷)하였다. 추측컨대 도선은 이와 같은 각처의 편력을 통하여 선을 수행하는 한편 앞서 배운 풍수지리설의 이론과 실제를 대조하면서 익히게 되었던 것 같다. 그리하여 전국 산천의 형세를 유기적으로 파악하게 되었던 것이다. 그러한 풍수지리설과 당시의 시대상에 대한 인식이 결부되어 지기쇠왕설이나 비보사탑설이 나오게 되었던 것이 아닌가 한다.[204]

도선의 풍수설은 크게 지리쇠왕설(地理衰旺說)과 음양비보설(陰陽裨補說)로 이루어져 있다. 도선의 지리쇠왕설은 지기(地氣), 즉 토지 자연의 힘이 왕성하기도 하며, 쇠퇴하기도 한다는 데 기본을 두고 있다. 즉 지기가 왕성할 때 그곳에 자리 잡은 사람과 왕조는 흥하고, 반대로 쇠퇴할 때는 망한다는 것이다. 이 쇠왕설은 이미 유리한 곳, 순한 곳은

---

204) 최병헌, 「도선의 생애와 풍수지리설」, 『선각국사 도선의 신연구』, 영암군, 1988, 123면.

택했다 해도 그것이 변하며, 개인이나 왕조가 그에 따라 망할 수 있다는 것을 강조하고 있다.

음양비보설에서는 쇠왕설과 반대로 지리적 조건의 부족함을 인위적으로 고칠 수 있다는 데 그 기초가 있다. 이 설은 나라와 개인의 길흉화복은 지리자연의 절대적인 힘에 따라 결정된다는 데 기본을 두고 있다. 지리적 조건이 불리하고 부족한 곳도 그것은 인위적으로 보충함으로써 왕성하고 순한 곳으로 돌릴 수 있다는 것이다. 예컨대, 지맥이 약한 곳, 산형이 흉한 곳을 흙을 북돋워 지맥을 보강하거나 바윗돌을 깎아냄으로써 힘 있고 순하게 만들 수 있다고 파악한다.

도선은 전국토의 자연환경을 유기적으로 파악하는 인문지리적인 지식에다가 경주 중앙귀족들의 부패와 무능, 지방호족들의 대두, 오랜 전란에 지쳐 통일된 안정을 바라는 일반백성들의 염원 등, 당시의 사회상에 대한 인식을 종합하고 불교의 선근공덕사상을 가미시켜 체계적인 풍수설로 정리하였던 것이다. 결과적으로 도선이 집대성한 것으로 전하는 당시의 풍수설은 민심을 경주에서 지방으로 쏠리게 함으로써 각 지방에서 대두하고 있던 호족세력들의 분열을 합리화하여 주었던 것이며, 나아가 한국의 역사무대를 동남부 지방의 경주 중심에서 중부지방인 송악으로 옮기게 하였고, 역사의 주인공도 경주의 진골귀족에서 지방의 호족으로 바뀌게 함으로써 송악지방에서 대두한 왕건에게 후삼국을 통일하는 데 유리한 입장이 되게 하였던 것이다.

이상에서 살펴본 바와 같이 도선의 사상은 불교사상 중 선종과 풍수사상을 융합한 것으로 이해할 수 있다. 도선에게 있어서는 「도선비문」에서 이인(異人)이 도선에게 하였다는 말 가운데 "이것(풍수지리설)도 역시 대보살이 세상을 구제하고 인간을 제도하는 법입니다"라고 한 바와 같이 불교와 풍수지리설은 아무 모순 없이 이해되고 있는 것이다.

도선은 이러한 선종과 풍수사상을 통해 신라사회의 해체를 눈앞에 내다보면서 신라왕실의 무력화와 지방에서 새롭게 성장하는 세력을 예견하였고, 민중을 도탄에서 건져내고 새로운 사회를 건설하기 위해 그의 사상을 적극 활용했던 선각자였다.

제5편

고려시대사에 대한 이해

Ⅰ. 고려시대사의 특징적 성격[205]

1. 중세적(中世的) 성격(性格)

서양의 시대구분론에서 중세(中世)란 그리스·로마 시대인 고대(古代)와 르네상스 시대 이후인 근대(近代)의 사이에 끼인 중간 시대를 의미한다. 하지만 일반적으로 중세라고 할 때 강조되는 부분은 봉건제적(封建制的) 사회구성(社會構成)이라고 할 수 있다. 이와 같은 점에서 볼 때 신라(新羅) 하대(下代) 지방의 호족들이 등장하여 독자적 형세를 이루었던 것은 지방분권적(地方分權的) 특징으로 중세적 성격을 띠었다.

한편 한국사에서 중세란 통일신라시대까지의 고대(古代)와는 다른 특징을 가졌다고 할 수 있다. 그것은 고대가 철저한 신분제(身分制) 사회였던 것에 비해 고려 이후는 신분제가 유지되고는 있으나 일정 부분 이러한 신분적 한계를 넘어설 수 있는 능력(能力) 중시(重視)의 사회였다는 점이다. 그 가장 중요한 근거가 바로 과거제도(科擧制度)이다. 과거란 능력에 따라 인재(人才)를 선발하는 제도이다. 다시 말해 신분적으로 열등한 위치에 있어도 자신의 능력만 있으면 시험을 통해 관직에 올라 출세할 수 있었다. 또한 이렇게 과거에 합격하여 관직에 오르면 국가로부터 전시과(田柴科)라는 경제적 혜택을 부여받았다. 이러한 점에서 고려는 중세적 성격의 관료제(官僚制) 사회라고 할 수 있다.

---

205) 고려시대사의 특징적 성격에 대해서는 박용운, 『고려시대사』(상), 일지사, 1985를 적극 참고하였음.

〈관련 사료(關聯 史料)〉

■『선화봉사고려도경(宣和奉使高麗圖經)』 卷第十九 民庶

高麗 地封未廣 生齒已衆. 四民之業 以儒爲貴 故其國 以不知書 爲恥. 山林至多 地鮮平曠 故耕作之農 不迨工技. 州郡土産 悉歸公上 商賈不遠行. 唯日中則赴都市 各以其所有 易其所無 熙熙如也. 然其爲人 寡恩,好色,泛愛,重財. 男女婚娶 輕合易離 不法典禮 良可哂也.

"고려는 땅은 넓지 않으나, 백성은 매우 많다. 백성[사민(四民)]이 업(業) 중에 유(儒)를 귀하게 여긴다. 그러므로 그 나라에서는 글을 알지 못하는 것을 부끄럽게 여긴다. 산과 숲이 지극히 많고 땅은 넓고 편평한 데가 적다. 그러므로 농민이 장인[工技]에 미치지 못한다. 주군(州郡)의 토산(土産)은 다 관가의 공상(公上)에 들어가므로, 상인은 멀리 가지 않는다. 오직 낮에 도시에 가서 각기 가지고 있는 것으로 없는 것을 바꾸는 것으로써 만족하는 듯하다. 그러나 그 사람됨이 은혜를 베푸는 일이 적고, 여색(女色)을 좋아하고, 거리낌 없이 사랑하고, 재물을 중히 여긴다. 남녀의 혼인에도 가벼이 합치고 쉽게 헤어져, 전례(典禮)를 본받지 않으니 진실로 비웃을 만하다."

2. 귀족적(貴族的) 성격(性格)

고려는 중세적 성격의 사회였으나, 한편으로는 귀족적 성격도 가지고 있는 사회였다. 그 구체적인 징표로 음서제(蔭叙制)를 들 수 있다. 음서제는 5품 이상의 고위 관료의 자손은 과거에 합격하지 않아도 관직에 등용할 수 있는 제도였다. 또한 이러한 5품 이상의 고위 관료들에게는 세습이 가능한 공음전시과(功蔭田柴科)라는 특혜도 부여되었다. 이뿐만 아니라 이들은 폐쇄적인 통혼(通婚)을 통하여 인맥을 형성하고 이를 바탕으로 국가 요직을 차지하여 마치 특권(特權)을 혈연적으로 세습하는 귀족과 같은 특징을 나타내게 되었다. 이러한 점에서 고려시대는 귀족적 성격의 사회였다고 할 수 있다. 그러나 고려시대의 귀족적 성격은 고대(古代)의 혈연적 귀족과는 다른 점이 있다. 그것은 특권의 세습이 혈연이 아닌 관직(官職)을 매개로 이루어진다는 점이다. 이러한 점에서 고려의 귀족은 관직귀족(官職貴族)이라고도 할 수 있다.

3. 불교적(佛敎的) 성격(性格)

고려시대 불교는 종교적 측면에서뿐 아니라 현실 생활에서 더 사회적 중요성을 띠고 있었다. 단순히 종교의 차원을 넘어 국가를 유지하는 통치이념(統治理念)으로서의 역할도 갖고 있었다. 고려시대는 일반 백성들과 귀족들도 불교를 개인의 현세(現世)에서의 행복을 좌우하는 현세구복(現世求福)의 종교로 작용하였던 것이다. 많은 사찰을 세우고 각종 불교행사를 거행하였던 이유는 이러한 공덕을 쌓아야 행복을 누릴 수 있다는 믿음 때문이었다. 이러한 믿음을 공덕사상(功德思想)이라고 한다. 승려들은 국가로부터 토지를 급여받았다. 또한 역(役)이 면제되는 특권을 누렸다. 이러한 국가로부터의 특혜는 승려가 되려는 자를 늘게 하였다. 그러나 이러한 불교의 융성은 사회적 폐단을 낳기도 하였다. 이는 최승로(崔承老)의 시무(時務) 28조에 불교를 비판하는 내용이 9조목(條目)을 이루고 있는 것에서도 알 수 있다.

한편 불교는 몽골의 침략과 같은 외침을 당했을 때 국가와 국민의 힘을 하나로 모으는 정신적 구심점으로서의 역할도 수행하였다. 팔만대장경의 간행은 그러한 예이며, 이는 동시에 고려의 문화적 수준을 세계적 수준으로 끌어올리는 데에도 크게 기여하였다.

하지만 결국에는 불교의 폐단으로 말미암아 사회를 유지하고 이끌어가는 지도이념으로서의 지위를 상실하게 되었다. 이는 불교를 통치이념으로 하는 고려의 멸망으로 이어지고 유교(儒敎)를 새로운 통치이념으로 내세운 조선(朝鮮)의 창업(創業)의 명분이 되기도 하였다.

4. 대외적(對外的) 성격(性格)

고려는 우리의 전근대 역사에서 가장 활발한 대외관계를 전개했다. 중국뿐만 아니라 거란(契丹), 여진(女眞), 몽골(蒙古)과의 접촉도 큰 비중을 차지하였다. 뒤에는 왜구(倭寇)와의 관계도 큰 문제가 되었다. 더 나아가 대식국(大食國)이라는 아라비아 세력과도 대외관계를 가졌다. 이러한 고려의 대외정책을 북진친송정책(北進親宋政策)이라고 한다.

고려가 성립되는 10세기 전반기는 중국에서 당(唐)이 망하고 5대 10국시대(五代十國時代)를 거쳐 송(宋)이 다시 중국을 통일하는 시기였다. 같은 시기 북방(北方)에서는 거란족(契丹族)이 요(遼)나라를 세우고 강국으로 발전하고 있었다. 이후 여진족(女眞族)의 금(金)나라가 일어나 요나라를 멸망시켰다. 다시 칭기즈칸의 몽골제국이 등장하면서 금나라와 송(宋)이 차례로 멸망하는 등 고려시대는 그야말로 국제적 상황이 격동하는 시기였다.

특히 고려는 고구려(高句麗) 계승의식(繼承意識)을 내세우면서 고구려의 옛 영토를 되찾겠다는 북진정책(北進政策)을 추진하였다. 이는 북방의 여러 세력과의 충돌을 야기했다. 그 첫 상대가 거란(契丹)이었다. 태조 왕건은 거란을 고려와 같이 고구려를 계승한 나라인 발해(渤海)를 멸망시킨 거란을 무도한 나라라고 하면서 교류를 거부하였다. 이러한 상황에서 만주(滿洲)를 차지하고 남진(南進)한 거란과 충돌할 수밖에 없었다. 그리하여 10세기 말~11세기 초에 거란에 의한 3차의 침입이 있었다.

한편 중국의 통일 왕조였던 송(宋)과는 평화적인 관계를 유지했다. 송(宋)은 중국의 역대 통일왕조 중에서 가장 문약(文弱)하였으나 문화적으로는 세계 최고 수준의 나라였다. 고려는 문화적 선진국인 송(宋)의 문화를 배우는 데 적극적이었다. 이를 통해 고려는 송나라의 자기(磁器)인 송자(宋磁)를 한 단계 발전시켜 고려청자(高麗靑瓷)를, 송(宋)의 목판인쇄술을 배워 세계 최고의 인쇄술을 발전시켰던 것이다. 이와 같은 송과의 평화적 관계는 고려가 문화적 선진국이었던 송(宋)의 문물제도를 흠모하였고, 거란의 위협을 받던 송과는 영토문제와 같은 이해관계상의 충돌이 없었기 때문이다.

대체로 고려의 입장은 송(宋)과 거란(契丹)의 대립에 직접 개입하지 않는 것이었고, 다만 거란의 침입이 있을 때에는 적극적으로 대응하는 것이었다. 고려는 이러한 자세를 통해 동아시아의 세력균형 유지에 중요한 역할을 할 수 있었다. 이러한 사정은 12세기 초 여진족(女眞族)의 금(金)나라가 등장하여 거란족(契丹族)의 요(遼)나라를 멸망시킨 이후에도 크게 변화되지 않았다.

13세기에 들어와 몽골(蒙古)이 일어나면서 동아시아의 국제 관계는 근본적인 변화를 겪게 되었다. 몽골은 대제국으로 발전하면서 고려를 침략하였다. 고려는 30년 이상 버텼으나 결국 굴복하고 말았다. 이후 고려는 몽골이 세운 중국의 통일 왕조인 원(元)나라의 부마국(駙馬國)이 되었고, 정치적 간섭을 받게 되었다.

14세기 중엽에 원(元)나라가 약해지자 고려는 적극적인 반원정책(反元政策)을 단행하였다. 한편 이 무렵에는 왜구(倭寇)가 창궐하여 고려는 그 격퇴에 전력을 기울이지 않을 수 없었다.

〈관련 사료(關聯 史料)〉

■ 서희(徐熙)와 소손녕(蕭遜寧)의 외교(外交) 담판(談判)

遜寧語熙曰, 汝國興新羅地, 高勾麗之地, 我所有也, 而汝侵蝕之, 又與我連壤, 而越海事宋故, 有今日之師, 若割地以獻, 而修朝聘, 可無事矣, 熙曰, 非也, 我國高勾麗之舊也, 故

號高麗, 都平壤, 若論地界, 上國之東京, 皆在我境, 何得謂之侵蝕乎, 且鴨綠江內外, 亦我境內, 今女眞盜據其閒, 頑變詐, 道途梗澁, 甚於涉海, 朝聘之不通, 女眞之故也, 若令逐女眞, 還我舊地, 築城堡通道路, 則敢不修聘, 將軍如以臣言, 達之天聰, 豈不哀納, 辭氣慷慨, 遜寧知不可, 遂具以聞, 契丹帝曰, 高麗旣請和, 宜罷兵, 遜寧欲宴慰, 熙曰, 本國雖無失道, 而致上國勞師遠來故, 上下皇皇, 操戈執銳, 暴露有日, 何忍宴樂, 遜寧曰, 兩國大臣相見, 可無歡好之禮乎, 固請, 然後許之, 極歡乃罷, 熙留契丹營七日而還, 遜寧贈以十首・馬百四・羊千頭・錦綺羅紈五百四, 成宗大喜, 出迎江頭, 遣良柔爲禮幣使入覲, 熙復奏曰, 臣與遜寧約, 平女眞, 收復舊地, 然後朝覲可通, 今收江內, 請俟得江外, 修聘未晩, 成宗曰, 久不修聘, 恐有後患, 遂遣之, 轉平章事, 十三年, 率兵逐女眞, 城長興・歸化二鎭, 郭・龜二州, 明年, 又率兵, 城安義・興化二鎭, 又明年, 城宣・孟二州

II. 무신정권(武臣政權)과 고려 말의 대외관계

1. 무신정권(武臣政權)

고려시대 무신란(武臣亂)은 의종(1146~1170)이 보현원(普賢院)에 갔을 때 정중부(鄭仲夫), 이의방(李義方), 이고(李高) 등 무신(武臣)들이 왕을 수행한 문신(文臣)들을 살해함으로써 시작되었다. 그 배경에는 여러 가지가 있으나 문벌귀족사회였던 고려에서 문신(文臣)들의 무신(武臣)들에 대한 멸시와 천대가 직접적인 계기가 되었다. 무신들은 문신들을 제거하고 정권을 장악하였다.

무신정권은 크게 세 시기로 나누어 볼 수 있다. 첫 번째가 성립기(成立期)로서 1170년에서 1196년에 해당하는 시기이다. 초기의 무신정권은 정중부, 이의방, 이고 등에 의하여 이끌어졌다. 이들은 고위직 무신들의 합좌기관(合坐機關)인 중방(重房)을 본거지로 하였다. 그러나 무신들의 이해관계가 엇갈려 치열한 정치투쟁이 야기되었다. 원래 무신란을 주도한 것은 하급장교였던 이의방과 이고였다. 정중부는 상장군(上將軍)으로 비교적 온건한 입장이었으나 이의방과 이고에 의해 추대된 측면이 강하였다. 이의방은 먼저 정중부와 연합하여 이고를 제거하였다. 그러나 이의방은 정중부의 아들 정균(鄭筠)에게 살해되었다. 정중부 부자가 정권을 장악하였으나 청년 장군 경대승(慶大升)에게 제거되었다. 경대승은 도방(都房)을 설치하여 자신의 신변 안전을 꾀하였으나 무신(武臣)들의 적대적 압박감 속에서 발병하여 1년여 만에 죽고 말았다. 경대승의 병사(病死) 이후에 정권을 잡은 것이 천민(賤民) 출신의 이의민(李義旼)이다. 그는 이의방의 휘하로서 무신란에 적극 가담하여 공을 세움으로써 자신의 신분적 열세를 실력으로 극복했던 인물이었다. 이의민은 12년간 정권을 장악했으나 1196년 최충헌(崔忠獻)·최충수(崔忠粹) 형제에게 살해되었다. 이와 같이 무신정권 성립기는 20여 년의 기간 동안 치열한 정치투쟁으로 많은 무신들이 명멸(明滅)하였다.

무신정권의 두 번째 시기는 확립기(確立期)로서 1196년에서 1258년에 이르는 시기이다. 최충헌과 그의 자손들이 정권을 유지했던 시기로서 '최씨 무신정권(崔氏 武臣政權)' 이라고도 한다. 최충헌은 무신란이 발생한 지 26년이 지나 무신란에 직접 가담했던 인물들이 거의 모두 물러났던 시점에 등장하였다. 최충헌은 비교적 좋은 배경의 가문(家門) 출신이었기에 문신(文臣)과도 교섭할 수 있는 위치에 있었다. 그가 집권한 직후 올린 「봉사십조(封事十條)」는 당시 고려사회가 당면한 문제들을 바르게 파악한 정책(政策) 건의였다는 점에서 높이 평가되고 있다. 다시 말하자면 최충헌은 당시 고려사회의 문제점들을 비교적 정확히 파악하고 적절한 정책 방향을 제시할 수 있는 정치가로서의 면모를 갖춘 인물이었던 것이다. 그러나 최충헌은 명령을 거역하는 자는 누구라도 제거하였다. 친동생인 최충수나 조카 박진재(朴晉材) 등이 그 대표적 인물이다. 이렇듯 최충헌은 자신의 모든 적대세력을 차례로 제거하고 독재정권을 수립하였다. 최충헌은 사실상 정권을 혼자서 좌지우지하면서도 왕권(王權)은 존속시켰다. 하지만 왕실의 외척으로서 자신의 권위를 높이려고 하지 않았고 오직 자신의 실력을 바탕으로 정권을 유지했다. 이후 최씨 무신정권은 최충헌의 아들 최이(崔怡), 손자 최항(崔沆), 증손자 최의(崔竩)에 걸치는 4대 60년간 이어졌고, 이는 무신정권의 확립을 의미한다.

1231년 몽골의 제1차 침입이 있자 최이(崔怡)는 몽골과의 항쟁을 결의하고 1232년 수도를 강화(江華)로 옮겼다. 이후 몽골의 침략은 계속되어 약 30년간에 걸쳐 6차례의 침입을 해오게 되었다. 무신정권은 농민과 천민들의 뒷받침 속에서 대몽항쟁을 수행하였다. 그러나 농촌이 황폐해지면서 농민들의 생활은 곤궁에 처하게 되었고, 강화(江華)로 천도한 정부는 오히려 농민들에 대한 가혹한 수취를 자행하였다. 이로써 농민들의 정부에 대한 반항의식이 커지고 몽골에 대한 항쟁 의욕도 저하되기에 이르렀다. 이러한 상황 속에서 국왕과 문신을 중심으로 몽골에 대한 강화(講和)를 주장하는 여론이 일어나게 되었다. 강화(講和)는 결국 주전파(主戰派)인 무신정권의 타도로 연결될 수밖에 없었다. 이러한 속에서 최씨 무신정권의 마지막 집권자인 최의(崔竩)가 1258년(고종 45년) 문신(文臣) 유경(柳璥)과 무신(武臣) 김준(金俊) 등에 의하여 살해되었다. 이로써 최씨 무신정권은 끝나고 정권은 일단 국왕에게도 돌아가게 되었다. 이 이후가 무신정권의 마지막 시기(1258~1270년)로 붕괴기(崩壞期)에 해당한다. 이 시기 고려는 몽골과의 강화를 추진하였다. 그러나 무신들은 여전히 몽골과의 강화에 반대하고 있었다. 다시 무신 임연(林衍)이 김준을 죽이고 정권을 잡은 이후에는 강화에 대한 반대가 노골화되었다. 임연은 친몽정책(親元政策)을 펴고 있던 원종(元宗)을 폐하기까지 하였다. 그러나 몽골의 압력으로 원종은 복위되었다. 이후 임연이 죽고 그의 아들 임유무(林惟茂)가 일시 정권을 잡았으나 원종에 의해 살해되었다. 이로써 1270년 최씨 무신정권 이후 명맥을 유지하여 오던 무신정권은 완전히 붕괴되고 말았다.

〈관련 사료(關聯 史料)〉

■ 무신란(武臣亂): 『高麗史』 列傳41, 鄭仲夫傳

二十四年, 王, 幸和平齋, 又與近幸文臣, 觴詠忘返, 扈從將士, 飢甚, 仲夫, 出旋, 牽龍行首散員李義方·李高, 從之, 密語仲夫曰, 文臣得意醉飽, 武臣皆飢困, 是可忍乎, 仲夫, 曾有燃鬚之憾, 乃曰然, 遂構兇謀, 後王自延福亭, 如興王寺, 仲夫, 謂義方·高曰, 今可擧事, 然王若便還宮, 可且隱忍, 如又移幸普賢院, 無失此機, 望日, 王, 將幸普賢院, 至五門前, 召侍臣行酒, 酒, 顧左右曰, 壯哉此地, 可以隷兵, 命武臣爲五兵手搏戲, 盖知武臣缺望, 欲因以厚賜慰之也, 恐武臣見寵, 遂懷猜忌, 大將軍李紹膺, 雖武人, 貌瘦力羸, 與一人搏不勝而走, 遽前, 批紹膺頰, 墜階下, 王, 與群臣, 撫掌大笑, 林宗植·李復基, 亦罵紹膺, 於是, 仲夫·金光美·梁肅·陳俊等, 失色相目, 仲夫, 聲詰曰, 紹膺, 雖武夫, 官爲三品, 何辱之甚, 王, 執仲夫手, 慰解之, 高, 拔刃, 目仲夫, 仲夫止之, 至昏, 駕近普賢院, 高·義方, 先行矯旨, 集巡檢軍, 王, 入門, 群臣將退, 高等, 手殺宗植·復基于門, 依所親宦官, 匿御床下, 王, 大驚, 使宦者王光就, 禁之, 仲夫曰, 禍根韓, 尚在王側, 請出誅之, 內侍裴允才, 亦入奏, , 挽王衣不出, 高, 拔刃脅之, 乃出, 殺之, 指論金才, 謂義方曰, 高, 敢於御前, 拔刃耶, 義方, 瞋目叱之, 才, 不復言, 於是, 承宣李世通·內侍李唐柱·御史雜端金起革·祗候柳益謙·司天監金子期, 太史令許子端等, 凡扈從文官, 及大小臣僚宦寺, 皆遇害, 積尸如山, 初, 仲夫義方等, 約曰, 吾曹, 袒右去頭, 否者, 皆殺之, 故武人, 不去頭者, 亦多被殺, 王, 大懼, 欲慰安其意, 賜諸將劍, 武臣, 益驕橫, 先是, 童云, 何處是普賢刹, 隨此同刀殺, 或告仲夫·義方曰, 金敦中, 先知而逃, 仲夫等, 驚曰, 若敦中入城, 奉太子, 閉城固拒, 奏

捕亂首, 則事甚危矣, 如之何, 義方曰, 若爾我, 不南投江海, 則北投丹狄, 以避之, 遂遣疾
足者, 抵京刺探, 疾足者, 夜至敦中家, 候之, 寂無人聲, 問承宣安在, 以扈駕不還, 回報, 仲
夫·義方等, 喜曰, 事已濟矣, 乃留其黨, 守行宮, 高·義方·紹膺等, 選驍勇, 直走京城,
至街衢所, 殺別監金守藏等, 入闕, 執樞密院副使梁純精·司天監陰仲寅·大府少卿朴甫均·
監察御史崔東軾·內侍祗候金光等, 內直員僚, 皆殺之, 又率巡檢軍, 夜抵太子宮, 殺行宮別
監金居實·員外郎李仁甫等, 又入泉洞宅, 殺別常員十餘人, 使人, 呼於道曰, 凡戴文冠者,
雖胥吏, 殺無遺種, 卒伍蜂起, 搜殺判吏部事致仕崔·判吏部事許洪材·同知樞密院事徐醇·
知樞密院事崔溫·尚書右丞金敦時·國子監大司成李知深·秘書監金光中·吏部侍郎尹敦
信·尉少卿趙文貴·大府少卿崔允·侍郎趙文振·內侍少卿陳玄光·侍御史朴允恭·兵部
郎中康處約·都省郎中康處均·奉御田致儒·祗候裴緄·裴衍等, 五十餘人, 王, 益懼, 召
仲夫, 謀亂, 仲夫, 唯唯不對, 王, 拜高·義方, 鷹揚龍虎軍中郎將, 其餘武人, 上將軍, 加守
司空僕射, 大將軍, 加上將軍, 仲夫等, 以王還宮宦者王光就, 謀聚黨, 討仲夫等, 韓淑, 泄
其謀, 仲夫等, 又索隨駕內侍十餘·宦官十人, 殺之, 仲夫, 逼遷王于軍器監, 太子于迎恩館,
遂放王于巨濟縣, 太子于珍島縣, 殺幼少太孫, 王之愛姬無比, 逃匿青郊驛, 仲夫, 欲殺之,
太后固請, 乃免, 從王而行, 兵部侍郎趙冬曦, 以相延基地, 往西海道, 聞變, 將往東界, 擧
兵討賊, 至鐵嶺, 猛虎當道, 不得過, 追騎, 及而捕之, 仲夫, 以冬曦嘗有平耽羅之功, 議流
遠地, 守者, 遽殺之, 投尸于水, 仲夫等, 又殺內侍少卿崔, 流少卿崔·員外郎崔値, 又欲撤
所殺文臣家, 陳俊, 止之曰, 吾輩所嫉怨者, 李復基·韓等四五人, 今殺無辜, 亦已甚矣, 若
盡撤其家, 其妻子, 將何寄生, 義方等, 不聽, 遂縱兵毀之, 是後, 武人, 習以爲常, 若有怨
者, 輒毀其家, 仲夫·義方·高等, 領兵, 迎王弟翼陽公晧, 王位, 仲夫等, 又殺嬖宦光就·
白子端, 倖臣榮儀·劉方義等, 梟首于市, 其他宦寺, 及寵驕恣者, 戮之幾盡, 初, 毅宗, 構
三私第, 曰館北宅, 曰泉洞宅, 曰藿井洞宅, 聚斂財, 以巨萬計, 至是, 仲夫·義方·高, 皆
分占焉, 仲夫, 以西海道郡縣, 屬貫鄉海州, 義方, 陞外鄉金溝, 爲縣令, 明宗旣立, 以仲夫,
知政事, 尋進中書侍郎平章事, 又加門下平章, 策功爲第一, 圖形閣上, 時, 諸武臣, 會重房,
悉召文臣之遺者, 高, 欲盡殺之, 仲夫止之, 先是, 創壽星祠, 兵部郎中陳允升, 督役, 凡軍
卒輸石, 必杅而納之, 軍卒怨, 至是, 有軍士, 至允升家, 曰, 有旨, 先詣闕者, 拜承宣, 允升
出, 軍士殺之, 抱以大石, 二年, 仲夫, 爲西北面兵馬判行營兵馬, 兼中軍兵馬判事, 初, 東
北面兵馬使諫議大夫金甫當, 有膽氣, 仲夫·義方等, 忌之, 明年, 甫當, 欲討仲夫·義方,
復立毅宗, 與錄事李敬直, 及張純謀, 以純及柳寅俊, 爲南路兵馬使, 裴允材, 爲西海道兵馬
使, 使發兵, 乃與東北面知兵馬事韓彥國, 擧兵應之, 純寅俊等, 至巨濟, 奉毅宗, 出居林,
仲夫·義方, 聞之, 使將軍李義旼·散員朴存, 領兵趣南路, 又遣兵西海道, 以圖之, 安北都

護府, 執甫當·敬直等, 送于京, 義方, 鞫, 殺之於市, 初, 甫當之謀起兵也, 內侍陳義光·
裴允材, 知之, 甫當, 臨死詆曰, 凡其文臣, 孰不與謀, 於是, 一切誅戮, 或投江水, 旬日閒,
文士, 戮且盡, 中外洶洶, 莫保朝夕, 承宣李俊義, 及陳俊, 自知無道, 乃請義方, 止殺戮, 郎
將金富, 亦謂仲夫·義方曰, 天意, 未可知, 人心, 不可測, 恃力不揆義, 衣冠, 世寧少金甫
當乎, 吾輩有子女者, 通婚文吏, 以安其心, 可久之道也, 衆從之, 自是, 禍稍止, 義旼等, 至
林, 弑殺宗, 又明年, 仲夫, 拜門下侍中, 先是, 義方, 惡李高·蔡元, 逼已殺之, 仲夫, 慮禍
及己, 欲辭位, 杜門不出, 義方兄弟, 携酒, 詣其家致, 仲夫迎入, 以實告之, 義方等, 相與約
誓, 結爲父子, 言甚切至, 仲夫乃安, 仲夫子知兵馬事上將軍筠, 密誘僧宗, 欲殺義方兄弟,
宗, 推筠爲謀主, 使親近於王, 出入後庭無忌, 遂拜承宣, 仲夫, 性本貪鄙, 殖貨無厭, 及爲
侍中, 廣殖田園, 家門客, 依勢橫恣, 中外苦之, 五年, 仲夫, 重修普濟寺, 設落成會, 請王臨
幸, 有司, 諫止之, 仲夫, 陰令僧錄司, 奏請親幸, 仲夫, 具盛饌以進, 王, 不欲從容留飲, 乃
命兩府宰樞承宣諸司侍臣, 同時赴宴, 時, 仲夫, 年已七十, 不欲去權位, 郎中張忠義, 阿意
說之曰, 宰相, 賜杖, 則雖七十, 不致仕, 仲夫悅, 諷禮官, 依漢孔光故事, 賜杖, 國事皆關
決, 時坐重房, 議人罪, 百僚, 詣門賀, 六年, 仲夫, 以病請免, 諸領軍士, 揭匿名榜云, 侍中
鄭仲夫及子承宣筠·女壻僕射宋有仁, 擅權橫恣, 南賊之起, 其源繇此, 若發兵討之, 必先去
此輩, 然後可, 筠, 聞之, 懼乞解職, 累日不出, 八年, 仲夫致仕, 家奴, 嘗犯禁, 服紫羅衫,
臺吏, 令所由脫之, 奴, 所由而走, 吏, 憤甚, 囑路人捕之, 翌日, 中丞宋·御史晉光仁, 縛問
之, 仲夫怒, 欲率兵士至臺, 殺等, 筠, 止之, 仲夫, 遂白王, 欲罪之, 會, 旗頭祿尚, 告仲夫
曰, 大將軍張博仁·前將軍趙存夫等, 結失職輩, 期以暮夜, 犯公家, 仲夫信之, 請繫詔獄,
王, 命內侍將軍吳光陟等, 按問無狀, 又旗頭, 告同領旗頭八十人, 會酒家飮, 謀出博仁於獄,
仲夫, 遣家, 捕繫鞫問, 亦無驗, 竟竄博仁于海島, 餘悉流南裔, 又旗頭康實, 誣告樞密崔忠
烈, 謀害仲夫, 仲夫, 請按鞫, 由是, 獄事連起, 不暇治等, 王, 慮仲夫憤未快, 罷職, 左遷光
仁工部員外郎, 廣德里, 舊有太后別宮, 因火災, 不御, 筠, 請買爲私第, 太后, 命却其直, 與
之, 筠, 大興工役營葺, 時, 王在壽昌宮, 侍太后疾, 其地, 距宮不百步, 又於歲行, 爲太后忌
方, 王, 深惡之, 屢欲詔止其役, 憚筠不果, 筠, 久知兵部, 掌注西班, 請謁輻湊, 頗厭之, 屢
求免, 不允, 九年, 筠, 單騎往天神寺, 以避之, 王, 命內侍郎將柳得義, 諭還, 使者絡繹, 筠
乃還, 改知都省事, 筠, 嘗誘尙書金貽永之女, 爲妻, 舊妻, 縱欲無節, 將軍慶大升, 素憤仲
夫所爲, 且筠, 圖尙公主, 王亦患之, 大升, 銳意討之, 旣殺筠, 因發禁軍, 分捕仲夫及有仁
·有仁子將軍群秀, 仲夫等, 聞變, 逃匿民舍, 悉捕斬之, 梟首于市, 中外大悅, 紹膺, 官至
知政事, 貪戀祿位, 年過七十, 尙不致仕.

■ 최충헌의 봉사십조(封事十條) : 『高麗史』 列傳42, 崔忠獻傳

忠獻, 與忠粹, 上封事曰, 伏見, 賊臣義旼, 性忍, 慢上陵下, 謀搖神器, 禍焰熾然, 民不聊生, 臣等, 陛下咸靈, 一舉蕩滅, 願陛下, 革舊圖新, 一遵太祖正法, 光啓中興, 謹條十事以奏,

[一] 昔, 祖聖, 統一三韓, 卜神京於松嶽郡, 於明堂位, 作宮闕, 爲子孫君王萬世所御, 頃者, 宮室災, 又從而新之, 一何壯麗, 而信拘忌之說, 久違臨御, 安知有負於陰陽耶, 惟陛下, 以吉日入御, 承天永命,

[二] 本朝官制, 計以祿數, 比乃差舛, 兩府及庶位, 閒有剩置, 祿不足, 爲弊甚鉅, 惟陛下, 準古省, 量宜除授,

[三] 先王, 制土田, 除公田外, 其賜臣民, 各有差, 在位者貪鄙, 奪公私田, 兼有之, 一家膏沃, 彌州跨郡, 使邦賦削, 而軍士缺, 惟陛下, 有司, 會驗公文, 凡所見奪, 悉以還本,

[四] 公私租賦, 皆由民出, 民苟困竭, 顧安所取足, 吏或不良, 惟利之從, 動輒侵損, 又勢家奴, 爭徵田租, 民皆然愁痛, 惟陛下, 擇良能, 以補外寄, 毋令勢家, 破民産,

[五] 國家, 分遣使, 統兩界, 察五道, 欲吏姦抑, 民沮而已, 今諸道使等, 應察不察, 但誅求, 以供進爲名, 勞郵以輸, 或充私費, 惟陛下, 禁諸道使供進, 專以問爲職,

[六] 今一二浮圖, 山人也, 常徘徊王宮, 而入臥內, 陛下惑佛, 每優容之, 浮圖者, 旣冒寵, 屢以事, 干穢聖德, 而陛下, 內臣, 勾當三寶, 以穀取息於民, 其弊不細, 惟陛下, 斥群, 使不跡于宮, 毋得息穀,

[七] 比聞, 郡國吏, 多逞貪, 廉恥道息, 諸道使, 置不問焉, 設有仁而清者, 亦不之知, 使其惡肆, 而清無益, 奈戒勸何, 惟陛下, 兩界都統, 五道按察使, 按吏能否, 具以狀聞, 能者擢之, 否者懲之,

[八] 今之廷臣, 不節儉, 修第宅, 理服玩, 飾以珍寶, 而異之, 風俗傷敗, 亡無日矣, 惟陛下, 具訓于百僚, 禁華侈, 尚儉嗇,

[九] 在祖聖代, 必以山川順逆, 創浮圖祠, 隨地以安, 後代, 將相群臣, 無僧尼等, 無問山川吉凶, 營立佛宇, 名爲願堂, 損傷地, 變屢作, 惟陛下, 使陰陽官檢討, 凡裨補外, 輒削去勿留, 無爲後人觀望,

[十] 省臺之臣, 主言事故, 上或不逮, 則有敢諫, 雖干逆鼎, 所甘心焉, 今皆低昂, 以苟合爲心, 惟陛下, 擇其人而後, 使直言在庭, 臨事或折,

書奏, 王, 嘉納之.

2. 고려와 원(元)·명(明) 관계[206]

1) 원(元)의 쇠미(衰微)와 명(明)의 흥기(興起)

공민왕은 일찍이 왕자로서 원에 머물러 있으면서 원의 노국 공주와 혼인하여 부마가 되었고, 원의 후원을 얻어 충정왕(忠定王)의 뒤를 이어 왕위에 올랐다. 이때 원은 이미 기울고 있을 때였으므로 공민왕은 즉위하자 곧 개혁정치에 착수했다. 그리고 공민왕은 5년(1356) 5월에 드디어 반원(反元)정책을 표명하게 되었던 것이다.

공민왕의 반원정책과 관련하여 주목할 것은 강남 지방에 할거하고 있던 군웅과의 해상교통이다. 이들 군웅과의 교류는 평화적 통상무역이었으나 이들이 모두 한인(漢人)이라는 점에서 정치적으로 중요한 의미를 내포하고 있다. 이와 같이 공민왕은 반원정책의 일환으로 강남에서 일어난 군웅과 자주 교류하였다. 그러나 공민왕의 반원정책은 원의 압력 아래 후퇴를 면치 못했다. 왜냐하면 중국 대륙에 아직 원을 누를 만한 강대세력이 나타나지 못했기 때문이었다.

공민왕의 반원정책이 원의 압력을 받아 동요하고 있을 때에 두 차례에 걸쳐 북방으로부터 홍건적(紅巾賊)의 침입이 있었다. 홍건적은 공민왕 초에 하북성(河北省) 영평(永平)에서 한산동(韓山童)·유복통(劉福通) 등이 일으킨 것으로서 백련교(白蓮教)를 배경으로 삽시간에 큰 세력으로 커졌다. 이들은 공민왕 4년에는 한산동의 아들 임아(林兒)를 추대하여 황제를 참칭하고 국호를 송(宋)이라고까지 하였다. 공민왕 6년에는 하남성·산서성·섬서성의 여러 곳을 노략질하였다. 그중 관선생(關先生)·파두번(破頭潘) 등이 이끄는 한 부대는 북진하여 7년 12월에 찰합이성(察哈爾省)의 상부를 무찔렀다. 다음해 정월에 다시 동진(東進)하여 요양행성(遼陽行省)을 함락시켰다. 그러나 원나라 군대의 반격을 만나 양분되어 그중 한 무리가 요동으로 쫓겨와 고려를 침범하게 되었던 것이다.

두 차례에 걸친 홍건적의 침입은 고려에 막대한 타격을 주었다. 하지만 이 변란을 통하여 공민왕은 원(元)에 대해 새로운 인식을 하게 되었다. 공민왕은 이미 공민왕 4년에 종정장상(從征將相)의 귀국 보고를 통하여 원나라 쇠미의 실정을 속속들이 알고 있었다. 그러나 원이 홍건적의 준동에 대하여 속수무책으로 거의 방관만 하고 있는 것을 보고 이제 원의 국력이 바닥을 드러내고 있음을 확실하게 파악할 수 있게 된 것이다.

홍건적의 동란이 있은 지 6년 만에 강남의 오국(吳國)에서 명(明)이 흥기한다. 명 태조(太

---

206) 고려와 원·명 관계에 대해서는 김성준, 「고려와 원명관계」, 『한국사 8』, 국사편찬위원회, 1974; 김성준, 「고려 말의 정국과 원·명관계」, 『한국사 20』, 국사편찬위원회, 1994; 김순자, 「여말선초 대원·대명관계 연구」, 연세대학교 사학과 박사학위논문, 2000; 김순자, 『한국 중세 한중관계사』, 혜안, 2007 참조.

祖) 주원장(朱元璋)은 처음 남방군웅의 하나인 곽자흥(郭子興)의 부하로 있었다. 주원장은 공민왕 4년 곽자흥이 죽자 오국공(吳國公)으로 독립하게 된다. 이로부터 그가 개국 칭제하기까지에는 13년의 긴 세월이 흐르지만 그동안 고려와는 아무 교섭이 없었다. 그 후 명이 중국 대륙에 강대 세력으로 등장하여 대도(大都)를 함락시키고 원을 북으로 달아나게 하였다. 공민왕은 명의 대도 함락의 소식을 듣고 서둘러 장자온(張子溫)을 명에 사신으로 파견하였다. 공민왕의 이와 같은 발 빠른 대응은 그만큼 명의 동정을 하루 속히 파악하여 원에 대한 대책을 세우려고 한 것으로 보인다. 명나라도 공민왕 17년 11월 사신을 고려에 보내 다음해 4월 하순에 개경에 도착하게 되었다. 고려는 이를 계기로 원의 연호 사용을 정지하였다. 그리고 같은 해 5월 중순에는 사신을 명에 보내어 홍무제(洪武帝)의 등극을 치하하고 봉작을 청했다. 명은 고려의 청원을 받아들였으며, 고려는 공민왕 19년 7월을 기하여 명의 연호를 사용하게 되고 이로써 고려와 명은 정식으로 국교를 수립하게 되었다.

고려와 명의 관계는 이처럼 짧은 시일 안에 순조롭고 평화적으로 성립된 것이 특징이다. 그 이유는 비록 원이 북쪽으로 쫓겨 가기는 했지만 아직 그 세력이 만만치 않았기 때문이다. 원은 아직 몽고(蒙古) 지방에서는 물론 요서·요동 지방에 강한 세력을 구축하고 있었다. 그렇기에 명이 북원(北元)을 완전히 제압하기 위해서는 고려의 후원이 필요했다. 반면에 고려도 원의 압제에서 완전히 벗어나기 위해서는 명의 후원이 필요했다. 이렇듯 고려와 명은 서로의 이해가 일치하여 서둘러 국교를 맺게 되었던 것이다.

2) 친원파(親元派)와 친명파(親明派)

공민왕 때 친원파와 친명파가 생겨 서로 대립하게 되는 것은 고려가 명과 정식으로 국교를 수립한 후부터이다. 고려 내부에는 아직도 전통적인 친원세력(親元勢力)의 기반이 잔존하고 있었으므로 외교정책을 둘러싸고 대립이 나타나게 되었다. 친명파가 공민왕을 정점으로 신진사대부(新進士大夫)로 구성되었는 데 반하여, 친원파는 전통적으로 원나라와 연결되고 있었던 권문세가(權門勢家)로 형성되어 있었다. 공민왕은 이러한 친원·친명의 대립관계 속에서 1374년에 반대파에 의하여 살해되었다. 이후 중립파인 이인임(李仁任)의 추대로 우왕이 즉위하자 고려는 원나라와 명나라에 걸치는 양면정책을 추구하였다. 이인임 일파는 우왕이 즉위하자 곧 명나라에 사신을 보내 그 승습(承襲)의 승인을 요청하는 한편 북원(北元)에 대하여는 사신을 파견하여 국교를 회복하였던 것이다. 그러나 우왕 때의 친원·친명 양 세력의 대립관계에 커다란 변화를 초래한 사건이 일어났는데, 그것은 명나라의 철령위 설치였다. 그렇지 않아도 명나라는 고려가 북원과 통하는 것을 힐책하고 무리한 공물을 요구하여 고려사신을 유배하는 등 고압적인 태도를 취하여 고려조정을 분개하게 하였었다. 그런데 1388년에는 원나라의 쌍성총관부 관할하에 있던 철령 이북의 땅을 명나라의 직속령으로 삼겠다고 통고하여 왔던 것이다. 이때 정권을 쥐고 있던 최영은 크게 분개하여 도리어 이 기회에 명나라가 차지한 요동지방까지 회복하려는 요동정벌을 계획하게 되었다.

마침내 고려는 우왕 14년인 1388년 최영이 팔도도통사가 되고, 조민수를 좌군통도사, 이성계를 우군통도사로 삼아 요동정벌에 나서게 되었다. 그러나 이성계 일파는 처음부터 국내외의 정세로 보아 요동정벌은 현실적으로 불가능하다고 판단하여 압록강 가운데의 위화도에서 회군하여 개경으로 돌아왔다. 그들은 반대파인 최영 등을 제거하고 우왕을 축출하여 정치적 실권을 장악하였다. 이것이 이성계가 고려를 넘어뜨리고 조선을 건국하는 계기가 되었던 것이다.

3. 대일관계(對日關係)[207]

1) 왜구(倭寇)의 발생(發生)과 그 성격

고려는 고종 10년(1233)부터 공양왕 4년(1392)에 이르기까지 159년간 왜구의 침입을 받아왔다. 특히 고려 말의 약 40년간은 왜구가 창궐하여 그 피해가 극심하였다. 고려는 북으로 대원(對元)·대명(對明)정책의 불일치와 전국에 걸친 왜구의 침입은 정치·경제·문화적으로 막대한 피해를 주었다. 이러한 일련의 관계가 고려를 멸망케 한 하나의 원인이 되었던 것이다.

우리나라의 기록에서 왜구(倭寇)라는 말은 이미 삼국사기에 등장하고 있다. 기록을 보면 신라 연안에 왜구가 침입하였음에서 볼 수 있고, 광개토왕의 비문에서도 왜구라는 말이 보이고 있다. 이때 왜구라는 말은 왜인(倭人)들의 구도집단(寇盜集團)이 침입하였음을 그대로 기록한 것으로 왜인침구(倭人侵寇) 등으로 표현되어 있다. 그러나 고려 말에 이르러 왜구의 약탈행위가 잦아지면서 하나의 술어화하여 구도(寇盜)행위를 표현하는 명사로 된 것이다. 따라서 왜구라는 말은 대략 13세기에서 14세기까지, 또는 16세기에 걸쳐 우리나라와 중국 연안에서 구도행각(寇盜行脚)하던 일본인의 해적적 집단에 대한 총칭으로

207) 고려시대 대일관계와 왜구에 대해서는 전기웅, 「나말여초의 대일관계사 연구」, 『한국민족문화』 9, 1997; 신석호, 「여말선초의 왜구와 그 대책」, 『국사상의 제문제』 3, 국사편찬위원회, 1959; 이현종, 「왜구」, 『한국사 8』, 국사편찬위원회, 1974; 나종우, 「홍건적과 왜구」, 『한국사 20』, 국사편찬위원회, 1994; 박종기, 「고려 말 왜구와 지방사회」, 『한국중세사연구』2 4, 2008; 이영, 「고려 말 왜구의 허상과 실상」, 『대구사학』 91, 2008; 이영, 「동아시아 국제 질서의 변동과 왜구 -14세기 후반에서 15세기 초를 중심으로-」, 『한일관계사연구』 36, 2010 참조.

사용된 것이라 할 수 있다.

왜구의 발생요인은 먼저 일본 측의 국내사정을 들 수가 있다. 이 무렵 일본 국내는 남북조쟁란(南北朝爭亂)으로 인해 정치적, 사회적으로 혼란한 때였다. 따라서 중앙통치권력이 지방에까지 제대로 위력을 발휘할 수가 없었다. 그 사이에 서부 일본지방의 연해민들이 집단화하여 해적으로, 또는 무력적 상인으로 변하여 인접지역이나 국가에 침입하여 약탈과 파괴행위를 자행했던 것이다. 또한 이들 왜구는 통상교역관계가 성립되어 있지 않으므로 생활필수품인 미곡(米穀) 등을 얻기 위하여 비정상적인 방법으로 약탈행위를 감행하였던 것이다.

한편 고려는 계속되는 내란과 외침으로 인한 전토(田土)의 황폐, 게다가 두 차례의 일본정벌에 따르는 국력 소모 등으로 어수선하였다. 이러한 상황에서 고려의 국력이나 국방력은 약화될 수밖에 없었다. 따라서 왜구에 대비한 방비나 토벌이 제대로 실시될 수 없는 상태였다.

왜구의 성격을 살펴보면 우선 왜구라는 그 명칭 자체가 약탈을 일삼는 구도(寇盜)집단으로서 비정상 수단에 의한 약탈자임을 쉽게 알 수 있게 한다. 말하자면 강도적 무력집단으로 살인·약탈·방화는 물론 창고분소(倉庫焚燒), 곡물약탈(穀物掠奪), 조선약탈(漕船掠奪), 촌락침탈 등등 잔인한 행동으로 일관하였다. 또한 이들 왜구는 상왜(商倭)로서의 일면도 있었다. 즉, 그들은 해적인 왜구이자 상왜(商倭), 즉 무역왜인(貿易倭人)으로서의 양면성을 가지고 있었다. 따라서 국교가 단절되어 통교나 무역왜인으로서의 활동이 불가능할 때는 왜구집단으로서 인접국가에 침입하여 인명납치(人命拉致) 등 약탈 행위를 하였다. 그리고 국교정상화가 되었을 때는 무역상왜(貿易商倭)로서 활동하였다. 따라서 그들의 근본 목적은 외국으로부터의 문물수입(文物輸入)이었다. 따라서 그들은 지방호족들의 경제적 이익의 추구에 부응하기 위해서 또는 서부 일본지방 변민(邊民)들이 곡물(穀物) 등 생활필수품을 얻기 위해서 가장 가까운 거리에 있는 우리나라에 침입해 들어왔던 것이다.

2) 대외정책(對倭政策)

가장 중요한 일은 왜구가 발생하지 않도록 근본대책을 수립하는 것이었다. 하지만 당장에 침입한 왜구로부터의 피해를 어떻게 해서 막고 줄이느냐 하는 것도 중요한 문제였다. 그러므로 고려에서는 침입 왜구에 대하여 양면으로 대처하였다. 하나는 가능한 한 그들을 회유하여 구도(寇盜) 행각을 중지시키는 일이고, 다른 하나는 무력으로써 직접 그들을 토벌하는 것이었다. 그러나 회유방법을 통한 구도행각의 중지계획은 실질적인 면에서 볼 때 일본의 혼란한 국내사정으로 어려운 일이었다. 또 고려 측의 노력이 곧바로 실시될 수도 없었다. 따라서 하루 속히 양국 사정이나 관계가 호전되어 무역상왜(貿易商倭)로서 전환되기 전까지는 어려운 일이었으므로 부득이 직접적인 대응책으로서의 토벌에 중점을 둘 수밖에 없었다. 결국 고려는 왜구에 대하여 소극적으로는 방지에 주력하고, 적극적으로는 침입왜구의 토벌과 나아가서는 대마도정벌까지도 단행하게 되는 것이다. 한편 왜구토벌을 위한 방안으로서 수군(水軍)의 강화와 함께 화약(火藥)·화포(火砲)도 제조하였다. 또한 일본에 사절을 파견하여 왜구 금지를 요청하기도 하였다.

이렇듯 고려시대에 있어서 그 말기에 나타난 왜구는 정치·경제·사회·군사 면에서 고찰할 때 간과할 수 없는 존재였다. 왜구는 그 구성원이 몰락한 무사와 영세한 농민이었기 때문에 소기의 목적을 달성하면 즉각 퇴각하여 그 소탕이 더욱 힘들었던 것이 사실이다. 또 그들이 그와 같이 잔인하고 난폭한 것은 그 구성원이 무식한 무사와 농민들인데다가 오랫동안의 내란으로 인하여 사회적 변혁과 도덕적 가치관이 전도됨으로써 비롯된 행위의 결과라고 할 수 있다.

당시 동아시아의 정세를 살펴보면 고려는 전제(田制)의 문란으로 인민의 생활이 곤궁하였고 군제(軍制)마저 해이하여 왜적을 막을 힘이 충분하지 못하였다. 또한 친원·친명파의 대립으로 국론이 통일되지 못하고 있었다. 중국은 원·명의 교체기로서 각지에서 내란이 꼬리를 물고 일어나고 있었다. 일본도 남북으로 갈려 싸움이 계속되어 왔기 때문에 정치·경제적으로 불안정한 시기였던 것이다. 이와 같은 시기에 동북면 경략과 왜구토벌에 공을 세운 이성계가 신흥세력으로 등장하여 구세력을 제거하고 전제개혁을 착수하여 그 기반을 굳히고 드디어는 새로운 왕조의 등장을 보게 되었던 것이다.

Ⅲ. 고려의 황도(皇都) 개경(開京)

1. 고려 수도 개경의 형성과 도시기능[208]

1) 개경의 도시 형성과 변화

王京開城府, 本高勾麗扶蘇岬, 新羅改松嶽郡.

---

[208] 도시는 정치·경제·군사·종교적 기능을 두루 갖춘 복합지역이지만 해당 사회에 따라 부각되는 도시 기능은 달라진다고 할 수 있다. 따라서 도시기능의 변화과정을 통해 도시발달의 양상을 규정할 수 있다. :정은정, 「고려전기 개경의 도시기능과 그 변화」, 『한국중세사연구』제11호, 2001를 적극 참고함.

"왕경개성부는 본래 고구려의 부소갑이다. 신라 때 송악군으로 고쳤다."

• 太祖二年, 定都于松嶽之陽, 爲開州, 創宮闕 (中略) 立市廛, 辨坊里, 分五部.

"태조 2년 송악의 남쪽에 도읍을 정하였다. 개주라 하고 궁궐을 창건했다. …(중략)… 시전을 세우고 방과 리를 나누고 5부로 나누었다."

• 光宗十一年, 改開京, 爲皇都.

"광종 12년 개경으로 고치고 황도로 삼았다."

• 顯宗二十年, 京都羅城, 成【王初卽位, 徵丁夫三十萬四千四百人, 築之, 至是功畢, 城周, 二萬九千七百步, 羅閣, 一萬三千閒, 大門四, 中門八, 小門十三, (中略) 一云, 丁夫二十三萬八千九百三十八人, 工匠八千四百五十人, 城周, 一萬六百六十步, 高, 二十七尺, 厚, 十二尺, 廊屋, 四千九百一十閒.】

"현종 20년에 경도(京都)의 나성(羅城)을 쌓았다.【왕이 즉위하여 정부 3십만 4천 4백인을 징발하여 이를 쌓았다. 이에 이르러 공사를 마치니 성(城)의 둘레가 2만 9천7백 보에 나각이 1만 3천 간, 대문(大門)이 4개, 중문이 8개, 소문이 13개였다. …(중략)… 혹은 이르기를 정부 2십만 8천9백3십 인, 공장 8천4백5십 인, 성의 둘레는 1만 6백6십 보, 높이는 2십7척, 두께는 12척, 낭옥은 4천 9백 10간이라고 한다.】"

• 忠烈王三十四年, 設府尹以下官, 掌都城內, 別置開城縣, 掌城外.

"충렬왕 34년에 부윤 이하의 관을 설치하여 도성 안을 관장케 하였다. 별도로 개성현을 두어 성 밖을 관장케 하였다."

• 恭愍王七年, 修松都外城.

"공민왕 7년 송도 외성을 수리하였다."

• 恭讓王二年, 分京畿, 爲左右道, (中略) 王都鎭山, 松嶽,【一名崧岳 · 嶺有神祠】又有龍岫山 · 進鳳山 · 東江【在貞州】 · 西江【卽禮成江】 · 碧瀾渡, 屬郡一 · 縣十二.

"공양왕 2년에 경기를 나누어 좌 · 우도로 삼았다. …(중략)… 왕도의 진산은 송악이다.【일명 송악(松岳)이라 하니 산봉우리 신사가 있다.】 또 용수산 · 진봉산 · 동강【정주에 있다.】 · 서강【곧 예성강이다.】 · 벽란도가 있다. 하나의 군과 열두 개의 현이 속해 있다."

- 『高麗史』 권56, 地理1 王京開城府 -

태조 2년 송악현과 개성현의 촌락적 경관까지 포함해 왕도 개주가 설정되었다. 송악군

(松嶽郡)은 본래 고구려의 부소갑(扶蘇岬)이었는데 태조 2년에 왕기(王畿)로 삼았다. 개성군(開城郡)은 본래 고구려의 동비홀(冬比忽)이었는데 태조 2년에 도읍을 송악의 남쪽으로 옮기면서 2군(郡)의 땅에 걸쳐 왕도(王都)가 정해진 것이다.[209] 개주는 명당으로 분지형 태의 폐쇄적 공간을 형성해 외부의 침입을 막기에 유리한 천혜의 요새였다. 또 개주 주변에는 포구가 발달해 예성강을 통한 서해 진출이 용이하였고, 개주를 둘러싼 충적평야로 인해 수취원의 항상적 확보가 가능한 지역이었다.

개주는 성종 14년 개성부(開城府)가 설치되기 이전에 공식적으로 고려의 왕도에 대한 호칭이었다.[210] 왕도는 국도(國都)·도성(都城)·경성(京城)·경사(京師)·황도(皇都)와 동일한 의미를 갖는 일반명사로서 수도를 지칭한다. 한국의 경우는 도성(都城) 외곽의 형태가 뚜렷하지 못해 왕성[王城, 재성(在城)]·도성(都城)·왕도(王都) 등이 구분 없이 혼용되어 왔다. 신라 경주도 왕도(王都)·경사(京師)·왕경(王京)·경성(都城)·금성(金城) 등으로 표현되었다. 금성은 정궁(正宮)이었던 월성(月城)과 함께 왕도 전체를 지칭하는 대명사로 쓰여 왕도와 도성은 수도 일반의 용례로 사용되었다.[211]

그러나 왕성과 도성은 엄밀히 따지자면 다른 개념이다. 왕성은 왕을 비롯한 일단의 지배계층이 거주하는 소규모의 성을 뜻하고 도성은 이 왕성을 중심으로 해서 주위에 형성된 도시, 곧 성곽 내를 총칭하는 개념으로 나성으로 둘러쳐진 형태를 의미한다. 고려시대수도 개경의 경우 현종 대 나성이 건설됨으로써 비로소 중국적 도성체제가 갖추어지므로 태조 2년 수도 건설 당시와 현종 대는 왕도에 대한 개념적 구별이 필요하다고 하겠다.

> 신라 송악군(松嶽郡)은 본시 고구려 부소갑(扶蘇岬)이요, 개성군(開城郡)은 본시 고구려의 동비홀(冬比忽)인데 고려 태조 2년에 철원(鐵原)으로부터 도읍(都邑)을 송악의 남쪽으로 옮기면서 2군(郡)의 땅에 걸쳐 개주(開州)를 두고는 궁궐을 창건하고 시전(市廛)을 세우며 방리(坊里)를 가리어 5부(部)로 나누었다.[212]

위의 자료에서 도읍으로 설정될 당시 왕도 개주는 송악군과 개성군의 2군의 땅에 걸쳐 정해져 있었다. 이 지역은 현종 대 나성으로 둘러싸일 일정 영역과 차후 경기지역으로 분리될 개성현의 촌락적 경관까지를 포괄하는 광의의 영역을 지칭한다. 그러므로 도읍으로 설정될 당시의 개주는 경성(京城)·왕성(王城)·도성(都城) 등과 비슷한 추상적 개념으로 개성현의 촌락적 경관까지 혼합되어 있는 지역이라 하겠다.

---

209) 『三國史記』 권35, 地理2.

210) 박용운, 『고려시대 개경연구』, 일지사, 1996, 44~49면.

211) 박방룡, 「都城·城址」, 『한국사론』 15, 1985, 341~342면.

212) 『新增東國輿地勝覽』 권4, 開城府(上) 山川條.

태조 때에는 기존의 송악군(松嶽城)과 발어참성(勃禦塹城)을 활용했다.[213] 발어참성의 중간을 가로로 막아 황성(皇城)을 삼았다.[214] 황성벽 안의 만월대터에 궁궐을 건조해 자연히 궁성(宮城)이 마련되었다.[215] 따라서 개경은 현종 대 나성이 건설될 때까지 궁성과 황성의 이중성체제로서 태조 때 이미 재성(在城)·나성(羅城)의 3중성 체제를 갖춘 서경(西京)[216]과 비교해서 성곽의 구조 면에서는 도읍으로서의 완성도가 떨어진다고 할 수 있다.

2) 개경의 도시기능

고려 초기 개경은 수도 건설 당시 여러 도시 시설을 갖춘 계획도시로 입안되었다. 그러나 정작 도시로서의 제 기능은 발휘하지 못하고 도성으로서 방어적 기능을 가졌다.

태조 이후 개경은 방어적 도시기능 위에 각종 도시 시설의 추가 확보와 배후지역의 확대를 바탕으로 국가 행정 통제의 정점으로 부각된다. 그 과정에서 개경은 주변의 농촌지역과 분리되고 도시적 실체를 갖추게 된다. 이때 도시의 자율적 성장은 저지되고 행정적 도시 기능이 확대, 강화되는데 그러한 점은 나성 건설과 경기 확대의 과정을 통해 살필 수 있다. 또한 문종 이후 개경은 종래의 행정적 도시기능 위에 새로이 상업적 도시기능이 추가되어 도시로서는 완성된 체제를 갖추게 된다. 이 같은 개경의 도시기능 확대와 도시화는 국가의 전국적 지배력 관철 속에서 나타나지만 국가기강이 해이해지는 문종 대 이후에는 개경의 도시적 팽창은 오히려 왕권강화에 저해되기 때문에 이에 대한 해결책이 필요했고 그것이 천도론으로 귀결되는 상황까지 이르렀다.

고려 수도 개성의 도시 조성에서는 새로운 왕조가 창설되었다는 것을 과시하고 전(前)왕조와의 차별성을 표현하기 위해서, 새로운 도시도형(都市圖形)을 채택하여 이에 맞는 위치로 수도를 옮기고 그 경관적 특징을 정치적 목적을 위해 부각시켰다.[217]

213) 조선기술편찬위원회, 『조선기술발전사 3-고려 편』, 1994, 70~71면.
214) 전룡철 등의 개성성 발굴 성과 이후 대부분의 연구자들은 발어참성의 하반부를 황성으로 이해하고 있으나 (전룡철, 「고려의 수도 개성성에 대한 연구(1)」, 『력사과학』 2호, 1980), 신안식은 고려 초기까지 발어참성이 外城 역할을 했으며 광종 대 皇都라는 용어의 등장으로 발어참성이 황성으로 개칭되었고 현종 20년 나성의 완성으로 황성은 점차 개경 성곽 혹은 국왕과 관련된 일반명사화 되었다고 한다(신안식, 「고려전기의 築城과 개경의 황성」, 『역사와 현실』, 38, 2000).
215) 전룡철, 앞의 논문, 19~20면.
216) 『高麗史』 권1, 太祖 5년 및 21년, "太祖五年 西京築在城 太祖二十一年 秋七月 築西京羅城"; 『高麗史』 권82, 志 36 城堡.
217) 김한배, 『우리 도시의 얼굴찾기-한국 도시의 경관변천과 정체성 연구-』, 태림문화사, 1998.

2. 개경의 도시형태

개경의 도시형태는 동 시기의 당의 장안성과는 달랐다. 당 장안성은 평지성으로 주례
고공기의 정전제적 질서가 도성공간에 반영되었다. 궁성은 북단에 위치하고 종묘(宗廟)
와 사직단(社稷壇), 관서(官署)는 황성 안에 집중되었다. 동시(東市)와 서시(西市)는 남북
주간선도로의 양측에 대칭되는 구조였다.[218] 그런데 개경은 평산성(平山城) 형식으로 궁
성(宮城)은 정궁(正宮)인 본궐(본대궐, 만월대)이 서북쪽 언덕에 치우쳐 있다.[219]

전조후시(前朝後市)의 주례적(周禮的) 원칙은 천자(天子)가 남면(南面)하므로 관아는 궁
궐의 남쪽에 위치하고 시장은 북쪽에 위치하게 된다. 그런데 개경의 관아건물은 황성(皇
城)의 동문인 광화문(廣化門)으로부터 십자로(十字街)를 잇는 관도(官道)에 배치되어 궁궐
의 동쪽에 위치하게 되었다. 고려의 시전거리는 간선도로변에 위치해 송(宋)나라 개봉성
의 도시모델과 유사하다고 할 수 있다.[220] 송의 개봉성은 도시 내부를 가로(街路)로 구획
하던 당대의 방제(坊制)와 시제(市制)가 해체되면서[221] 간선도로변의 행랑에 도로가 위치
하는 형태가 되었다. 그러한 중국의 시전 형태의 변화가 고려의 시전배치에도 영향을 주
었다고 할 수 있다. 또 개경의 도성 안에는 주작대로는 보이지 않고 도로는 자연 지세를
따라 불규칙한 형태를 띠고 있다.

도성공간의 분배로 도시 외형을 갖춘 후 태조는 수도 내부시설의 정비에도 주력했다.
태조 3년에는 행정시설을 정비하고 시전을 건립하고 개경 유암(乳岩)에 유시(油市)를 설
치했다.[222] 또 수도의 권위를 장엄하게 하기 위해 도성 내에 사찰을 건립하기 시작했
다.[223] 그러나 태조 대 왕도는 총체적 도시기능을 발휘하지는 못하고 있다. 당시는 후삼
국 통합전쟁이 주요 과제였고 그로 인해 개경은 방어적 도시기능이 선행되었기 때문이
다. 개경의 전신은 방어적 기능에 충실한 성주(城主)・장군(將軍)의 숙영지적 성격을 지
녔다.[224] 요컨대 개경은 분지지형으로 군사작전을 펼치기에 유리해 방어와 공격의 전진

218) 伊原弘, 『中國人の都市と空間』, 原書房, 1993, 33면; 이규목, 『도시와 상징』, 일지사, 1992, 98~102면;
　　駒井和愛, 『中國都城・渤海硏究』, 雄山閣出版, 1997, 12~15면; 賀業鉅/윤정숙 역, 『중국 도성제도의
　　이론』, 이회, 1995, 246면.

219) 이원교, 「전통건축의 배치에 대한 지리체계적 해석에 관한 연구」, 서울대 건축학과 박사학위논문, 1992, 145
　　~146면; 町田章, 「中國都城との比較」, 『古代の都城』, 季刊考古學 第22號, 雄山閣, 1988年 2月, 87면.

220) 서성호, 「한국중세의 도시와 사회」, 『동양 都市史 속의 서울』, 서울시정개발연구원, 1994, 198~203면; 장
　　지연, 「여말선초 遷都논의와 한양 및 개경의 도성계획」, 서울대 석사학위논문, 1999, 29면.

221) 斯波義信, 『宋代商業史硏究』, 風間書房, 1968.

222) 『三國遺事』 권1, 王曆1 太祖 庚辰.

223) 한기문, 『고려사원의 구조와 기능』, 민족사, 1998.

기지였다. 따라서 초창기 개경의 도시기능은 무엇보다 전략적 요충지로서의 방어적 기능이 중점적으로 표출되었다고 할 수 있다.

3. 도시 공간의 확대

고려 중앙정부가 왕도를 행정의 구심점으로 부각시키려는 노력은 왕경 내외의 각종 시설의 추가 정비로 이어졌다. 먼저 수취원의 안정적 확보를 위해 구휼기관을 마련하였다.[225] 또한 전국 부세의 최종 결집처로서 개경에 경창(京倉)이 설치되었다.[226] 이를 통해 기층민의 안정적 수도정착과 국도(國都) 중심의 경제권 편성을 도모했다고 할 수 있다.

성종 대를 거치면서 도성 내의 시설은 중앙기구로 확립되어 왕도는 전국 통치행정의 중심지로 부각되기 시작했다. 이때 대부분의 관아시설은 광화문 내외 특히 장가(長街)와 그곳으로부터 십자로(十字街)에 이르는 지역에 밀집해 있어 관부(官府) 상호 간에 연락의 신속함과 행정집행의 효율성을 기하고 있었다.

• 成宗六年, 更定五部坊里, 十四年, 爲開城府, 管赤縣六·畿縣七.

"성종 6년 다시 오부 방리를 정하였다. 14년에 개성부라 하여 적현 여섯과 기현 일곱을 관할하였다."

• 顯宗九年, 罷府置縣, 令管貞州·德水·江陰三縣, 又長湍縣令, 管松林·臨津·兎山·臨江·積城·波平·麻田七縣, 俱直隷尙書都省, 謂之京畿.

"현종(顯宗) 9년에 부를 폐지하고 현을 두었다. 영을 내려 정주·덕수·강음 세 현을 관할케 하였다. 또 장단 현령으로 송림·임진·토산·임강·적성·파평·마전 일곱 현을 관할케 하였다. 모두 상서도성에 직속하게 하고 이를 일러 경기라 하였다."

• 顯宗十五年, 又定京城五部坊里.

"현종 15년에 또 경성의 오부 방리를 정하였다."

－ 『高麗史』 권56, 地理1 王京開城府 －

위 사료에서 보이는 바와 같이 왕경에 관료가 정착하고 인구가 집중되면서 거주지역

---

224) 『高麗史』 권1, 高麗世系에서 궁예가 왕건을 勃禦塹城의 城主로 삼았다는 사실은 이를 시사한다.
225) 『高麗史』 권80, 食貨3 常平義倉.
226) 김재명, 「고려시대의 京倉」, 『청계사학』 4, 1987, 64~70면.

으로서 5부방리는 성종 6년, 현종 15년까지 확대 개편되고 있다.[227]

나성(羅城) 건설의 결과 수도 개경은 중국적 도성체제를 갖추게 되었고 종래 궁성(宮城)·황성(皇城)의 이중성(二重城)만 존재하다가 세 겹의 방어망을 구축하면서 도읍으로서의 위상을 갖추게 되었다. 한편으로 성종 대까지의 왕도(王都)는 개성현의 촌락적 경관까지 포괄되었지만 현종 대 나성의 성곽은 송악현만 둘러싸게 되었다. 이로써 송악현은 왕도의 핵심지역이 되었고 나머지 개성현은 경기를 구성하는 지방으로 전락하게 되었다. 따라서 나성 건설 이후에는 왕경이라 함은 곧 송악현만을 지칭하게 되어 왕도의 실질적 영역은 축소되었다. 또한 나성이 백성들의 일상 생활공간을 아우르게 되면서 고려 수도 개경은 중국적 도성체제를 갖추게 되고 왕도와 도성이 지칭하는 영역도 일치하게 되었다.

한편 나성이 건설되고 왕도의 도시적 범주가 명확해지면서 사교(四郊)의 성립도 확인된다. 사교지역은 나성의 외곽으로부터 경기지역의 경계에 해당되는 곳으로 동·서·남·북교(東·西·南·北郊)를 지칭한다.

사교와 접경지대로서 이후 적기 13현 지역으로 포섭될 개경 서북부 일대는 모두 경기 이북을 통과하는 역로에 집중해 있었다. 또한 이 지역은 예성강 한강 임진강 유역의 내륙 수운까지 활용할 수 있는 곳으로서 육상과 수상 교통상의 요충지였다. 여기에 성종 대 대송(對宋) 북로(北路) 코스의 중요 항인 옹진(甕津)·정주(貞州)·풍천(豊川) 등지와 가까이 있다. 따라서 사교 및 성종 대 적기 13현으로 포섭될 지역은 교역의 결절지로서 비교적 상업적 이윤 획득이 용이해 도시성장의 기반을 갖춘 지역이라 할 수 있다.

나성 건설로 사교(四郊)가 성립되어 도시공간의 팽창과 함께 상업발달의 여건은 갖추어졌다. 하지만 도시성장 지표로서의 교통과 상업은 국가의 통제 속에서 규제되었으므로 개경의 도시성격·도시발달의 단계는 행정적 면모가 두드러졌다고 할 수 있다.

4. 개경의 도시화

고려 전기 이후 국내 정치가 안정되면서 행정체제가 정비되었고 이를 바탕으로 왕도 개경의 행정적 도시기능도 정착되었다. 왕도의 행정적 도시기능은 도성 내외의 정비와 함께 경기제(京畿制) 실시 속에서 확대 재생산되었다. 경기지역은 수도를 주변에서 보호하는 지역으로 성종 대 적기 13현제를 시작으로 문종 대까지 양광도 서해도 교주도 전역에 걸쳐 확대되었다. 경기지역에 시지(柴地)를 지급함으로써 문무백관과 봉건적 질서를

---

227) 『高麗史』 권77, 百官2 五部; 권56, 地理1 王京開城府; 『高麗史節要』 권2, 顯宗 15년.

유지할 수 있었으므로 경기 확대는 곧 국가집권력의 확산 과정이자 왕도 주변지역에 대한 행정적 통제의 강화를 의미하는 것이다.

국가의 사적 부분이 증가되는 추세 속에서 성종·현종 대 다져진 개경의 행정적 도시기능도 변질되고 새로이 상업적 도시기능이 추가되어 나갔다. 개경의 도시기능이 상업적으로 전환하게 된 요인으로 대외교역과 국내유통의 성장을 들 수 있겠다. 문종 대는 특히 대외교역의 발달에 편승한 귀족문화가 꽃을 피워 개경의 문벌귀족층 간에는 금·은제 등 금속제품, 자기·금은·능라 등의 고급견직물, 개인용 불구류(佛具類) 등 고급 수공업품 수요가 많았다.228) 한편으로는 개경 지배층의 생활에 불교적 음다문화(飲茶文化)가 정착하고 불교교단의 각종 행사에 차(茶)가 중시되면서 청자(靑瓷)에 대한 수요가 증대되어 갔다.

1) 육·수상 교통망의 정비

육상 수송로로서 공무수행을 위한 역도망(驛道網)은 문종 대 남경 건설을 계기로 청교도뿐만 아니라 충청주도(忠靑州道)·평구도(平丘道)·광주도(光州道) 등 개경 이남을 연결하는 역도망이 갖추어졌다. 거기에 문종 이후 건립된 사찰은 개경을 벗어나 점차 외곽의 요로에 위치해 전국 규모의 인구이동에 중요한 역할을 전담하였다. 대찰에서 개최되는 종교행사로 인해 상경인구가 많아지면서 이들을 상대로 한 상업활동도 성행하게 되었다. 개경과 남부 각 지역을 연결하는 육상교통망은 역로체제의 완료와 원관 건립을 통해 완비되었던 것이다.

해상교통망으로서의 조창(漕倉)도 문종 대 완료되었다. 조창 중 충주의 덕흥창(德興倉), 흥원창(興源倉)은 한강지역의 내륙수운을 보강하는 시설로229) 한강을 거슬러 경창(京倉)으로 통하는 조운이다. 한강 유역의 조창 확보를 계기로 종래 예성강의 제한된 수역만 활용하던 개경은 한강 이남의 전체 내륙수운을 활용할 수 있게 되었다. 적어도 문종 이후가 되면 전국적으로 확보된 육·수상의 교통시설로 인해 상인의 이동범위가 넓어지면서 각 지역의 상권을 망라할 수 있었다.

개경을 기점으로 한 육·수상 교통시설의 확대를 통해 개경은 도시 성장의 결정적 요소를 갖추게 되었다. 지역 간의 원활한 연결을 바탕으로 주변지역을 개경 중심의 도시적 영향권으로 흡수할 수 있었다. 이렇듯 개경과 주변지역의 상권이 연결되고, 성종 대 결렬되었던 대송관계가 문종 대 재개되고 대송루트가 남로로 전환하게 되면서230) 개경의 도

---

228) 서성호, 「고려전기 수공업연구」, 서울대 박사학위논문, 1997, 85~94면.

229) 『東史綱目』 권6, 成宗 11년; 『新增東國輿地勝覽』 권46, 倉庫 原州牧; 『東國輿地志』 권7, 原州牧.

시적 영향력이 외곽으로 확대되었다.

2) 도시의 성장

> 벽란정(碧瀾亭)은 예성항의 언덕에 있는데 왕성(王城)에서 30리 떨어져 있다. …(중략)… 곧바른 동서(東西)의 도로(道路)가 있는데 왕성(王城)으로 통하는 길이다. 도로의 좌우측에 10여 호 정도의 민가가 있고 …(하략)…231)

> 선의문(宣義門)은 곧 왕성(王城)의 정서문(正西門)이다. …(중략)… 중간의 문은 항상 열어놓지 않고 왕이나 사신들이 출입할 때만 연다. …(중략)… 벽란정에서 서교(西郊)에 이를 때는 바로 이 문을 지나야 들어갈 수 있는데 왕성(王城)의 문으로는 이 문이 가장 크고 화려하다. 그런데 이 문은 북송조정의 사신을 위해 만든 것이다.232)

대송 사절단은 한강 유역의 군산도·자연도로부터 예성강 벽란정, 선의문 밖 5리의 서교, 선의문을 통과했다. 그런데 서교(西郊)에는 산예역(狻猊驛)233)과 송사신이 쉬어 가는 국청사(國淸寺)234)가 있어 도성 내외의 교류가 활발한 지역이다. 특히 문종 이후 서교는 대송교역의 활황으로 상업발달의 영향력이 확대되어 갔다. 한편 동교(東郊)는 대체로 농업경제적 기반을 가진 지역이라 하겠다. 하지만 문종 대 동교 일대에 소재한 흥왕사에 종교행사와 상행위를 목적으로 한 지방인구의 이동이 많아지게 되면서 상업적 활기를 띠게 되었다.

개경의 도시로서의 성장은 국가체제 정비과정과 맞물려 이루어지고 있다. 왕경의 5부방리, 경기제 개성부 개편이 이루어져 도시의 행정적 기능이 추가 확대되면서도 문종 대에는 사적 부분의 침투로 도시기능이 이완된다. 이때 새로이 상업적 도시기능이 확산되고 전국적으로 확보된 교통망과 대납제의 시행으로 인해 개경과 지방사회가 연결되면서 고려 사회는 중앙과 지방의 이원적 발전을 극복했으리라 여겨진다.

---

230) 『高麗史』 권3, 成宗 13년 6월; 권8, 文宗 25년 3월, 28년.

231) 『高麗圖經』 권27, 官舍 碧瀾亭.

232) 『高麗圖經』 권4, 門闕 宣義門.

233) 『新增東國輿地勝覽』 권4, 開城府(上) 山川, 驛院條.

234) 『高麗圖經』 권17, 祠宇 國淸寺.

5. 개경의 인구집중과 도시문제

수도 및 경기지역은 상품경제의 발달에 편승하여 인구집중, 생계수단의 분화, 주택문제, 경제범죄 등 다양한 도시문제의 온상이 되었다.

12세기 개경은 전국 호구 추산 250~300만 명의 17%에 준하는 50만 명 정도의 인구가 집중되었다. 이때 개경의 인구는 오정문(午正門) 밖의 황교(黃橋) 일대인 서교(西郊)와 숭인문(崇仁門)과 보정문(保定門) 밖의 청교(靑郊)와 적전(籍田)이 있는 일대를 지칭하는 동교(東郊)를 포함하는 도성(都城) 외의 지역 인구이다.[235] 따라서 실제 수도권지역 전체 인구를 감안한다면 더 많은 인구의 집중이 있었을 것으로 예견된다.

개경 인근에 인구가 집중하게 되는 계기는 12세기 농업발전의 추세와 맞물려 있다고 생각된다. 12세기에 농업생산력 발전의 양상은 강하천유역 등 저습지의 간척사업과 함께 진행되었다. 이러한 사업은 유리민을 투입해 기층사회를 안정시키는 방향에서 이루어졌을 것인데 그 결과 사교 일대와 경기지역에 인구가 집중되었을 것으로 생각한다.

개경을 중심으로 한 수도권 지역에 인구가 포화되면서 중앙정부는 도시정비를 서두르게 되었다. 육지와 강 유역을 이어주는 접점으로서 교량을 보수 증축하면서 통행인구의 편의를 제공해 주었다. 또한 시가지 위생에 대한 점검작업으로서 해당 관청에 검시(檢屍)를 독려하고 환경에 대한 개선책으로서 송악산에 나무를 심어 장마에 대비하고 있다.[236]

한편 개경으로의 인구유입이 진행되면서 도성에는 무녀(巫女)들이 출현하는가 하면 기층민은 생존을 위한 자구책으로 매음에 투신하거나 인신매매를 할 정도까지 이르렀다. 개경에 빈부격차가 만연하고 향락문화가 성행하게 된 것은 부(富)의 심각한 양극화 현상을 반영한다고 하겠다.

> 서울의 골목에 얼굴을 단장하고 매음을 가르치는 자가 있었는데 그 고움의 정도에 따라 값을 올리고 내리는데 …(중략)… 또 사람시장이 생겨 작년부터 장마와 가뭄에 백성이 먹을 것이 없어서 남편은 아내를 팔고 주인은 종을 팔아 저자에 늘어놓고 싼값에 매매하고 있다.
>
> - 『동문선(東文選)』 권96, 시사설(市肆說) -

> 노는계집 얼굴 꾸민 것이 거의 기생을 닮았고　／ 遊女冶容多效妓
> 사는 백성들 머리 깎으니 반은 중이구나　／ 居民祝髮半爲僧
> 강이 야단스레 우니 비로소 조수 소리인 줄 알겠고　／ 江喧始識潮聲漲

---

235) 박용운, 앞의 책, 1996, 162면.
236) 『高麗史』 권11, 肅宗 6년 3월; 권12, 睿宗 元年 2월.

땅이 뜨거우니 찌는 장기를 어찌 견디랴.　　　　　　/ 地熱那堪瘴氣蒸

- 『동국이상국집(東國李相國集)』 권6, 사평진(沙平津)에서 자면서 -

　수도 개경은 인구의 다수 집중으로 경제관계의 변동을 둘러싸고 각종 도시문제가 발
생했다. 개경의 인가가 개미집처럼 밀집하고, 도성 내의 주요 가로(街路)는 수백 간의 장
랑(長廊)으로 연결되어 벌집처럼 보였다.[237] 태조가 수도계획 시 구상한 가로망은 각 성
문을 중심으로 하여 간선도로를 긋고 도로를 따라 도성(都城) 내 택지를 조성하는 등의
규칙적 양상을 보였다. 그러던 것이 개인의 필요에 의해 도로를 잠식하면서까지 택지(宅
地)가 조성되면서 골목길이 많아지고 도로도 협소하게 되었다. 그 결과 개경의 도시경관
은 건국 초기와는 다른 형태로 변하게 되었다.

　수도 개경은 도시적 기능이 확대, 팽창되면서 부정적 측면이 노정되었다. 당시 비대해
진 개경의 도시세력으로는 국정전개가 곤란해졌다. 문종과 숙종 대 제기된 천도론은 이
러한 문제점을 해결하기 위한 타결책으로 제기된 것이다. 문종 대 남경을 경영하는 차원
에 그쳤던 데 반해 숙종 대는 천도논의가 본격화되었다. 이러한 천도론은 개경의 도시세
력의 팽창을 제어하면서 왕권강화를 위해 기층사회의 동요를 적극 활용한 정책이 아닐
까 한다. 그런데 천도론은 천도 예상지가 수도로서의 기능을 갖추었을 때 혹은 국왕의
집권력이 이들 반대세력을 무마할 수 있을 정도로 성장했을 때 제기될 수 있는 것이다.

　천도지로서의 남경은 고려의 중앙에 입지하여 공간의 중심성과 행정통치의 효율성을
지리적으로 보장받을 수 있었다. 또한 남경은 내륙수로와 육상교통의 결절점에 입지하여
타 지역과의 교류가 용이했다. 이뿐만 아니라 천혜의 자원과 주변의 충적평야로 수취원
의 안정적 확보가 가능했기에 경제적 효용성이 풍부한 지역이었다. 남경은 지리적으로
이미 보안기능과 행정 통치의 중심성을 확보했으며 동시에 경제성까지 갖추어 수도로서
의 기본 조건을 구비한 상태였다. 이 지역은 12세기 이후 한강 유역에 농경지의 양적 증
대와 대송루트의 남로(南路) 전환으로 경제력이 급부상하였다. 남경의 도시성장의 가능
성으로 인해 천도론이 제기되었던 것이다. 하지만 천도론은 기존의 수도 개경을 폐기할
정도로 적극적인 도시정책이라고는 볼 수 없다. 고려 전기부터 도시화 과정을 통해 개경
이 주변 지역의 이점까지 모두 흡수 포용한 상태에서 개경을 쉽게 포기할 수는 없었던
것이다. 결국 천도가 실패한 근본적인 원인은 두 가지로 볼 수 있다. 하나는 천도 추진세
력의 실각으로 천도론 자체가 입지를 상실했다는 점이다. 다른 하나는 천도 추진이 국왕
과 측근세력의 권력구축 작업의 일환으로 진행되었으므로 전체 개경세력의 지지를 얻지

---

237) 『東文選』 권2, 三都賦.

못한 때문이다. 또한 이미 수도로서의 정비과정을 통해 도시기능을 모두 갖춘 개경에 대적할 만한 도시가 전무했던 때문이기도 하다. 여기에 개경 근기 지역민들이 과다한 수취, 궁궐창건과 순행 시의 민력동원 등으로 인해 심각한 피해를 입어 천도의 역사(役事)를 감당할 인력과 재력이 고갈되었던 점도 한 요인이 되었을 것이다.

※ 조선시대 상업(商業)도시 개성(開城)

고려시대를 거쳐 조선시대에 이르기까지 개성이 오랜 기간을 통하여 상업의 중심지로서 각광을 받을 수 있기까지에는 크게 자연적 조건과 사회적 조건을 충족시킬 수 있는 요인이 중요하게 작용했다.

첫째, 지리적으로 개성은 한성과 가까우면서 서쪽으로 중국과도 가까운 위치에 있어 중국무역의 중심지로서 개발되어왔다는 점을 들 수 있다. 개성은 중국의 물산이 서울로 유입되는 길목에 있어서 다른 지역과 비교하여 상업상 유리한 위치를 점하고 있었다.

둘째, 조선왕조 건국 후 개성상인들이 새로운 왕조의 등장에 불복하였으므로 정부에서도 이들을 등용하지 않았고, 이 때문에 그곳 사대부의 후예들이 학문을 버리고 상업에 종사하는 사례가 많았던 점을 들 수 있다. 고려왕조의 유민(遺民)으로서 조선왕조와 타협하지 않는 생활을 유지하기 위하여 이들 지식인들이 상업으로 전업(轉業)하였다. 이는 당시 사회상황으로 미루어 가장 높은 지식수준을 갖춘 상인군(商人郡)의 등장을 가져왔다. 결과적으로 상술이 뛰어나 성공을 거두는 사례가 많게 되었다.[238]

이와 함께, 개성인들은 고려시대를 통하여 활발히 해외무역을 벌였던 고려상인들이 개성상인의 핵심을 이루고 있었던 것 또한 주목하여야 할 사실이다. 특히 조선시대 전반을 통하여 끊이지 않던 쇄국정책 때문에 민간인들의 사사로운 해외무역이 매우 미미하여 결과적으로 국내의 상업계를 장악하는 개성상인의 출현을 돕는 결과를 낳고 말았다.

개성상인의 위치는 조선왕조의 후기로 접어들어서도 변하지 않았을 뿐 아니라 오히려 더욱 확고해져서 개성은 실제로 전국 제일의 상업도시로 발전해 갔다. 자연히 조선왕조는 개성에 대하여 타 지방과 비교하여 월등히 많은 공물을 요구하는 등 경제적 부담을 무겁게 하는 한편 상업도시로서의 특성을 참작하여 제도적인 면에 있어서도 특례를 적용하는 것이 상례화되었다.[239]

---

238) 유봉학, 「조선 후기 개성지식인의 동향과 북학사상 수용: 최한기와 김택영을 중심으로」, 『규장각』 16, 1993.

또한 개성이 상인들의 도시로 성장하게 된 데는 여러 가지 배경이 있었지만, 그 가운데 땅은 좁고 백성은 많아서 농사만으로 살기 힘든 점도 그 한 이유가 되고 있었다[『松都志』(1648) 土俗, "民多田小 一人所耕 不過一日"].[240]

〈관련 사료(關聯 史料)〉

■ 高麗 首都 開京 關聯 原文 資料

□ 王京開城府

王京開城府, 本高勾麗扶蘇岬, 新羅改松嶽郡.

• 太祖二年, 定都于松嶽之陽, 爲開州, 創宮闕,【會慶殿, 後改承慶, 膺乾殿, 改奉元, 長齡殿, 改千齡, 含慶殿, 彼向福, 乾明殿, 改儲祥, 明慶殿, 改金明, 乾德殿, 改大觀, 文德殿, 改修文, 延英殿, 改集賢, 宣政殿, 改廣仁, 明殿, 改穆淸, 舍元殿, 改靜德, 萬壽殿, 改永壽, 重光殿, 改康安, 宴親殿, 改睦親, 五星殿, 改靈憲, 慈和殿, 改集禧, 正陽宮, 改書和, 壽春宮, 改麗正, 望雲樓, 改觀祥, 宜春樓, 改韶暉, 神鳳門, 改義鳳, 春德門, 改?通, 大初門, 改泰定, 閶闔門, 改雲龍, 會日門, 改利賓, 昌德門, 改興禮, 開慶門, 改皇極, 金馬門, 改延水, 天福門, 改紫宸, 通天門, 改永通, 景陽門, 改陽和, 安祐門, 改純祐, 左古承天門, 改通嘉, 左右宣慶門, 改敷祐, 左右延祐門, 改奉明, 延守門, 改教化, 長寧門, 改朝仁, 宣化門, 改通仁, 興泰門, 改芬芳, 陽春門, 改廣陽, 大平門, 改重化, 百福門, 改保化, 通慶門, 改成德, 東化門, 改慶度, 西化門, 改向成, 大淸門, 改淸泰, 永安門, 改興安.】立市廛, 辨坊里, 分五部.

• 光宗十一年, 改開京, 爲皇都.

• 成宗六年, 更定五部坊里, 十四年, 爲開城府, 管赤縣六·畿縣七.

• 顯宗九年, 罷府置縣, 令管貞州·德水·江陰三縣, 又長湍縣令, 管松林·臨津·兎山·臨江·積城·波平·麻田七縣, 俱直隷尙書都省, 謂之京畿.

• 十五年, 又定京城五部坊里,【東部, 坊七, 里七十, 曰安定坊, 奉香坊, 令昌坊, 松令坊, 楊堤坊, 倉令坊, 弘仁坊, 南部, 坊五, 里七十一, 曰德水坊, 德?坊, 安興坊, 德山坊, 安申坊, 西部, 坊五, 里八十一, 曰森松坊, 五正坊, 乾福坊, 鎭安坊, 香川坊, 北部, 坊十, 里四

239) 김영수, 「한국 자본주의 가치관의 역사적 전통: 조선시대 개성상인의 상업활동을 중심으로 한 고찰」, 『동아연구』 제43집, 2002, 137~138면.
240) 양정필, 「19세기 開城商人의 資本轉換과 蔘業資本의 成長」, 『학림』 제23집, 2002, 31면.

十七, 曰正元坊, 法王坊, 興國坊, 五冠坊, 慈雲坊, 王輪坊, 堤上坊, 舍乃坊, 師子岩坊, 內天王坊, 中部, 坊八, 里七十五, 曰南溪坊, 興元坊, 弘道坊, 髻溪坊, 由岩坊, 變羊坊, 廣德坊, 星化坊.】

• 二十年, 京都羅城, 成, 【王初卽位, 徵丁夫三十萬四千四百人, 築之, 至是功畢, 城周, 二萬九千七百步, 羅閣, 一萬三三千閒, 大門四, 中門八, 小門十三, 曰紫安, 曰安和, 曰成道, 曰靈昌, 曰安定, 曰崇仁, 曰弘仁, 曰宣旗, 曰德山, 曰長霸, 曰德?, 曰永同, 曰會賓, 曰仙溪, 曰泰安, 曰髻溪, 曰仙嚴, 曰光德, 曰乾福, 曰昌信, 曰保泰, 曰宣義, 曰猷猊, 曰永平, 曰通德, 又皇城二千六百閒, 門二十, 曰廣化, 曰通陽, 曰朱雀, 曰南薰, 曰安祥, 曰歸仁, 曰迎秋, 曰宣義, 曰長平, 曰通德, 曰乾化, 曰金耀, 曰泰和, 曰上東, 曰和平, 曰朝宗, 曰宣仁, 曰靑陽, 曰玄武, 曰北小門, 一云, 丁夫二十三萬八千九百三十八人, 工匠八千四百五十人, 城周, 一萬六百六十步, 高, 二十七尺, 厚, 十二尺, 廊屋, 四千九百一十閒.】

• 文宗十六年, 復知開城府事, 都省所掌, 十一縣, 皆屬焉, 又割西海道平州任內牛峯郡, 以隸之.

• 忠烈王三十四年, 設府尹以下官, 掌都城內, 別置開城縣, 掌城外.

• 恭愍王七年, 修松都外城.

• 恭讓王二年, 分京畿, 爲左右道, 以長湍·臨江·兎山·臨津·松林·麻田·積城·坡平, 爲左道, 開城·江陰·海?·德水·牛峯, 爲右道, 又依文宗舊制, 【文宗二十三年正月, 以楊廣道漢陽·沙川·交河·高峯·?讓·深岳·幸州·海等州·見州·抱州·峯城·金浦·陽川·富平·童城·石泉·荒調·黃魚·富原·果州·仁州·安山·衿州·南陽·守安·交州道永興·兎山·安峽·僧嶺·朔嶺·鐵原·西海道延安·白州·平州·俠州·新恩·牛峯·通津·安州·鳳州·瑞興等州縣, 屬京畿.】以楊廣道漢陽·南陽·仁州·安山·交河·陽川·衿州·果州·抱州·瑞原·高峰, 交州道?原·永平·伊川·安峽·漣州·朔寧, 屬左道, 以楊廣道富平·江華·喬桐·金浦·通津, 西海道延安·平州·白州·谷州·遂安·載寧·瑞興·新恩·俠溪, 屬右道, 各置都觀察黜陟使, 以首領官, 佐之, 王都鎭山, 松嶽, 【一名崧岳·嶺有神祠】又有龍岫山·道鳳山·東江【在貞州】·西江【卽禮成江】·碧瀾渡, 屬郡一·縣十二.

□ 開城縣

開城縣, 本高勾麗冬比忽, 新羅景德王十五年, 改爲開城郡, 顯宗九年, 罷開城府, 置開城縣令, 管貞州·德水·江陰三縣, 直隸尚書都省, 忠烈王三十四年, 以開城府, 掌都城內, 別置開城縣, 掌城外, 有井, 名曰大井, 【世傳, 懿祖, 娶龍女, 初到開城山麓, 以銀盂掘地, 水

隨涌, 因以爲井.】有岐平渡.

□ 牛峯郡

牛峯郡, 本高勾麗牛峯郡, 【一云牛嶺, 一云首知衣.】新羅景德王, 改今名, 顯宗九年, 爲
平州屬縣, 文宗十六年, 來屬, 睿宗元年, 置監務, 有九龍山, 【國祖聖骨將軍祠, 在焉, 故又
號聖居山.】朴淵, 【有上下淵, 深皆不測, 遇旱, 禱雨輒應, 上淵心, 有盤石, 可登覽, 文宗,
甞登其上, 忽風雨暴作, 石震動, 文宗驚怖, 時, 李靈幹扈從, 作書, 數龍之罪, 投于淵, 龍卽
出其脊, 乃杖之, 淵水, 爲之盡赤.】

□ 貞州

貞州, 本高勾麗貞州, 顯宗九年, 爲開城縣屬縣, 文宗十六年, 來屬, 睿宗三年, 改爲昇天
府, 置知府事, 忠宣王二年, 降爲海?郡, 有白馬山長源亭, 【道詵松岳明堂記云, 西江邊, 有
君子御馬明堂之地, 自太祖統一丙申之歲, 至百二十年, 就此創構, 國業延長, 文宗, 命太史
令金宗允等, 相地, 構之於西江餅岳南.】河源渡, 【在州南】重房堤, 【稱重房裨補, 每春秋,
班主, 率府兵修築.】

□ 德水縣

德水縣, 本高勾麗德勿縣, 【一云仁物縣】新羅景德王, 改今名, 顯宗九年, 爲開城縣屬縣,
文宗十年, 創興王寺于縣, 移縣治於楊川, 十六年來屬, 恭讓王元年, 置監務, 有祖江渡·引
寧渡.

□ 江陰縣

江陰縣, 本高勾麗屈押縣, 一云江西 新羅景德王, 改今名, 爲松岳郡領縣, 顯宗九年, 爲
開城縣屬縣, 文宗十六年, 來屬, 仁宗二十一年, 置監務.

□ 長湍縣

長湍縣, 本高勾麗長淺城縣, 【一云耶耶, 一云夜牙.】新羅景德王, 改今名, 爲牛峯郡領
縣, 穆宗四年, 以侍中韓彦恭內鄉, 陞爲湍州, 顯宗九年, 復爲縣令, 爲尙書都省所管, 文宗
十六年, 來屬, 有長湍渡, 【兩岸, 青石壁立數十里, 望之如畫, 世傳太祖遊幸之地, 民間尙傳
其其歌曲.】

□ 臨江縣

臨江縣, 本高勾麗獐項縣, 【一云古斯也忽次】新羅景德王, 改今名, 爲牛峯郡領縣, 顯宗九年, 爲長湍縣屬縣, 文宗十六年, 來屬, 恭讓王元年, 置監務, 有靈通寺, 【山水之勝, 爲松京第一, 卽阿干康忠・寶育聖人所居摩阿岬之地.】

□ 臨津縣

臨津縣, 本高勾麗津臨城縣, 【一云烏阿忽】新羅景德王, 改今名, 爲開城郡領縣, 縣宗九年, 爲長湍縣屬縣, 文宗十六年, 來屬, 恭讓王元年, 置監務, 有新京舊址, 【恭愍王, 欲遷都南京, 遺前漢陽尹李安, 修其城闕, 民甚苦之, 乃卜于犬廟, 不吉, 不果遷, 於是, 親幸相地, 遂營宮闕, 時人, 謂之新京.】有臨津渡.

□ 松林縣

松林縣, 本高勾麗若只豆恥縣, 【一云之蟾, 一云朔頭】新羅景德王, 改名如罴, 爲松嶽郡領縣, 高麗初, 改今名, 光宗, 創置佛日寺于其地, 移縣治於東北, 顯宗九年, 爲長湍縣屬縣, 文宗十六年, 來屬, 後置監務, 有五冠山, 【世傳, 孝子文忠, 居是山下, 樂府, 有五冠山曲.】

□ 麻田縣

麻田縣, 本高勾麗麻田淺縣, 【一云泥沙波忽】新羅景德王, 改名臨湍, 爲牛峯郡領縣, 高麗初, 更今名, 顯宗九年, 爲長湍縣屬縣, 文宗十六年, 來屬, 後置監務, 尋併于積城縣, 恭讓王元年, 復置監務.

□ 積城縣

積城縣, 本高勾麗七重城, 新羅景德王, 改名重城, 爲來蘇郡領縣, 高麗初, 更今名, 顯宗九年, 爲長湍縣屬縣, 文宗十六年, 來屬, 睿宗元年, 置監務, 有紺嶽, 【自新羅, 爲小祀, 山上, 有祠宇, 春秋, 降香祝行祭, 顯宗二年, 以丹兵, 至長湍嶽, 神祠, 若有旌旗士馬, 丹兵, 懼而不敢前, 命修報祀, 諺傳, 羅人, 祀唐將劉仁貴爲山神云.】

□ 波平縣

波平縣, 【波, 一作坡】本高勾麗波害平史縣, 新羅景德王, 改今名, 爲來蘇郡領縣, 顯宗九年, 爲長湍縣屬縣, 文宗十六年, 來屬, 睿宗元年, 置監務, 別號鈴平.

『高麗史』35卷-志4-地理2-21
• 「松岳郡」, 本「高句麗」「扶蘇岬」, (+新羅改「松嶽郡」)[241] 「孝昭王{孝照王}」[242] 三年
築城.「景德王」因之. 我「太祖」開國爲王畿. 領縣二:「如羆縣」, 本「高句麗」「若豆恥縣」,[243]
「景德王」改名, 今「松林縣」. 第四葉「光宗」, 創置「佛日寺{佛日寺}」[244] 於其地, 移其縣
於東北;「江a陰縣」, 本「高句麗」「屈押縣」,「景德王」改名, 今因之.

35卷-志4-地理2-22
• 「開城郡」, 本「高句麗」「冬比忽」,「景德王」改名, 今「開城府」. 領縣二:「德水縣」,
本「高句麗」「德勿縣」,「景德王」改名, 今因之. 第十一葉「文宗」代, 創置「興王寺」於其
地, 移其縣於南;「臨津縣」, 本「高句麗」「津臨城」,「景德王」改名, 今因之.

□五部
• 五部, 太祖二年立,【東·南·西·北·中, 五部.】文宗, 定五部使一人, 四品以上, 副
使一人, 五品以上, 錄事各二人, 甲科權務, 後五部錄, 事陞八品, 高宗四年, 改置判官二人·
錄事二人, 搜檢亡卒, 七年, 以錄事, 復爲權務, 後復置副使, 忠烈王十三年, 改副使, 爲副
令, 秩從六品, 三十四年, 忠宣, 倂於開城府, 忠惠王元年, 復置五部令, 後改令, 爲副令, 恭
愍王五年, 改定五部令, 從六品, 錄事權務, 十一年, 改令爲副令, 十八年, 復改爲令.

241) 李丙燾. 『高麗史, 地理志』.
242) 趙炳舜. 新羅皇福寺石塔金銅舍利函銘.
243) 李丙燾. 이를 「若只頭恥縣」이라고도 한다. 뒷부분을 참고할 것.
244) 趙炳舜. 『三國史節要』.

제6편

조선시대

I. 조선의 정치: 이념(理念)과 정책(政策)

1. 통치이념으로서의 성리학[245]

1) 성리학의 수용

무신란을 계기로 시작된 고려사회의 변화는 원 지배하에서 가속화되면서 권문세족과 신진사대부가 새로운 지배세력으로 등장하였다. 이 가운데 권문세족은 관직을 독점하고 대토지를 소유하여 사회모순을 가중시켰음에도 불구하고 불교는 이들의 존재에 대한 합리적 명분을 제공해주고 있는 실정이었다. 그러므로 고려 후기의 사회적 모순을 극복하고 새로운 사회구조로의 전환은 권문세족의 대응세력으로서 재지 중소지주인 신진사대부의 정국운영의 장악이라는 전제하에서만 가능하였다. 이러한 과정에서 신진사대부들은 권문세족의 현실입장에 명분성을 제공해 주는 불교의 사상적 논리를 극복하고 자신들의 입장을 강화해줄 수 있는 새로운 학문과 사상의 필요성에 대한 인식의 제고가 이들로 하여금 자연히 성리학에 관심을 가지도록 하였다.

성리학의 본격적인 수용은 무신란으로 하여 수준이 떨어진 유학의 부흥을 위한 고려

---

245) 조선시대 성리학에 대해서는 다음의 자료 참조. 고영진, 「성리학의 연구와 보급」, 『한국사 28』, 국사편찬위원회, 1996; 고혜령, 『고려후기 사대부와 성리학 수용』, 일조각, 2001; 김태영, 「려말선초 성리학 왕정론의 전개」, 『조선시대사학보』 14, 2000; 문철영, 「여말 신흥사대부들의 신유학 수용과 그 특징」, 『한국문화』 3, 1982; 배종호, 「성리학의 수용과 그 의의」, 『한국사론』 18, 1988; 성균관대학교 대동문화연구원, 『한국사상대계 Ⅳ - 성리학사상편 -』, 성균관대학교 대동문화연구원, 1984; 신천식, 『여말선초 성리학의 수용과 학파』, 경인문화사, 2004; 이범직, 「성리학의 역할」, 『한국사 26』, 국사편찬위원회, 1995; 이애희, 『조선전기 성리학 연구』, 경인문화사, 2002; 이우성, 「조선전기 성리학과 사대부」, 『한국학논집』 2집, 1975; 지두환, 「성리학은 조선사회를 어떻게 변화시켰는가」, 『한국사시민강좌』 40, 2007.

유학자들의 노력 결과였다. 그러나 그 배경에는 고려 중기 유학의 철학적 수준이나 무신란으로 정계진출을 단념한 일부 학자들이 지녔던 성리학 관련 서적들도 토대로 작용하였다.

조선이 건국되면서 성리학은 불교를 대신하여 주도적인 사상으로서의 위치를 차지하였다. 따라서 조선 초기에는 국가의 통치이념을 제공하는 사상체계로서의 성리학이 강조되면서 새로운 국가건설의 토대로서 부국강병과 민본정치가 강조되었다. 하지만 그 이면에서 볼 때 부국은 국가의 계급적 성격에 의해 규정될 성질의 것임을 의미했다. 또한 토지소유에서 우위를 차지한 재지지주였던 사족들이 국가권력을 장악하고 있었다. 이처럼 조선조의 국가체계는 이들에 의해 표면적으로는 양천제라는 관념체계로 포장되어 있었다. 그러나 실제로 부국강병과 민본정치는 이들 집권 사족들의 입장을 옹호하는 측면이 강했다. 그렇기 때문에 민본정치에서 민은 나라의 근본이 된다는 의미보다는 사족들의 이익을 보장하는 토대라는 인식하에 전개되고 있었음을 알 수 있다.

이러한 조선 초기의 성리학은 사림파의 정계 진출을 계기로 정국운영을 둘러싼 훈구파와의 갈등과 투쟁과정에서 그 이해가 한층 심화되었다. 향촌사회에서 침잠성리하던 사림파는 중앙정계에 진출하자 언론활동을 통하여 훈구파의 비리를 공격하는 한편 성리학적 향촌질서로 재편하려는 노력을 기울였다. 따라서 이들 학문경향은 이학(理學)의 체계적 이해보다는『소학』에 근거한 일상의 도덕적 실천과 유향소 설립 등에 중점이 두어진 것이었으나 두 차례의 사화로 실효를 거두지 못하였다.

조선왕조는 성리학(性理學)을 정치이념으로 내세우고 유교정치를 추구하였다. 유교정치는 덕치(德治)와 인정(仁政)을 근본으로 하는 왕도정치(王道政治)와 민본정치(民本政治)를 표방한다. 유교정치를 구현하기 위해서는 국왕과 신하가 유교적인 소양을 충분히 갖추어야 했으며 국가의 제도와 의례도 유교적으로 정비되어야 했다. 이러한 바탕 위에서 국왕으로부터 일반 민에 이르기까지 유교의 윤리가 일반화되어야 했다. 건국 초기에는 중앙집권체제의 정비가 급선무였다. 이러한 시대적 상황에서 유교정치를 구현하기 위해서는 유교적인 문물제도의 정비가 우선적인 과제가 아닐 수 없었다. 그리하여 15세기에는 송대 유학의 새로운 경향을 수용하면서 주자성리학 이외에 공리적 · 박학적인 학풍까지도 받아들였으며, 사변적이고 형이상학적인 성리철학보다는 중국과의 외교와 제도문물의 정비에 필요한 사장학(詞章學)과 유서학 등이 원용되기도 하였다.

조선조의 유교정치는 세종대에 이르러 그 기반이 조성되었다. 세종은 집현전을 설치해 많은 학자들을 양성하여 성리학을 학습하게 하였고, 고제(古制) 연구를 통한 유교체제 정비에 박차를 가하였다. 집현전을 중심으로 유교정치를 담당할 수 있는 유학자군이 양성되었고, 이들에 의하여 유교적인 의례와 제도가 정비되어갔다.

그러나 세종 대의 유교정치와 성리학풍은 세조의 왕위찬탈로 단절되지 않을 수 없었다. 세조는 집현전을 혁파하여 성리학적 소양을 갖춘 유학자들을 축출하였다. 세조의 왕위찬탈은 성리학적 명분론에 어긋나는 것이었기 때문에 세조나 그의 즉위에 참여한 학자들은 성리학적 명분에 취약할 수밖에 없었다. 그리하여 세종 대에 양성된 유학자들 사이의 사상적 분열이 심화되는 가운데, 비유교적이며 비성리학적인 경향을 띠는 방향에서 왕권강화와 중앙집권체제의 확립이 세조 대에 도모되었다. 불교·도교·민간신앙 등의 요소가 부각되고 공리주의적인 방향에서 중앙집권제의 강화가 추진되었다.

15세기 말 성종 대에 와서야 세종 대 이래의 유교적인 의례제도 정비가 마무리되었다. 한편 이 시기에는 지방에서 성장한 성리학자들이 중앙으로 진출하게 되었다. 이들은 중앙집권체제의 강화과정에서 누적되어온 모순과 사회의 각 부분에 뿌리내린 불교·도교·민간신앙의 요소들을 성리학적 가치기준에 의하여 비판하게 되었다. 이들은 사학파를 모태로 하여 형성된 사림파로서, 관학파를 모태로 한 훈구파를 비판 공격하였다.

2) 성리학의 이론구조

성리학은 남송 대에 주희가 재지지주(在地地主)의 입장에서 기왕의 유학사상을 명분에 중점을 두고 체계화한 관념론이다. 이는 우주론(宇宙論)·인성론(人性論)·윤리론(倫理論)이 상호 정합적인 구조로 짜여 있는 보다 발전된 중세사상이다. 이러한 성리학이 여말 중소지주 출신의 신흥사대부에게 지도이념으로 받아들여졌다. 신흥사대부가 여말의 사회문제를 개선하고 조선을 건국하여, 조선사회가 차츰 안정되어가자 성리학은 지배이념으로서 자리를 굳혀 갔다. 그 후 지배계층 내의 훈구와 사림 간의 주도권 다툼과정에서 성리학의 철학적 이해는 깊어졌다. 이와 더불어 성리학적 사회윤리는 지방에 세력기반을 둔 사림파의 노력으로 전국적으로 확산, 보급되어 갔다. 이에 따라 16세기 후반에 이르러 철학의 면에서는 조선적 성리학의 체계가 세워졌으며, 정치에서는 사림파들이 정권을 장악하게 되었다. 그와 함께 성리학적 향촌질서도 더욱 굳어져 갔다.

성리학에 의하면 우주 만물은 모두가 형이상(形而上)의 이(理)와 형이하(形以下)의 기(氣)와의 결합에 의하여 구성되어 있다. 그래서 이(理)는 물성(物性)을 결정하고 기(氣)는 물형(物形)을 결정한다. 그런데 여기 이(理)는 인간을 포함하는 우주 만물에 각기 근원적으로 내재(內在)한다. 이뿐만 아니라 그것은 우주 만물을 초월한 궁극적 근원인 동시에 음양오행(陰陽五行)의 기(氣)를 기(氣)이게 하는 까닭으로서의 이(理)이기도 하다는 것이다. 즉, 성리학에 있어서는 이(理)는 초월성과 내재성의 양면을 가진다. 만물은 이 동일한 이(理)를 근원으로 한다는 의미에서는 평등하지만, 기(氣)의 결합이나 작용 여하에 따라 차별상(差別相)을 이룬다. 성리학에 있어서의 이(理)는 인성(人性)을 이루는 근원이요, 기(氣)는 인간의 형체를 이루는 근원이다. 인간에 고유하여 인간의 인간다운 소이(所以)를 이루는 이(理), 즉 성(性)은 인(仁)·의(義)·예(禮)·지(智)로 대표되는 순선(純善) 무구한 것이다. 이를 본연(本然)의 성(性)이라 한다. 그런데 인간은 또한 기(氣)를 타고났으므로 그 기(氣)의 작용에 따라 본연(本然)의 성(性)이 흐려져 정욕(情欲)이나 악(惡)을 좇아 행하기도 하는 것이다. 이를 기질(氣質)의 성(性)이라 한다.

나아가 성리학에 있어서의 이(理)는 사물의 물리(物理), 즉 자연법칙임과 동시에 인간의 도리(道理), 즉 도덕규범이기도 한다. 여기서는 사회적 인간질서인 당위(當爲)의 법칙과 우주적 자연 질서인 존재의 법칙이 무매개적으로 연속되어 있다. 우주 자연의 법칙과 인간의 도덕적 규범이 이(理) 안에서 합일되어 있다는 이 이론을 천인합일설(天人合一說)이라 한다. 그래서 여기 사회적 인간의 기본 과제가 자명해진다. 즉, 인간은 기질(氣質)의 성(性)을 변화하여 온전한 본연(本然)의 성(性)을 되찾아 발휘해야 하는 것이다. 다시 말하자면 인욕(人欲)을 제거하여 천리(天理) 그것으로 되돌아가는 일이 사회적 인간의 최대의 과제인 것이다. 그리고 그러기 위해서 인간은 자기 본연의 성(性)을 주관적으로 성찰양성(省察養成)하는 거경(居敬)의 방법과 인간 및 자연 본유(本有)의 이(理)를 객관적으로 탐구 체득하는 궁리(窮理)라는 두 가지 길로 정진하지 않으면 안 되는 것이다.

성리학은 개별 인간에 있어서 이(理)의 본유성(本有性)을 긍정한다. 그러니 초월적이며 내재적인 이(理)를 타고난 인간은 비록 기(氣)의 작용으로 인하여 그것이 온전하지는 못할지라도 자율성(自律性)과 주체성(主體性)을 본유(本有)하기 마련이다. 여기에 인간을 이같이 비록 불완전하나마 주체적인 존재로 인식하기에 이른 것은 성리학적 인간관(人間觀)의 하나의 큰 특색이라 할 수 있다. 그것은 오랜 역사발전의 과정 위에서 이제 인간이 비록 불완전하나마 사회적인 생활의 주체이자 경제적인 생산의 주체로 성장해 옴에 따라 정립된 새로운 중세적인 인식이었다 할 것이다.

3) 성리학의 사회적 기능

중세사회는 현실적으로는 지배와 피지배를 핵심의 하나로 하는 잡다한 계층 사회였다. 그리고 이러한 사회관계는 인간 내적인 원리로서의 기(氣)의 작용만으로는 설명할 수 없는 인간 외적인 규정에 의한 것이었다. 그래서 여기 사회적 인간관계를 설명하기 위하여 만들어진 이론이 이일분수론(理一分殊說), 즉 명분론(名分論)이었다. 명분론의 연원이 성리학에서 비롯된 것은 아니지만 성리학의 큰 특색의 하나는 명분론을 리(理) 안에서 설명함으로써 그것으로 일관된 거대한 통일적 세계관을 구성한 데에 있다. 즉 군신(君臣), 부자(父子), 부부(夫婦), 군자(君子)와 소인(小人), 사(士)·농(農)·공(工)·상(商) 그리고 화이(華夷) 관계와 같은 중세사회의 현실적 인간질서는 모두가 자신의 사회적 명분(名分)에 따라 상명하복(上命下服)의 관계 속에서 조화를 이루어야 한다는 것이 성리학의 사회사상이었던 것이다.

고려 후기 신진사류층의 성리학에 대한 이해가 깊어지면서 그것은 전통적인 지배체제를 비판하는 이론적 무기로 원용되었다. 마침내는 조선왕조의 개창과 함께 제도와 문물을 정비하는 새로운 교학(教學)으로 활용되었다. 명분론의 다른 표현인 정통론(正統論)은 국제 관계에 있어서 배원친명(排元親明)의 정책을 수립하게 하였다. 또한 이른바 위조(僞朝)를 뒤엎고 신왕조를 개창하는 정당성을 부여하는 데 원용되었다. 이뿐만 아니라 불교를 이단으로 몰아 배척하는 이론으로도 활용되었다. 그것은 왕권을 정점으로 하는 사류(士類)층의 계급적 협업적 지배체제, 곧 봉건적 지배 질서의 새로운 편성에 우선적으로 통용되었다. 나아가 그것은 사회 민중의 교화(敎化)에 활용되었다. 현실적인 인간 일반은 거경(居敬)·궁리(窮理)의 주체이기보다는 노동(勞動)의 주체이다. 그러므로 이제 이들을 명분(名分)에 따른 사회질서 속에 안착시키자면 무엇보다 이들을 가르쳐 깨우치고 길들여야 함이 불가결의 과제였다. 백성을 가르치기 위한 문자로서의 훈민정음(訓民正音)을 창제하게 된 이론적 배경이 여기에 있었다. 군현마다 향교(鄉校)를 세우고 수령(守令) 칠사(七事) 속에는 학교 교육의 강화라는 과제를 새로 부과하였다. 인간을 오륜(五倫)의 질서 속에서, 그리고 사민(四民)을 각자의 직역(職役) 속에 안주시키는 것을 내용으로 삼은 소학(小學)을 기본 교과서로 계속 권장, 강조하였다.

이러한 정치적 교학으로서의 성리학이 조선왕조 사회에 보다 더 정착하여 기능하기는 15세기 말에서 16세기로 이어지는 사림파(士林派)의 성장과 더불어서였다. 이제 성리학 규범의 사회적 실천, 그 일상화가 국가정책의 차원에서도 추진되었지만, 사림(士林)을 중심으로 하는 사회적인 차원에서 많이 강조되었다. 우선 정통론의 재해석인 의리(義理) 정신의 고양, 도통(道統)의 보편적인 해석이 일어났다. 선현(先賢)의 추모, 서원의 건립이 추진되어 갔다. 사림(士林)은 성군(聖君)정치, 위민(爲民)정치를 내세움으로써 정권의 자의적인 천단을 막으려 하였고, 사회 교화기구로서의 향약을 만들어 피지배 민중의 일탈을 방지하려 하였다. 성리학은 이제 한층 더 조선왕조의 봉건적 사회질서를 설명하고 지지하는 보편적인 체제 이데올로기로 확립되어 갔다. 그리고 그것이 비로소 새로운 학설의 전개를 보이기 시작한 것도 16세기에 와서의 일이다.

이후 성리학은 이발(理發)·기발설(氣發說), 사·칠논쟁(四·七論爭), 인물성(人物性)의 동이론(同異論), 그리고 이른바 주리설(主理說)과 주기설(主氣說) 등 다각도로 조선왕조 특유의 전개를 보여 나갔다. 그러나 그들 학설이 아무리 독특한 모습의 것이었다 하더라도 그것이 이기설(理氣說)에 입각한 우주론적 형이상학을 구축하고 있었으며 또한 체제 이데올로기로서의 역사적 기능을 수행하였다는 점에서는 별반의 차이가 없다. 그것은 사회 신분계급제를 관철시키려 하였다. 반상(班常)과 양천(良賤)이 엄격히 구분되고 신분에 따른 직역(職役)이 법제화되었다. 주(主)·노(奴) 관계는 군(君)·신(臣) 관계와 한가지로 편제되었다. 가부장(家父長)을 중심으로 하는 가족제도가 보편화되어 친족 관념의 강화를 가져왔다. 그것은 지배층의 농민지배를 긍정하는 사회경제 관계를 유도하여 관인지주(官人地主)와 서민전호제(庶民佃戶制)를 관철시키려 하였다. 권력에의 참여는 양반층에 국한되고 치민직(治民職)과 교민직(敎民職)이 양반 중심의 것이 되도록 유도해 나갔다. 그리고 그것은, 여타의 중세 사회사상과 마찬가지로, 그 자체 변화와 유동을 싫어하는 하나의 완결된 체계를 이루듯 하여 계급적 지배질서를 관철시키는 기능을 발휘하였던 것이다.

〈관련 사료(關聯 史料)〉

■『삼강행실도 서(三綱行實圖序)』

天下之達道五而三綱居其首. 實經綸之大法. 而萬化之本源也. 若稽諸古. 帝舜愼徽五典. 成湯肇修人紀. 周家重民五教而賓興三物. 帝王爲治之先務可知也已.

"천하의 달도 다섯[246]에서 삼강이 그 으뜸에 해당한다. 실로 경륜의 큰 법이며 만화의 본원이다. 옛일을 상고하건대, 순 임금은 오전(五典)을 삼가 아름답게 하였고, 성탕은 인간의 도리를 일찍이 닦았다. 주나라는 백성에게 오륜의 가르침을 중히 하여 삼물[247]로 선비를 채용하였다. 제왕이 정치를 함에 있어 먼저 힘쓴 것을 가히 알 수 있다."

---

246) 이는 부자유친(父子有親)·군신유의(君臣有義)·부부유별(夫婦有別)·장유유서(長幼有序)·붕우유신(朋友有信)을 가리킨 것으로, 달도(達道)란 천하(天下)·고금(古今)을 통하여 누구나 다 같이 행하는 도리를 뜻함.

247) 고대(古代) 향학(鄕學)의 교육 과정으로, 육덕(六德)·육행(六行)·육예(六藝)를 말함. 육덕은 지(知)·인(仁)·성(聖)·의(義)·충(忠)·화(和)이고, 육행은 효(孝)·우(友)·목(睦)·인(嫺)·임(任)·휼(恤)이고, 육예는 예(禮)·악(樂)·사(射)·어(御)·서(書)·수(數)임.

諸科

三年一試前秋初試 春初覆試殿試 文科則通訓以下 [武科同] 生員進士則通德以下許赴
守令則勿許赴生員進士試 ○ 罪犯永不敍用者 贓吏之子 再嫁失行婦女之子及孫 庶孼子孫
勿許赴文科生員進士試 非居本道者 朝士見在職者 勿許赴鄕試 若承差受假者不在此限 並
武科同 ○ 試場置二三所擧子與試官應相避者赴他所赴覆試者子避 武科同 ○ 陰陽科天
文學則本學生徒外勿許赴 ○ 文科十年一重試 堂下官許赴 額數及試法臨時稟旨武科同

－『경국대전(經國大典)』예전(禮典) 제과(諸科) －

"제과

3년에 한 번 시험을 본다. 전년 가을에 초사(初試)를 보고 그 해 초봄에 복시와 전시를 본다. 문과는 통
훈대부 이하(무과도 같다), 생원·진사시는 통덕랑 이하만이 응시하는 것을 허한다. 수령은 생원·진사시에
응시하지 못한다. ○ 죄를 범하여 영구히 임용할 수 없게 된 자, 장리의 아들, 재가하거나 실행한 부녀의
아들 및 손자, 서얼자손은 문과, 생원·진사시에 응시하지 못한다. 그 도에 살고 있지 않는 자나 조사로서
현직에 있는 자는 향시에 응시하지 못한다. 만약 왕명을 받아서 휴가를 받은 자면 이 제한을 받지 아니한
다. 무과도 같다. ○ 시험장은 2·3개소를 둔다. 응시자가 시관과 상피의 입장에 해당되는 자는 다른 시장
에서 응시하여야 한다. 아버지가 복시에 응시하면 아들은 피한다. 무과도 같다. ○ 음양과의 천문학은 천문
학생도 이외에는 응시할 수 없다. ○ 문과는 10년에 한 번씩 중시를 본다. 당하관만 응시를 허락한다. 액
수와 시험방법은 그때그때 왕에게 아뢰어 왕명을 받아 정한다. 무과도 같다."

2. 조선시대 지방행정제도의 정비와 수령제(守令制)

조선시대 지방행정제도의 근간이 된 것은 군현제였다.[248] 따라서 군현제의 정비는 곧
지방행정제도의 확립을 의미한다. 조선은 국초에는 고려 말(高麗末)의 5도양계체제를 답
습하다가 태종 말년에 가서야 8도체제가 갖추어졌다. 8도제의 확립은 군현제의 발달을
촉진시켜 조선의 지방행정제도가 완비되었다. 군현제란 결국 중앙집권적 정치를 위하여
동일한 정령(政令)으로서 획일적·집중적으로 전국 지방민을 지배·통치하려는 목적에
서 시도된 행정기구라 할 수 있다. 따라서 군현제도란 군과 현만이 아니라 목(牧)·도호
부(都護府)·군(郡)·현(縣) 등의 지방행정구획 모두를 포함하여 지칭하는 명칭이다.

8도에는 각기 관찰사를 파견하고 그 밑에 부윤(府尹)·대도호부사(大都護府使)·목사
(牧使)·도호부사(都護府使)·군수(郡守)·현령(縣令) 및 현감(縣監) 등을 파견하였다. 이
들 중 관찰사를 제외한 각 지역의 수령관을 수령(守令)이라 칭하였다. 즉, 수령은 관찰사

---

248) 군현제는 중국 秦대에 비롯되었다. 종전의 봉건제도를 폐지하고 전국을 군현으로 구분하여 지방행정구획의
기본으로 삼아 지방을 왕에게 직접 예속시킴으로써 왕의 권한을 확대시킨 제도이다. 우리나라에서는 통일신
라 경덕왕 때부터 실시되었으며 그 이전 삼국시대에는 州郡制였다. 곧 '주-군-촌' 체계에서 '주-군-현' 체계
로 변화했음을 엿볼 수 있다. 『한국사』7, 한길사, 149면 참조.

예하의 지방수령관을 총칭하는 말이다. 이들 수령은 행정상으로는 모두 병렬적으로 관찰사의 관할하에 있었다. 다만 이들 수령의 겸대하는 군사직으로 말미암아 수령 간의 상하의 계통이 이루어지기도 하였다.[249]

　수령이 파견된 일반 군현의 관아에는 수령을 정점으로 그를 돕는 좌수(座首)·별감(別監)·군관(軍官)·인리(人吏)·지인(知印)·사령(使令)·관노비(官奴婢)가 배정되어 있었다. 수령의 하부 행정체계로 읍사 중심의 향리(鄕吏), 유향소(留鄕所) 중심의 사족(士族), 그리고 면(面)·리(里)의 면임과 이임이 존재하여 군현의 행정체계를 이루었다. 그리고 이들 사족은 유향소 및 경재소와 연결되고, 향리는 감영의 영저리 및 중앙의 경저리와 서로 관련을 맺고 있었다. 이와 같은 군현중심의 행정체계는 국초의 역대 국왕을 거쳐 『경국대전』에서 그 완비를 보게 되었다.

　조선 초기에 있어 국가질서의 확립과정을 보면 왕대에 따라 특성이 엿보인다. 태조 대에는 정도전에 의해 거의 모든 제도의 구상이 이루어진다. 태종 대에는 보다 강화된 왕권을 바탕으로 외관(外官)의 정비가 단행된다. 세종 대에는 어느 정도 사회가 안정되면서 유교적 이상정치가 추구되며 그러한 바탕에서 완화된 집권체제가 마련된다. 세조 대에 이르러서는 다시 강력한 집권체제가 이루어져 전제적 중앙집권체제를 지향한 군현제의 개편이 시도된다. 수령제의 정비도 이 같은 일련의 시대적 흐름 속에서 이루어진 것이다.

1) 수령의 행정체계

(1) 관찰사(觀察使)와 수령(守令)

　수령은 목민관이기 때문에 지방민의 생활과 밀착되어 있다. 따라서 수령의 치적(治積) 여하는 중앙집권화를 지향하는 국가의 장래와도 관련이 있었다. 이렇듯 중요한 수령에 대한 지휘·감독은 관찰사에게 위임되어 있었다.

　이렇듯 수령은 위로는 관찰사의 지시와 감독을 받아야 하고, 아래로는 면임(面任)·이임(里任) 등과 행정적 관계를 맺게 된다. 즉, 관찰사-수령-면임·이임의 종적체계를 갖추게 된다.

　관찰사는 본래 관내의 각 지역을 순찰하여 상주 외관의 치적을 고과·등제하는 것이 주된 임무였다. 주·부·군·현의 수령은 대표적인 상주 외관으로 이들은 모두 관찰사의 규찰을 받아야 했다. 이런 역할을 하는 감사는 수령에게 모범을 보여야 했다. 만일 수령

---

249) 당시 수령에는 계통상 두 가지가 있었으니, 행정적 계통인 목·부·군·현과 군사적 계통인 대도호부·도호부에 배치된 관원이 그것이다. 이존희, 『조선시대지방행정제도연구』, 일지사, 1990, 128면 참조.

의 죄가 밝혀지면 그 책임은 감사에게까지도 확대되기 마련이다. 감사는 또 때로 수령을 고과하면서 지탄을 받기도 하였다. 그것은 뚜렷한 기준 없이 수령의 고과에서 그 성적을 '하'나 '중'보다 거의 '상'으로 평가하였기 때문이다. 그리하여 한때는 상의 성적으로 고과할 수 있는 인원을 각 도별로 제한하였고 감사의 중요임무를 다음과 같이 강조했다. 첫째, 감사는 수령의 잘못을 들추어 엄격히 탄핵하도록 해야 한다. 둘째, 감사는 수령의 탄핵에 즈음하여 결코 관대해서는 안 된다. 셋째, 감사는 관내지역이 비록 멀다 하더라도 빠뜨리지 말고 두루 순행하여 민정을 정확히 살펴야 한다는 내용이 그것이다.

지방의 통치는 수령(守令)의 능력 여하로 크게 좌우되고 있기 때문에 수령은 철저하게 고과(考課)대상이 될 수밖에 없었다. 수령의 고과가 효율적으로 이루어졌을 때 조정은 지방통치를 능률적으로 할 수 있기 때문이다.

(2) 수령과 면임(面任)·이임(里任)

조선왕조는 군현제의 정비와 함께 '관찰사－수령－면·이임'이라는 종적체계를 속히 갖추어야 했다. 이러한 체계는 곧 행정상의 상하관계이고 지시·명령의 계통이다. 즉, '관찰사－수령－면·이임'의 체계를 공고히 하는 것이 지방의 토호세력을 약화시키고, 관권(官權) 우위의 권력을 확립하려는 조정의 입장에서는 더욱 필요한 것이었다. 그러므로 무엇보다 중요한 것은 말단 향촌에까지 일원적 행정체계를 수립하는 것이다. 이는 관찰사와 수령, 수령과 면·이임체계가 분명해질 때 지방제도는 완성되는 것이었다. 조선에서 군현제가 본격적으로 정비된 것은 태종 대의 일이다. 이때에 와서야 속군(屬郡)·속현(屬縣) 및 향(鄕)·소(所)·부곡(部曲)이 감소되고 조정의 강력한 뒷받침 아래 수령의 권한이 막강해졌기 때문이다. 태종 이후 수령은 중앙의 정치·행정상의 명령을 면·이임에게 시달하면서 각기 관할구역을 통치해 갈 수 있었다. 그러나 조선 전기에 있어서 '수령(守令)－면임(面任)－이임[里任, 이정(里正)]'의 수직적 관계는 이루어지기 어려웠다. 다만 부분적으로 일부 지역에 한하여 수직적 입장이라기보다 협력관계로서 면·이임이 존재했던 것이 아닌가 추측할 수 있다.[250] 하지만 조정의 입장에서는 면(面)·리제(里制)의 전국적인 확대가 절실하게 요청되고 있었던 것이 사실이다.

면·이임의 분장사무(分掌事務)와 수령과의 관계는 살펴보면 다음과 같다. 첫째, 면임은 권농관(勸農官)이라고도 하여 가장 큰 직임이 권농(勸農)에 있었다. 따라서 권농을 위한 제언(堤堰)의 수리와 관리, 농사의 실태조사 등의 일이 면임의 주된 업무였다. 이러한 내용을 원만하게 추진키 위하여 수령과 잦은 접촉이 있었을 것으로 생각한다. 둘째, 면임

---

250) 이존희, 앞의 책, 175면 참조.

은 수령의 지시사항을 면내 일반농민에게 전달하는 직무를 띠고 있었다. 이것은 중앙의 정령(政令)을 전국으로 침투시키기 위하여 꼭 필요한 것이었다. 셋째, 면·이임은 관내의 중요한 사항을 수령에게 보고하는 임무도 가지고 있었다. 추수의 현황이나 인구의 이동·출생·사망 따위에 대한 동태는 정기적으로 보고하여야 할 일상적 업무였다. 넷째, 면·이임은 정부의 대민관계와 일반민의 대정부관계의 일을 맡아 처리하되, 수령과 일반민 간에 나타나는 문제를 중심으로 행하였다. 환곡의 처리사무, 역이나 군포의 징수, 그리고 사송(詞訟)문제 등에 관한 것이 대부분이었다. 이러한 문제들은 정부의 입장에서나 일반 백성의 측면에서 대단히 중요한 문제였기 때문에 당시 면임과 이임의 역할은 실로 컸던 것이라 생각된다.

정부는 전국 모든 지역을 일원적 통치체제 속에 넣고 강력한 중앙집권화정책을 추진하기 위하여 군현의 정비와 함께 수령제도를 확립하였다. 그리고 수령을 통하여 그 예하의 면과 리 등 촌락을 지배하려고 시도하였다. 따라서 정부는 수령으로 하여금 면임 및 이임과의 관계를 밀접하게 유지하면서 그들을 지휘·감독하려고 노력하였다. 그러나 조선 초는 물론 17·8세기까지도 통일된 면·리제의 행정조직을 전국적으로는 갖추지 못하였다. 다만 지역에 따라 부분적으로만 정부의 노력에 부응한 듯하다. 그것은 촌락마다 각기 다른 지방세력가들이 아직도 상존하면서 그들의 지위를 유지시키고 있었기 때문이다. 그러므로 그들은 수령에게 진심으로 협력한다기보다 오히려 수령을 백안시하거나 혹은 대립하는 입장이었다.

2) 수령제의 운영

(1) 제수(除授)와 임기(任期)

수령은 국왕을 대신하여 지방의 고을을 다스리는 목민관이다. 목민관으로서의 수령은 그 인품이나 능력 여하가 일반 백성들의 생활에 지대한 영향을 미치게 된다. 그러므로 조정에서는 수령의 임명에 지대한 관심을 가졌다. 조선은 실로 국초부터 새 왕조의 기틀을 확고히 다지고자 군현제의 정비와 수령제의 정착에 총력을 기울였다. 전국을 일원적인 행정명령체계로 정비하기 위한 방안에서였다. 따라서 군현의 행정체계를 효율적으로 운영하기 위해서는 수령의 임용에 세심한 배려를 했던 것이다. 그러므로 조정에서는 수령의 임면·임기·전보·승진 등에 있어서 신중을 기하지 않을 수 없었다.

먼저 수령의 임용에 관한 내용을 살펴보면 그 인선에 대단히 신중하였음을 알 수 있다. 국초에 있어서 수령은 일반 행정뿐만 아니라 지방의 군사권도 장악하고 있었다. 그렇기 때문에 수령은 반드시 문무를 겸비한 인재로 등용해야만 했다. 그것은 태조가 내린 교지에 "수령은 올바른 임무수행을 위해서도 반드시 문·무를 겸비한 사람으로 선발·등용해야 한다"[251]고 강조한 것에서도 엿볼 수 있다.

그러면 수령의 천거가 어떻게 이루어지는지 살펴보자. 태조가 그 원년에 중외의 대소 신료와 한량(閑良)·기로(耆老)·군민(郡民)들에게 내린 교지내용 중에는 수령의 천거에 관한 것을 밝히고 있다. 즉, 수령은 백성에게 가까운 직책이니 이를 중시해야 한다. 수령을 임명할 때에는 도평의사사, 대간, 육조로 하여금 각기 우수한 인재를 천거토록 한다. 공평하고 청렴하며 재능이 있는 사람을 얻어 맡기되 만 30개월이 지난 후 현저한 치적을 보인 사람을 발탁·등용한다. 천거된 사람이 적임자가 아니면 거주(擧主)에게까지 벌을 미치게 해야 한다는 것이다.[252] 조선의 수령이 행정능력과 아울러 군사문제도 밝은 사람 이어야 하기 때문에 자연히 그 서임과정은 이조와 병조가 함께 협의해서 이루어졌다.[253] 그리고 군사상 중요지방의 수령은 무재(武才)를 갖춘 사람을 우선하여 제수하였다. 그러 므로 이러한 지방의 수령은 행정사무에 어두워서 실제로 사무집행에 난점이 많다고 호소한 예도 있었다.[254]

어쨌든 수령은 백성의 생활과 직결되는 지방의 수령관(首令官)이다. 따라서 전국을 일 원적 행정통치권 속에 넣고 중앙집권적 통치조직을 확립키 위해서는 수령제가 효율적으로 운영되어야 했다. 그리고 그 첫 번째 중요성은 수령의 제수에 있었다. 수령은 그 선임 과정에서 행정능력 못지않게 그의 품성, 즉, 덕행이 올바른 자가 요구되었다. 세종대에 덕행이 바르고 총민(聰敏)·효제(孝悌)하며 자상한 자를 수령으로 임명해야 한다고[255] 논 의한 것은 바로 행정능력에 앞서 그 품성을 중요시한 사례였다. 또 수령을 역임한 경험 이 없는 자는 4품 이상의 품계에 오를 수 없도록 제도적으로 조처한 것[256]은 수령직의 비중을 높게 평가한 데서 나온 발상이다. 그리고 수령의 신규임용에는 서경(署經)을 실시 하였다. 사헌부와 사간원은 관원이 동시에 회합하여 수령 후보자에 대한 서경을 철저히 행하였다. 그리고 수령은 그 결과를 참조하여 적임자로 판정이 된 후에야 정식 제수되었 던 것이다. 이런 것은 수령임용에 철저를 기하기 위해서였다.

『경국대전』이 성립하기 이전에는 각 왕대(王代)에 따라 임기가 일정치 않았다. 즉 태조

251) 『太祖實錄』 권3, 2년 5월 甲戌條.
252) 『太祖實錄』 권1, 元年 7月 丁未條, 『經國大典』 吏典, 外官條.
253) 『成宗實錄』 권1, 卽位年 12月 甲子條, 『經國大典』 吏典 除授條.
254) 『文宗實錄』 권9, 元年 9월 壬寅條.
255) 『世宗實錄』 권88, 22년 1월 丁巳條.
256) 『成宗實錄』 권11, 2년 8월 辛丑條.

와 태종 대에는 30개월, 세종과 문종·단종 대에는 60개월 그리고 세조 대에는 다시 30개월로 그 임기가 실시되었다.『경국대전』이 완성된 성종 대부터는 1,800일 임기로 고정되었으며, 가족을 동반하지 않은 미설가(未挈家) 수령은 900일이 지나면 이임(移任)이 가능하였다.[257] 왕조의 기틀이 닦여지기 시작하던 태조·태종 조에는 30개월을 임기로 하여 자주 수령을 교체하였다. 그것은 수령의 임기가 너무 길면 토착세력과 결탁하거나 혹은 수령 자신의 세력기반을 임지에 뿌리박을 가능성 때문이었다. 관권 우위의 중앙집권화를 표방하면서 출발한 조선에서는 그 건국 초기부터 재지토호세력을 약화시키고 왕권을 강화하려는 것이 최대의 정책과제였다. 그렇기 때문에 수령세력이 비대해지는 것을 원치 않았던 것은 당연하다. 그리하여 왕권이 강화되고 중앙집권정책이 성공적으로 실현되어 가자 세종 대에는 임기를 60개월(六期法)로 연장하여 30개월 제도의 모순을 시정하려 하였다. 너무 잦은 수령의 교체 때문에 발생되는 피해 요인을 제거하자는 것이었다. 그러나 수령의 임기 장기화로 빚어지는 피해 또한 적지 않아 세조는 다시 30개월로 그 임기를 단축시켰다. 결국 수령의 임기는 중앙집권화라는 정치적 역학관계 속에서 정해진 것이다. 이는 왕조의 통치기구가 완비된 성종 대에 와서 1,800일로 고정되었다.

(2) 겸직(兼職)과 상피(相避)

조선 초에는 수령의 문무겸직 사례가 자주 나타나고 있다. 이러한 겸임 추세는 더 확대되어 세종 대에 이르러는 국내의 정치질서가 안정되자 수령의 겸직이 일반화되고 있다. 문관의 무관직 겸대(兼帶), 외관(外官)의 경직겸대(京職兼帶), 문관경직(文官京職)으로서 특수기술관서(特殊技術官署) 및 잡청(雜廳)의 겸대(兼帶) 등 조선조의 겸직제는 광범위한 것이었다. 이러한 겸직제의 실시로 소수의 고급관료가 국왕과 연결되어 뜻을 같이할 수 있었다. 또한 겸직제는 행정의 효율화를 꾀할 수 있으며 봉록(俸祿)의 비용도 최소한으로 줄일 수 있다는 의도에서 취한 조처라고 판단된다.

외관(外官)의 경직겸대(京職兼帶)는 국가적인 입장에서 볼 때 상당한 경비의 절감을 가져오기도 했다. 하지만 이는 적지 않은 행정상의 문제도 야기되어 잦은 논란이 거듭되다가 세종·성종 대에는 한때 이를 폐지한 바도 있었다.[258] 그리고 관찰사가 수령직을 겸

---

257) 조선 초기 수령의 임기는 대체로 900일(30개월) 혹은 1,800일(60개월)이었고, 성종 원년에 잠시 '六載之間: 6년'의 임기제가 실시된 바 있으나, 곧『경국대전』의 완성으로 다시 1,800일로 확정되었다. 수령의 임기문제는 다음을 참고할 수 있다. ①『태조실록』권1, 원년 8월 辛亥條. ②『태종실록』권26, 13년 7월 戊戌條. ③『세조실록』권17, 5년 7월 丙申條. 이상의 ①, ②, ③에는 임기가 30개월로 되어 있다. ④『세종실록』권24, 6년 4월 庚午條 및『경국대전』吏典 外官條에는 수령의 임기를 60개월로 하고 있으며, ⑤『성종실록』권5, 원년 5월 戊子條에는 6년이 그 임기임을 보여 주고 있다. 이존희, 앞의 책, 143면 참조.

258)『世宗實錄』권78, 19년 9월 壬子條 및『成宗實錄』권82, 8년 7월 癸未條.

임하는 소위 '감사겸목법(監司兼牧法)'도 시행되었다. 이 제도는 본래 군사적·행정적으로 특수한 양계지방에서부터 시행되었다. 이곳의 감사·절도사는 당해지역의 수령을 겸직한 것이다.[259] 그러나 이 법의 시행은 적지 않은 문제점도 야기하여 치폐(置廢)논쟁까지 나왔다. 그러나『경국대전』의 완성으로 영안도(永安道)·평안도(平安道)의 관찰사는 영흥(永興)·평양(平壤)의 부윤(府尹)을 겸하도록 제도화되었다.[260] 감사겸목법이 전국적으로 시행된 것은 세종 대의 일이었다. 그러나 시행 즉시 많은 반대 의견에 부딪쳐 애로와 진통을 겪다가 단종 대에 폐지되었다. 이렇듯 겸직제도는 왕조의 국기(國基)가 다져지던 조선 초에 광범위하게 시행되다가 점차 국가질서가 안정되고 통치체제가 확립되면서 약화되어 갔다.

한편 중앙집권화를 꾀하던 조선조에서는 원칙적으로 경관직(京官職)과 외관직(外官職)의 인사행정에 상피제(相避制)를 적용하였다. 상피(相避)란 부자·형제·조부·종형제 따위 가까운 친·인척은 동일한 관청에 함께 근무할 수 없고 서로 피하여 다른 관서에 근무해야 한다는 것이다. 상피의 대상은 관찰사(觀察使)·절도사(節度使)·수령(守令)·첨사(僉使)·만호(萬戶)·찰방(察訪) 등이었다. 상피제도는 외관(外官)의 토착화를 적극적으로 방지하기 위한 목적에서 활용되었다. 국가는 또 원칙상 분명하게 규정해 놓은 것은 아니나 관례상이나 실무행정상의 이유로 출신지 본향에도 상피제를 적용시켰다.

상피제도는 시행하는 과정에서 어려움도 많았고 예외규정도 있었다.[261] 그러나 대체적으로 그 원칙이 적용되면서 조선 초 이래 조선 말기까지 존속된 행정조직의 한 형태였다. 이 제도는 분명히 조선의 통치행정사에 큰 비중을 차지하고 있었다.

3) 수령의 행정기능

(1) 덕치(德治) 행정

조선을 개창한 사대부(士大夫)의 개혁목표는 유교정치이념에 입각한 관료국가를 건설하려는 데 있었다. 이러한 집권적 관료국가는 일정한 헌장(憲章)이나 법전(法典)을 토대로 하는 법치체계로 운영되어야 하는 것이었다. 또한 그것은 어디까지나 윤리규범이 토대가 되어야 하였다. 이것이 곧 수기치인(修己治人)의 방향이고 왕도정치이념인 것이다. 그리

---

259)『世宗實錄』권22, 5년 12월 甲寅條 및『世宗實錄』권110, 27년 11월 乙亥條.

260)『經國大典』吏典, 外官職, 永安道/平安道.

261) 단종 대에 중추원관원 李宗睦이 충청도에 계신 노모와 함께 살기 위하여 사직하려 하였으나, 사표는 수리되지 않고 오히려 이종목을 충청도 都節制使로 삼고, 安州목사이던 그의 형 李宗孝까지 충청도의 수령으로 換差시킨 예가 그것이다,『端宗實錄』권 13, 3년 1월 丙子條, 이존희, 앞의 책, 150∼151면에서 재인용.

고 그 기저에 깔린 것은 인(仁)을 바탕으로 하는 덕치(德治)·애민(愛民)·위민(爲民)·민본(民本)정치였다.[262] 백성과 가장 밀접한 관련을 갖고 있는 수령이 항시 인(仁)을 바탕으로 하는 마음가짐으로 직임(職任)에 임해야 한다는 것은 너무나 당연한 일일 것이다. 그러므로 국가는 수령제를 보다 강화하여 수령의 질을 향상시킴으로써 백성들에 피해가 가지 않도록 할 것을 요구하였다. 국가는 관권중심의 강력한 중앙집권적 관료국가를 확립하는 데 외관직을 효과적으로 활용하도록 힘썼다. 그런 까닭에 수령의 덕치(德治)행정이 더욱 요구되었다. 조선왕조는 개국 초부터 수령의 등제(等第)에 있어서 '덕행(德行)'을 중요시하였던 것이다.

조선 초에는 수령의 고과(考課)에 덕행을 적용시켰다. 덕행은 이른바 4덕(德)으로서 공(公)·염(廉)·근(勤)·근(謹)이 그것이다.[263] '공(公)'이란 공적인 일에 사적인 이익을 개입시키지 않고 사심을 배제하는 마음의 자세를 뜻하는 것이다. '염(廉)'이란 재화와 색을 멀리하고 청렴한 마음으로 공무에 충실한 것을 강조하는 것이다. '근(勤)'이란 어떤 일에 태만함이 없이 전심전력하는 것을 말한다. 끝으로 '근(謹)'은 신중한 자세와 마음가짐으로 매사에 책임 있는 언행을 행해야 한다는 점을 강조한 것이다. 다시 말해 개국 초 조선왕조에서 수령에게 부여한 지상의 정치목표는 덕치(德治)였던 것이다. 수령을 고과할 때에도 감사는 공(公)·염(廉)·근(勤)·근(謹), 명(明)]으로 세분하여 덕치에의 접근도를 평가하였다. 수령의 덕치는 곧 왕도정치의 지름길이기 때문에 이것은 더욱 강조되어야만 하였다. 조선조에서는 왕도정치사상에 입각한 덕치정치를 정치목표로 삼고 그 실천에 노력하였다. 그러므로 수령의 임명에 있어서도 '재(才)'보다 '덕(德)'을 우선하였던 것이다.

이렇듯 국초에는 행정윤리로 '덕[德, 선(善)]'을 중시하였다. 그러나 점차 중앙집권적인 관료국가로 체제가 갖추어지게 되고 지방통치조직도 정비되어 가면서 '덕(德)'보다는 '재(才)'를 더욱 중요시하게 되었다. 점차 능력 있는 수령으로 하여금 일반백성들의 생활안정을 꾀하고 안정된 통치질서를 확립하도록 하는 데 역점을 두었다. 그리하여 재(才)를 바탕으로 하는 '수령칠사(守令七事)'가 행정의 기본요소로 등장하게 되었던 것이다.

(2) 수령칠사(守令七事)

수령의 직무로서 제시되는 '수령칠사'는 ① 농상성(農桑盛), ② 학교흥(學校興), ③ 사송간(詞訟簡), ④ 간활식(奸猾息), ⑤ 군정수(軍政修), ⑥ 호구증(戶口增), ⑦ 부역균(賦役均) 등이다.[264] 이는 중앙집권정책의 확립과 서민생활의 안정을 위한 위민정치의 주요

---

262) 한영우, 「조선왕조의 정치·경제기반」, 『한국사』 10, 국사편찬위원회 참조.
263) 鄭道傳, 『三峰集』 經濟文鑑 下, 監司條, 이존희, 앞의 책, 163면에서 재인용.

방향이었다.

농업의 발전을 위한 노력은 당시 농사가 기간산업이었기 때문에 말할 나위 없이 중요한 문제였다. 저수지의 수축과 관리, 황무지 개간, 뽕나무와 목화의 재배, 적기에 맞춘 파종과 수확 따위는 농산물 증산을 위하여 수령이 책임지고 시행하여야 할 중요과제였다. 결국 농상성(農桑盛)은 백성의 생활안정의 첩경이므로 수령이 가장 관심을 가져야 할 문제로 손꼽혔던 것이다.

향촌사회에서는 사송(詞訟)도 중요한 문제의 하나였다. 사송은 민원의 대상이다. 민원관계로 억울함이 없도록 해야 백성이 관(官)을 신뢰하고 모든 일에 협조·협력할 수 있는 것이다.

군정수(軍政修)란 군사적인 기율(紀律)을 밝히고 때에 맞추어 진(陣)을 연습할 수 있도록 하는 것이었다. 군사문제는 국가의 안위나 존망과 직결되고 있기 때문에 추호도 소홀히 할 수 없었다. 따라서 병(病)을 핑계 삼아 군역을 대리하게 하는 일 따위를 수령은 철저히 조사하여 가려내야 했다.

부역(賦役)도 군사문제와 함께 백성이 지는 의무 중에 비중이 큰 것이었다. 부역은 특히 수령의 권한이 크게 작용되며 백성을 괴롭히는 신역(身役)이었다. 따라서 시행과정에서 부작용도 적지 않아 위정자들이 수령에게 각별히 당부하는 문제의 하나였다.

학교흥(學校興)은 유교적 정치이념으로 무장하려는 조선에서는 강력히 추진되어야 할 필수요건이었다. 유생을 모아 유교경전을 가르침으로써 유교적 윤리규범을 확립할 수 있고, 충효사상에 입각한 군신 간의 윤리를 체계화할 수 있는 것이었다.

호구증(戶口增)의 문제는 수령이 원만한 대민정책을 펴서 백성의 생활안정이 이루어졌을 때 인접지역의 백성들이 소문을 듣고 이곳으로 스스로 모여들게 하는 것을 뜻한다.

간활식(奸猾息)이란 타인을 모함하지 말 것이며 교활한 짓을 하지 아니하여 서로 존중하고 믿는 사회건설을 꾀하자는 것이었다. 이와 같은 수령칠사는 수령이 전적으로 책임져야 할 사안들로 그 치적은 고과대상이었다.

이상과 같이 조선시대에는 전국의 모든 군현에 수령을 파견하였고, 이들을 통하여 그 예하의 촌락을 지배하려 하였다. 요컨대 수령제도의 정비는 중앙집권화를 꾀하던 조선조의 중요 정책방향의 하나였던 것이다. 그만큼 수령은 정치·경제·사회·문화·군사 등 여러 지방 통치행정에서 막강한 힘을 발휘하였고, 그의 품성 및 행정능력은 백성의 생활과 직결되는 막중한 것이었다.

---

264)『太宗實錄』권2, 원년 11월 辛卯條 및 同書 권6, 6년 12월 乙巳條 참조.

〈관련 사료(關聯 史料)〉

■『大典會通』,[265] 吏典/外官職

【外官職】

≪原≫ 階及遷官·加階·行·守同京官, 觀察使·都事仕滿三百六十, 守令仕滿一千八百, 堂上官及未摯家守令·訓導仕滿九百乃遞, 移任守令通計前仕遷官, 當農月則勿遞, 春分前不足五十日以下者遞 ≪增≫ 訓導, 今廢

○ 崇義殿職授奉祀一人

○ 畿外諸陵·殿參奉, 觀察使擇本道人擬啓 ≪增≫ 卽咸鏡道所在陵·殿

○ 敎授, 牧以上則文臣, 都護府則生員·進士中擇差 ≪增≫ 今廢

○ 永安道 ≪增≫ 咸鏡道 洪原以北, 平安道博川以西敎官, 除授時加一階 ≪增≫ 今廢

○ 守令·敎官托故規免者, 準其遞期不, 時還除外官 ≪增≫ 敎官, 今廢

○ 年過六十五歲者勿外 堂上官及未摯家者不在此限 ≪增≫ 瓜限三年者以六十七歲爲限 ≪補≫ 瓜限六年者以六十八歲, 三年者以七十歲爲限, 至七十三歲遞 親年七十歲以上者勿差三百里外遠邑守令

---

265) 大典會通凡例

一, 經國大典·續大典·大典通編을 合編하고, 通編을 編纂한 後의 受敎와 奏定式으로 지금 見行하는 것을 모아 添補하여 一書를 만들었다.

一, 六典은 舊例를 따라서 먼저 經國大典을 記錄하되「原」字를 쓰고, 다음은 續大典을 記錄하되「續」字를 쓰고, 다음은 大典通編을 記錄하면「增」字를 쓰며, 新補合錄한 條目의 起頭處에는「補」字를 陰刻으로 標하여 先後를 區別하였다.

一, 三典은 모두 本文대로 記錄하되 疑晦되는 것이 있더라도 改易하지 못하였으며, 確實히 漏誤된 것을 알면 틈틈이 釐正하였다.

一, 部門을 나누고 條目을 列書하는 것은 다 예전대로 하였으며, 官에 增減이 있고 式에 因革이 있는 것으로서 減革을 갖춰 쓴 것은 本始를 重히 함이니 다만 今革 今廢 等 字로 註를 달았다.

一, 原·續·增 三典은 變更할 수 없는 글이므로 增刪하지 못하고, 衙門의 合屬한 것과 官階의 變通한 것은 다 舊制를 남기고 段을 따라「補」字로 註를 달아서 謹嚴한 規模를 보였다.

一, 各 條目 아래에 三典의 例를 좇아서 受敎字를 쓰지 않고 大刑政과 大變通에 關係된 것은 特別히 受敎年條를 썼다.

一, 增典 以前에 이미 遵用되었으나 增典에 들지 못한 것도 또한「補」字를 써서 添入하였다.

一, 衙門의 降降과 法制의 變通과 謬例의 釐正과 臨時措置로서 創始한 것과 因舊한 것은 모두 別單에 刊錄하여 裁하고 簡核을 主로 하였다.

一, 三典法式 中에 確實히 變通된 것 以外에 지금 遵行하지 아니하는 것이라도 廢·革 等 字로 註를 달지 아니하여 愼重하는 意義를 보였다.

一, 各典法式에 或 지금 것과 옛 것이 같지 않은 데는 지금 法式대로 記錄하였다.

一, 某衙 某制의 지금 改革된 것은 本典 以外에 他典에 많이 나왔더라도 緊重한 것이 아니면 今革 二字로 一一이 註를 달지 않았다.

一, 卷首에 있는 英廟御制御筆은 여러 번 模寫하여 失眞되기 쉬우므로 舊版을 奉印하고 正廟御製題辭도 通編舊序의 위에 揭載하였다.

≪續≫ 正二品以上觀察使, 京職兼差 兼府兼牧處則否

○ 凡瓜限, 觀察使·都事以拜辭日始計 節度使·營將·虞候同 守令·察訪以到任日始計 邊將同 ○ 觀察使, 二周年計限, 京畿, 一年 ○ 觀察使拿來代, 限十五日, 身故代, 限十日辭朝, 過限者論責, 節度使·邊守同 ≪增≫ 京畿觀察使亦二周年計限

○ 觀察使非有拿命及臺啓則雖在罪罷依例封啓, 都事毋得代行

○ 各道觀察使關係公事則雖他道守令狀罷

○ 掌試時諸道都事勿以道內人差送

○ 曾經觀察使·節度使者, 毋得爲其守令 南·北·左·右兵使, 換道則勿拘

○邊地·沿海邑守令以文·武交差 忠淸道泰安·舒川·庇仁·藍浦·瑞山, 全羅道濟州·長興·咸平·大靜·旌義, 慶尙道金海, 黃海道川·長淵·遂安·康翎, 咸鏡道慶興·慶源·穩城·當寧·甲山·吉州, 平安道江界·定州·宣川·寧邊·楚山·雲山·碧潼 ≪增≫ 黃海道長淵, 咸鏡道六邑, 平安道宣川·碧潼交差今廢 ≪補≫ 全羅道長興交差亦廢

○ 邊守陞資者, 十朔前圖遞則收資 雖未滿十朔, 身死則勿收資 ○ 邊守陞資時, 長官則直爲擬差, 次堂則問議廟堂 ≪增≫ 邊守陞資, 卽文臣以楚山·江界·三水·甲山·吉州·鍾城·富寧·穩城, 陞通政, 武臣以會寧·喬桐, 陞嘉善之類 ≪補≫ 統制中軍同 ○ 喬桐則否

○ 都事·守令之厭避殘薄規免不赴者, 赴任後厭避圖遞者, 各其地, 限三年定配 ≪補≫ 投印徑歸守令, 亦卽其地定配

○ 海西·關東兼營將守令以堂上差出

○ 兼營將·城將·獨鎭邑守令, 及沿邊·沿海不眷率守令, 面看交代 雖罷職·拿問, 仍授本·兼印符, 勿出兼官 ≪增≫ 內地兼營將·城將·獨鎭守令, 拿問則差兼官勿出代 ≪補≫ 外地守令同, 邊地則否

○ 支時, 守令以私義當避者, 勿遞 令兼官代察

○ 善治守令準職承傳者, 若在五六品則先除四品後, 除授準職

○ 守令移擬時, 懸註朔數 年滿者, 毋得移擬 ≪增≫ 守令口傳差出時, 勿以在外人擬望

○ 文·蔭·武年滿七十者勿差察訪 ≪補≫ 限七十二歲許差

≪增≫ 諸道, 各置兼察訪一·二員, 察非法, 許以直啓 畿內迎曙·良才, 湖西成歡, 嶺南幽谷·黃山, 湖南參禮, 海西金郊, 關東銀溪, 北關高山, 關西大同·魚川 ≪補≫ 慶安 ○ 良才今革

≪補≫ 江陵大都護以已經府使, 義城·臨陂縣令, 谷城縣監, 以已經守令人差出 物衆地大降號邑同

○ 未經守令雖經內·外將, 勿差邊地守令

■ 『大典會通』, 吏典/除授

【除授】

≪原≫ 沿邊守令, 兵曹同議除授 京畿, 喬桐, 忠淸道, 泰安・瑞山・舒川・海美・保寧・庇仁・藍浦, 全羅道, 濟州・長興・順天・靈巖・樂安・珍島・扶安・沃溝・茂長・興陽・咸平・大靜・旌義, 慶尙道, 金海・寧海・蔚山・梁山・昆陽・東萊・巨濟・南海・延日・泗川・機張・熊川, 黃海道, 黃州・川・遂安・瓮津・長淵・康翎, 江原道, 江陵・三陟, 永安道, 慶源・鏡城・會寧・鍾城・穩城・慶興・富寧・甲山・三水・端川・吉城・明川, 平安道, 義州・江界・昌城・朔州・龍川・楚山・碧潼・渭原 ≪增≫ 今廢

≪續≫ 大院君奉祀人, 三代後, 初授敦寧都正・同敦寧以上, 隨資例授, 大王私親奉祀人, 初授敦寧正 貂帽・紅帶, 一依堂下宗臣例 都正以上, 隨資例授, 加設, 文・武不拘此例 ○ 敦寧都正・敦寧正當世襲, 而年幼則一依宗臣初封例待年乃授 ≪增≫ 初授敦寧正世襲, 今廢

○ 世子嬪之父, 初付職後, 卽授六品官, 大君・王子夫人之父, 授九品職

○ 世孫嬪之父, 初付職後, 卽授七品官

○ 正卿則毋得口傳差出 ≪增≫ 三司・春坊・講書院・判義禁・本曹亞・三堂・八道監司同

○ 兩南觀察使差出時, 問議廟堂

○ 名官之以善治善賑, 當陞嘉善階者, 通議廟堂後覆啓

○ 資而未經準職者, 勿許陞堂上 ≪增≫ 廟薦則否 ○ 加資承傳者, 職未準, 資未窮則啓稟取旨後, 下批

○ 生員・進士, 雖無保擧隨才注擬

○ 代加者, 以通德爲限 ≪增≫ 將仕以上十四階, 次次代加, 毋得越階, 止於通德

○ 臺官之直亞長, 蔭路之直郡守, 毋得差除 武臣之直兵使同

○ 從享先賢・功臣・儒賢・戰亡・寃死・淸白吏嫡長孫外, 毋得冒擬初仕 父在則其子, 毋得以嫡長論

○ 三醫司三品官之子孫, 勿許承蔭

○ 外官之移擬他職者, 道里遙遠, 官事緊急則啓, 除朝辭赴任 餘勿輕許

○ 凡在外除職者, 近道三十日, 遠道四十日內謝恩, 過限者, 啓達改差 ≪增≫ 咸鏡北道及三・甲五十日, 六鎭六十日爲限, 過限則啓稟

○ 宗廟署・社稷署・各陵・宗簿寺・司饔院・漢城府・五部參外官, 中・庶, 當次則陞

遷後, 以他司換差, 尚瑞院則換次備擬 ≪增≫ 景慕宮同 ○ 司饔院·五部·尚瑞院當次無

○ 開城府敎官還作敎授, 用自差送 ≪增≫ 後又別置分敎官 ≪補≫ 減敎授, 又置分監役

○ 吏文·天文學敎授之類, 勿論·生·進·幼學, 年三十以上擬差 能兒同 唱·引儀年二十以上擬差

○ 雲臺官勤若特甚者, 東·西銓, 揀拔調用

○ 前朝王氏子孫, 各別訪問收用

○ 嶺南·北關·西關·松都人, 望單子懸註 ≪補≫ 濟州人同

○ 六品以上陞則越品後, 毋得通用, 參外官陞則限六品通用 ≪補≫ 相當職調用則陞六後用之

≪增≫ 監役, 學生年四十, 守奉官, 學生年三十以上擬差

○ 吏·兵曹郞已經四品不得通擬

○ 三司·春坊·國子長外任, 啓請備擬 ≪補≫ 大司憲則承旨, 外任無啓請備擬

○ 兼察訪無啓請直擬內職

○ 六曹·兩司, 於本司經右位則不得授下位 玉堂·春坊不拘

○ 三曹正·佐郞以生·進人擬授 學行則不拘

○ 凡問于大臣差出時, 罷職及解由未出人, 破格備擬, 本曹啓

○ 蔭官參判·亞尹, 勳臣·別薦外, 非曾經寺正者, 毋得通擬 敦寧都正同 ≪補≫ 都正勿拘

○ 禮賓參奉一, 忠勳府以功臣嫡長忠義衛, 備三望, 移本曹擬差 ≪補≫ 順康園守奉官一同

○ 春坊雖曾經兩司, 更爲通淸

≪補≫ 經筵, 勿以外任擬望

○ 宗親·儀賓隨資擬敦寧·金吾

○ 蔭官登科, 直陞堂上者, 通諫長後, 始通國子

○ 蔭路初仕及參上, 在任遭喪者, 經外職者否 落仕最久者, 都政, 各一人甄用

○ 皇壇守直官久勤者收用

■『大典會通』, 吏典/解由

【解由】
≪原≫ 凡除職者, 考解由 兵曹同 ○ 濟州牧使則否

≪增≫ 解由勿拘者, 毋論特教與啓請, 當職外, 不得擧擬

○ 解由未出人, 實職不得擬, 兼職則勿拘 兼察訪則否

≪補≫ 經筵官解由勿拘

■『大典會通』, 吏典/相避

【相避】

≪原≫ 京・外官, 本宗大功以上親, 及女夫・孫女夫・妹夫, 外親麻以上, 妻親父・祖父・兄弟・妹夫, 相避 學官・軍官則勿避, 議政府・義禁府・本曹・兵曹・刑曹・都摠府漢城府・司憲府・五衛將・兼司僕將・內禁衛將・承政院・掌隷院・司諫院・宗簿寺・部將・史官則避本宗三寸叔母・姪女夫, 四寸妹夫, 外親三寸叔母夫, 妻妾親同姓三寸叔・姪, 叔母・姪女夫, 四寸兄弟 <聽訟同> ○ 吏房承旨及本曹官員有相避者勿除職 <堂上官不在此限> 滿仕者例遷, <兵房承旨及兵曹同> 兵曹・都摠府堂上官・兼司僕將・內禁衛將・五衛將則雖非同衙門, 通爲相避

≪續≫ 出繼者, 於本生親, 一體相避

○ 婚姻家相避

○ 擧子與試官相避 依原典大・小註相避法

○ 兩司官員勿爲通避 一司應避者下位當遞, 右位則否

○ 臺官與兼臺, 書狀與使臣, 相避

○ 觀察使・節度使・守令・僉使・萬戶交代相避 ≪補≫ 別將・權管同

○ 三南水軍節度使與統制使, 畿邑兼營將守令與守禦使・摠戎使, 北評事與咸鏡道觀察使, 有戰船・舟師邑守令與水軍節度使, 該鎭屬邑守令與營將相避 ≪增≫ 統禦使管轄三道, 相避之法, 依統制使例 ≪補≫ 慶尙右道舟師邑外, 與統制使勿避, 湖西・海西守令於統禦使同 ○ 鎭撫兼營將守令與留守相避

○ 京畿觀察使例兼兩都留守, 留守與觀察使相避則留守遞改 兩都經歷亦與觀察使相避 ≪補≫ 水原・廣州留守判官同

○ 未赴任都事與守令相避, 則都事遞改 邊將與未赴任兵・水虞候相避, 則虞候遞改

○ 書狀官雖與銓官相避, 兼臺例付勿拘 ≪增≫ 京試官・敬差官同

○ 宣惠廳提調・郞廳相避 用原典大註

○ 各司例兼提調, 雖與都提調・提調有相避, 勿遞 宣惠廳提調, 戶曹判書例兼, 而與他

提調勿避, 則惠廳郎廳亦於例兼提調勿避

○ 內三廳·五衛將, 無兵曹句管之事, 判書外他堂上勿避 內禁衛·羽林衛·忠翊衛·忠壯衛將, 亦與摠管勿避

○ 咸鏡道南北關及兩南左·右道守令, 於節度使, 換道則勿避 南關守令, 於北評事亦同

○ 叅外官, 凡有相避者則換差他司, 通計前仕 外方叅外相避同

≪增≫ 監司·兵使·都事與守令·察訪相避 依原典大·小註相避法 ≪補≫ 守令與上官相避, 則換差他道, 營將·邊將同

○ 內乘依學官·軍官例勿避

○ 玉堂·春坊·講書院與本曹堂·郎相避, 啓請擬望

○ 相避之法, 在下當遞, 而翰林與春秋官相避, 知春秋以下遞, 領·監事相避則翰林遞 注書同 ○ 翰林與注書相避則注書遞

○ 代聽時, 春坊之兼帶春秋者, 與春秋官相避, 同翰林 與領·監事相避則本職遞

≪補≫ 本宗從祖·孫及從叔·姪, 相避 妻親同姓三寸叔母, 姪女夫勿避, 當乙丑, 定式

■『大典會通』, 吏典/鄕吏

【鄕吏】

≪原≫ 凡鄕吏中文·武科, 生員·進士者, 特立軍功受賜牌者, 三丁一子中雜科及屬書吏去官者, 免子孫役

○ 連二代立役則雖訴本非鄕孫, 乃聽 二代立役, 謂祖及父連二代鄕役者

○ 考本邑陳省, 給攝戶長·正朝戶長·安逸戶長帖

○ 厭本役而逃者, 同類人, 捕告十人以上免役, 二十人以上幷其子免役, 九人以下則每一人免三年役 驛吏同

3. 노비(奴婢)의 신분 및 소유권 귀속

조선 사회에 있어서 토지(土地)와 노비(奴婢)는 가장 중요한 재산이었다. 농업이 주가 되는 사회에 있어서 농토로서의 토지가 중요하였을 것은 말할 것도 없다. 그러나 이와 함께 토지를 경작하는 데 필요한 노동력으로서의 노비도 그에 못지않게 중요하였다. 따라서 토지와 노비를 많이 가지고 있던 사람들이 당시의 지배층을 이루게 마련이었다.

조선의 노비문제는 지금까지 여러 학자들에 의해 관심의 대상이 되어 왔다. 그것은 당시의 신분제나 사회의 성격을 규명하는 데 반드시 검토되어야 할 하나의 핵심적인 과제로 인식되었기 때문이었다. 그리하여 상당한 연구성과를 보이고 있기도 하다.[266]

조선시대 노비는 신분적 지위와 경제적 가치라는 두 측면을 가지고 있다. 이에 대한 사회적 관심은 소생의 신분 및 소유권 귀속 문제로 표출되고 있었다. 이는 국가와 노주(奴主)의 이해관계가 상충되어 첨예하게 대립하는 문제였다. 국가는 양인 및 군액을 확보하기 위한 양인화(良人化) 정책을 취하였다. 반면, 노주들은 사적 재산권을 확보하기 위하여 천인화(賤人化) 정책을 선호하였다.[267] 이와 같이 노비의 신분과 소유권 귀속과 관련되는 '노비 종모(從母)·종부법(從父法)'은 노비인구의 증감과 깊은 관계가 있기 때문에 조선사회를 이해하는 데 중요한 의미를 갖는다.

노비의 소생(所生)이 노비가 되는 관행(慣行)은 이미 오래전부터 있어 왔다. 하지만 기록에 나타난 노비세전법(奴婢世傳法)의 실시는 고려 건국초기부터이다. 고려 태조 왕건은 주로 호족들인 공신들의 위세에 밀려 전쟁노비를 대폭 해방시켜 주려는 본래의 뜻을 버리고 노비세전법의 시행을 묵인해 주었다. 공신들이 가지고 있던 노비는 고려의 통일과정에서 얻은 전쟁포로들이 대부분이었을 것이다. 고려 이후 정복전쟁이 없어지자 노비를 증식하는 가장 자연스러운 길은 노비세전법밖에 없었다. 그리하여 노비세전법은 고려와 조선시대의 주요한 신분법으로 지속되어 왔다.

노비세전법이 실시됨에 따라 노비의 소생이 부(父)와 모(母) 중 어느 편 상전의 소유가되느냐 하는 것이 문제되었다. 남자 노예인 노(奴)와 여자 노예인 비(婢)가 한 사람의 소유일 때는 별 문제가 없지만 노(奴)와 비(婢)의 소유주가 다를 때에는 심각한 재산상의 이해관계가 대립된다. 이에 고려 정종(靖宗) 5년 천자수모법(賤者隨母法)을 제정하였다.[268] 즉, 노비의 소생은 모(母)인 비(婢)의 상전의 소유가 되게 한 것이다. 이와 같이 수모법(隨母法), 즉 종모법(從母法)을 채택한 까닭은 두 가지의 이유가 있었다. 하나는 노비의 자식

266) 公奴婢에 대한 대표적 연구로는 平木實, 『朝鮮後期 奴婢研究』, 지식산업사, 1982; 1950년대 한국 노비의 사회경제적 성격에 대한 연구로는 金錫亨, 『朝鮮封建時代 農民의 階級構成』, 과학원출판사, 1957(신서원 재편집본, 1993); 노비의 사회경제사적 측면에 대한 연구로는 李榮薰, 「古文書를 통해 본 朝鮮時代 奴婢의 經濟的 性格」, 『한국사학』 9, 1987; 「조선사회 率居·外居 구분 재고」, 『秋堰權丙卓화갑기념논총 한국근대경제사 연구의 성과』 2, 1989; 『朝鮮後期 社會經濟史』, 한길사, 1988; 「한국에 있어서 노비제의 추이와 성격」, 『노비·노예·농노-예속민의 비교사』, 역사학회편, 1998; 私奴婢에 대한 연구로는 金容晩, 「朝鮮中期 私奴婢 研究」, 영남대 박사학위논문, 1990; 사회학 분야의 노비 연구로는 池承種, 「조선전기 노비신분에 대한 사회적 연구」, 서울대 박사학위논문, 1993; 노비정책의 규명에 초점을 맞춘 연구로는 全炯澤, 「조선후기의 私奴婢 정책」, 『성곡논총』 18, 1987; 『조선후기노비신분연구』, 일조각, 1989; 좀 더 자세한 노비에 대한 연구사 검토는 안승준, 『조선전기 私奴婢의 사회 경제적 성격』, 경인문화사, 2007, 3~12쪽 참조.
267) 김경숙, 「16, 17세기 노양처병산법(奴良妻幷産法)」, 『역사와 현실』 67, 2008, 253~254면.
268) 『高麗史』 卷85, 志39, 刑法 2 奴婢.

들이 어머니만 알고 아버지를 모르는 경우가 많았기 때문이다. 다른 하나는 어머니 쪽이 중요시되는 토속적인 혼인풍습의 영향을 받은 때문이라고 한다.

본래 노비는 양인과 혼인하는 것이 금지되어 있었다. 그러나 노비와 양인 간의 혼인이 없을 수 없었다. 이를 양천교혼(良賤交婚)이라 한다. 양천교혼에는 두 가지 경우가 있을 수 있다. 첫째는 남자 노예인 노(奴)가 양인(良人) 여자와 결혼하는 '노취양처(奴取良妻)'이다. 둘째는 여자 노예인 비(婢)가 양인(良人) 남자와 결혼하는 '비가양부(婢家良夫)'이다. 그런데 이 양천교혼에 의해 생겨난 소생의 신분과 소유권 귀속이 문제가 되는 것이다. 왜냐하면 노취양처(奴娶良妻)의 경우 종모법에 따르면 그 소생은 양인이 되어야만 하기 때문이다. 아버지와 자식의 신분이 달라지고, 자식이 양인이 되면 노주의 입장에서는 재산이 줄어드는 결과가 되기 때문이다. 그렇기 때문에 고려에서는 양천교혼, 특히 노취양처는 원칙적으로 금지되어 있었다. 이를 어기고 노비와 양인이 혼인할 경우 종모법의 원칙에도 불구하고 일천즉천(一賤則賤)의 원칙을 적용하였다. 즉, 부모 중 어느 한쪽이 노비이면 그 소생은 무조건 노비가 되게 하였다.[269] 이를 종천법(從賤法)이라 부른다. 그러나 비가양부(婢嫁良夫)의 경우는 종모법에 따라 그 소생이 비(婢)의 상전에게 소속될 수 있어 묵인되었다.

이와 같이 가혹한 고려의 노비법은 원(元)이 고려를 지배하게 됨에 따라 개혁(改革)의 대상이 되었으나 원의 뜻대로 이루지는 못하였다. 고려의 노비의 수는 날로 늘어나게 되었다. 더구나 귀족과 사원들이 대규모의 농장을 가지게 되고 이를 경작하기 위한 노동력을 충당하기 위하여 많은 노비를 필요로 하게 되었다. 노비의 확보는 12세기 이후로 특히 기진(寄進)·투탁(投托)·사패(賜牌)·매득(買得) 등 사건노비(四件奴婢)에 의하여 이루어졌다. 더 나아가서는 국법에 의하여 금지된 양천교혼의 방법을 통하여 노비의 증식을 도모하였다. 그리하여 노비는 날로 늘어나 양인은 적고 노비는 많은 양소천다(良少賤多)의 현상이 생기게 되었다. 더욱이 공민왕(恭愍王) 때 홍건적(紅巾賊)이 침입하여 개경에 있던 호적(戶籍)이 불타 버려 양천불명자의 수가 더욱 늘어나게 되었다. 이러한 양천 신분의 혼란을 바로잡기 위하여 여러 노비변정사업(奴婢辨正事業)을 벌였지만 이를 근본적으로 바로잡지 못하고 고려왕조는 멸망하고 말았다.

이렇듯 고려 말의 양소천다(良少賤多) 현상은 국가를 망하게 하는 하나의 요인이 되었다. 그러므로 조선왕조에서는 건국 초기부터 양인확대정책을 수립하지 않을 수 없었다. 국가의 조세(租稅)·국역수취(國役收取)의 대상인 양인을 늘리기 위해서였다. 조선 태조

---

269) 『高麗史』 卷25, 志39, 刑法2 奴婢, 충렬왕 24년 正月 敎.

(太祖) 6년(1397) 7월에는 노비합행사의(奴婢合行事宜)를 제정하여 양부(良夫)의 자기비첩(自己婢妾) 소생을 종량(從良)시켜 주는 조처가 있었다.[270] 이는 조선의 노비제도에 있어서 중대한 변화가 아닐 수 없었다. 종모법(從母法) 대신 종부법(從父法) 실시의 길을 열어 주는 것이기 때문이다. 태종(太宗) 5년(1405)에는 조부(祖父)의 비첩(婢妾) 소생까지도 종량(從良)시켜 사재감(司宰監) 수군(水軍)에 소속시켰다. 태종 14년(1414) 정월에는 삼품(三品) 이상의 자기비첩(自己婢妾) 소생을 종양시켜 오품(五品)을 한품(限品)으로 서용(敍用)하였다. 타인비첩(他人婢妾) 소생은 자기비(自己婢)로 속신(贖身)한 후 사재감(司宰監) 수군(水軍)에 충정(充定)하였다. 그리고 같은 해 7월에는 대소인원(大小人員)[271]의 자기비첩 소생뿐 아니라 처변비첩(妻邊婢妾) 소생도 속신(贖身)하여 사재감 수군에 소속시켰다. 이는 종부법에 따라 양천교혼 소생을 종량(從良)시킬 바에야 양반의 비첩 소생을 먼저 종양시키자는 것이었다. 이처럼 종부법의 실시도 양반의 이해와 밀접한 관련 아래 이루어졌다. 태종 14년의 종부법은 양반비첩(兩班婢妾) 소생만이 아니라 양인비첩(良人婢妾) 소생에게도 적용되었다. 이것은 태종조의 종부법이 어느 정도 정착되고 있었음을 의미한다. 그렇다고 노비 간의 혼인에 있어서의 종모귀속법(從母歸屬法)이 없어진 것은 아니었다. 다만 양인을 늘이기 위한 국가의 편법으로서 양천교혼 소생에 한하여 종부법을 실시한 것에 지나지 않았다.

노취양처(奴娶良妻)는 조선시대에도 계속 엄금되었다. 그럼에도 불구하고 노(奴)가 양녀(良女)를 취하는 경우에는 태종 원년(1401)부터는 이혼(離婚)시키고 노주(奴主)를 처벌하되 그 소생은 신양역천(身良役賤)으로서 사재감 수군에 편입시켰다. 그러다가 태종 5년(1405) 9월에는 그 다음 해 정월 1일 이후의 노취양처자는 사람들로 하여금 고발하게 하여 이혼(離婚)시키고 포(布) 200필(匹)을 거두어 고발자에게 주는 한편 그 소생은 속공(屬公)시키도록 하였다. 이렇듯 노취양처의 소생을 속공시키는 조처는 세종조 이후에도 계속되었다. 즉, 세종 7년(1425) 5월에는 노취양처 소생 중 사노(私奴)의 소생은 도관노비(都官奴婢)로, 공노(公奴)의 소생은 부(父)의 소역처(所役處)에 귀속(歸屬)하게 하였다. 다만 양처(良妻)는 이혼(離婚)시켜 귀종(歸宗)하도록 하였다. 세종 11년 6월에는 본궁노(本宮奴)와 양녀(良女)나 보충군녀(補充軍女) 사이에 낳은 소생을 본궁에 소속시켰다. 단종(端宗) 2년(1454) 5월에는 사노취양처(私奴娶良妻) 소생은 공노취양처(公奴娶良妻) 소생과는 달리 종부법에 따라 노주(奴主)에게 귀속되도록 하였다. 이와 같이 국가 노취양처를 엄금하는 한편 위반자의 소생을 공노비로 속공시킴으로써 국가의 경제적 기반을 튼튼히

---

270) 『太祖實錄』 卷12, 太祖 6년 7월 甲戌.

271) 文武官・生員・進士・錄事・有蔭子孫.

하고자 하였다. 그러나 이것은 다른 한편으로 노취양처를 은연중에 인정하는 것으로 되었다. 그리하여 단종조에는 오히려 사노취양처(私奴娶良妻) 소생을 노주(奴主)에게 귀속시킴으로써 노주의 이익을 보장하는 것으로 바뀌게 되었다. 그런데 노취양처의 경우 노(奴)와 종실녀손(宗室女孫)과의 혼인에서 생긴 소생은 종부법에 적용시키지 않고 그 소생을 종량(從良)시켜 주었다. 이는 왕족인 종친(宗親)에 대한 특별한 우대(優待)를 위하여 설정된 법제였다.

태종 대 양천교혼에 종부법이 실시될 수 있었던 사회적 배경은 크게 두 가지를 들 수 있다. 첫째는 고려 말 이후의 양소천다(良少賤多) 현상을 극복하고 국가의 사회경제적 기반을 튼튼히 하기 위한 양인확대정책으로 실시될 필요가 있었기 때문이다. 둘째는 주자학적 사회윤리가 보급되어 가면서 본종(本宗)을 중시하는 중부사상(重父思想)의 강화에서 연유한 것이라 할 수 있다. 조선 초기만 해도 결혼 풍속은 고려시대와 마찬가지로 남귀여가(男歸女家)의 풍습이 유행하고 있었다. 그러나 태종 이후 세종 대부터 여귀남가(女歸男家)의 중국식(中國式) 친영(親迎)을 실시하려고 애썼다. 이러한 분위기가 본종중심(本宗中心)의 종부법을 양천교혼에 대한 논리적 근거로 채택되게 한 것이라 생각된다.

결론적으로 조선왕조에서 양천교혼자(良賤交婚者) 소생의 신분과 그 귀속을 규정하는 법은 크게 세 가지로 정리할 수 있다. 첫째는 태종 14년(1414) 6월에 제정·시행된 종부법(從父法)이다. 둘째는 세조 14년(1469) 6월에 제정·시행된 종천법(從賤法)이다. 마지막이 영조 7년(1731) 정월부터 시행된 종모법(從母法)이다.[272] 조선은 초기부터 양천교혼을 금지하였지만 국가의 양인 확대를 겨냥한 종부법(從父法)이 구체화되고 있었다. 종부법 실시에 비판적인 견해를 가졌던 인물들은 공천의 감소를 우려하여 이 법을 반대하였다.[273] 하지만 그 반대의 실제적 이유는 비(婢)가 양인 남자와 결혼할 경우 그 소생을 노비로 삼지 못하게 되어 재산증식이 불가능한 데서 말미암은 것이라 볼 수 있다. 결국 개인의 재산증식에 막대한 지장을 초래하고 부수적으로는 공천의 양민화를 가져오는 종부법 대신 일천즉천(一賤則賤)의 원칙이 만들어졌다.[274] 그 내용은 『경국대전(經國大典)』 형전(刑典) 공·사천조(公·私賤條)에 실리게 되었고 그 후 영조(英祖) 7년(1731) 정월 종모법이 실시될 때까지 준수되었다. 이는 공·사의 노비수요를 충족시키기 위해 취한 조

---

272) 세조 14년에 제정된 양천교혼자 소생에 대한 법을 흔히 '從母法'이라고 칭하고 있는데, 이는 영조 7년에 시행된 從母法과 혼동을 일으킬 우려가 있다. 이 법의 내용은 '凡賤人所係 從母役'하되, '唯賤人娶良女所生 從父役'한다고 되어 있다. 이는 바로 고려 후기의 '若父若母一賤則賤'과 동일한 내용이므로 '從賤法'이라고 칭하도록 한다. 한영국, 「조선 중엽의 노비결혼양태(상)」, 『역사학보』 제75·6 합집, 1977, 177면.

273) 『世宗實錄』 권45, 세종 11년 7월 己巳條.

274) 『世祖實錄』 권46, 세조 14년 6월 工寅條.

치였다.[275) 그러나 이러한 일천즉천의 원칙이 장기적으로 실시되다 보니 노비인구는 증가하였으나 양역(良役) 인구가 급격히 감소하였다. 이로 말미암아 국가재정은 극도로 궁핍하게 되어 현종(顯宗) 10년(1669)에 비로소 종모종량법(從母從良法)이 실시되었다.[276) 이후 여러 차례의 변화를 거쳐 결국 영조 7년(1731)에 노양처병산(奴良妻幷産) 종모법(從母法), 즉 종량법(從良法)으로 굳어졌던 것이다.[277)

〈관련 사료(關聯 史料)〉

■『大典會通』, 刑典/公賤

≪原≫ 公賤, 每三年成績案 各司官員先自推刷實, 同掌隷院官員磨勘成籍, 外方則其官守令推刷報觀察使

○ 公賤有流亡者, 本官報上司, 移文諸道, 根尋發還 時到處安業者仍留錄續案 ○ 京奴婢逃居外方者論罪捉還 不能檢擧官吏及知而不告所管人·切隣, 以制書有違律論, 若避役爲僧尼者, 決杖一百, 極邊殘邑官奴婢永屬, 知情師僧尼, 以制書有違律論, 還俗當差 私賤, 論罪給主

○ 每二十年成正案, 藏於本曹·議政府·掌隷院·司贍寺本司·本道·本邑 正案付奴婢, 訴良或相訟者及案內父母或祖父·母或己身名字明白現付外, 援引投托者, 勿聽理 ○ 內需司奴婢, 掌隷院檢擧, 成正·續案, 本院·本曹·本司·本道·本邑各藏一件

○ 京·外立役奴婢, 免貢給奉足二口 戶首於奉足每一年收綿布·正布各一匹 ○ 京則分二番相遞立役, 外則分七番相選上, 選上奴有故願代替者, 所在官收價, 於陳省錄以送, 每一朔綿布二匹 ○ 選上闕役者, 杖八十, 準限追立, 不卽捉送該吏, 杖一百徒三年, 守令以制書有違律論 ○ 該吏受略以他奴冒代者, 杖一百, 永屬殘驛吏, 不能檢擧守令, 罷黜 ○ 各司奴受職七品以下除仕者, 還本役 ○ 諸邑奴婢無奉足

○ 奴婢年十五以下六十以上者, 篤疾·廢疾者, 所生三口以上貢役者, 免貢役 所生五口以上貢役及年七十以上而所生三口以上貢役者, 免一口, 八十以上又給侍丁一口, 九十以上全給侍丁, 父母雖非公賤亦給 ○ 京奴年滿五十, 除樂籍免貢役 ○ 奉足·侍丁免貢役, 奴

275)『經國大典』刑典 賤妻妾子女條 참조. 그 내용은 "凡賤人所係 從母役 賤娶良女 從父役"를 골자로 하는 것이다.

276)『顯宗改修實錄』권20, 현종 10년 정월 甲辰條.

277)『續大典』(1746년 간행, 영조 22년) 刑典 公賤條.

婢每三年推刷, 改給立案, 奉足則雖有故, 改立案時充給 ○ 立役婢子, 臨産一朔, 産後五十日, 給假, 夫則産後給假十五日 ○ 選上及收貢時, 待丁免貢則父母年歲及所生立役處, 奉足則戶首名字及立役處, 載於都目狀, 錄受立案年月以憑檢擧

○ 功臣丘史及丘史之奉足以外居奴婢給, 身沒三年後, 還本役 妻存仍給, 有故勿充

○ 陳告逃·漏奴婢者, 每四口賞給一口 三口以下則追徵各年貢布及楮貨給賞 ○ 容隱役使者, 論罪後, 徵役價, 每一口一日楮貨六張, 倍本價而止, 逃亡或身死者, 徵役價後, 以其奴婢徵償 <私賤同> 名在正·續案者, 過五年乃許陳告, 年四歲以下六十歲以上人, 不在計口論賞之例 ○ 良人雖無良籍·良族良役已久者, 勿許陳告屬賤

○ 凡賤人所係, 從母役 唯賤人娶良女所生, 從父役, 僧人所生雖良亦從賤, 告者與逃·漏奴婢同賞

○ 公賤無子女身死者奴·婢·田宅, 屬於本司·本邑 私賤則其財産許本主區處

○ 公賤物故者, 京中, 本司及所居部官員, 外方, 守令親臨監觀, 取所管人·一族·切等供招, 成立案, 本曹·本司·本道·本邑各藏一件, 又給屍親一件, 以憑後考, 該吏及一族等知情以生爲死者, 勿論經赦, 全家徙邊, 官吏以制書有違律論

《續》 各司奴婢, 每式年推刷, 內奴婢則限十年推刷 內司推刷時, 道臣別爲廉察, 其侵漁奴婢者啓聞定配, 各司差人徵斂尤甚者, 自本道, 決杖定配 ○ 各衙門京奴婢生産·物故, 其司直報漢城府, 歲抄啓聞《增》 寺奴婢生産·物故, 今則每年自各該邑查報戶曹

○ 各邑公賤老除·物故, 關由掌隸院, 成送立案施行 物故·老除無作木, 補充錢文二兩, 斜出每一口錢文一兩 ○ 立案過三朔不爲成給守令罷職 ○ 以生爲死者, 杖一百流三千里 《增》 公賤物故, 如無當該邑檢狀勿施 ○ 掌隸院革屬本曹之後, 關係寺奴婢者, 戶曹句管, 免賤·相訟等事本曹句管 逃亡已過三十年者, 續案磨勘時, 可據文書上送該曹, 憑考下 逃亡者, 有父母則勿以逃亡懸錄 ○ 逃亡者年七十以上, 許令老除, 而仍存案錄 外案付奴婢, 逃接京中者, 仍留錄案役使 兩界人物則一一刷還, 勿許京役 ○ 針線婢·醫女之屬, 上京後所生子女, 勿付京案, 查還本官 奴婢所生六口實役者 立役·實貢同 其父母俱是公賤則免一口, 三口實役者, 父母免貢 雖父母俱歿之後, 同生五口實役者, 一人免貢, 十人實役者, 二人免貢 軍功·納粟免賤·免役·免貢者, 非啓下公文則勿施 以功勞奉承傳自願免賤者, 父·母·己·妻·兄·弟·子·女·婦, 外, 毋得望定, 如有冒僞而現露則成給堂上官·郎官從重推考, 該吏遠配, 告狀人依欺罔律論, 免賤人還賤 《增》 凡免賤帖入啓時, 先考京外帳籍, 應許免賤外, 詐僞濫雜者勿施, 循私許者, 該堂·該道臣隨現勘律 實貢奴婢漏落三口以上, 用情色吏杖一百徒三年, 守令推考 五口以上, 色吏杖一百遠地定配, 守令罷職, 十口以上, 色吏·守令加等論 減年歲等雜者五口以上守令·色吏依漏落三口以上律論 七口以

上, 與漏落五口以上同律 ○ 防軍寺奴僞及漏案者三名以上, 守令營門決杖 《增》 拿問 如有容隱役使者, 不計口數多少·役使久近, 杖一百徒三年, 徵役價 私賤同 ○ 逃亡許接滿一年者, 同罪 ○ 逃亡驛吏許接者, 亦同罪, 其役價徵, 給本驛 ○ 公·私賤之容隱役使公·私賤者, 杖一百流三千里, 亦徵役價 面·里任·切隣知而不告者, 守令不檢擧者, 以制書有違律論, 勿揀赦前, 若其容隱者自首則免罪, 役價免徵 逃漏當身自首則免罪, 前貢免徵 陳告逃漏奴婢者, 每六口, 賞一口, 毋過五口 北道奴婢陳告者, 以他道奴婢賞之 ○ 陳告五口以下則給所告奴婢三年身貢 ○ 陳告奴婢全數逃亡者, 賞給奴婢, 還屬公 《增》 田土·奴婢, 告宮房, 替當其訟者, 嚴刑邊配 三十口以上則公賤免賤, 私賤以公賤代給免賤 官奴婢則必以官奴婢陳告, 各司奴婢則必以各司奴婢陳告後, 免賤 ○ 推刷官所畜官婢, 托以陳告免賤, 瞞報掌隷院者, 削職, 免賤人, 還賤 無時陳告者, 一切防塞, 式年推刷始許陳告, 而守令親虛實, 施以賞罰 十歲以下, 毋得陳告 ○ 公賤漏落及僧奸所生陳告立訟人, 給賞 ○ 陳告公賤續案中有其祖父母名字, 與其戶籍及官文書, 符合無疑者, 聽理, 續案無連續階梯, 而或稱久遠奴婢子孫, 與其戶籍有一字差錯, 勿許聽理, 論以誣告之律 ○ 各官奴婢, 時方使役, 而只載官案不錄續案者, 稱以漏落, 陳告受賞, 當該守令·推刷差使員, 論以欺罔之律 凡逃漏現出之數, 每歲抄啓聞 其祖與父出身·生·進而其子孫仍以冒良者, 仍許爲良, 其父出身·生·進而其子冒良者及其父祖隱漏冒良, 雖未登科而其孫爲出身·生·進者, 許代贖 <女子同> 雖三代以上登科者, 須自首後如右論, 陳告現出者, 勿論

○ 宮女只以各司下典選入 內婢足可充選, 寺婢則非特敎勿選, 良家女一切勿論, 良人·寺婢, 或薦進或投入者, 杖六十徒一年 ○ 宗親府·議政府奴婢則侍女·別監勿爲抄定

○ 私賤入屬工匠案及奉常寺熟手者, 以公賤代給 過五年後, 給代 ○ 工曹工匠一遵原典額數, 數外勿許給代, 他司同 ○ 奉常寺熟手, 勿論良賤, 以六十名 <《增》 今爲七十名> 擇定永屬, 老除及罪汰者推刷時逢點 《增》 奉常寺·掌樂院員役, 以本寺典僕及該院樂工·樂生差定

○ 功臣賜牌奴婢則以寺奴婢, 丘史則以官奴婢, 本家指名望定, 掌隷院入啓定給 一等功臣, 奴婢十三口, 丘史七口, 二等, 奴婢九口, 丘史四口, 三等, 奴婢七口, 丘史二口 ○ 久遠功臣賜牌及因事賞賜, 未及受出者, 各其門長·顯官, 懸保書呈, 以防奸僞 《增》 諸宮房·各衙門賜牌者勿論新舊, 一時受出, 毋得續續疊受 宮家賜牌以寺奴婢定給, 官奴婢則一切勿許, 其圖出者, 該官繩以重律 賜牌奴婢及丘史, 物故外毋得以雜代受 ○ 殘邑及直路官奴婢, 禮賓寺奴婢, 江都·松都所在奴婢, 勿許 ○ 功臣賜牌丘史, 除兩界·海西·京畿·江原道外, 三南非直路完邑所在奴婢中定給

○ 公·私賤及官屬, 背本主·本官, 投托內需司者, 限己身沒爲邊邑官奴 冒占內司奴婢者, 以冒占良民律論

○ 成均館奴婢勿許免賤 四學·鄕校及奉常寺同, 雖有免賤之勞, 論以他賞 本司外勿差他役 四學·濟用監·通禮院同 勿定舟師·格軍 社稷署同

○ 本曹京奴婢, 諸各司無得望定

○ 諸司奴婢避苦就歇者, 及官吏徇其私囑而擅自那移者, 依軍籍擅移律, 杖一百徒三年 米諸司奴婢, 勿許斜付·投屬

○ 官奴婢移屬諸司者, 禁斷罷還 濟州三邑奴婢, 勿定樂工及奉足 ○ 官奴娶寺婢之所生, 各邑稱以假官屬立役者, 摘發推論 ○ 營奴婢, 觀察使不朝家, 劃給書院者, 嚴防

○ 官婢依法贖身免役外, 作妾率畜者, 嚴立科條刷還還賤 守令私與者, 不推還者, 以制書有違律論, 不發覺觀察使一體論罪 ○ 品官除役率畜者, 以土豪律論 ○ 官奴婢代口納贖者, 一還賤, 其家長, 杖一百, 觀察使推考, 守令罷職 ○ 凡公賤, 守令私自贖良者, 設賑時官奴婢許贖濫爲者, 繩以重律

○ 公·私賤娶良妻所生男女, 從母役 顯宗己酉, 始命從良, 肅宗乙卯還賤, 辛酉又從良, 己巳還賤, 而已屬良役者勿論, 英宗庚戌又命辛亥正月初一日子時爲始, 所生從母役

○ 驛吏娶良女所生, 男爲驛吏女爲驛女, 娶公·私賤所生, 男女從母役 自贖其身者仍陞父役 驛女嫁良夫所生, 男爲驛吏, 女勿屬驛 嫁公·私賤所生, 男從母, 許良爲驛吏, 女勿屬驛 驛奴娶公·私賤所生, 男從父役女從母役 娶良女所生, 驛役自願者, 依從良例陞驛吏, 其子女, 一體屬驛 ○ 內司婢嫁驛奴所生, 勿爲屬驛 驛婢嫁良·賤夫所生男女, 屬驛奴婢 三水·甲山·六鎭官婢嫁驛吏奴所生男女, 從母役, 其餘端川以北, 女從母役 驛有吏·女·奴·婢四名目, 郵官納價徇囑, 以奴陞吏, 以婢陞女者, 勿論數多少, 觀察使摘發, 啓聞科罪

○ 一應屬公奴婢及强盜妻·子·女, 各道觀察使歲抄, 小名啓聞 京各司屬奴婢小名, 亦移文本曹, 置簿檢擧 ○ 屬公限當奴婢子枝, 無遺推刷, 訟案錄, 屬公後, 隨卽續案施行 ○ 强盜妻子女永屬各邑者, 所在官有産業鄕戶保授, 務令存恤, 觀察使巡行, 嚴加考察, 若有逃亡者, 守令及保授人, 治罪 ○ 犯罪屬公人, 若本係公賤則各還其司 ○ 公賤犯盜爲奴定配邊堡者, 旣已仰役配所, 本身役許減

≪補≫ 定屬官婢只役其身, 勿侵所生

○ 內奴婢·寺奴婢一幷革罷 純祖辛酉 ○ 籍産奴婢居京者劃給本曹, 居外者仍屬該官使役

4. 실학(實學)과 북학(北學)

1) 조선 후기의 실학[278]

실학이란 18, 19세기 지역적으로는 서울 내지 근기지방에서 발생한 개신유학적 사상 체계를 일컫는다. 이는 조선 후기 현실 속에서 성리학적 학문체계와 사유방식에 대한 내적 비판과 서학을 통한 외적 반성에서 우러난 새로운 학풍이다. 조선 후기 붕괴와 해체에 직면한 현실사회와 관련된 여러 문제를 탐구하였다.

실학은 여러 학파가 있으나 기본적으로 현실에 대한 비판과 반성에서 일어났던 것이므로 몇 가지 공통점을 가지고 있었다. 첫째는 창조적 자유성이다. 실학은 기성의 권위를 부정하려는 태도를 견지했다. 둘째는 과학성이다. 실학은 경험적인 회의에서 출발하고 실증적인 인식에 도달하려고 하였다. 셋째는 현실성이다. 실학은 실제와 유리된 관념과 사변을 탈피하고자 했다. 또한 현실생활에서 우러나는 불만과 정열을 기본 토대로 하고 있었다.

실학사상을 학파별로 분류하면 제1기에 해당하는 것으로 18세기 전반에 등장했던 경세치용(經世致用) 학파를 들 수 있다. 이들은 토지제도 및 행정기구 기타제도 개혁에 중점을 두었다. 대표적인 인물로 성호 이익을 들 수 있다. 제2기에 해당하는 18세기 후반의 이용후생(利用厚生) 학파가 있다. 이들은 상공업의 유통 및 생산기구 일반 기술혁신을 지향하였다. 대표적으로 연암 박지원이 있다. 제3기인 19세기 전반의 실사구시(實事求是) 학파가 있다. 이들은 경서 및 금석고증에 노력하였다. 대표적인 인물로 추사 김정희가 있다.

경세치용 학파는 기본적으로 중세체제를 인정하며 개혁방법으로 내세운 것이 토지개혁론이다. 이들은 중세에 있어 가장 기본적인 농업에 대한 관심이 컸다. 반면에 상대적으로 상공업이나 화폐경제에 대한 관심이 희박했으므로 중농학파(重農學派)로 지칭할 수 있다. 이 중농학파는 17세기 말 갑술환국으로 정치에서 소외된 근기(近畿) 남인(南人)들의 비판학문적 성격을 가지고 있었다. 이 학파는 성리학의 의식화(儀式化)에 대한 반성에서 출발하였다. 이들은 형이하학(形而下學)인 민생문제 해결에 주목하였다. 구체적으로는 토지제도, 행정기구의 개편 등과 지방관의 폐정을 지적하여 제도상의 개혁을 주장하였다.

이용후생 학파와 실사구시 학파는 북학사상을 가지고 있었다. 북학사상은 변화하는

278) 조선 후기의 실학에 관해서는 천관우, 「한국 실학사상사」, 『한국문화사대계』, 고려대학교 민족문화연구소, 1970; 유형원 외 저, 강만길 외 역, 『한국의 실학사상』, 삼성출판사, 1976; 김태영, 「조선 후기 실학에서의 현실과 이상」, 『한국사상사방법론』, 한림과학원총서 58, 1997; 한국실학연구회, 『한국실학사 연구』, 민음사, 1998 참조.

사회 경제적 변동에 부응하여 상공업에 대한 관심과 중세사상인 성리학을 극복하고자 하는 근대적 지향을 갖는 사상이다. 이들 학파를 중상학파(重商學派)라 부른다. 북학사상은 낙론(洛論)계 노론 집권층이 연행사(燕行使)로 북경에 가서 건륭문화에 충격을 받으면서 형성되었다. 이들은 조선의 낙후성을 극복하기 위해서는 청의 문화를 받아들여야 한다는 각성을 하게 되는 이것이 북학사상 형성의 외재적 요인이다. 이러한 사상적 전환은 시대적 요청이었다고도 할 수 있다. 이제 청(淸)은 오랑캐나 타도대상이 아니라 배워야 할 대상이었다.

2) 18세기 후반 이후의 북학(北學)

조선 후기 사상사에서 담헌(湛軒) 홍대용(洪大容, 1731~1783)과 연암(燕巖) 박지원(朴趾源, 1737~1805), 아정(雅亭) 이덕무(李德懋, 1741~1793), 영재(泠齋) 유득공(柳得恭, 1749 ~?), 정유(貞蕤) 박제가(朴齊家, 1750~?) 등 일군(一群)의 학자들은 소위 "북학파(北學派)"로 불리어지고 있다.[279]

북학파는 조선의 구빈(救貧)의 방도를 청조문명(淸朝文明)을 배우는 데 있다고 하며 그 어의(語意)는 박제가의 저서 『북학의(北學議)』에서 비롯되었다.[280]

북학파가 주장하는 '학중국(學中國)'은 새로운 것이 아니라 삼국 이래 연면(連綿)히 식자에 의하여 되풀이 역설되었던 것이며 조선 후기에만 국한되었던 것은 아니었다. 그렇다면 실학의 한 갈래로서 북학파가 주장했던 '학중국(學中國)'의 뜻은 어디에 있었는지 살펴보자.

호란(胡亂) 이후 조선은 청국에 대하여 정치적으로는 사대(事大)의 예를 취하면서도 청국(淸國)을 오랑캐로 멸시하는 반청적(反淸的) 기풍이 만연되어 있었다. 이러한 반청사상의 유래는 명말청초라는 아시아의 정치적 전환기에 있어서 모화사상(慕華思想)에 중독된 우리 위정자들이 정세를 제대로 판단하지 못했기 때문이다. 이들은 여전히 성리학적(性理學的) 의리관(義理觀)과 명분론(名分論)에 사로잡혀 있었다. 이와 같은 상황에서 당시 사회의 문명기용(文明器用)은 날로 고루해질 수밖에 없었다. 따라서 사회는 갈수록 병들고 민생의 파탄은 더욱 심각해 갔던 것이다. 그러나 18세기 중엽 이후로 서울학계를 지

---

279) 김용덕, 「중상론과 기술학의 도입론」, 『한국사』 14, 국사편찬위원회, 1983, 264면 참조.

280) 용어의 기원은 『孟子』의 등문공장구상조(滕文公章句上條)에서 볼 수 있다. 여기에서는 남쪽에 위치한 초나라 사람인 진량(陣良)이 周公과 孔子의 道를 흠모하여, 북으로 중국에 유학하여 用華變夷를 꾀하였다는 것에서 비롯되었다. 따라서 '북학'이란 미개한 종족이 중화문명의 선진성을 인정하고 그와 같은 문명한 나라가 되겠다는 뜻이 포함되어 있다. 18세기 북학파들도 청조문명의 선진성을 직시하고 겸손한 태도로 그것을 배우자는 뜻으로 북학을 주장한 것이었다. 김용덕, 앞의 글, 260면 참조.

배하고 있던 노론(老論)의 일각에서는 주자성리학을 계승하면서도 시대의 변화를 능동적으로 수용하려는 새로운 학풍이 일어났다. 이 학풍은 청나라를 배우자는 내용을 담고 있어서 흔히 '북학(北學)'이라고 한다.

이때는 청이 강희(康熙, 1662~1722)~건륭(乾隆, 1736~1795)의 문화적 전성기를 구가하고 있던 시기였다. 청은 중국 역대문화의 정수를 총정리하고, 산업발전과 서양 과학기술문명 도입에도 앞서 있었다. 따라서 청의 주인인 여진족은 여전히 멸시하되, 그 안에 담긴 중국문화와 산업, 기술문화는 수용한다는 유용한 자세가 바로 북학(北學)이다.

이렇듯 사회현실을 개혁·타파하고자 한 운동이 실학운동이었으며 그중에도 선진(先進) 청조(淸朝) 문명을 배우고 받아들여 '이용후생(利用厚生)'하자고 한 일련의 학자들이 북학파라는 범주에 들어갔다. 이들은 '학중국(學中國)'의 방법으로 연행(燕行)하여 몸소 청(淸)의 건륭기(乾隆期)의 찬란한 문명을 직접 보고 배우며 이를 기록하여 저술을 통하여 조선사회를 개혁하고자 하였던 것이다.

(1) 북학사상의 형성 요인

북학사상 형성의 내재적 요인은 18세기 초 노론학계 내에서 벌어진 '호락논쟁(湖洛論爭)'[281]에서 연유한다. 이 논쟁은 송시열의 직계제자들이 벌인 사상논쟁이다. 송시열의 수제자인 권상하(權尙夏)와 그의 제자인 한원진(韓元震)이 중심이 된 충청도지방의 학자들이 주장한 이론을 호론(湖論)이라 한다. 이 이론은 사람의 본성인 인성(人性)과 물질의 본성인 물성(物性)이 본질적으로 다르다는 '인물성이론(人物性異論)'으로 기존의 화이론적 사유체계를 그대로 계승하는 것이다. 역시 권상하의 제자인 이간(李柬)과 서울에서 벼슬 살던 학자들인 이재(李縡)·김창협(金昌協)·김창흡(金昌翕)이 중심이 된 낙론(洛論)은 인성과 물성이 본질적으로 같다는 '인물성동론(人物性同論)'으로 화이론을 극복하는 논리체계를 제시하였다. 이 호락논쟁(湖洛論爭)은 논쟁점을 확대시키면서 가열되었다.

병자호란 이후 상처받은 국민적 자존심을 치유하고 결집력을 제고하기 위하여 복수설치(復讐雪恥)를 외치면서 내세운 것이 북벌대의(北伐大義)이다. 이는 성리학적 명분론인 화이론(華夷論)에 기초하고 있었다. 화이론은 삼라만상을 중화(中華)와 이적(夷狄)으로 분류하고 중화란 인간만이 될 수 있고 여타의 짐승이나 물건은 이적의 범주에 속한다고 인식하였다. 따라서 북방 오랑캐인 여진족은 이적이므로 인간의 범주에 넣을 수 없고, 중화의 적통인 명을 계승하는 조선이 바로 중화라는 조선중화주의를 제창하였다. 따라서 문화적 국제질서를 무력으로 파괴한 청을 쳐서 복수설치해야 한다는 것이었다. 그러나 1세

---

281) 유봉학, 「北學思想의 形成과 그 性格」, 『韓國史論』8, 1985, 194~206면 참조.

기에 걸친 국론인 북벌론이 현실성을 잃게 되고 '인물성동론'의 논리로 중화와 이적의 구분이 없어짐으로써 대청의식은 변화할 수밖에 없었다. 나아가 사람에 대한 관심인 심성론(心性論)뿐만 아니라 물체에 대한 관심으로 관심영역이 확대되어 가는 과정에서 물(物)에 대한 과학적 인식은 생산력에 대한 관심도 증대시켰다.

조선 후기 사회는 양란의 후유증을 치유하면서 체제 재정비를 위하여 북벌대의를 기치로 내걸고 일로매진하였다. 이로 인해 17세기 말에서 18세기 전반에 이르러서는 조선 고유문화 창달에 일단 성공하였다. 하지만 1세기에 걸친 고립주의와 폐쇄성으로 인한 후진성을 극복해야 하는 당면과제가 대두된 것이다.[282]

낙론계(洛論系) 노론집권층의 젊은이들은 자제군관(子弟軍官)으로 연행사(燕行使)를 수행하여 북경에 가서 건륭문화의 선진성에 충격을 받았다. 이들은 조선의 낙후성을 극복하기 위해서는 청의 문화를 받아들여야 한다는 각성을 하게 되었다. 이것이 북학사상의 형성의 외재적 요인이라 할 수 있다.

'인물성동론'에서 도출한 논리로서 사람과 물체를 구별할 수 없다(人物莫辨)고 하여, 조선이 이(夷)라는 자아의 각성과 함께 청의 문화가 곧 중화문화라는 재평가가 가능해진 것이다. 이제 청은 타도대상이 아니라 배워야 할 대상이고 그 길만이 1세기 이상의 폐쇄성과 낙후성을 극복하여 발전을 모색할 돌파구로 인식되었다. 이제 북벌(北伐)에서 북학(北學)으로의 대전환이 집권층 자제 내에서 제기된 것이다.

(2) 북학파(北學派)의 실학사상

① 홍대용(洪大容)[283]의 사상

홍대용은 자신의 사상적 전개에 있어서 기존 체계의 권위를 계승하는 입장이 아니라, 이를 비판하여 극복하는 입장에 서 있음을 『의산문답(毉山問答)』에서 명확하게 제시하였다. 『의산문답』은 당시의 통속적인 유학자나 기존 관념에 사로잡힌 도학자를 허자(虛子)로 설정하고, 새로운 사고 체계를 구성하는 실옹(實翁)을 통하여 허자(虛子)의 고착되고 형식화된 사고를 비판함으로써 그 자신의 사상적 입장을 밝히고 있다. 그는 실옹의 입을 빌려 인간의 미혹에 식색지혹(食色之惑)·이권지혹(利權之惑)·도술지혹(道術之惑)을 들고 있다. 특히 도술지혹(道術之惑)은 천하를 어지럽히는 것임을 지적하며 당시의 사상적 타락을 비판하였다.

282) 정옥자, 「실학과 근대의식」, 『한국사특강』, 1990, 184면 참조.

283) 北學派 중에서 가장 선배인 홍대용은 英祖 7년(1731) 서울에서 태어났다. 그의 貫은 南陽, 字는 德保, 號는 弘之, 湛軒은 그의 堂號로 祖父는 大司憲, 父親은 牧使인 당당한 名門出身이었다.

"오직 주자를 숭봉하는 것만이 귀한 것으로 알고, 경전의 뜻에 의심스럽거나 의논할 수 있는 점에 있어서는 부화뇌동하여 한결같이 엄호하기만 하고 세상 사람의 입을 틀어막으려고만 하니, 이것은 향원(鄕原)의 마음으로 주자를 바라보는 것이다."[284]

홍대용은 위와 같이 말하면서 주자학의 체계에만 사로잡힌 폐쇄적인 경학의 태도를 비판하였다. 그는 주자학도 객관적 평가의 대상에로 끌어내릴 것을 요구하였다. 한편 홍대용의 실학적인 경세의 학은 그의 저술인 『임하경륜(林下經綸)』에 담겨 있다. 『임하경륜』의 기본구상은 균전(均田), 부병제(府兵制)를 토대로 농민의 최저생활을 보장하는 동시에 재정과 국방의 기반을 확보하려는 것이었다. 그의 사상의 중요한 내용을 살펴보면 다음과 같다. 첫째로 신분을 막론하고 모든 장정은 노동을 하여야 한다고 주장했다. 양반이라도 노동을 하지 않고 '놀고먹는 것[유식(遊食)]'은 용서하지 않는다는 매우 혁신적인 주장을 내세웠다. 이와 같이 '국민 모두는 일해야 한다[국민개로(國民皆勞)]'는 주장은 조선신분제도에 대한 과감한 도전이었다. 이는 조선사회질서의 혁신적인 개혁을 의미했다. 둘째로 신분 여하를 막론하고 재(才)·학(學)이 있는 자는 중직(重職)에 임명하여야 한다는 주장이다. 이는 양반의 철폐와 더불어 국가발전을 도모하려고 한 실학사상에서 연유한 것이다. 셋째로 지방마다 면단위까지 학교를 두어 면내의 자제는 8살 이상이면 신분의 여하를 막론하고 모두 교육을 받게 한다. 그리고 과거제 대신 공거제(公擧制)로 하여 다음 교육기관에서 순차로 상급교육기관에 인물을 천거하되 관직도 이 추천에 의하여 임명할 것을 주장하였다. 넷째로 신분 여하를 막론하고 공적(公的)인 발언권을 주어야 한다는 것이다.

이상을 살펴볼 때 홍대용의 『임하경륜』 속에 나타난 사상은 봉건적 신분제 그 자체에 대해서는 이를 유지하는 것을 원칙으로 하고 있다. 그러나 그의 주장들이 실현된다면 이는 자연히 봉건적 신분제를 타개하는 결과가 되지 않을 수 없는 것이다. 따라서 홍대용의 사상은 새로운 사회를 지향하는 새로운 이론이 아닐 수 없는 것이다.

② 박지원(朴趾源)[285]의 사상

박지원에게 있어서는 소설의 문학적 창작을 통한 현실의식과 사회적 모순에 대한 비판정신이 중요한 의미를 지닌다고 할 수 있다. 18세 무렵의 작품들에서 양반계층의 도덕적 위선을 풍자함으로써 신분계급에 사로잡힌 당시 사회질서에 비판적 입장을 보여 주었다.[286] 그의 『양반전』은 빈한한 양반이 부유한 서인에게 양반 신분을 팔 때 관청에서

284) 「湛軒書」 外集 권3; 琴章泰, 「朝鮮 後期의 實學思想」, 『韓國哲學史』 하권, 동명사, 1987, 122면에서 재인용.
285) 박지원의 字는 仲美, 號는 燕巖, 諡號는 文度, 本貫은 潘南이며 英祖 13년(1737) 서울에서 태어났다. 김용덕, 앞의 글, 270면 참조.

만드는 문권(文券) 속에 양반의 행동양식이나 금계(禁戒)를 열거하고 있다. 이를 통하여 양반의 행동이 얼마나 부자연스럽고 형식적이며 무용한 것인가를 보여 주고 있다. 또한 그는 양반의 생활양식을 무가치하거나 착취적인 것으로 비판함으로써 그 시대의 사회질서에 근본적인 비판을 가하였다. 『호질(虎叱)』에서는 위선적인 도학자인 주인공 북곽 선생을 호랑이의 입을 빌려 질책하면서 도덕과 현실의 괴리를 폭로하고 있다. 여기서 그의 소설이 내포한 현실비판의 예리함과 더불어 그 시대의 통속적 관념체계나 신분적 권위에 대한 공격을 통해 그가 지닌 사회개혁의 의지를 확인하게 된다. 그것은 그의 문학정신이 보여 주는 존고(尊古)와 모방을 거부하는 탈고적(脫古的) 현실의식에서 엿볼 수 있다.[287]

박지원은 44세(1780) 때 연행(燕行)의 기회를 얻어 청제(淸帝)의 하별궁(夏別宮)이 있는 열하(熱河)까지 다녀오게 된다. 그는 이때 청조 문물에 대한 견문을 넓히고 청조인과의 담론을 통하여 북학파의 학문적 자세를 폭넓게 제시해 주었다. 그의 『열하일기(熱河日記)』 속에서는 조선인이 청조에 가서 그 문물을 관찰하는 일반적인 태도를 반성하여 오망(五妄)을 제시하고 있다. 즉 자신의 문벌을 뽐내는 것, 상투를 지닌 의관(衣冠)을 뽐내는 것, 거만하고 무례하게 행동하는 것, 중국에 문장이 없다고 헐뜯는 것, 청조에 복속하는 한인(漢人)을 보고는 강개한 선비가 없다고 탄식하는 것을 들었다.[288] 그것은 만주족인 청조에 대한 저항감 때문에 그들을 경멸하려는 주관적이고 감정적인 선입관에 사로잡힌 태도라는 것이다. 이러한 태도가 그들의 현실을 객관적으로 인식할 수 있는 지각을 스스로 막아 버리고 있는 사실을 지적한 것이다. 따라서 그는 청조인과 담론할 때 먼저 청조를 칭송하여 그들을 안심시키고 공손하게 배우기를 청해야 한다고 이야기하고 있다. 그리하여 그들이 안심하여 마음을 열어놓고 이야기하게 함으로써 문자(文字) 밖에서 그 심술(心術)과 정실(情實)을 파악해야 할 것이라는 방법을 밝히고 있다.

그는 청조의 관학(官學)이 주자학인 표면적 현상의 배경을 설명하고 있다. 그 이유는 청조가 주자를 높이는 것은 한인(漢人)을 통치하는 수단이라는 것이다. 이는 "천하의 사대부의 목덜미에 걸터타고는 그들의 목구멍을 조르면서 그 등을 어루만짐으로써 천하의 사대부들이 그 우롱과 위협에 휩쓸려서 구구하게 예문(禮文)이나 절목(節目)에 빠져들어 스스로 깨닫지 못하고 있는 것"이라 지적하였다.[289] 따라서 청조의 사상 탄압 방법은 분서갱유(焚書坑儒)하는 것보다 더 효과를 거두었다는 것이다. 또한 『도서집성(圖書集成)』

---

286) 금장태, 앞의 글, 126면 참조

287) 조동일, 『한국문학사상사시론』, 1978, 264~269면: 금장태, 앞의 글, 127면에서 재인용.

288) 금장태, 앞의 글, 128면 참조.

289) 금장태, 앞의 글, 129면 참조.

이나 『사고전서(四庫全書)』의 방대한 편찬 사업도 명대(明代)의 『영락대전(永樂大全)』을 편찬한 것처럼 선비들로 하여금 머리가 희도록 붓을 쉴 사이가 없게 하는 것으로 파악하고 있다. 여기서 중국 선비 가운데 주자를 반박하는 데 거리낌 없었던 모기령(毛奇齡)을 '주자(朱子)의 충신(忠臣)'이라고 일컫는 이유를 이해하였다. 따라서 그는 우리나라 사람이 이들을 만나보고 육상산(陸象山)의 무리라 배격하거나, 중국에 육학(陸學)이 성하다고 말하는 것이 그릇된 것이라고 말하고 있다. 오히려 주자를 반박하는 인물이 비상한 선비인 줄을 알아야 한다고 지적하였다.

박지원에게도 멸청의리론(滅淸義理論)의 의식은 강하게 남아있었다. 그러나 그는 연행을 통하여 청조 문물이 가진 이용후생적(利用厚生的) 가치를 인식하는 데 있어서 의리론(義理論)과 북학론(北學論)을 양립시키고 있다. 오히려 북학론을 통해 의리론을 감정적 수준에서 현실적 수준으로 끌어올리고 있다는 사실에 그의 사상적 특성이 있다. 그는 연행길에 압록강을 건너 책문(柵門)에 들어가자 민가의 외양간과 돼지우리에서 거름더미에 이르기까지 법도 있게 정돈된 것을 통해서 이용의 실제를 발견하였다. 그는 "이용(利用)을 이룬 다음에야 후생(厚生)을 할 수 있고, 후생(厚生)을 이룬 다음에야 정덕(正德)을 이룰 수 있다"고 밝혔다.290) 그는 근본적인 정덕(正德)에 앞서서 기말(枝末)인 이용(利用)·후생(厚生)의 선행(先行)을 주장하였다. 이는 현실적 사무와 효과를 중시하는 실용 존중의 입장을 제시하였던 것이다.

그는 변방마을에서도 벽돌의 이용방법뿐 아니라 벽돌 가마의 제도와 효율을 관찰하였다. 또 아궁이와 굴뚝과 구들의 제도를 조사하면서 우리의 온돌 형태가 지닌 문제점들을 지적하여 개량방법을 강구하고 있다. 또한 수레의 제도를 본받을 것을 강조하면서 "나라의 가장 큰 실용이 수레에 있다"고 언급하였다. 그는 청조에서 활용되는 각종 수레의 형태와 서양 기계제도인 논에 물을 대는 용미차(龍尾車), 불을 끄는 수총차(水銃車), 방아 찧는 아륜(牙輪), 가루 만드는 요차(搖車), 고치로 실을 켜는 소차(繅車) 등의 제도를 소개하면서 수레 제도를 이용함으로써 재화를 유통시키고 부유하게 할 수 있음을 강조하였다. 이러한 이용의 구체적 문제로서 목마(牧馬)와 기마(騎馬)의 방법에서도 우리의 제도를 반성하고 청조 제도를 수용하도록 요구하였다. 이러한 그의 이용론(利用論)은 곧 북학론(北學論)의 내용을 이루고 있는 것이다.

그는 재화와 식물(食物)이 넉넉한 것이 교화(敎化)의 원천이 되고, 근본에 힘써 공을 일으키는 것이 백성을 양육하는 방법임을 확인하였다. 나라의 근본으로서 백성의 이익을

---

290) 『熱河日記』 渡江錄. 금장태, 앞의 글, 130면 참조.

두텁게 하는 방법상의 문제로 천시(天時)·지리(地利)·인사(人事)를 경(經)으로 하고, 수리(水利)·토의(土宜)·농기(農器)를 위(緯)로 하는 농업진흥방책을 제시하였다. 그리고 선비의 과제로 실용의 개발을 들고 있다. 실용이란 이용후생의 방법을 연마하고, 농업 기술을 밝히고, 상업의 유통을 원활하게 하고, 공장(工匠)의 혜택을 이루어 주는 것을 말한다. 이러한 실용이 곧 실학(實學)임을 강조하였던 것이다.

③ 박제가(朴齊家)[291]의 사상

박제가는 홍대용과 박지원 등의 학풍을 계승하여 그가 첫 번째 연행(燕行)에서 돌아왔던 29세 때(1778) 저술한 『북학의(北學議)』를 통해 북학론(北學論)을 정립시키는 역할을 하였다. 그는 북학파의 기본적 관심인 대청조(對淸朝) 자세의 재정립을 주장하였다. 또한 이용후생론(利用厚生論)을 구체적으로 정밀하게 제시함으로써 북학론을 체계적으로 정리하였던 것이다. 여기서 그의 북학론은 이용후생의 기술적 관심도 정밀한 것이지만 동시에 현실인식의 실학적 기반도 확고하게 내포되었던 점에서 북학론을 집성(集成)시켰다고 할 수 있다.

그는 『북학의(北學議)』서(序)에서 북학(北學)의 의미가 중국의 선진문물을 배우는 것임을 밝혔다. 우리나라의 최치원과 조헌(趙憲)이 중국의 선진문물을 본받아 우리의 낙후한 제도를 개혁하려고 노력하였던 사실을 들어 역사적으로 북학의 연원을 제시하려고도 하였다. 그리고 그의 과제는 중국의 풍속으로 우리나라에 실행할 만하고 일용에 편리한 것을 제시하고, 이러한 중국 문물과 제도를 실행할 때의 이로움과 실행하지 않을 때의 폐단을 밝히는 것이라 언명하였다. 여기서 그의 북학론이 지닌 중국 문물의 섭취라는 범위와 실용성을 추구하는 목적의식을 파악할 수 있게 된다. 이러한 북학론의 과제는 그 배경에 "이용(利用)과 후생(厚生)이 한 가지라도 정비되지 않으면 위로는 정덕(正德)을 해치게 된다"는 실학파의 현실 중시와 실용성을 강조하는 방법론이 전제되어 있는 것이다.

박제가는 북학론에 대한 당시 사회의 저항이 도학파(道學派)의 배청의리론(排淸義理論)임을 확인하였다. 그래서 그는 청조(淸朝)가 오랑캐의 나라이지만 그 문명은 중국을 계승하고 있는 사실을 강조하고 있다. 더불어 오랑캐가 중국 문명의 이로움을 알고 빼앗아 가졌는데 우리는 빼앗은 자가 오랑캐임을 알 뿐 그들이 빼앗아 가진 것이 중국 문명임을 알지 못한다고 비판하고 있다. 따라서 그는 "진실로 백성에게 이롭다면 비록 그 법이 오랑캐에게서 나왔다고 하더라도 성인은 취할 것인데, 하물며 중국의 옛 문명에 있어

---

291) 박제가는 英祖 26년(1750), 右副承旨 朴坪의 庶子로 서울에서 태어났다. 그의 字는 次修, 또는 在先, 號는 楚亭으로 널리 알려졌고 따로 貞蕤·葦杭道人이라 자호하였으며 本貫은 密陽이었다.

서랴"[292]라 하여 청조 문물을 수용해야 하는 당위성을 입증하였던 것이다. 그것은 또한 배청론(排淸論)이 지닌 폐쇄적 맹목성을 비판하는 것이었다. 동시에 북학론의 개방적 진취성을 주장하는 것이라 할 수 있다.

그는 당시 사회의 모순을 「사기삼폐설(四欺三弊說)」로 정리하였다. 사기(四欺)는 첫째가 인재를 배양하거나 재용(財用)을 개발할 생각은 않고, 후세로 갈수록 백성이 가난해진다고 하는 것은 '국가(國家)의 자기(自欺)'라는 것이다. 둘째는 지위가 높을수록 사무를 천하게 여겨 아랫사람에게 맡겨 버리는 것은 '사대부(士大夫)의 자기(自欺)'라는 것이다. 셋째는 경전 구절의 해석이나 과거시험을 위한 문장에 정신을 소모하면서 천하의 서적을 묶어 놓고 볼 것이 없다고 하는 것은 '공령[功令, 과문(科文)]의 자기(自欺)'이다. 넷째는 아버지를 아버지라 부르지 못하는 사람이 있고, 한 집안의 친척이면서 노예로 대하는 사람이 있고, 손자나 조카뻘이 어른을 꾸짖는 자가 있으면서, 천하를 오랑캐로 보며 스스로를 예의(禮義)니 중화(中華)니 하는 것은 '습속(習俗)의 자기(自欺)'라 하였다. 이것은 당시 조선사회의 경제적 낙후성과 행정적 불합리성, 학문적 침체 현상, 사회윤리적 모순 현상 등을 비판하여 개혁의 필요성을 주장한 것이다. 그리고 삼폐(三弊)란 첫째가 국법(國法)을 사대부에게 적용시키지 않으므로 특권층을 유지하는 것, 둘째가 과거로 인재를 등용하는 것이 아니라 인재 등용의 길을 무너뜨린 것, 셋째가 숭유(崇儒)하려는 목적의 서원(書院)이 병역을 기피하고 법률을 어기는 자의 소굴이 되고 있는 것을 세 가지 자폐(自弊)로 지적하였다. 그는 이러한 모순과 불합리를 개혁해야 한다는 현실 인식 속에서 무엇보다 경제적 부강과 그것을 이루는 방법으로 선진기술과 제도의 도입을 주장하게 되는 것이다.

박제가는 당시 국가의 최대 폐단을 빈곤이라 인식하였다. 그리고 그는 이를 해결하는 최선의 방법이 중국과 소통하는 것이라고 밝히고 있다. 이는 북학론적 과제와 방법의 특성을 보여 주고 있는 것이다. 그것은 곧 그의 북학론이 백성과 국가를 빈곤으로부터 해방시켜야 한다는 경제적 관심에서 출발하고 있음을 말해 준다. 또한 중국의 기술을 도입하고 생산물의 교역을 통해 부강을 획득할 수 있다는 생산과 상업의 중요성을 강조하는 입장을 지니고 있음을 말해 준다.

그의 농업생산 이론은 첫째 농업을 해치는 장애를 제거하기 위하여 유식(遊食) 계급인 유자(儒者)를 도태시켜야 한다는 태유론(汰儒論)에서 출발한다. 생산을 천시하여 과거에만 매달린 유교를 도태시킨다는 것은 사회제도의 근본적인 개혁을 요구하는 것이다. 그리고 농업생산을 위한 두 번째 조목으로 수레를 사용해야 한다고 지적하였다. 수레는 운

---

292) 금장태, 앞의 글, 132면 참조.

반의 기본적인 도구이지만 혈맥에 비유할 수 있는 것이라 강조하였다. 왜냐하면 수레가 유통을 활발하게 해주어 상업을 발달시켜 농업의 발전을 위한 기반이 되는 것이기 때문이다. 또한 농업생산의 개량을 위하여 농기구와 물대기와 거름의 제도나 양잠(養蠶)과 베짜는 기술과 제도를 중국에서 배워야 한다고 주장하였다. 그리고 농기구로서 풍구·돌절구공이·괭이·곰방메·쇠스랑 등의 효용을 설명하여 기구의 사용과 기술의 도입이 우리의 농업생산에 끼칠 수 있는 이익을 말하고 있다.

그는 유통수단으로서 수레와 선박·도로·교량의 제도를 도입할 것을 주장하였다. 조선사회는 상업을 전통적으로 도덕에 상반된 이익의 추구에 빠지는 것으로 인식하여 억제하려는 경향이 지속되어 왔다. 그러나 그는 빈곤을 벗어나 부강을 실현하는 수단으로 상업이 중요하다고 강조하고 있다. 국내에서는 사방의 재화(財貨)가 교역되어 백성의 의식(衣食)을 풍족하게 하는 후생(厚生)의 실현이 중요하다. 하지만 나아가 중국을 비롯하여 세계 각국과 무역을 함으로써 국가의 부강을 도모하는 것도 중요하다. 그는 이와 같은 후생과 부강을 위해서는 우리의 이목(耳目)을 넓혀 천하가 크다는 것을 아는 현실이해도 중요한 것임을 지적하였다.

박제가의 이용후생론은 벽돌·가옥·목축 등에까지 정밀한 실용적 관심을 확대해 가는 것이다. 또한 그의 기본과제가 경제·기술의 문제인 것도 사실이다. 그러나 북학론이 기술 및 경제이론의 범위를 넘어서는 것은 그 시대의 세계관을 폐쇄적인 데서 개방적인 데로 전환시키고 있기 때문이다. 그것은 경제적·물질적 기반을 기초로 하여 신분적 사회질서를 생산과 능률 중심의 사회제도로 전환시키려는 입장을 밝혔다. 이로써 실학사상이 지향하는 이념의 구체적이고 기초적인 방법을 제시하였다는 점에서 사상사적인 위치를 갖는 것이다.

결론적으로 북학사상은 조선 후기 일부 선구적 지식층의 사회경제적 관심이 투영된 '이용후생학'으로 이해되고 있다. 한편으로는 그들의 확대된 세계관이 전통적 화이관을 탈피하고 있다고 지적되고 있다. 17·18세기 조선학계, 그중에서도 노론계(老論系)의 일반적 분위기는 주자와 주자학을 절대화하면서 예론과 심성론에 경도하는 경향을 보였다. 북벌론(北伐論)을 잇는 강고한 반청의식이 배타적 화이론(華夷論)으로 전개되고 있었다. 그러나 이러한 분위기 속에 성장하였던 홍대용·박지원 등이 제시하였던 사상체계는 기존의 체계와는 다른 것으로 귀결되고 있었다. 기존의 '북벌(北伐)' 관념과는 다른 '북학(北學)'이라는 주장이 그러하다. 그 배후에는 새로운 화이론의 전개와 함께 새로운 학문내용, 학문방법의 모색이 전제되고 있었다. 이들 사상의 이러한 극적 전환은 단순히 외래요소의 충격만으로 설명되어질 수 있는 것이 아니다. 그것은 기존 사상이 제공해준 논리의 수용·비판·극복과정이라는 사상전환의 내재적 계기가 함께 제시될 때 비로소 명확한 설명이 가능할 것이다. 따라서 조선 후기 사상사의 흐름 속에서 볼 때 북학사상(北學思想)은 18세기 조선정통주자학의 발전적 자기극복과정을 보여 주는 하나의 양상이었다고 할 수 있을 것이다. 또한 북학의 발흥은 양란 이후의 국내사정에 근거하고 있음을 이해할 필요가 있다. 왜란과 호란을 겪은 뒤 시급히 해결해야 할 문제는 빈곤의 구제와 부국책(富國策)이었다. 북학파는 이에 상업중시와 대외무역론을 전개하면서 새로운 기술도입과 생활 개선을 제창하였던 것이다.

5. 탕평책(蕩平策)[293]

탕평책(蕩平策)은 조선 후기 영조(英祖)와 정조(正祖) 대에 당쟁을 막기 위하여 당파 간의 정치세력에 균형을 꾀한 정책이다. '탕평(蕩平)'이란 『상서(尙書)』의 홍범구주(洪範九疇) 가운데 제5조인 「황극설(皇極說)」의 "무편무당 왕도탕탕 무당무편 왕도평평(無偏無黨 王道蕩蕩 無黨無偏 王道平平)"에서 나온 말로서, 인군의 정치가 편사(偏私)가 없고 아당(阿黨)이 없는 대공지정(大公至正)의 지경, 즉 황극(皇極)에 이른 것을 의미한다. 그리고 송대의 주자 또한 그의 붕당관(朋黨觀)을 피력한 『여유승상서(與留丞相書)』에서 붕당 간 논쟁의 시비(是非)를 명변(明辨)함에 의한 조정의 탕평을 말하고 있다. 따라서 탕평이라는 말은 특정한 시대에만 사용된 것이 아니라 인군정치의 지공무사(至公無私)를 강조하는 보편적인 의미로 쓰여 왔다고 할 수 있다.

1) 탕평책의 배경

선조 말 동서분당 이후부터 시작된 당쟁은 왜란이 수습되면서 더욱 어지럽게 전개되어 갔다. 파당 간의 대결이 격화되면서 서로의 당론은 더 이상 국가의 안위(安危)나 민생과 관계되는 정강(政綱)이나 정책에 국한되는 것이 아니었다. 이들은 왕실의 복상제(服喪制)와 같은 의례적인 문제 또는 세자책봉이나 왕비책립과 같은 문제를 놓고 서로 다른 정파(政派)의 의견을 배제하여 정권을 장악하려 하였다. 더욱이 이들 파당 간의 대결에서 승리하면 권세를 누리고 실패하면 죽음을 면치 못하였다. 따라서 그 대립하는 파당 간의 싸움은 격렬할 수밖에 없었다. 군주전제(君主專制)인 왕조시대는 군주의 자의(恣意)가 정

---

293) 조선 후기 탕평책에 대해서는 박광용, 「영조대 탕평정국과 왕정체제의 정비」, 『한국사 32』, 국사편찬위원회, 1997; 박광용, 「정조대 탕평정국과 왕정체제의 강화」, 『한국사 32』, 국사편찬위원회, 1997; 김준석, 「탕평책 실시의 배경」, 『한국사 32』, 국사편찬위원회, 1997 참조.

국의 변동에 결정적인 결과를 가져오기도 한다. 그렇기에 당인(黨人)은 군주의 감정을 격동시킴으로써 정국의 변동을 가져오는 예가 적지 않았다. 또한 조선 후기로 오면서 당파의 세력이 강화됨에 따라 정국이 일당의 전제(專制)로 진행되는 현상이 일어나게 되어 왕권을 약화시키는 원인이 되기도 하였다. 이러한 정국하에서 '탕평'이라는 용어가 등장하게 되었다. 박세채(朴世采)는 1683년(숙종 9) 탕평을 정치무대에서 처음 제기하였고 1694년에 또다시 탕평을 거론하였다. 그는 격렬해져가는 노론과 소론 간의 당쟁을 조정하려는 목적에서 파당(派黨)을 타파할 것을 주장하였다. 파당타파에 대한 이념은 '황극설'의 탕평에서 구하였다. 그 실천방법으로는 동서분당 초기 이이(李珥)가 주장하였던 시비(是非)의 조정과 인물의 등용방법을 제시하였다. 그 뒤 소론의 재상 최석정(崔錫鼎)이 한때 남인들을 조정에 등용시키려는 구실로 탕평을 표방하였다. 또 숙종 자신도 비망기(備忘記)를 통하여 여러 차례 탕평을 펼쳐보고자 하였다. 그러나 숙종의 구호에 그치고 말았다. 이러한 탕평이 다시 강조되고 그 이념을 하나의 정책으로까지 추진하는 정치집단이 형성된 것은 영조 대에 들어선 이후였다.

2) 영조(英祖)의 탕평책

영조는 당쟁의 폐해가 국가에 미치는 해악을 실감하고 있었다. 그는 신임사화[294]라는 당쟁의 폐해를 직접 경험한 장본인이다. 따라서 탕평책은 이러한 폐해를 방지하고자 하는 입장에서 나온 정치이념이자 정책이라 할 수 있다.

영조가 즉위한 1724년은 자신의 세제(世弟) 책립(冊立)과 대리청정(代理聽政)을 원치 않았던 소론의 영수 이광좌(李光佐)가 정권을 잡고 있었다. 영조는 즉위하자마자 바로 당쟁의 폐해에 대하여 하교하였다. 이는 탕평책의 서막이었다. 이어 소론의 영수 김일경(金一鏡), 남인의 목호룡(睦虎龍) 등 신임옥사를 일으킨 자들을 숙청하였다. 그리고 1725년(영조 1)에는 을사처분(乙巳處分)으로 노론을 다시 조정에 불러들였다. 그러나 영조 자신이 의도하였던 탕평정국의 바람과는 달리 노론의 강경파들이 소론을 공격하는 등 노론과 소론 간의 파쟁이 다시 고개를 들자 1727년에는 노론의 강경파들을 축출하였다. 곧이어 1729년에는 기유처분(己酉處分)으로 노론과 소론 내 온건론자들을 고르게 등용하여 탕평책의 기초를 마련하였다. 이때 인사정책으로 타당을 견제시키는 쌍거호대(雙擧互對)의 방식을 취하였다. 즉 노론을 영의정에 앉히면 좌의정은 소론으로 하여 이를 상대하게

---

294) 경종 1년(1721)~경종 2년(1722) 왕위계승문제를 둘러싼 노론과 소론 사이의 당파싸움에서 소론이 노론을 역모(逆謀)로 몰아 소론이 실권을 잡은 사화이다. 신축년(辛丑年)과 임인년(壬寅年)에 일어났으므로 신임사화라고 한다.

하였다. 그 밑의 청요직도 이와 같은 인사정책을 써서 서로를 견제하게 하였다. 그리고 이들 인물의 기용도 각 파당 내의 강경론자들을 배제하고 탕평론자들로 구성하였다. 그 후 영조 자신의 의도대로 조정국면이 수습되자 이제는 쌍거호대의 인사방식을 극복하려 하였다. 즉, 격렬하여지는 당론을 수습하고자 인물의 현능(賢能)에 관계없이 파당에 따라 고르게 인물을 등용하였기 때문에 어느 정도 완화된 정국으로 이끌어갈 수 있었다. 이러한 정국기반을 바탕으로 이제는 재능에 따라 인재를 등용하는 유재시용(惟才是用)의 인사정책을 단행하기에 이르렀다. 이와 같이 정국이 전개되자 노론·소론·남인·소북 등 사색을 고루 등용하였다. 이제 영조 대 중반에 탕평국면은 확고하게 자리를 잡아가게 되었다.

영조는 초·중반기에는 완론탕평(緩論蕩平)으로 파당 간의 고른 등용을 기본바탕으로 하였다. 그러나 영조 자신의 탕평정책기반의 확보과정에서 노론의 우위를 피할 수는 없었다. 따라서 탕평책은 노론과 소론 중에서 청류(淸流)를 자처하는 강경파들의 반대에 부딪혔다. 영조는 이를 극복하기 위하여 혼인관계를 통하여 온건한 노론계 대신들과 유대를 맺어 지지세력으로 삼았다. 이로써 영조는 파당 간의 격심한 대립을 일단 수습하였다. 그러나 이 수습의 직접적인 방법으로 혼인관계를 이용했기 때문에 정국운영에 척신(戚臣)의 비중을 높이는 결과를 초래하였다. 이 척신들은 영조 대 중반에 '남당(南黨)'이라 불리면서 청류세력인 '동당(東黨)'과 대립하였다. 한편 장헌세자[莊獻世子, 사도세자(思悼世子)]가 죽은 뒤 영조 대 후반에 세손(世孫: 뒤의 정조)의 보필 임무를 맡은 홍봉한(洪鳳漢) 등도 척신으로 '북당(北黨)'이라 하여 남당과 대립하였다. 북당은 세손보필의 임무를 명분으로 삼았지만 남당으로부터는 노론우위를 방기하고 시세에 편승한다는 비난을 받았다. 다시 말해 영조 대 중반부터 후반까지는 노론 척신으로 당을 이룬 남당과 북당 그리고 청류를 자처해온 동당이 정국구도를 이루고 있었다.

3) 정조(正祖)의 탕평책

새로이 즉위한 정조는 기존의 두 척신당인 남당(南黨)과 북당(北黨)의 사이에서 왕권체제 확립의 한계를 느끼고 있었다. 이와 같은 한계를 극복하기 위하여 정조는 그동안 두 척신당을 비판해온 청류를 조정의 중심부로 끌어들여 이른바 청류탕평을 펴게 되었다. 청류는 영조 말에 동당(東黨)을 이루어 척신당을 비판하던 노론계 인사 등이 주축이 되어 있었다. 그러나 정조는 다른 당색도 배제하지 않고 스스로 규장각 및 초계문신제도(抄啓文臣制度)를 통하여 비(非)노론계의 진출을 활성화시켜 갔다. 정조는 1788년(정조 12)에 남인(南人) 세력을 본격적으로 등용하여 노론과 남인의 보합(保合)을 도모하였다. 이에 호응한 영남 남인들이 1792년에 그간 노론의 우위 아래 금기였던 임오의리문제(壬午義理

問題)를 제기하여 노론을 크게 당혹시켰다. 이러한 형세변화는 노론 내부에 시파(時派)와 벽파(僻派)의 분열을 가져왔다. 이와 같이 정조는 조제(調劑) 보합의 인재등용을 골자로 하는 탕평책을 계승하면서 사대부의 의리와 명절(名節)을 중시하여온 청류들을 대폭 기용하였던 것이다. 이것은 바로 노론과 소론 중에 온건론자들이 함께 지지하는 완론탕평을 이끌어온 영조가 파당 간의 병진을 기본 바탕으로 한 것과는 차이를 보이는 것이라 하겠다. 영조의 완론탕평에 대비하여 정조의 탕평을 준론탕평(峻論蕩平)이라고도 한다.

한편 1788년에서 1795년 사이에 노론의 시파와 벽파가 표면화된 뒤 사색(四色) 당파는 명색만 남았다. 그리고 정국이 완전히 이 두 파로 재편된 것처럼 보일 정도로 그 분립은 공공연하여졌다. 특히 정조의 정책을 지지하는 시파의 부각에 위기를 느낀 벽파의 결집 및 공세가 두드러지는 경향이었다. 어쨌든 정조는 선왕의 뜻을 이어받아 탕평의 조화에 힘썼으며 사색(四色)을 고르게 등용하여 당론의 융화에도 심혈을 기울였다.

이렇듯 영・정조 대의 탕평책은 격렬한 파당 간의 갈등을 어느 정도 해소시켜 정국을 이끌어 나갔다는 점에서 발전된 정책운영이었다고 할 수 있다. 그러나 그 과정에서 척족 세력을 한 수단으로 하여 왕 자신이 철저히 정치적 중립을 지키지는 못하였다. 더욱이 사색등용정책에 따라 배제된 구(舊)정치세력을 다시 불러들여 새로운 정쟁(政爭)을 낳게 하였다. 즉 한 파당의 대립된 갈등을 근절하지 못하였기 때문에 후대에 세도정치(勢道政治)의 빌미를 마련하여 주었던 것이다.

Ⅱ. 조선의 경제사상과 수취체제(收取體制)

1. 조선의 경제사상(經濟思想)[295]

1) 경제에 대한 개혁이념

고려 공민왕 대 이후로 조선왕조 개창에 이르기까지 보수 세력과 갈등하면서 개혁을 추진시켜 간 인물들이 개혁파이다. 그러나 개혁파에 속하는 인물이라고 해서 그 모두가 같은 입장에 있었던 것은 아니었다. 이들은 온건한 개량노선을 지지하는 측과 급진적이

---

295) 박홍규, 「정도전의 경제사상」, 『아세아연구』제50권 3호, 2007; 국사편찬위원회, 「조선초기의 경제구조」, 『한국사24』, 국사편찬위원회, 1994; 김태영, 『조선전기 토지제도사연구』, 지식산업사, 1983; 대동문화연구원, 『한국사상대계II, 사회・경제사상편』, 성균관대학교 대동문화연구원, 1976; 한영우, 『조선전기 사회경제연구』, 을유문화사, 1983 참조.

고 적극적 개혁노선을 지지하는 측이 있어 서로 간에 갈등을 빚기도 하였다. 또한 개혁이 진행됨에 따라 고려왕조 테두리 속에서의 개혁을 주장하는 세력과 역성혁명을 주장하는 세력 사이에 분열과 대립이 발생하기도 하였다. 조선왕조 개창은 결국 후자의 궁극적 승리를 의미하는 것이었다. 전자에 속하는 대표적 인물로는 이제현·이색·정몽주·권근(나중에는 적극파로 전향) 등을 들 수 있다. 후자의 대표적 인물로는 정도전·조준·윤소종 등 유신(儒臣)과 무장(武將) 이성계를 들 수 있다.

개혁파의 개혁목적은 직접적으로는 자신들의 계급적 이해관계에서 출발하였다. 그러나 그것이 목적의 전부는 아니었다. 거기에는 그 나름의 사회정의의 실현과 이상사회를 건설하려는 의지와 동경도 있었던 것이다.

개혁파 관리의 경제사상은 상고적(尙古的) 유교(儒敎)의 경제이념이 기저를 이루는 것으로서 그 특징은 다음과 같다. 그들은 인정(仁政)과 왕도정치의 근본목적은 국민의 경제생활의 안정에 있다고 보았다. 국민의 경제생활이 안정되지 않고서는 왕도정치는 실현될 수 없으며, 백성들은 항심(恒心)을 가질 수 없어서 예절이나 윤리도덕을 지킬 수도 없게 될 것이다.[296] 한편 흉년이 들었을 때 빈민을 구제하고, 중앙집권적 관료제도를 운영할 물질적 기반을 구축하며, 강병을 육성할 군량미의 확보가 중요한데 이를 위해서는 국가의 재정 수입이 증대되어야 한다. 그리고 국가는 최소한도 3년간 소비할 수 있는 양곡을 항시 비축하고 있어야 국가구실을 할 수 있다. 요컨대 부국강병과 민생안정이 정치·경제개혁의 궁극적 목표라는 것이다. 이러한 목적을 달성하기 위해서는 부의 원천인 농업을 장려하여 농업생산력을 높이고 농민을 토지에 안착시켜야 한다. 또한 농업에 저해가 되는 상업과 수공업을 억제한다. 그리고 고려 말의 사회적 모순을 격화시킨 기본요인이 되는 토지제도의 문란을 근본적으로 개혁하여 위의 목적을 달성할 수 있는 방향으로 토지를 재분배해야 한다고 생각했다.

토지(土地)·염장(鹽場)·산장(山場)·어장(漁場)·광산(鑛山) 등 주요 국가자원에 대한 국유와 사유를 조화시켜 공익과 사익을 다 같이 도모해야 한다. 다만 토지만은 필요에 따라 국가 각 기관과 왕실 또는 각종 공역(公役) 담당자에게 재분배한다. 그러나 토지소유권을 완전히 양도해서는 안 되며 소유권의 일부인 수조권(收租權) 또는 경작권(耕作權)만을 기한부로 위양하여 국유(國有)와 사유(私有)가 조화를 이루도록 한다.

토지의 재분배는 계민수전(計民授田)을 원칙으로 하여 모든 백성에게 민구수(民口數)에 따라 토지를 분배하여 줌으로써 토지를 안 가진 사람이 없게 한다. 이로써 토지겸병

---

296) 鄭道傳, 『經濟文鑑』.

과 병작제(소작제)에서 오는 빈부의 격차를 해소한다. 다시 말하자면 모든 농민을 가족노동 또는 소비노동에 의하여 경영할 만한 정도의 자영농으로 만드는 것이다. 이로써 지주소작제에서 파생되는 지주의 중간수탈과 빈부의 격차를 없애고 농민경제를 안정시켜 그들의 재생산을 보장해 주는 것이다. 다른 한편으로는 광범한 자영농경제에서 창출되는 잉여를 국가가 조세로서 수취하여 국가의 수입을 증대시키는 이중의 효과를 거둘 수 있게 한다.[297] 그리고 국가가 이처럼 직접 수조하는 토지를 공전(公田)이라고 부른다.

한편 국가는 왕자를 비롯하여 현직관리(現職官吏)·한량관(閑良官)·향리(鄕吏)·서리(胥吏) 등 공역(公役)을 담당하는 자에게는 경작노동에 종사하지 못하게 한다. 대신 공역을 지는 대가로 수조지를 지급하여 일대(一代)에 한하여 지배하도록 한다. 국가의 여러 기관도 수조지를 지급하여 제반 경비에 충당하도록 함으로써 기관별·경비별 독립회계제를 채택하도록 한다. 국가가 이렇듯 개인 또는 공공기관에 수조권을 위양한 토지를 사전(私田)이라고 부른다. 사전경기(私田京畿)의 원칙에 의하여 사전은 경기에 한하여 지급하고 외방은 공전으로 한다. 이것은 사전의 지나친 팽창을 억제하고, 사전수급자의 조세 수취를 편리하게 하기 위한 것이다.

공전과 사전을 막론하고 수조율은 10분의 1로 한다. 십일세(什一稅)는 농민의 재생산을 보장하고, 국가의 재정수입도 충족시킬 수 있는 가장 이상적인 세제이다.

국가재정의 용도는, 첫째, 왕실의 경비조달(上供), 둘째, 국용[國用], 제사(祭祀)·접빈객(接賓客)·진렵 등], 셋째, 관리의 녹봉지급, 넷째, 군량미, 다섯째, 빈민구제를 위한 의창(義倉)과 빈민의 의약 공급을 위한 혜민전약국(惠民典藥局) 등으로 구분된다.

군주는 사경제(私經濟)를 가져서는 안 된다. 천하의 인민과 토지와 재보(財寶)가 모두 군주의 소유이므로 군주는 따로 사유재산을 가질 필요가 없다. 그러므로 군주는 필요로 하는 모든 물자는 국가기관을 통하여 공적으로 지급되어야 한다. 다만 군주의 사치와 낭비를 막기 위하여 왕실경비의 지출권은 재상이 장악해야 한다.[298]

국가수입과 지출은 양입양출(量入量出)의 원칙에 의하여 수입을 기초로 하여 지출을 조정한다. 그리고 절약과 저축을 통하여 국부를 달성한다.

이상이 조선 전기를 주도했던 개혁세력이 가지고 있었던 경제에 대한 개혁이념이었던 것이다.

---

297) 鄭道傳, 『朝鮮經國典』.
298) 鄭道傳, 『朝鮮經國典』.

2) 조선 전기의 토지제도-과전법[299]

고려 말의 전제(田制)개혁운동을 마무리하여 공양왕 3년(1931)에 공포된 과전법(科田法)은 조선시대 토지제도의 근간을 이루었다. 과전법이 좁은 의미로는 문무관료에게 나누어 준 분급수조지를 뜻하나 넓은 의미로는 조선시대 토지제도의 모든 체계를 내포하고 있다.

고려 말 조선 초에는 사회변동이 크게 이루어지고 있었다. 정치적으로 중소지주 출신인 신흥사족이 새로운 지배세력으로 대두하여 강력한 집권 관료제를 추진하였다. 경제적으로는 지주-전호제(地主-佃戶制)가 발달하였다. 사회적으로는 신분제가 재편성되었다. 사상적으로 새로 수용된 성리학이 정착되어갔다. 이러한 역사적 조류 속에서 성립된 과전법은 고려 말 권문세가에 의한 장원의 확대에 따른 사전(私田)의 문란한 토지 지배관계를 바로잡고자 실시된 것이다. 이를 통해 국가재정을 풍족하게 하고자 하였다. 또한 신진관료의 경제적 기반을 보장해 주고, 농민을 보호하고 육성하여 그들의 생활을 안정시키고자 한 것이다.

과전법이 표방한 사전(私田)의 개혁은 토지 지배관계에 있어서의 모순을 척결하고자 한 것이다. 과전법은 권문세가의 사전에 의한 불법적 수조권인 불수조(不輸租)의 특권을 혁파하였다. 그리하여 전국의 토지를 국가의 관리하에 두었다. 이로써 국가에 직속하는 소농민을 많이 확보하게 되었으며 전국의 토지는 국고수조지로 파악되었다. 이러한 사전개혁은 수조권을 배제하고 소유권 위주의 토지 지배관계를 모색한 조처라고 할 수 있다. 이는 당시에 민전(民田) 자체에서 사유개념이 심화되고 있었기 때문이다.

전국의 토지를 국고수조지로 파악한 위에 문무관료의 경제적 기반을 보장하기 위하여 분급수조지인 과전(科田)이 지급되었다. 과전법 이래 사전에 대한 억압시책이 지속되었고, 마침내 세조 12년(1466)에는 직전법(職田法)으로 개혁되었다. 직전법은 현직자에게만 토지를 분급하여 과전법에서의 산직자(散職者)와 수신전(守信田)과 휼량전(恤養田)에 의한 토지 분급이 그 대상에서 제외되었다. 또한 과전법에 비하여 분급된 토지 결수도 감축되었다. 성종 원년(1470)에는 직전세(職田稅)의 관수관급제(官收官給制를) 실시하여 직전에 대한 관료의 직접적인 토지 지배관계가 불가능하게 되었다. 명종 때인 16세기 중반에는 이 직전마저도 사실상 소멸되고 말았다.

과전법은 여말 권문세가의 사적 지배하에 있었던 농민을 국가에 직속하는 농민으로 파악하고 이들을 보호, 육성하였다. 국가는 농민의 소경전(所耕田)을 전세(田稅)·요역(徭

---

299) 김태영, 「科田法의 成立과 그 性格」, 『한국사연구』 제37호, 1982 참조.

役)·군역(軍役)·공물(貢物) 등 국가적 수취의 기반으로 여겼다. 농민은 국가 존립의 경제적·사회적 기초였던 것이다. 농민은 소경전(所耕田)의 소유권을 보장받는 대신에 여러 국가적 수취를 부담하였다. 과전법은 농민의 소경전에 대한 소유권을 보장하는 데 그치지 않고 여말에 부당하게 침탈된 농민의 소경전을 환원해 주었다. 또한 공전과 사전을 막론하고 1/10조(租)로 공정(公定)하여 병작반수(並作半收)를 금하였다. 이와 같이 과전법은 농민의 소경전을 소유권으로 공인하고 농민의 토지경영을 보호하였으므로 농민의 지위는 보다 향상되었다.

3) 상업·수공업 형태

조선왕조는 통치의 이념을 유교 사상에 두고 농본주의(農本主義)를 중요한 국책으로 삼았다. 그렇기 때문에 상업과 수공업을 말업(末業)이라 하여 제한하였다. 그것은 자급자족의 자연경제하에서 나타난 정책이었다. 따라서 상업과 수공업은 지배체제의 안정과 유지를 위해 국가 각 기관의 수요를 충족시키는 정도를 그 주요한 기능으로 삼았다. 이에 상업과 수공업 공히 관허(官許)·관영(官營)의 한계를 크게 뛰어넘을 수가 없는 제약을 받게 되었다.

상업 형태의 대표적인 것으로서는 우선 수도의 시전(市廛) 체제가 들 수 있다. 국가는 이들에게 특정 상품에 대한 독점 판매의 특권을 부여하는 한편 이들로부터 상세(商稅)를 징수하였다. 이들은 주고 국가 기관의 수요를 조달하는 어용상인의 성격을 띠고 있었다. 시전 이외에도 서울에는 일반인의 일상생활 수요물을 교역하는 시장이 여러 곳에 수시로 형성되었으나 이들은 전기에 있어서는 아직도 영세성을 벗어나지 못하고 있었다.

한편 지방 각지에는 중요 길목마다 장시(場市)가 열려 소상품들을 교역하고 있었다. 이러한 장시는 당해 지역 민중의 일용 생활필수품 교환을 위해 자연발생한 것이었다. 여기에는 주로 기근이나 과중한 군역과 부역을 피하여 이산(離散)한 농민들이 모여들어 활약하기 마련이었다. 농민의 이농(離農)은 경제적으로나 사회적으로 국가 존립 지반의 유실을 의미하는 것이었으므로 장시(場市)의 개설은 국가에 의해 수시로 금지되고 억압되었다.

한편 상업의 부진은 화폐경제의 발전을 저해하였다. 수공업의 가장 보편적인 형태는 자급자족의 가내수공업이었다. 이는 각 지방별·직업별 일반 생산활동에 필요한 도구의 제작을 위주로 하였다. 따라서 전통적으로 가내수공업의 자연적인 분화가 어느 정도 진행되어 온 셈이었다. 이러한 각 지방 특유의 우수 제품은 공안(貢案)에 등록되어 공물로서 국가에 직접 수취되고 있었다. 그리고 이 제도는 수공업에 있어서 전통적인 생산 이외의 새로운 물종(物種)이나 기술의 개발을 억제하는 결과로 작용하기 마련이었다.

이상에서 살펴본 바와 같이 조선 전기의 경제사상의 골자는 국가에 의하여 강력히 통제되는 안정된 자영농경제의 건설에 있는 것이었다. 이러한 경제체제야말로 왕도정치 내지는 인정(仁政)의 전제이자 목적이었다. 이는 또한 강력한 중앙집권적 관료제 국가의 물질적 토대를 구축하려는 것이었다.

2. 조선의 수취체제(收取體制)

1) 조(租): 전세(田稅)

조(租)란 토지를 경작하는 대가로 농민이 수확한 곡식의 일부를 국가에 바치는 세금을 말한다. 조선 초기에는 병작반수(並作半收)가 금지되고 수확량의 10분의 1을 바치도록 하였다. 대체로 토지 1결(結)당 30두(斗) 정도였다. 1결(結)이란 논밭의 면적을 재는 단위로서 조선시대에는 대략 20섬(石)가량의 벼를 생산하는 땅이었다고 생각된다.[300] 세종 26년(1444)에 새로 제정된 공법(貢法)에서는 수확량의 20분의 1을 바치도록 하였다. 세종 대에는 토지의 비옥도에 따라 면적을 6등급으로 나누는 전분6등법(田分六等法)을 실시하였다. 이는 토지의 비옥도에 따라 면적을 1~6등전까지 나눈 것이다. 또한 풍흉(豊凶)의 정도를 9등급으로 나누어 세액에 차등을 두는 연분9등법(年分九等法)을 실시하였다. 이를 통해 토지 1결당 최고 20두에서 4두까지 차등 있게 조(租)를 거두었다. 이러한 전분육등법이나 연분구등법은 합리적으로 운영되면 농민들의 부담을 줄여줄 수 있는 것이었다. 그러나 이는 중간관리의 농간이 개입될 여지가 많았다. 이에 16세기 효종 대에는 전세(田稅)의 부담을 줄이고 공평화하기 위해 1결마다 고정적으로 4~6두로 거두는 영정법(永定法)을 실시하였다. 국가는 전세 수입의 부족을 보충하기 위해 삼수미와 대동미 등 각종 부가세를 추가하였다. 그 결과 18세기 말의 농민의 조(租) 부담은 대략 토지 1결당 40두 정도였다.

2) 용(庸): 역(役)

조선시대 장정(壯丁)들에게는 역(役)의 의무가 있었다. 역이란 일종의 인두세(人頭稅)적 성격을 갖는 것으로 직접 몸으로 국가에 바치는 세금이라고 할 수 있다. 이는 크게 군역

---

300) 추수할 때에 한 손으로 쥐고 낫으로 자를 만한 양을 한 줌, 즉 1파(把)라 한다. 10줌의 볏대를 한 단, 즉 1속(束)이라 한다. 10단은 지게로 한 짐, 즉 1부(負)가 된다. 100짐을 한 목, 즉 1결(結)이라 한다.

(軍役)과 요역(徭役)으로 나누어진다. 군역은 농민 정남(丁男)이 교대로 번상(番上)하여 국방에 종사하는 것이다. 이는 인정(人丁)을 단위로 부과되는 신역(身役)이었다. 요역은 1년의 일정 기간 동안 노동에 종사해야 하는 의무이다. 요역은 토지 8결마다 1명을 차출하며 1년에 6일 이내로 동원할 수 있도록 규정되어 있었다. 그러나 실제로는 관아의 임의대로 징발하였다. 요역은 호를 단위로 부과되는 호역(戶役)이었다. 대개는 궁궐(宮闕)·산릉(山陵)·성곽(城郭) 등의 토목공사, 광산노동, 적전(籍田)의 경작 등에 동원되었다.

3) 조(調): 공납(貢納)

공납은 왕실이나 관청의 수요를 충당하기 위해 지방의 특산물을 바치는 것을 일컫는다. 일종의 물품(物品)으로 바치는 현물세(現物稅)라고 할 수 있다. 각지의 토산물(土産物)을 바치기 때문에 토공(土貢)이라고도 한다. 공납에는 농민이 정기적으로 국가에 납부해야 하는 상공(常貢)과 부정기적으로 특별한 경우에 납부하는 별공(別貢)이 있었다. 공납은 그 수납 과정에 따르는 여러 가지 절차가 까다로워 방납(防納)의 폐해가 생겼다. 방납(防納)이란 서리와 상인이 결탁해 공납물을 미리 국가에 바치고 그 값을 비싸게 책정해 농민에게 받아내는 것이다. 이로 인해 농민의 부담은 가중되고 국가 수입은 도리어 감소하였다. 율곡 이이는 방납에 대한 대안으로 수미법을 주장하기도 하였다. 이는 후에 대동법(大同法)으로 시행되게 된다.

3. 대동법(大同法)과 균역법(均役法)

전근대(前近代)의 국가권력은 신분제적 지배질서하에서 민(民)을 지배하였다. 그리고 다시 이를 통해서 지배기구를 유지하는 데 필요한 현물(現物)과 노동력(勞動力)을 수취하였다. 이와 같은 부세제도(賦稅制度) 운영방식은 각 시기의 농업생산력 수준, 생산관계, 신분제도, 군현제 등 사회구조에 조응해서 재조정되었다. 부세제도의 변동은 국가권력의 민에 대한 지배방식의 변천, 사회변동의 한 반영이었다.

16세기에 들어 공납제(貢納制)에서 대납(代納)·방납(防納)이 성행하였다. 군역제(軍役制)에서는 대립(代立)이나 수포대역(收布代役) 등의 추세가 대두하였다. 이는 농민층의 성장과 세금부담 능력의 신장에 따라 아래로부터 세제 변동의 요구가 제기된 것이라고 할 수 있다. 17세기 이후 대동법과 균역법 등 전국적이며 통일적인 수취 방식이 성립하였다. 이러한 새로운 수취 체제의 변화는 조세의 금납화(金納化)와 균평화(均平化) 추세를 촉진하였다.

1) 대동법(大同法)

(1) 대동법 시행의 배경

대동법이 실시되기 전 공부(貢賦)는 일반 농민에게 최대 부담의 하나였다.[301]

공부(貢賦)는 토지의 많고 적음을 기준해서 부과했던 것이 아니라 호(戶)를 부과의 일차적 대상으로 삼았다. 그렇기 때문에 토지가 없는 자에게도 공부(貢賦)는 부과되었다. 공부의 부과 과정[302]을 살펴보면, 첫째, 공부의 수량은 국가의 1년간 수요량에 의해서 책정하되 그것을 각 군현 단위로 부과한다. 둘째, 각 군현은 '호(戶)'를 기본단위로 해서 공부, 즉 공물·잡역을 부과·징수한다. 그러나 '힘 있는 양반[세가양반(勢家兩班)]'들에게는 공물 중에서 경미한 것만 부과되었다. 과중한 것은 일반 농민 및 궁색한 양반에게 부과되었다. 세가양반들은 경미한 공물마저 일반 양민에게 전가하는 경향이 점점 많아졌다. 이것은 공부를 각 군현 단위로 부과했기 때문에 가능할 수 있었던 것이다. 이것은 결국 공부제도상의 결함으로 인해서 나타난 현상인 것이다. 이로써 일반 양민들의 공부 부담은 점점 무거워졌다. 이들에게 부과된 공부의 대가는 6, 70두 혹은 백 수십 두에 이르기도 하였다. 토지 1결당 4두에 불과했던 전세(田稅)[303]는 흉년이 들면 정부로부터 감면조치가 있기도 했다. 하지만 공물은 비록 흉년이라도 감면의 조치가 없었던 것이다. 이에 따라 일반 양민들의 생활은 점점 곤궁해졌다. 이들 중에서 가혹한 공부의 부담에 견딜 수 없었던 자들은 가족을 거느리고 사방으로 도산하기 시작하였다. 유민(流民)의 증가로 인해 명종 대에 이르러 지방의 군현들은 한 개의 독립된 행정단위로서 더 이상 존속할 수 없는 형편에 이르러 있었던 경우도 허다하였다.[304] 이 같은 현상은 양민호(良民戶), 즉 일반농민의 공부부담 능력의 한계로 인해서 나타나게 된 것이라고 볼 수 있다. 한편 이러한 유민의 증가는 국가의 공부 수입을 크게 줄게 만들었다.

---

301) 인조·효종·현종 연간에 농민들이 부담하고 있었던 貢賦, 즉 貢物·雜役의 대가는 米 20斗에서 100斗 이상에 이르고 있었다. 이것은 대동법 실시 직전에 있어서의 농민의 貢賦 부담의 실태를 말하고 있는 것이다. 金潤坤,「大同法의 施行을 둘러싼 贊反兩論과 그 背景」,『대동문화연구』제8집, 3면 참조.

302) 貢賦의 賦課 과정에 관한 보다 자세한 論及은 김윤곤의 앞의 논문, 135~138면 참조.

303) 과전법에서 임진란 이후 인조 12년(1634)까지는 연분구등법하에서 踏驗損失에 의하여 전세가 1결당 최저 4두에서 최고 20두까지 수취되었다. 그러다가 임진왜란을 지난 후 17세기 초부터는 매결당의 세액이 년분의 최하인 4두와 그 바로 위인 6두로 고정되기 시작하였다. 그것이 영조 22년(1746)에는 續大典 戶典 收稅條에 "무릇 1결에서는 전세 4두를 걷는다"고 조문화되었다. 국사편찬위원회 편,『韓國史論』4, 1986, 91~92면.

304) 그 예는 김윤곤의 앞의 논문, 138~139면 참조.

(2) 대동법 시행과 반발

대동법은 농민이 호역(戶役)으로 부담하였던 온갖 세납[305]을 모두 전세화(田稅化)하여 1결에 백미 12말[斗]씩을 징수하는 제도이다. 그리고 거둔 백미를 경(京)·외(外)의 각 관청에 배분하여 각 관청으로 하여금 연간 소요물품 및 역력(役力)을 민간으로부터 매입, 사용하거나 고용, 사역하게 하는 것을 골자로 하였다. 1608년(광해군 즉위년) 경기도에 처음 실시된 이후 1623년에 강원도, 1651년(효종 2)에 충청도, 1658년에 전라도의 해읍(海邑), 1662년(현종 3)에 전라도의 산군(山郡), 1666년에 함경도, 1677년에 경상도, 1708년(숙종 34)에는 황해도의 순으로 100년 동안에 걸쳐 확대되었다. 이는 1894년(고종 31)의 세제개혁 때 지세(地稅)로 통합되기 전까지 존속하였다. 제주도는 그곳이 번속으로 여겨진 데서 실시되지 않았다. 또 평안도는 민고(民庫)의 운영과 황해도의 별수미(別收米)가 이미 대동법의 효과를 대신하고 있었던 데서 시행되지 않았다.

대동법의 성립으로 인해서 일반 농민들의 공부 부담액은 크게 감소하게 되었다. 반면에 토지 많이 점유하고 있는 세가양반, 토호들에게는 부담액이 훨씬 늘어나게 되었던 것이다. 또한 공물을 대납하던 방납인에게도 대단히 불리한 제도였다. 이들은 대동법의 시행을 완강히 반대하고 방해하였다. 대동법이 처음 경기도에 시행된 후로부터 황해도에 시행되기까지 꼭 100년이 경과되었다. 이것은 그들의 세력이 얼마나 막강했던가를 말해주는 좋은 증거이다. 그러나 민중들의 강력한 요구에 의해서 대동법은 실시되기 시작하였고, 그 실시 지역의 범위는 점차 확대되었다. 다만 여기서 간과할 수 없는 문제는 당시 양반 위정자들의 정치적 동향이다. 이들은 대동법의 성립을 둘러싸고 치열한 논쟁을 했던 것이다. 이미 임진왜란 이전인 16세기 중엽부터 전개되어 17세기에 더욱 가속화한 토지겸병으로 말미암아 농촌은 무전(無田)의 농민으로 가득 찼다. 또한 이로 말미암은 농민의 유리(流離)가 광범위하게 전개되고 있었다. 이로 말미암아 농민이 토지에 결속되어 있는 것을 그 필수적 전제로 하는 공물제는 이미 한계에 부딪쳤던 것이다. 이러한 사태에 대응하기 위하여 제기된 사회정책론의 하나가 공물의 부과대상을 유리(流離)가 가능한 인신(人身)에서 유리가 불가능한 토지(土地)로 전환하려는 대동법 실시론이었다. 다른 하나는 농민의 유리를 강제적 억압으로써 저지하려던 호패법(號牌法) 실시론이었던 것이다. 결과적으로 대동법이 실시되었다. 이는 대동법이 토지소유관계의 변화 등 사회경제 그 자체의 합법칙적 발전에 적응되는 것이었기 때문이다.[306] 대동법의 시행을 반대한 자는 그 반대의 뜻이 어디에 있었던 간에 결과적으로 이들은 모두 토호, 방납인의 이해를

---

305) 중앙의 공물, 진상(進上)과 지방의 관수(官需), 쇄마(刷馬) 등.

306) 국사편찬위원회 편, 『한국사론』 4, 1986, 97면.

대변해주게 된 셈이다. 이와 반대로 대동법의 제창자들은 비록 자기 개인의 정치적 이해에 따라 그것을 주창한 것이라 하더라도 그 결과는 민중의 이익을 대변해준 것이 되었다. 후자의 대부분은 정치적 위기의식에서 대동법의 시행을 적극적으로 주창했던 것이 아닌가 생각한다.

민중의 요구가 어느 정도 달성될 수 있었던 것은 주로 이들의 저항 투쟁에 의한 것이다. 하지만 당시의 경제적 여건도 상당한 영향을 미쳤을 것이다. 다시 말하면 대동법의 성립은 농민들의 미곡 생산량이 증대되어 있었기 때문에 가능했다. 또한 농민들이 공물로 납입한 토산물보다 우수한 물품을 구입할 수 있었던 경제적 여건 등이 조성되어 있었기 때문에 가능했던 것이다. 우리나라의 농업과 상업 그리고 수공업은 극히 완만하나마 일찍부터 발전을 거듭하고 있었다. 이것이 특히 16세기 후반에 이르면 그 전에 비해 괄목할 정도의 발전을 거듭하게 된다. 농업은 이앙법의 보급, 비료, 생산기술 등의 발전으로 생산량이 증대되었다.[307] 수공업과 상업도 상품의 제조·기술 및 유통과정 등에 상당한 발전이 있었다. 이 같은 경제적 발전이 대동법을 성립케 해준 중요한 요인들인 것이다.

(3) 대동법 시행의 결과 및 의의

대동법은 공납제의 모순과 폐해를 없앤 하나의 발전적인 수취제도이며 재정제도였다고 할 수 있다. 이로 인해 면세전의 증가로 인한 세입의 감축과 영세소작농의 증대로 인한 호역의 위축을 극복할 수 있었다. 농민은 전세와 대동세를 한 차례 납부하기만 하면 세납의 의무를 다하기 때문에 농사에만 힘을 기울여 안정된 생활을 누리게 되었다. 국가는 나름대로 충족한 재정을 확보하면서 합리적인 운영을 기할 수 있게 되었던 것이다.[308]

그러나 18세기 후반에 이르면서 상납미가 매년 증대되기 시작하여 지방경비의 대부분이 다시 호역(戶役)으로 충당되어가는 사태를 빚게 되었다. 이로 인해 대동법은 점차 그 당초의 성과를 잃어가게 되었다. 원래 상납미(上納米)는 봄에 징수하는 대동세(대체로 6말)로, 유치미(留置米)는 가을에 징수하는 대동세(대체로 6말)로 각각 충당하는 것을 원칙으로 하였다. 그런데 17세기 말엽부터 해마다 선혜청에서 수조반강(收租頒降)[309]하는 제

---

307) 김용섭, 『조선 후기 농업사연구』, 일조각, 1971. 참조.

308) 한영국 씨는 「호서에 실시된 대동법(하)」, 『역사학보』 14, 1961, 118면, 125면에서 대동법은 "종래공물제의 무계획적인 재정과 자의적인 濫徵에서 오는 폐단을 제거하기 위한 하나의 대책으로 계획적인 통제경제책"의 산물이며, "근대적 성격의 일단이 엿보이는 합리적인 제도를 봉건적 국가체제가 허용하는 최대한의 범위에 적용시킨 하나의 경제체제(稅制)가 대동법의 본질의 일면"이라고 하여 대동법의 역사적 위치를 적극적으로 평가하였다.

309) 상납미의 소요 예상량을 산정한 다음에 각 군현에서 상납할 수량과 영·읍의 관수 및 저치량을 조정, 확정하여 각 도에 반포, 시행하게 하는 것.

도가 생겨 그 수량들이 전적으로 선혜청에 의하여 책정되게 되었다. 그것은 군현들 사이의 유치미의 과·부족을 조절하면서 대동세를 통일적으로 효과적으로 운영하려는 데서 비롯된 것이었다. 하지만 이 수조반강의 제도는 상납미의 수량을 거듭 증가시켜 가는 방편으로 전락되고 말았다. 왜냐하면 정치가 문란해지고 조정의 기강이 해이해져 가면서 중앙에서의 수요가 날로 증대되어 갔기 때문이다. 그리하여 유치미의 대부분을 서울로 납부하게 된 수령들은 선혜청의 양해 아래 부족한 경비를 점차 농민에게 부담시켜 갔다. 또 이를 기회로 각종 탐학을 자행하여 농민을 도탄에 빠져들게 하였던 것이다. 대동법은 이제 공납제 시절의 농민 부담에다 대동세를 더하게만 한 결과를 초래했다고 비판될 정도로 그 시행의 의미가 반전되었다.

그럼에도 불구하고 대동법 제정 자체가 지니는 의의나 그 실시가 미친 영향은 매우 긍정적으로 평가되고 있다. 우선 재정사(財政史) 측면의 의의는, 첫째, 국가의 수취원을 전토(田土)에 일률적으로 집중시켜 수익과 담세를 직결시키는 과세상의 진보를 가져왔다는 것이다. 둘째는 재산과 수익에 비례하는 공평한 조세체계를 지향하여 정률세(定率稅)주의를 채택하는 세제상의 진보 등을 이룩한 점이다. 셋째, 조세의 금납화와 화폐재정으로의 전환을 이룩하게 하는 계기를 마련한 점을 들 수 있다. 사회경제적인 측면에서 대동법의 제정은 생산물지대와 노동지대를 전세(田稅)로 단일화시킴으로써 지대형태[310]의 발전을 가져왔다. 또한 많은 정부 소요물자를 공인(貢人) 등에게 조달하게 함으로써 시장권(市場圈)의 확대와 함께 상품화폐경제의 발달을 가져온 것을 높게 평가할 수 있다.

2) 균역법(均役法)

원래 조선의 수취체제는 조(租)·용(庸)·조(調)의 형태를 취하고 있었다. 그중에서 용은 법제적 구별인 양인(良人)과 천인(賤人)의 두 신분층 가운데서 양인을 대상으로 하여 역역(力役)을 징발하는 방식이다. 여기에는 국방의 성격을 지닌 군역(軍役)과 선상(選上)의 형식으로 중앙의 특수 관아에 악공이나 장인 등으로 입역(立役)하는 것이 포함되었다. 그러나 후자의 비중은 크지 않아 양역(良役)이라면 대개 군역(軍役)을 의미하는 것이었다. 그런데 이 군역이 그 제도 자체의 모순과 그것을 수취하는 방법상의 결함으로 여러

---

310) 대동법 실시 이전에 있어서의 공물과 조선왕조 전 시대에 있어서의 요역을 비롯한 각종 力役은 토지소유 여부 또는 토지보유 여부와는 관계없이 부과된 것이므로 지대는 될 수 없다고 생각된다. 왜냐하면 地代란 '토지소유권 그 자체가 경제적으로 실현된 형태'에 한정되는 것이기 때문이다. 그러나 대동법 실시 이후에는 공물이 쌀의 형태로 토지에 부과되고 지역에 따라서는 군포 還上이 토지에 부과되면서 봉건국가에서 수취하는 1결당 현물이 쌀 80斗 전후에 이르게 된 단계에서의 그 조세의 성격을 무엇으로 규정해야 할 것인가의 문제는 앞으로 천착되고 논의되어야 할 중요한 과제의 하나로 제기된다. 국사편찬위원회, 『한국사론』 4, 94면.

가지 폐단을 일으키고 농민경제를 위협하였다. 이에 1750년(영조 26)에 수취방안의 개선에 착수하여 이듬해 이를 균역법(均役法)으로 반포하고 실시하였다.

(1) 균역법의 성립배경

조선 전기에는 병농일치제(兵農一致制를) 표방하여 16~60세까지의 양정(良丁)이면 누구나 중앙의 오위(五衛)에 번상하거나 지방에 남아 군사활동을 하도록 되어 있었다. 그러나 번상의 어려움으로 사람을 사서 대신하게 하는 고립제(雇立制)가 발생하였다. 그리고 그에 따른 폐단이 생기자 중종 때 국가에서 번상을 면제하여 주고 포를 거두는 대역납포(代役納布)가 일반화되었다. 임진왜란 뒤 오위에 대신하여 출현한 훈련도감이 급료를 지급받는 직업군인으로 편성됨으로써 군사재정의 확보가 시급해지자 드디어 대역납포를 제도화하였다. 전기의 번상병(番上兵)은 모두 병조 2군색(二軍色)으로 정리되어 대체로 16개월에 두 필씩 군포(軍布)를 바치게 하였다. 그러나 이러한 군포의 수납은 군사의 질적인 저하를 초래하였다. 이는 군역에 있어서 양반층의 이탈을 유도하고, 일반 농민층으로 하여금 피역(避役) 현상을 촉발시켰다. 그 결과 가난하고 힘없는 농민에게만 그 부담이 가중되어 균역법 실시 직전에는 '50만 인이 져야 하는 양역을 10여 만 호가 부담'하는 지경에 이르렀다.[311] 따라서 일신첩역[一身疊役, 한 사람이 여러 종류이 역을 거듭하여 지는 경우], 일가개역[一家皆役, 한 가족 대부분이 군역을 부담하는 경우]과 같은 역부과의 모순이 발생하였다. 또한 백골징포(白骨徵布), 황구첨정(黃口簽丁), 족징(族徵), 인징(隣徵)과 같은 불법이 횡행하였다. 이는 농민경제를 위협하고 아울러 농민의 유리현상을 유발하였다. 그러므로 인조·효종조 이래로 이른바 '양역변통논의(良役變通論議)'라 하여 이러한 군역의 폐단을 시정하려는 개혁논의가 일어나게 되었다. 양역제 자체의 폐지를 전제로 한 호포론(戶布論)·결포론(結布論)·유포론(游布論)·구전론(口錢論)의 대변통론과 군사비 지출을 줄이기 위한 군사수의 감축, 군문(軍門)의 축소 등의 방법이 제기되었다. 그러나 양반신분층 내부의 이해관계가 얽혀서 별다른 결정을 보지 못한 채 양역의 폐단으로 백성의 부담만 심해졌다.

(2) 균역법의 성립과정

양역변통논의는 숙종 때 성행했던 호포론(戶布論)을 고비로 대변통론이 후퇴하고 그 대신 양민의 현실적인 군포부담을 반으로 줄이자는 감필론(減匹論)이 대두하였다. 그러나 군사재정이 반감되는 데 따른 보충재원의 확보가 여의치 않아 지지부진하였다. 그러

---

311) 洪啓禧, 「均役事實」, 『영조실록』 권75, 영조 28년 1월 을해조; 정만조, 「조선 후기의 양역변통논의에 대한 검토」, 『동대논총』 제7집, 1997, 6~7면 참조.

던 것이 1748년 전국의 양정수에 대한 기초조사가 완료되어 『양역실총(良役實總)』이 간행됨에 따라 양역재정 전반에 걸친 정확한 수치파악이 가능해졌다. 특히 호조판서 박문수의 주장으로 어염선세의 국가관리에 의한 재정보충책의 전망이 어느 정도 밝아지게 되었다. 이에 1750년 7월에는 왕의 특명으로 감필론이 결정되었다. 이어 균역절목청(均役節目廳)이 설치되어 영의정 조현명(趙顯命)의 주재하에 신만(申晩)·김상노(金尙魯)·김상성(金商星)·조영국(趙榮國)·홍계희(洪啓禧)를 구관당상(句管堂上)에 임명되었다. 이들은 감필에 따른 부족한 군포를 각 군문과 아문에 보충해주기 위한 방안을 강구하였다.

(3) 균역법의 내용

균역법의 내용은 1752년 균역청에서 편찬한 『균역청사목(均役廳事目)』에 자세히 나타나 있다. 그 내용은 감혁(減革)과 급대재원(給代財源), 급대처(給代處)의 세 부분으로 크게 나뉘어 있다. 감혁이란 급대비용을 줄이기 위하여 군문과 관청의 체제를 변경하고 영(營)과 진(鎭)을 통폐합하여 군사의 수를 감축하는 것을 말한다. 병조기보병[兵曹騎步兵, 이군색(二軍色)]은 두 필에서 한 필로 반감하는 것이 아니라 실제로 3분의 1만 감하게 하여 급대액을 줄였다.[312] 훈련도감 포보·유황군(砲保·硫黃軍)[313]·사용원제원 등의 군사와 원역(員役)을 다소 감축하여 이를 군포납부자로 전환시켰다. 그리고 각 지방의 군사수도 감축하게 하였다. 그리하여 금위영(禁衛營)의 정군자보(正軍資保) 등과 같이 감필하고도 급대하지 않는 것까지 합쳐 감혁에 의하여 줄어든 양은 총계 약 50만 냥에 이르렀다. 급대에 필요한 비용은 40~50만 냥 정도가 되었다. 급대재원이란 급대에 소요되는 비용을 확보하는 세원을 말한다. 그 명목과 액수를 보면 다음과 같다. ① 이획: 저치미(儲置米)·영수미(營需米) 합계 1만 1천 석, 세작목(稅作木) 5천 필 ② 선무군관포: 피역하고 있는 한정(閑丁)을 선무군관으로 삼아 일부를 시취하는 대신, 1인당 1필씩 징수(2만 4천5백 필) ③ 어염선세: 왕족에세 지급되었던 어장 및 어전세(漁箭稅)·염분세·선세를 균역청 수입으로 전용(약 10여 만 냥) ④ 은여결세: 지방관의 사용(私用)을 묵인하여 오던 은결과 여결에서의 주세액을 균역청으로 이급[미(米) 1만 7천 석, 대두(大豆) 3,400석] ⑤ 결미: 토지 1결마다 미(米) 2두(斗)씩 혹은 5전(錢)씩을 부과(총계 약 38만 냥, 이 중에서 외방급대(外方給代) 8만 냥을 제외하면 실상납(實上納)은 약 30만 냥) 등으로 되어 있다. 이 급대재

---

312) 良丁 1인이 16개월에 2필 내던 것을 12개월에 1필 내게 함.

313) 임진왜란 이후 鳥銃의 광범한 보급으로 화약수요가 급격히 증대됨에 따라 현종 7년(1666) 京軍門에서는 자체의 수용화약과 각 읍의 月課화약을 제조할 필요에서 設店收稅制에 의하여 硫黃鑛을 개발하였다. 즉 경군문에서는 기업가에게 유황광개발의 재원을 마련해 주고 일정한 강제에 의하여 정액의 유황군을 취취시키고는 유황군 每 1명당 유황 5斤의 계산으로 현품을 수세하였다고 한다. 유승주, 「조선 후기 유황광업에 관한 연구」, 『이홍식 박사 회갑기념 한국사학논총』, 1969.

원에서 마련된 비용을 전(錢)으로 환산(1필=2냥, 1석=5냥)해보면 총계 약 60만 냥에 이른다. 이것이 곧 균역청의 1년 수입으로서 이후 시대에 따라 약간의 차이는 있으나 대체로 60만 냥 선은 유지했다. 한편 급대처는 감필에 의하여 재정결손을 보게 된 군·아문과 지방의 영·진에 급대해주어야 할 액수를 규정하여 놓은 것으로 감혁과 미급대(未給代)에 따라 재조정되어 있다. 『균역사실(均役事實)』에는 급대처에 지급된 액수가 40여 만냥이라 하지만 『균역청사목』에 열거된 것을 합하면 50만 냥을 상회한다. 1755년에 단행된 노비신공(奴婢身貢)의 감필에 따른 급대마저 균역청이 담당하게 되고 이후로도 각 관청의 소소한 부족경비까지 지원해주게 되었다. 이로써 그 액수는 점차 증가하여 『만기요람(萬機要覽)』에 있는 1807년(순조 7)의 급대총액이 쌀 4만 2천4백5십 석, 목(木) 487통[同]26필, 포(布) 55통 31필, 전(錢) 40만 8천4백십 냥으로 총계가 60만 냥에 이르고 있다.

(4)균역법 실시의 성과

균역법의 성과는 조선 후기 사회의 현안문제였던 양역의 폐단을 근본적으로 척결하는 개혁은 되지 못하였다. 다만 감필을 통해 농민부담을 약간 줄여준 데 불과하였다. 그런데 이것마저도 군포징수가 실제로는 매정(每丁) 단위가 아니고 촌읍(村邑)단위였으므로 실제 혜택이 얼마만큼 있었는지는 의문이다. 균역법 실시 직후 바로 이에 대한 비판이 일어나고 삼정(三政) 중의 하나로서 군정의 문란이 말기까지 그 폐단으로 지적되고 있다. 이는 균역법의 성과가 크지 않았음을 말해준다. 그럼에도 불구하고 몇 가지 성과를 들어보면 다음과 같다. 첫째 균역법이 선무군관을 통하여 피역자 가운데 약간이나마 군역을 지게 하여 불균등한 부역부과를 시정하려 한 것을 들 수 있다. 둘째는 결미의 실시로 일부이기는 하나 막연한 노동력을 단위로 했던 인두세가 실질적인 생산력을 가진 토지로 전환되었다. 이를 통해 경제력의 차이에 따른 세금의 부과에 의하여 조세징수의 합리성을 기할 수 있었다는 점이다. 셋째, 부차적이지만 비로소 전국적인 양정수의 파악이 시도되었다는 점이 그 성과로 평가될 수 있다. 그리고 왕권과 양반신분 및 농민층의 이해관계가 얽힌 군역문제 해결에 있어서 지배층이 약간의 양보하면서 민생을 위한 개선책을 도모하였다는 데 그 의의가 있다고 하겠다.

Ⅲ. 조선의 수도(首都) 한양(漢陽)과 지방(地方)

1. 조선의 수도 한양

1) 한양의 도시구조와 형성과정[314]

천도(遷都) 초기 한양의 도시구조는 배산임수(背山臨水)라는 전통적 풍수지리적 원리와 함께 『주례(周禮)』 고공기(考工記)의 면조후시(面朝後市), 좌조우사(左祖右社)라는 원칙에 입각하여 건설되었다. 그러나 한양이 구체적으로 어떤 도시를 모델로 건설되었는지에 대해서는 원(元)의 대도[大都, 오늘날의 북경]였을 것이라는 추정이 있을 뿐,[315] 제대로 밝혀진 바가 없다.

동양의 도시구조에서 주목해야 할 점은 궁궐, 종묘와 사직, 관청과 시장, 도성과 도로망의 건설과정이다. 이들 제 요소들이 어떠한 원리하에 배치되고 있는가를 살피는 것이 바로 도시구조의 특징을 보여 주는 점이 될 것이다.

조선시대 한양은 사대문을 잇는 도성 안과 성저십리(城底十里)로 이루어진다. 한양은 경도(京都),[316] 경조(京兆), 경(京), 한성(漢城), 도성(都城), 왕경(王京), 한성부(漢城府), 국도(國都), 왕도(王都), 경사(京師), 서울 등으로 불렸다. '한성부(漢城府)'라는 명칭은 조선의 수도로 선정된 이후 기존의 한양부(漢陽府)에서 개칭된 것이다.[317] '한성(漢城)'의 '한(漢)'은 '크다'의 의미로 한강(漢江)과 연관되며, 성(城)은 성곽에 의해 도시가 큰 틀이 형성되었기에 붙여진 용어이다. '국도', '왕도' 등은 '나라의 중심', '왕이 다스리는 세계의 중심'으로 해석할 수 있겠다.

조선시대 한양은 도성(都城)으로 불리기도 하였는데 도성은 상징성과 구체적 도시 형태가 결합된 용어이다. 도(都)는 역대 선왕(先王)의 신주(神主)가 모셔져 있는 곳을 의미하며 성(城)은 구체적 도시 형태가 성곽(城郭)에 의해 형성되었음을 의미한다. 즉, 왕을 중심으로 한 통치 행위적 상징성이 성곽의 형태를 띤 구체적 공간에 실현되었음을 의미한다.[318]

---

314) 고동환, 「조선초기 한양의 형성과 도시구조」, 『지방사와 지방문화』 8권 1호, 2005; 이현군, 「조선시대 한성부의 형성배경과 입지적 특성」, 『한국도시지리학회지』 제8권 1호, 2005.

315) 吉田光男, 「朝鮮近世の王都と帝都」, 『年譜 都市史硏究』 7, 1999, 참조.

316) '京'은 크다는 의미를 지니고, '都'는 사방에서 사람이 모여드는 곳, '宗廟'가 있는 곳을 지칭하는 용어이다. '京兆'는 前漢의 平帝 元始 2년(서기 2) 首都를 京兆라 한 것에서 유래되었다(『國譯 京兆府誌』, 1992). 說文에선 '都는 역대 천자의 宗廟가 있는 곳'이라 했고, 左傳에서 '先代의 신주를 모신 종묘가 있는 곳이면 都이고, 없으면 邑이다'라고 하였다(『서울행정사』, 1997).

317) 『태조실록』 4년 6월 6일 무진조.

도시는 현실적 기능과 함께 상징성이 내재된 공간이라 할 수 있다. 도시의 성격에 따라 군사적·경제적 기능을 중심으로 형성된 도시가 있으나, 조선시대 수도로서의 한양은 왕도(王都)로서 강한 상징성을 중심으로 형성된 도시이다. 이것은 동아시아 전근대 도시의 특성이기도 하다. 서울의 옛 명칭에서, 첫째, 성곽도시라는 형태적 특성, 둘째, 왕이 다스리는 공간의 중심, 셋째, 역대 선왕의 신주(神主)를 모신 곳이라는 상징성을 지니는 지역임을 확인할 수 있다. 도성은 기능적 수도일 뿐만 아니라 국가의 근본이라는 의식이 강하게 내포된 것으로 인식되었다.

조선시대 한양은 도성 안과 성저십리로 구성되는데 성곽은 도시를 인위적으로 도성 내부와 외부로 구분하게 되고 자연스럽게 중심세계와 주변세계로 양분한다. 백악(白岳), 인왕산(仁王山), 목멱산(木覓山), 타락산(駝駱山)을 연결하는 도성 안에 배치된 건물로는 궁궐(경복궁, 창덕궁, 창경궁), 종묘, 사직, 문묘, 종루, 시전, 오부(五部), 중앙관아, 동평관, 북평관, 태평관, 남별궁 등이 있다.

도성 안은 왕조의 이념과 도성 형성원리가 작용되는 곳으로 왕도로 조직화된 공간으로 계획에 의해 의도적으로 조직화되었다. 이에 비해 도성 밖은 상대적으로 자연환경의 영향을 많이 받았으며 도성 안과의 연결성이 시설물 배치에 중요하게 작용하였다. 성곽 안이 오부(五部)와 방(坊) 체제로 구축된 데 비해 조선 초기 한성부 성저십리는 일부 지역을 제외하고 방 명칭이 없었으며 금표(禁標)가 설치된 금산(禁山)지역이었다. 조선왕조실록의 기사에 따르면 종묘의 위치는 임좌병향(壬坐丙向)의 자리라고 기록되어 있다.[319] 태조 때의 사직단은 고려시기의 모델을 그대로 답습한 것으로 이해된다. 태종 때 사직단 모델은 송나라였고 세종 때의 모델은 명나라를 모델로 하여 수축된 것으로 이해된다.

도성(都城)은 내사산(內四山)을 연결하는 능선을 연결하여 쌓았기 때문에 장방형(長方形)과 같은 정형(定形)을 띠지 않게 되었다. 성문(城門)은 사대문(四大門)과 사소문(四小門)을 건설하였다. 관청은 면조후시(面朝後市)의 원리에 따라 궁궐 앞에 배치하였다. 그러나 시장은 궁성의 북쪽에 위치해야 하나 풍수적 원리에 의해 궁성이 주산인 북악산 앞

---

318) 이현군, 「조선시대 한성부의 형성배경과 입지적 특성」, 『한국도시지리학회지』 제8권 1호, 2005, 30면.

319) 실록의 기록과 달리 오늘날 종묘의 좌향은 정남향에서 약 20도 정도 서쪽으로 기울어져 있다. 본래 임좌병향은 정남에서 동으로 15도 기울어진 곳까지를 말하는데, 현재 종묘는 임좌병향이 아니라 子坐午向 또는 癸坐未向이다. 이에 대해서 김동욱 교수는 임란 이후 종묘재건 당시 변경되었을 가능성이 있지만, 종묘재건 당시 구제도를 따르라는 선조의 명을 상기하고 종묘정전 서쪽에 영녕전이 있다는 점 등 지형조건을 고려할 때 재건 시 좌향을 바꾸지는 않았을 것으로 추정하고 있다. 즉 종묘는 창건 때부터 임좌병향이 아닌 현재와 같은 좌향이었다고 보는 것이다. 그럼에도 실록에서 임좌병향이라고 한 것은 중국적 이념과 우리나라 토착의 현실과의 차이를 드러내는 것으로서, 이념적으로 고대 중국에서 북좌남향을 상징하는 임좌병향이라는 개념을 수용하였지만 현실적 지형조건으로서 이를 적절하게 변형시켜 현실에 적용시켰던 것으로 해석하고 있다. 이러한 종묘의 좌향에 대한 논의는 김동욱, 『종묘와 사직』, 대원사, 1990, 34면 참조.

에 자리 잡았으므로 궁궐 전면에서 약간 동쪽에 비켜간 곳에 시장을 건설하였다.

도로구획은 천도 이듬해인 태조 4년 4월에 완성되었다.[320] 이때 조정에서는 한양부를 한성부로 고치고 도성의 공간을 5부(部) 52방(坊)으로 구획하였다. 방(坊)의 구획기준이 도로라는 점을 염두에 두면, 도로의 건설도 상당부분 진척된 것으로 보인다. 동아시아 도성의 일반적 도로형태가 격자형(格子型) 도로였다는 점을 염두에 둘 때 이 당시 건설되거나 계획된 도로도 당연히 격자형 도로였을 것이다. 다만 도로구획이 설계된 것처럼 실제 건설되었는지는 불확실하다. 오늘날 남아있는 도로형태로 미루어 볼 때 대로를 제외하고는 격자형 도로의 흔적을 발견할 수 없다.

도성 밖 한양의 범위인 성저십리는 북쪽으로는 삼각산, 남쪽으로 한강, 동쪽으로 중랑천, 서쪽으로 사천에 해당한다. 한강변의 주요 창고(광흥창, 만리창, 군자감, 와서, 빙고)의 위치는 한강을 이용한 수운(水運)과 한반도 전역으로 연결된 육운(陸運)의 연결성에 의해 결정되었다. 이는 도성 안에 물자를 공급하던 배후지 기능을 담당하였다. 도성과의 연결성에 의해 성 밖에 배치된 주요 시설물로는 중국 사신을 맞이하는 모화관, 홍제원, 역원을 들 수 있다. 여행의 편의와 구휼 목적으로 설치된 역원(청파역, 노원역, 동활인원, 서활인원, 이태원, 보제원, 전관원)은 성문을 통해 도성 안팎을 연결하는 도로와 도성 밖의 방향과 관련이 있다.

조선 초기의 상업 활동은 종로에 육의전을 두고 연화방, 훈도방, 혜정교, 안국방 등 각 부(部)에 미곡(米穀)을 공급하던 시장을 두는 형태로 주로 성 안에 이루어진 데 비해 성 밖에서는 농업 지대가 형성되었다.

한양 내부에서의 지역 구분은 도시의 조직화와 관련되는데 자연환경(산과 하천), 성곽, 궁궐, 도로, 주요 시설물, 행정구역 등에 의해 이루어진다. 자연환경으로는 삼각산, 백악, 인왕, 목멱, 타락 등 산과 한강, 개천 등의 하천 등이 도시 구획의 기준이 되었다. 궁궐로는 정궁인 경복궁과 창덕궁, 창경궁 등 이궁이 기준이 되었다. 도로는 경복궁에서 남쪽을 뻗은 대로와 동대문과 서대문을 잇는 동서대로가 도성을 남북으로 구획하는 역할을 하였으며 오부(五部)가 행정적 체계로 도성을 구획하였다. 궁궐 중 정궁에 해당하는 경복궁은 종묘, 사직, 의정부와 육조, 시전의 위치에 영향을 미쳤다. 경복궁의 위치는 대로(大路)의 연결 중심점이 되었다. 경복궁과 창덕궁의 위치는 5부의 경계 기준점이 되었다. 성곽과 성문은 성곽도시로 형성된 한양에서 도성 내부와 성저십리를 분리하는 기능을 보이는데 이는 구성원리의 차이와 배치 건물의 차이로 나타났다. 숭례문, 돈의문, 흥인문은

---

320) 『太祖實錄』 권7, 太祖 4年 正月 己酉條.

도성 안 대로(大路)의 형태를 결정지었고 외방도로의 출발점이 되었다.

한양의 도시구조는 당시의 사회적 특성을 반영하여 형성되었다. 그리고 주요 시설물의 입지와 배치를 통해 자연스럽게 중심성을 형성하게 되었다. 조선시대 주요 시설물의 입지는 왕조시대에 있어서의 장소의 의미와 관련된다. 이것은 당시 세계관에서의 상징적 충위와 관련되는데 이것이 한양의 자연환경과의 관련성 속에서 위치가 정해진다. 이에 따라 한양의 지역구조가 형성되며 이것이 도시 구성에 있어서의 상징적 세계의 충위, 구체적 도시 충위로 나타난다.

사산(四山)과 주산(主山)의 위치에 의해 성곽은 타원형의 모습이 되었고 능선에 의해 성문의 위치가 결정되었다. 중국의 도성의 형태와 다른 것은 한양의 자연 지리적 특성 때문이었다. '한수북(漢水北) 북한남(北漢南)'으로 인식되었던 한양에서 자연환경은 도시 형성의 조건으로서뿐만 아니라 한양을 인식하는 지표(指標), 도성의 진산(鎭山), 주산(主山), 도성과 궁궐의 기(氣)를 보존하는 맥(脈)으로서 인식되었다. 백악, 목멱, 인왕, 타락산은 도성의 입지 기준점이 되었으며 삼각산과 한강, 사천, 중랑천은 한양의 범위를 설정하는 자연경계가 되었다. 도성 안의 개천(청계천)은 도시 내부를 양분하는 역할을 하였으며 행정구역의 경계로 작용하였다.

한양은 고려 후기 이래의 남경천도설단계, 태조의 천도, 정종의 개경이어(開京移御), 태종의 환도, 세종의 도시정비라는 여러 단계를 거치면서 새로운 왕조의 도읍으로 자리 잡았다. 황폐화된 한양의 도시기반시설은 태종의 한양재천도로 다시금 정비되기 시작하였다. 태종은 환도하면서 태조 때 건설되었던 경복궁 대신 창덕궁을 새로 건설하였다. 창덕궁의 터는 명당혈(明堂穴)인 경복궁터와 달리 풍수가들의 조언을 듣지 않고 태종이 환도이전 제사를 지내기 위해 종묘를 방문했을 때 종묘 뒤쪽 향교동(鄕校洞) 동쪽에 빈터가 넓은 것을 보고 정한 것이다.

도성 안의 도로망도 환도 이후인 태종 5년(1405)에 대대적인 정비가 이루어졌다.[321] 태종 환도 후에 창덕궁이 건설되었기 때문에 도성안의 대로도 신설되었다. 경복궁 앞의 대로와 아울러 창덕궁에서 뻗어 나온 도로도 왕이 다니는 길이기 때문에 대로로 건설되었다. 그러므로 도성안의 대로는 경복궁과 창덕궁에서 남쪽으로 뻗은 도로, 동대문과 경희궁을 연결하는 대로, 그리고 경복궁과 창덕궁에서 뻗어 나온 두 도로의 중간 지점에 종루를 설치하고 이 종루에서 다시 남대문을 연결하는 대로로 구성되어 대로망은 凹와 丁을 결합한 모습을 띠게 된 것이다.

---

321) 『세종실록』 권87, 세종 21년 10월 신사조.

태종 대 도성 안 도로 폭은 어떻게 설정되었을까. 원래『주례(周禮)』에 따르면 천자(天子)의 도읍(都邑)은 노폭(路幅)이 구궤(九軌), 제후의 도읍은 칠궤(七軌)의 노폭을 가진다고 규정되어 있다. 태종 대의 논의를 보면, 태조의 도성건설 당시에 이미 구궤, 칠궤의 설이 있었다고 했는데, 어느 쪽을 기준으로 도로가 건설되었는지 불확실하다.[322] 중로(中路)와 소로(小路)에 대한 자세한 규정은 태종 15년(1415) 8월 7일에 내려진 수교(受敎)에 의해 규정되었다. 이에 의하면 "『주례(周禮)』 동관(冬官) 장인조(匠人條)에 근거하여 천자의 도읍은 남북으로 구궤(九軌), 제후는 남북으로 칠궤(七軌), 도성을 두르는 길은 오궤(五軌), 도성 밖에서는 삼궤(三軌)의 길을 건설한다. (지금 한성의) 대로는 칠궤(七軌)를 수용할 수 있는 너비이다. 도성 안의 중로(中路)와 소로(小路)는 삼궤(三軌)의 법에 따라, 중로는 이궤(二軌)로, 소로는 일로(一路)로 하되, 그 양쪽가의 도랑은 계산에 넣지 않는다"고 하여 도성 안의 대로, 중로, 소로의 폭이 결정되었다.[323] 이와 같은 도로폭은『경국대전』에 대로 56척, 중로 16척, 소로 11척으로 반영되었다.[324] 1궤를 8척으로 환산한 셈이다. 그런데 오늘날 광화문 앞의 육조거리의 도로 폭을 통해 추측해보면, 태조 때 건설된 대로(大路)는 구궤(九軌)의 폭으로 건설되었다고 봐야 할 것이다. 앞서『태종실록』의 찬자(撰者)들이 태조 때 건설된 도로 폭에 대해 구궤(九軌), 칠궤설(七軌說)이 있었다는 수준으로 태조 때 대로의 폭을 얼버무린 것은『주례』에 어긋나게 태조 때 한양은 천자(天子)의 도읍의 규모로 건설되었기 때문이었을 것이다. 반면 환도 이후 건설된 창덕궁 앞의 도로는 대로이긴 했지만 칠궤(七軌)의 폭을 지닌 대로였다. 그러므로 태조 때 건설된 경복궁 앞의 대로와 규모 면에서 차이가 나게 된 것이다.

이와 같은 동일한 대로(大路)이면서 노폭의 차이가 발생한 것은 태조 때와 태종 때 도시건설의 모델이 달랐기 때문이라고 생각된다. 태조 천도단계의 한양은 개경을 모델로 하여 건설되었다고 보여 진다. 고려시기 개경은 제후의 도읍이 아닌 황도의 위상을 지닌 도읍이었기 때문이다.[325] 반면 태종 환도 시 한양은『주례(周禮)』의 원리에 충실하게 제후의 도읍을 모델로 삼아 건설되었음을 확인할 수 있다.

세종 대에는 한양의 인구가 크게 증가하였다. 한양의 호구 수는 환도한 지 4년이 지난 태종 9년(1409)에는 1만 1,056호(戶)였지만, 세종 10년(1428)에는 1만 8,522호(戶)였다.[326]

---

322) 『태종실록』 권30, 태종 15년 8월 신미조.

323) 『세종실록』 권32, 세종 8년 4월 무진조.

324) 『경국대전』 공전, 橋路. 한편 17세기 후반에 쓰인 『磻溪隧錄』에는 都城 內路; 大路 36步(2步), 中路 18步, 小路 9步(1步)[( )안은 溝渠넓이로 규정되어 있다.

325) 박용운, 『고려시대 개경연구』, 일지사, 1996.

326) 『增補文獻備考』, 戶口.

19년 만에 67.5%가 늘어난 것이다. 인구가 증가하면서 도성 안은 민가가 빽빽하게 들어차 있는 형세가 되었고 골목길도 복잡하게 형성되어, 어린아이들이 자신의 집을 나서 두서너 집만 나가면 자기 집을 찾아올 수 없을 정도였다.[327] 이처럼 밀집된 주택들은 기와가 아니라 초가로 지어진 것이 대부분이었다. 그러므로 화재에 매우 취약했다. 세종 11년(1429) 9월 좌사간 유맹문(柳孟聞)은 "우리 도성(都城)은 땅이 좁고 인구는 조밀하여, 집이 연접되고 담장이 서로 이어져 있는데, 초가(草家)가 열에 일곱, 여덟은 됩니다. 한번 화재가 나면 백여 호씩 연소(連燒)됩니다. 기와를 굽는 가마가 있긴 하지만 기와 가격이 비싸 가난하고 궁핍한 자들은 살 수 없기 때문에 우선 화재를 당한 집에 기와를 무료로 우선 공급하고, 여분이 있을 때는 초가집에 나누어주면 3, 4년 안에 도성 안에 모든 집은 기와집으로 바뀔 것"이라고 주장하였다.[328] 이러한 주장은 구체화되어 서민들에게 기와를 공급할 목적으로 별요(別窯) 3곳이 신설되었다.[329] 별요에 의한 기와공급정책은 성과를 거두어 단종 2년(1454)에는 도성 안에 대부분 집들이 기와집으로 변했기 때문에 더 이상 기와를 공급할 필요성이 사라져 별요가 혁파되었다.[330]

한양의 도시 위상을 상징적으로 보여 주는 것은 제천의식이 거행되는 원구단과 제천의례에 대한 대응이었다. 원구단은 태조 때 건설되었는데, 고려의 제도에 따라 천황대제(天皇大帝)와 오방(五方) 오제(五帝)[청(靑)·황(黃)·적(赤)·백(白)·흑(黑)제(帝)]의 신위를 봉안하였다. 고려왕조에서는 왕이 직접 원구단에서 제사를 지내고, 천제(天帝) 옆에는 건국태조를 봉안하였다. 조선왕조 건국 이후에도 태조는 직접 제사를 행했다. 태종 대에는 유신(儒臣)들이 명나라에 대한 사대주의적 관념에서 제천(祭天)은 천자(天子)가 행하는 일로서 제후인 국왕이 거행하는 것은 비례(非禮)라는 의견 때문에 직접 제사를 지내지 못하는 경우도 있었다. 사대명분론에 기초한 제천의례(祭天儀禮) 폐지론(廢止論)은 세종 대에 일반화되어 결국 원구단의 제사가 완전 폐지되기에 이른다.[331]

이상에서 보듯이 한양의 도시모델은 3단계를 거쳐 변해왔다. 태조의 한양은 고려의 수도인 개경(開京)이 모델이었고, 태종의 한양은 개경을 모방한 황도(皇都)를 주례(周禮)에 입각한 제후도시로 변화시킬 수 있는 원칙을 확립하고, 이를 시행하기 시작한 단계였다.

327) 『世宗實錄』 권69, 世宗 17年 9月 庚午條.

328) 『세종실록』 권45, 세종 11년 9월 계유조.

329) 『세종실록』 권60, 세종 15년 5월 갑자조.

330) 『단종실록』 권10, 단종 2년 3월 신유조.

331) 서울시사편찬위원회, 『서울육백년사』, 1977, 참조. 원구단의 제천의례가 다시 재개된 것은 세조 2년(1456)이었다. 세조는 황폐화된 원구단을 새로 쌓게 하고 직접 제천의례를 드렸을 뿐만 아니라 원구단의 제사를 주관하는 관서로 圜丘署를 설치하였다. 그러나 세조 때 일시 부활된 조선 독자의 제천의식은 성종 때 다시 폐지되어 이후 대한제국 성립으로 稱帝建元할 때까지 복구되지 못했다.

제후도시로 전환하는 과도기적 위치라고 볼 수 있다. 세종 대의 한양정비는 한양을 중화체제 내의 제후도시로 재정립하는 과정이었다. 한양이 제후도시로 위상을 정립하면서 태종 대까지 행해졌던 제천의식(祭天儀式)도 폐지되었던 것이다.

2) 한양 주민(住民)의 성격

구왕조의 수도인 개경을 버리고 새로운 도읍을 건설한 이유 중의 하나가 개경에 구왕조의 지지자들이 여전히 많다는 점 때문이다. 마찬가지로 한양에 이주한 자들은 대부분 새로운 왕조의 지지자들이었을 것이다. 많은 신하들의 반대와 아직 도시기반시설이 완공되지 않았음에도 불구하고 태조가 서둘러 천도를 감행한 것은 구왕조의 지배세력이 그대로 남아있는 개경의 경제기반을 약화시키고, 새로운 왕조의 지지자들로 구성된 도시를 건설함으로써 새 왕조의 권력기반을 극대화하기 위한 조치인 것이다. 태종의 한양 환도시에도 태조 때와 마찬가지로 개경의 주민들을 한양으로 이주시켰다. 그러나 태조 때와 달리 한양에 거주하던 사람을 소개시키는 조치도 없었으며, 개경의 주민들에게도 강제적인 이주방식을 채택하지는 않은 것으로 보인다. 강제성을 부여하기보다는 적극적인 유인책을 통해 한양 이주를 촉진하였다. 이를 위해 태종은 개경의 시장개설을 금지하였다.[332] 대부분의 개경주민들은 생필품을 시장에서 구매해야 하는 도시민이었기 때문에 일상생활을 영위하기 위해서도 시장이 열리는 한양으로 이주해야만 했다. 개경의 시장금지정책은 한양 환도가 이루어진 이후에도 5년간 더 지속되다가 태종 9년(1409)에 이르러 개경 인구가 날로 줄고, 도시가 점차 황폐화될 지경에 이르자 시장 개설을 허가하였다.

세종 때 한양의 인구를 보면, 도성 안에 1만 7,015戶, 도성 밖 성저십리 지역은 1,779호(戶)로 총 1만 8,794(戶)에 달하였다. 반면 구도(舊都)인 개성의 호수는 4,819호, 인구는 8,372명이었다.[333] 환도 이후 20년 남짓 기간 동안 인구규모가 4배가량 격차가 생긴 것이다. 이는 곧 신왕조의 개경주민의 한양이주정책이 매우 성공적이었음을 보여 주는 것이다.

조선 초기 도성 안의 주민들은 어떻게 구성되었을까. 세종 32년(1450) 양성지(梁誠之)에 따르면 "서울의 문무백관(文武百官)과 수전유음(受田有蔭)·성중애마(成衆愛馬)·전형각품(前衡各品)과 생원(生員) 진사(進士) 등의 호(戶)는 도성위(都城衛)라 칭하고, 각사(各司)의 이전(吏典)과 제색장인(諸色匠人), 공사천구(公私賤口) 등 잡호(雜戶)는 도성군(都城軍)이라 칭(稱)한다"고 말하고 있다.[334] 즉, 서울 주민은 도성위와 도성군으로 크게 분

332) 『태종실록』 권17, 태종 9년 3월 병오조.
333) 『세종실록지리지』, 京都 漢城府, 舊都 開城留後司.
334) 『세종실록』 권127, 세종 32년 정월 신묘조.

류되고 있다. 한성부 주민은 향촌민과 차별되었을 뿐만 아니라 한성부 주민 내부에도 차별이 존재하였다. 초기의 한양주민은 도성 안에 거주하는 주민과 도성 밖에 거주하는 주민, 즉 성저십리(城底十里)의 주민으로 구분된다. 도성 안의 행정편제는 방제(坊制)로 구획되었고, 성저십리지역은 일반 향촌과 마찬가지로 면리제(面里制)로 편제되었다. 도성 내부에 거주하는 주민들은 대부분 개경에서 이주한 사람들로서 신왕조와 특별한 관계에 있는 사람들인 반면, 성저십리 주민들은 고려의 남경시기부터 한양에 거주하던 이른바 원주민들이었다.

2. 조선시대 지방도시[335]

1) 중앙직할부(中央直轄府)

지리적으로 수도(首都)와 밀접한 관계가 있는 개성(開城)·강화(江華)·화성(華城)·광주(廣州)는 중앙의 직할로 하여 경관직(京官職)을 배치하는 유수부(留都府)로 함으로써 왕실(王室)의 호위와 수도의 안전을 기도하였다. 이를 사도(四都)라고도 하고 유수부(留守府)라고도 한다.

성격상 지방청(地方廳)이면서 경관직(京官職)을 배치하여 중앙관서와 같은 취급을 한 이른바 유수부(留守府)는 국초(國初)에는 개성부(開城府)뿐이었다. 인조(仁祖) 5년(1627)에 강화(江華)를 유수부로 승격시켰으며 정조(正祖) 17년(1793)에 화성(華城)을, 그리고 동 19년(1795)에 광주(廣州)를 각각 유수부로 하였다. 사유수부(四留守府) 모두 2명씩의 유수(留守)를 두었는데 그중 한 자리는 경기관찰사(京畿觀察使)가 당연직으로 겸무하고 한 자리가 전임(專任)이었다. 전임(專任) 유수(留守) 중 화성(華城)·광주(廣州)의 유수(留守)자리는 정이품(正二品)이었고 개성(開城)·강화(江華)는 정이품(從二品)이었다. 뒤에 승격된 곳일수록 그 품격을 높였다.[336]

개성(開城)은 전 왕조인 고려의 수도였고 한성(漢城) 다음가는 국내 제2위의 대도시였다. 이뿐만 아니라 서울과 중국을 연결하는 육로의 최근거리에 위치하여 군사적 외교적으로 중요시되었다. 그렇기 때문에 국초(國初)부터 준수도(準首都) 또는 보수도(輔首都)의 지위가 인정되어 『경국대전(經國大典)』에서 이미 유수부(留守府)로 규정되고 왕조 말까지 변함이 없었다.

---

335) 손정목, 『조선시대도시사회연구』, 일지사, 1977, 46~59면 참조.
336) 『大典會通』 吏典 京官職條.

강화(江華)는 인조(仁祖) 5년(1627)의 정묘호란 때 왕이 전란을 피하여 강화행궁(江華行宮)에서 70일간 체류해 있으면서 고려 때부터 이어온 보수도(輔首都)의 중요성을 강하게 인식한 결과 유수부로 승격한 것이다.

화성(華城)이 유수부(留守府)가 된 것은 정조(正祖) 17년 정월 12일이다.[337] 장헌세자(莊獻世子)의 능침(陵寢)을 화산(花山)으로 옮기고 수원신읍치(水原新邑治)에 축성(築城)할 것을 결정하는 과정에서 이곳 역시 수도(首都) 방어상의 중요지임을 인식하게 된 때문이다.

광주(廣州)는 원래 국방상 및 국내치안 유지상의 중요성 때문에 일찍부터 남한산성(南漢山城)을 쌓았으며 인조(仁祖) 4년(1626)에 산성(山城)을 크게 개축함과 아울러 수어청(守禦廳)을 설치하였다.[338] 그런데 부윤(府尹)과 수어사(守禦使)가 한 산성(山城) 안에 같이 있으므로 백성들의 피해가 막심하다는 여론이 있어 숙종(肅宗) 9년에 광주(廣州)를 유수부(留守府)로 승격하고 유수(留守)가 수어사(守禦使)를 겸직하도록 결정하였다.[339]

이상 4개의 유수부(留守府)가 확정됨으로써 수도(首都)는 서북[西北, 개성(開城)]·서해[西海, 강화(江華)]·동남[東南, 광주(廣州)]·서남[西南, 화성(華城)]의 사방(四方)에 기보(畿輔)의 요충을 갖추게 된 셈이었다.

2) 도제(道制)

조선왕조는 팔도제(八道制)를 실시하고 한성(漢城)과 공주(公州)·전주(全州)·대구(大邱)·원주(原州)·해주(海州)·함흥(咸興)·평양(平壤)에 감영(監營)을 두고 각도(各道) 관찰사(觀察使)를 배치하였다. 충청도의 감영(監營) 소재지는 충주[忠州, 태조(太祖) 4년]에서 공주[公州, 선조(宣祖) 31년]로 옮겼다. 경상감영(慶尙監營)은 처음에 상주[尙州, 태조원년(太祖元年)]에 있었는데 임진란으로 교통이 막히자 좌도(左道)는 경주(慶州)에 우도(右道)는 상주(尙州)에 두었다가 다음 해에 다시 성주(星州) 팔거현[八莒縣, 현 칠곡군(漆谷郡)]에 감영을 옮겼다. 그 뒤에 달성(達城) 안동(安東)을 거쳐 선조(宣祖) 34년에 대구(大邱)에 정착(定着)하였다. 함경감영(咸鏡監營)은 처음에 함흥(咸興)에 있었는데 성종(成宗)원년에 영흥(永興)으로 옮겼다가 중종(中宗) 4년에 다시 함흥(咸興)으로 옮겨 정착(定着)하였다. 경기감영(京畿監營)은 처음부터 한성(漢城)에 두었다.

도(道)의 명칭은 도내(道內)에서 가장 대표적인 부·주명(府·州名)을 따서 정했는데

---

337) 『正祖實錄』 17年 正月 丙午條. '改號水原府爲華城.'

338) 『大典會通』 兵典 京官職 守禦廳條 '仁祖朝丙寅改築南漢山城仍設廳節制廣州等鎭軍務(下略).'

339) 『肅宗實錄』 9年 正月 庚午條;『備邊司謄錄』 肅宗 9年 正月 22日, 30日, 同 2月 15日, 同 4月 4日條.

그 고을의 격(格)에 승강(陞降)이 일어나면 도명(道名)도 바뀌었다.

- 도명(道名)의 변천(變遷)
- 양광도(楊廣道)의 일부(一部) → 충청도(忠淸道) → 공청도(公淸道) → 공홍도(公洪道) → 충홍도(忠洪道) → 충청도(忠淸道)
- 전라도(全羅道) → 전남도(全南道) → 광남도(光南道) → 전광도(全光道) → 전라도(全羅道)
- 고려 때 경상주도(慶尙州道)·경상진주도(慶尙晋州道)·경상도(慶尙道) → 조선왕조 전시기(全時期)를 통해 경상도(慶尙道)로 고정
- 고려 때 강릉도(江陵道)와 교주도(交州道) 및 준양도(准陽道)가 합쳐져 교주강릉도(交州江陵道)라 불리어졌으나 조선에 와서 강원도(江原道) → 원양도(原襄道) → 강양도(江襄道) → 강원도(江原道)
- 고려의 서해도(西海道), 조선에 와서 풍해도(豊海道) → 황해도(黃海道) → 황연도(黃延道) → 황해도(黃海道)
- 고려 때의 동계(東界)가 조선에 와서 영길도(永吉道) → 함길도(咸吉道) → 영안도(永安道) → 함경도(咸鏡道)
- 고려 때의 패서도(浿西道)·북계(北界)·서해도(西海道)가 조선에 와서 평안도(平安道)로 고정

3) '주(州)' 자(字) 사용제한(使用制限)

태종(太宗) 3년 윤(閏) 11월 사간원(司諫院)에서 한 진언에 따라 시작된 행정구역의 치폐(置廢)와 계층(階層)을 합리화하는 첫 작업으로 태종 13년 10월 신유(辛酉)에 도명개편(道名改編)과 동시에 읍호(邑號)도 개칭하게 되었다. 즉, 종이품(從二品)인 부윤(府尹)의 임지(任地)인 부(府)와 정3품(正三品) 임지(任地)인 목(牧) 이외의 고을에는 '주(州)' 자(字)의 사용을 금(禁)하게 하여 도호부(都護府) 이하 군현(郡縣)은 모두 '산(山)'·'천(川)'의 두 글자로 대체하였다. 대도호부(大都護府)에도 '주(州)' 자 사용은 못하도록 했다.[340]

이리하여 태종(太宗) 대 주자(州字)를 남긴 대읍(大邑)들은 양주(楊洲)·광주(廣州)·여

---

340) 『太宗實錄』 太宗 3年 閏 11月 壬戌條 및 太宗 13年 10月 辛酉條: '凡郡縣號帶州字者 皆改以山字川字 寧州改寧山 衿州改衿川 其例也'; 그러나 실제에 있어서는 '州'字 대신에 '陽', '城', '海', '原' 등으로 개칭한 사례도 있었다. 예) 金州 → 金海, 禮州 → 寧海, 抱州 → 抱川, 樹州 → 富平, 仁州 → 仁川, 水州 → 水原, 竹州 → 竹山, 牙州 → 牙山, 龜州 → 龜城, 襄州 → 襄陽, 淮州 → 淮陽, 春州 → 春川

주(驪州)·공주(公州)·청주(淸州)·홍주(洪州)·원주(原州)·황주(黃州)·해주(海州)·전주(全州)·나주(羅州)·제주(濟州)·경주(慶州)·상주(尙州)·성주(星州)·길주(吉州)·안주(安州)·의주(義州)의 18개 고을이다. 그 후 왕조 말(王朝末)까지 주자(州字)를 가지게 된 고을은 광주[光州, 문종(文宗) 때]·파주(坡州)·삭주(朔州)·정주[定州, 이상 세조(世祖) 때]·능주[綾州, 인조(仁祖) 때],[341]·원주(厚州)[342]의 6개 고을뿐이다. 위의 각 고을 중 광주(廣州)·전주(全州)·경주(慶州)·의주(義州)는 외관(外官)의 최고직인 종이품(從二品) 부윤(府尹) 임지의 부(府)이고 나머지는 모두가 목(牧)이다. 두 개의 예외가 삭주(朔州)와 후주(厚州)인데 이곳만은 목(牧)이 아니고 종삼품(從三品)의 도호부사(都護府使) 임지의 부(府)이다. 이곳을 주(州)로 한 것은 아마도 변방(邊方) 방위상 그 격을 높일 필요가 있었던 때문인 것 같다.

4) 군현개편(郡縣改編)

조선왕조는 강력한 중앙집권국가를 이룩하기 위하여 군현제(郡縣制)를 개편하였다. 이를 위해 실시한 시책은 다음과 같다. 첫째, 향리(鄕吏)가 통치하던 속군(屬郡)·속현(屬縣)·향(鄕)·소(所)·부곡(部曲) 등 각 임지(任內)의 폐지, 둘째, 군현(郡縣)의 병합(倂合)·폐합(廢合)·이속(移屬)에 의한 개편, 셋째, 월경처(越境處)는 물론 견아상입지(犬牙相入地)를 정리하는 일 등이었다.

조선의 군현정비는 건국 초부터 시작하여 세조조(世祖朝)에 이르기까지 약 반세기에 걸쳐 거의 끝을 맺었다. 이를 정리하면 다음과 같다. ① 조선의 지방행정상 부(府)·목(牧)·군(郡)·현(縣)의 계층은 국가와 왕실의 중요성, 토지의 광협(廣狹), 호구(戶口)와 전결(田結)의 다소(多少)로 등차를 두었다. 대체로 부윤(府尹)·대도호부사(大都護府使)·목사(牧使)·도호부사(都護府使)가 다스리는 부(府)·목(牧) 이상의 고을은 큰 도시(都市)를 이루었다. ② 모든 부(府)·목(牧)·군(郡)·현(縣)은 모두 병렬의 단위로서 통례적인 명칭을 고을(邑)이라 하고 그 지방관직을 통칭 수령(守令)이라고 불렀다. 다만 그 수령의 품위(品位)가 각각 다를 뿐이었다.[343] 행정적으로는 모두 병렬적인 지위에서 관찰사(觀察使)의 통할(統轄)을 받았다. ③ 부(府)·군(郡)·현(縣) 밑에는 면(面) 또는 사(社)·방(坊)이 있고 그 밑에는 동(洞)·촌(村)·리(里)·계(契)가 있었다. ④ 군(郡)·현(縣)의 청사(廳舍) 소재지, 즉

---

341) 日帝强占期 全南 和順郡에 편입.

342) 『大典會通』 편찬 시-高宗 2년에 신설.

343) 府尹(從二品)·大都護府使(正三品)·牧使(正三品)·都護府使(從三品)·郡守(從四品)·縣令(從五品)·縣監(從六品)

통칭 읍내(邑內)들은 그 규모에 대소의 차이는 있지만 모두가 정보의 집적지였다. 읍내에는 대부분 5일마다 장시(場市)가 서서 상업적 거래지였다. 그 주민의 상당수는 비농업적(非農業的) 또는 반농업적(半農業的) 직업인(職業人)들이었다.

3. 조선시대의 도시사회의 특징

조선시대 도시사회의 특징을 몇 가지로 정리해 보면 다음과 같다.

첫째, 수도 한성을 비롯하여 지방도시 거의가 부·목·군·현청의 소재지인 읍(邑)으로서 행정의 거점이었다. 그러므로 그 고을의 민호(民戶) 수와 농경지의 대소에 따라 도시규모의 대소도 비례하였다. 그러나 임진왜란과 병자호란의 두 난을 거친 왕조 후기에 이르러 인구의 증가, 장시의 확충, 상공업의 발달, 그리고 도시집중현상 등으로 도시 사회는 점차 행정적 거점에서 경제적 거점으로 전환해 갔다.

둘째, 한성은 물론이고 330여 개의 고을(邑)은 그 반수 이상이 읍성을 쌓았다. 이 읍성은 주목적을 방위에 두었지만 한편으로는 관권의 과시수단도 되었고 도시와 농촌을 갈라놓는 경계의 구실도 하였다.

셋째, 당시에도 도로·배수·청소·소방·야간통행금지 등의 도시제도가 나름대로 틀을 잡고 있었다. 특히 1794년(정조18)에 시작하여 2년 반 만에 완성한 신도시 화성(華城: 지금의 수원성)은 조선 후기의 축성 및 도시설계의 집대성이었다.

넷째, 조선시대 지방도시의 인구규모는 2만인(二萬人)대를 최고로 5천인(五千人)에서 1만인(一萬人) 대가 대부분이었다. 이 수는 중세기 서구의 도시인구에 비하여 결코 작은 규모가 아니었다.

4. 조선의 계획도시 수원(水原)화성(華城)

1) 화성(華城) 건설(建設)의 역사적 배경[344]

정조의 원대한 정치적 구상에 따라 진행된 화성신도시 건설사업[화성성역(華城城役)]은 조선 후기 최대의 국가적 사업이었다. 정조는 1804년[갑자년(甲子年)]으로 예정했던 왕위 이양과 이후의 정국 구도를 겨냥하면서 이 사업을 일으켰다. 그리고 그 추진과정에

---

344) 최홍규, 「정조대의 화성경영과 장용외영 문제」, 『경기사학』 창간호, 1997; 유봉학, 「正祖의 華城 건설과 산업진흥책」, 『한국실학연구』 2, 2000, 참조.

서 조선사회 변화의 방향성을 수립하고자 하였다. 따라서 정치적 변화와 사회경제적 변동이 일어나고 문화적 혁신이 추구되던 시대 상황 속에서 진행된 화성성역은 정조 대의 정치·사회·경제적 동향과 밀접히 관련되어 있었다. 또한 그 과정에서 새로운 학문과 사상을 받아들여 신구 문물의 융합을 시도하는 양상까지도 나타났다.[345]

정조는 1776년 갖은 파란 끝에 왕위에 올라 선대 이래의 탕평정치(蕩平政治)를 계승하되 개혁적 명분을 전면에 내세워 정국을 새롭게 이끌어 가고자 하였다. 정조는 즉위 초부터 스스로의 탕평을 '의리(義理)의 탕평(蕩平)'이라고 하면서 '혼륜(混淪)의 탕평(蕩平)'과 명백히 구분하였다. 정조의 의리탕평론의 '의리(義理)'란 천하의 공(公)적인 것으로 조정에서는 각기 그 나름의 붕당과 의리론을 가진 군주와 사대부 출신 신료들이 공존하면서 탕평정국을 이루어 나간다는 것이었다.

정조의 탕평정치는 '탕평' 그 자체를 위한 것이 아니라 국왕 주도하의 정국을 운영하면서 자신이 지향하고 있는 유교적인 왕도정치와 혁신정치를 구현하는 데 두었다. 그리하여 그는 왕권강화를 위한 목표를 친왕세력의 육성과 격화된 후기사회의 봉건적 모순을 척결하기 위한 민본적인 개혁정치를 펴기 위해서도 왕권의 권위와 정치적 안정이 무엇보다 절실하였다. 정조는 먼저 임오화변(壬午禍變) 때 희생당한 생부(生父) 사도세자(思悼世子)를 신원(伸寃)하여 자신의 정통성을 확보하고자 했다. 한편 국왕의 신변 위협은 물론 왕권을 제약하고 개혁왕정을 펴나가는 데 걸림돌로 작용하는 보수훈척(保守勳戚)과 노론(老論) 벽파(僻派) 세력을 견제하고자 했다. 이를 위해 이 시기 정조는 우문(右文)정치를 표방하면서 규장각(奎章閣)과 초계문신(抄啓文臣) 제도를 마련하여 청론사류를 결집시켰다. 또한 서얼 출신을 규장각 검서관으로 등용하는 등 중서층(中庶層)의 신흥사회 세력까지도 수용하여 측근에 친위 관료 학자군을 양성하였다. 그리고 장용영(壯勇營)의 설치와 운영에 의해 친위군사력과 경제기반까지 갖춤으로써 탕평의 권력기반을 마련해 가고 있었다. 즉위 초 정조는 사도세자의 존호를 장헌세자(莊獻世子)로 올리고, 묘소의 원호(園號)를 영우원(永祐園), 궁호를 경모궁(景慕宮)으로 높였다. 정조 13년(1789)에는 전격적으로 숙원의 영우원(永祐園) 천원(遷園)을 실현시켰던 것이다. 그러나 이즈음 청론 사류의 분열로 시파와 벽파의 대립이 생겼다. 여기에 정조 측근에서 다시 '권행(權幸)'이 등장하고, '귀근지폐(貴近之弊)'가 발생하였다. 더욱이 정조가 규장각에서 근신으로 키웠던 친위 관료학자들이 북학과 서학의 수용을 선도하는 세력이 되면서 학문적 사상적으로 분열하는 문제가 발생하였다. 이는 정조 대 사상과 문화의 역동성과 다양성의 산물이었

---

345) 유봉학, 「정조대 정국 동향과 화성성역의 추이」, 『꿈의 문화유산, 화성-정조대 역사 문화 재조명』, 신구문화사, 1996, 제3부 참조.

으며 시대의 대세였지만 정조의 정국운영에 커다란 부담이 되었다.

그리하여 정조는 시대의 대세와 정치력의 한계가 명확해지는 상황에서 이를 돌파하여 왕실의 권위를 높이고 왕권을 강화할 장기적 대안을 찾게 되었다. 이에 1804년 갑자년(甲子年), 즉 세자(世子)가 15세가 되고 혜경궁(惠慶宮)이 칠순이 되는 해에는 왕위를 물려주고 화성으로 은퇴한다는 이른바 '갑자년구상'을 입안하였다. 이는 장기적 정국운영 구도 위에 일부 친위관료를 이끌어 자신의 적극적 주도로 이를 실현시켜 나가고자 한 것이었다. 정조는 전위(傳位) 후에 사도세자 추숭사업을 수행하고 상왕(上王)으로서 막후에서 정치를 주도하고자 했다. 그 근거지로서 수원에 화성신도시 건설을 결심하고 치밀한 준비를 거쳐 18년(1794) 정월부터 국력을 기울여 화성성역을 추진하기에 이르렀다.

2) 화성(華城)의 입지(立地) 조건 및 형성과정[346]

(1) 화성의 입지 조건

경기도 수원 지방은 고대로부터 백제와 고구려 두 나라가 한강유역을 둘러싸고 쉬지 않고 공방을 되풀이하던 고을이다. 백제로서는 북진(北進)을 위한 둘도 없는 전략기지였고, 고구려에게는 역시 얻기 어려운 진남(鎭南)의 거점으로서 그 입지성이 높이 평가되던 것이다. 고구려 시대에는 매홀군(買忽郡)이라는 이름으로 역사상의 기록에 처음 오르게 된다. 이 고을이 통일신라시대에는 수성군(水城郡)으로 개칭되었다. 고려시대에 와서는 수주(水州)로 되었다가 수원부(水原府)·수원목(水原牧)·수원군(水原郡) 등으로 호칭되다가 다시 부(府)로 승격되기도 했다.

조선시대에 들어와서는 태종 13년(1413) 부군개편(府郡改編) 때 도호부(都護府)가 되었다. 그 뒤 여러 이유로 군(郡) 또는 현(縣)으로 강등되는 사례도 있었으나 얼마 안 가서 다시 도호부(都護府)로 환승(還陞)하였다. 수원은 남양만(南陽灣)을 낀 수도(首都) 주변의 대읍(大邑)으로 항상 중요시되어 왔었다. 그런데 정조 대(正祖代)까지의 수원(水原) 읍치(邑治)는 현재의 위치에서 남으로 약 8km 떨어진 현 화성군(華城郡) 태안면(台安面) 송산리(松山里)에 위치하고 있었다. 이곳이 이른바 구수원(舊水原)이다. 그리고 읍내(邑內)의 주산(主山)은 바로 뒷산인 화산(花山)이었다.

(2) 신읍치(新邑治)의 결정과 초기 사정

사도세자(思悼世子)의 능침(陵寢)을 옮길 자리 바로 앞마을, 즉 수원읍치(水原邑治)를

---

346) 손정목, 「XII. 세계최고의 계획된 신도시-화성」, 『조선시대 도시사회연구』, 일지사, 1977, 참조.

어디로 옮길 것이며 성내외(城內外)의 읍민(邑民)들을 어디로 옮길 것인가 하는 것이 문제가 되었다.

당시 읍치(邑治)에 거주한 읍민(邑民)의 수는 약 200여 호라는 설과[347] 1,000호에 가깝다는 기록이 있다.[348] 이는 『호구총수(戶口總數)』에서 정조(正祖) 13년 구수원읍치(舊水原邑治) 소재지인 용태면(龍伏面)의 호구(戶口)가 호(戶)는 221, 구(口)는 676으로 기록되어 있다. 이를 통해 보면 약 200여 호가 옳으며 1,000호라는 견해는 인근 촌락까지 포함한 도호부(都護府) 관내(管內) 전체의 숫자일 것이다.

수원부(水原府)의 읍치(邑治)는 장헌세자(莊獻世子)의 능(陵)을 옮기기로 결정한 정조(正祖) 13년 7월 11일로부터 4일 후인 7월 15일에 오늘의 위치, 즉 팔달산(八達山) 밑으로 옮기기로 결정하였다.[349] 양주(楊州) 배봉산(拜峰山) 밑에 있는 영우원(永祐園)에서의 천능행사(遷陵行事)는 예정대로 진척되어 정조 13년 10월 5일(丁巳)에 구원(舊園)을 출발하여 이틀 후인 7일에 화산(花山)의 신원(新園)에 운구(運柩)되어 안장(安葬)하였다.[350] 신능(新陵)의 이름을 현륭원(顯隆園)이라고 정하였다. 이는 고종(高宗) 광무(光武) 3년(1899)에 장헌세자(莊獻世子)를 장조(莊祖)로 추증(追贈)하고 그에 따라서 그 능명(陵名)도 융릉(隆陵)으로 개칭된다. 화산(花山) 밑 구읍치(舊邑治)에 소재했던 민가의 철거와 그 신읍(新邑)으로 이전은 역시 같은 해 8월경부터 시작하여 10월의 천능일(遷陵日)에 맞춰 거의 끝났다.

(3) 유수부(留守府) 승격(昇格)[351]

신읍치(新邑治)를 팔달산(八達山) 기슭을 정한 것은 능원천장(陵園遷葬)을 결정한 직후인 정조(正祖) 13년 7월 15일이었다. 신임부사(新任府使) 조심태(趙心泰)가 이곳을 적지(適地)라고 보고한 장계(狀啓)에 의한 것이었다.

수원(水原)의 신읍치(新邑治)를 화성(華城)이라고 명명하고 유수부(留守府)로 한 것은 성역(城役)이 시작되기 만 1년 전인 정조 17년(1793) 정월의 일이었다. 초대 유수(留守)에는 당대 제일의 명재상(名宰相)이던 번암(樊巖) 채제공(蔡濟恭)을 임명하였으니 이 유수부(留守府)에 건 정조(正祖)의 기대와 집념을 추측할 수 있다.

유수부 제도의 역사는 중국 당나라 때로 거슬러 올라간다. 당은 중국 역사상 존재했던 옛 도읍지들을 대상으로 삼경제(三京制)를 실시하였다. 동시에 수도 주변의 요충지를 부

---

347) 『正祖實錄』 13년 7월 丁酉條.

348) 『正祖實錄』 14년 2월 庚午條.

349) 『正祖實錄』 13년 7월 己亥條. '己亥移水原邑治于八達山下.'

350) 『正祖實錄』 13년 10월 丁巳條.

351) 배우성, 「正祖의 留守府 경영과 華城 인식」, 『한국사연구』 127, 2004.

도(部都), 즉 유수부로 만들어 도읍의 호위기지로 삼았다.

조선왕조는 한양으로 천도하면서 개성을 유후사[留後司, 유수부의 전신]로 지정했다. 당·송 대의 전례에 따라 옛 도읍지를 특별 관리하는 차원에서 내려진 조치였다. 유수부가 배도, 즉 도읍의 호위기지로서 군사적 의미를 가지기 시작한 것은 조선 후기부터였다. 개성, 강화, 화성, 광주 등의 유수는 관리영, 진무영, 장용외영, 수어영을 각각 관할함으로써 명실 공히 행정과 군사 업무를 겸하게 되었다.352)

정조는 화성을 새로운 경기지역의 중심으로 만들기 위해 그곳에 친위군영의 외영을 설치하고 수원을 유수부로 만들었다. 수원의 유수부화는 장용영 창설, 현륭원의 이전, 신도시 개발과 주민 이주, 장용외영 창설 등과 같은 흐름 위에 있는 것이었다. 정조는 이 일련의 과정을 진행하면서 수원을 화성이라 고쳐 부르고 유수부로 승격시켰다.

3) 화성의 구조(構造)

성(城)의 축조(築造) 및 신도시건설의 주관총찰(主管摠察)에 영중추부사(領中樞府事) 채제공(蔡濟恭)을 임명하였다. 그리고 전 수원부사(水原府使)이며 당시의 훈련대장(訓練大將)이던 조심태(趙心泰)를 삼대(三代)째의 화성유수(華城留守) 겸 성역(城役)의 감동당상(監董堂上)으로 임명하였다. 이리하여 성역(城役)이 정식으로 시작된 것은 정조(正祖) 18년(1794) 2월 28일[병술(丙戌)] 진시(辰時)였다.

화성의 총 연장은 4,600보(步), 5,743.56m)였다. 그중 문루(門樓)·포루(舖樓)·포대(砲臺)·공심돈(空心墩) 등의 연장은 635보(步) 4척[尺, 793.69m]이다. 이를 뺀 성벽(城壁)만의 순 연장이 3,964보(步) 2척[尺, 4,949.87m]이었다. 화성은 팔달(八達)·장안(長安)·창룡(蒼龍)·화서(華西)의 사문(四門)에다 암문(暗門)이 5, 수문(水門)이 2, 적대(敵臺)가 4, 공심돈(空心墩)이 3, 봉돈(烽墩)이 1, 포루(砲樓)가 5, 장대(將臺)가 2, 각루(角樓)가 4, 포사(舖舍)가 3 등으로 이루어져 있다. 이와 같은 신도시 화성(華城)이 완성된 것은 2년 반이 지난 정조(正祖) 20년(1796) 9월 10일이었다. 정조(正祖)에게 성역(城役)을 마쳤다는 보고를 드린 날이 9월 16일이다. 그리고 대대적인 낙성연(落成宴)이 베풀어진 것은 같은 해 10월 16일이었다.

화성(華城)은 그 성문(城門)·누각(樓閣) 등의 화려하고 웅장함도 놀랍지만 공심돈(空心墩)이란 불리는 망루포대(望樓砲臺)와 포루(砲樓)·봉돈(烽墩) 등을 시설하고 수직(垂直)의 벽돌성을 쌓아서 축성법에 신기축(新機軸)을 가져왔다. 그러나 안타깝게도 화성(華城)의 성제(城制)와 시가지(市街地)의 배치, 도로망(道路網) 등 전체 계획이 누구의 손으로 이

---

352) 이존희, 「朝鮮王朝의 留守府 經營」, 『한국사연구』 47, 1984, 28~35면.

루어진 것인가에 관한 기록은 없다.

4) 화성의 번영책(繁榮策)과 화성 경영의 시기별 특징

(1) 화성의 번영을 위한 시책

정조는 수원의 신읍치를 수도인 서울만 한 대도시까지는 아니더라도 개성(開城)이나 전주(全州)·평양(平壤)에 버금하는 번화한 도시(都市)로 발전시키고자 했다. 그렇기에 신도시 수원을 기보(畿輔)의 대도회로 육성·발전시키기 위한 여러 시책들이 강구되었다. 이를 위하여 다음과 같은 조치들이 행해졌다. 첫째, 수원부민과 과천·안산·시흥·용인·진위 등 속읍민들에게 베풀어진 신역(身役)과 호역(戶役)과 환곡의 감면이다. 또 정례화된 문·무과 별시(別試)를 통한 인재등용의 특별조치가 베풀어졌다. 둘째, 상업진흥과 인구증가를 위한 다각도의 특혜를 통한 민인모취책(民人募聚策)이 강구되었다. 남·북 장시(場市)가 개설되고, 북문과 남문 중간의 십자가 대로변 일대에는 기와집의 부호가(富戶家)와 전방(廛房)들이 즐비하게 설치되었다. 특히 서울을 비롯한 전국의 부호와 상공업자들을 유치하여 정부지원과 민간자본에 의한 상공업의 발전을 도모한 것은 특기할 사항이었다. 셋째, 농업진흥책으로 100석락(石落)의 몽리(蒙利) 면적을 가진 만석거(萬石渠)라는 규모가 큰 제언(堤堰)을 파서 북문 밖 옛 일용면(日用面) 일대의 논에 관개가 가능한 수리시설로 활용하였다.

(2) 정조의 화성 경영의 시기별 특징

① 정조 13년(1789) 7월 현륭원 천봉 이후 정조 16년(1792) 12월까지

읍치 이전과 행궁·관아·향교·도로·다리가 영건되는 등 신도시 건설이 시작되던 시기이다. 이 시기 초에는 광주부(廣州府)에 속한 일용(日用)·송동(松洞) 양면이 수원부에 이속되는 행정구역 개편과 구읍민의 이주비용으로 균역청(均役廳)에서 10만 냥을 지원하였다. 또 수원과 인근 읍민에 대한 신·호역과 환곡 감면, 70세 이상 연로자에 대한 품계의 가자, 문·무과 별시의 실시 등 특별혜택이 수시로 내려졌다.

② 정조 17년(1793) 1월에서 정조 20년까지

수원이 '화성(華城)'으로 개호되고 유수부(留守府) 승격과 아울러 장용영의 내·외영제가 확립된 시기이다. 장용외사(壯勇外使)는 화성유수가 겸임하였다. 화성에 장용외영을 두었으며, 9월에는 비변사에서 다시 장용외영의 신군위[親軍衛, 화성의 기병(騎兵)]에 관한 절목을 올렸다. 정조 19년 2월 외영제의 개편에 따라 용인·진위·안산군이 수원부에 이속되었다. 한편 정조 18년 2월 정조 대 최대의 역사적 사건이라 할 수 있는 화성축성이 시작되어 2년 7개월이 경과된 정조 20년(1796) 9월 성역과 576칸의 화성행궁이 완공되었다. 정조 19년 2월에는 도시발전을 위한 상업번영책이 논의 시행되는 가운데 만석거 등의 농업수리관개시설이 설치되었다.

③ 정조 21년 1월 이후

1월 정조의 완공된 화성 순행이 있었다. 2월에는 비변사에서 화성의 상권부양(商圈扶養)을 위한 「화성부 내 신접부당호 참모구획절목(華城府內 新接富棠戶 蔘帽區劃節目)」[약칭 화성부호모참절목(華城富戶帽蔘節目)]을 올려[353] 특혜조치를 시행하려 했다. 그러나 이는 판중추부사 이병모(李秉模)의 반대와 채제공(蔡濟恭)의 건의로 모민절목(募民節目)은 취소되었다. 한편 이해 9월에는 총융청 남양방영(南陽防營) 소속의 시흥·과천현을 수원부에 이속하였다. 화성의 장용외영제는 12월 입방군(入防軍)·협수군(協守軍) 체제를 거쳐 이듬해 10월 5위(衛)-속(屬) 5위(衛)체제로 일대 개편되었다. 이 시기에도 농업생산기반시설의 설치와 상업번영정책도 계속 이어졌다.

5) 화성성역(華城城役)의 경과와 역사적 의의

화성축조는 중국과 우리나라의 성제(城制), 축성기술과 물력(物力), 공사운영 등에 관한 여러 논의를 종합·검토한 끝에 시작되었다. 성역의 계획서라 할 수 있는『화성성역의궤(華城城役儀軌)』의 설계도에는 실학자 정약용과 화공(畵工) 엄치욱(嚴致郁) 등의 대담한 구상과 기술적 창견(創見)이 들어 있다. 또한 성역을 주관 전담한 채제공·조심태 등의 의견이 반영된 것이라고 볼 수 있다. 화성의 성제가 마련되고 성역이 진행되기까지에는 중국 모원의(茅元儀)의『무비비(武備志)』, 우리나라 김종서·유성룡·유형원 등의 성설(城說), 그리고 당대의 관료와 선진적인 실학자들의 경륜이 크게 참고 되었다.

화성성역은 처음 계획 당시에는 10년이 걸릴 것을 예상했었다. 그러나 국왕을 비롯하여 관료와 실학자들의 과학적인 계획과 효율적인 운영, 전국에서 모여든 패장(牌將)·서리(書吏)·공장(工匠)·고군(雇軍)들의 부역으로 정조 18년(1794) 2월 28일에 착공해서 이로부터 2년 7개월이 경과된 정조 20년(1796) 9월 10일에 완공을 보았다. 성역은 급가모군(給價募軍)의 방법에 의하여 각 구역의 패장(牌將)의 책임하에 진행되었다. 고군(雇軍)에게는 일당(日當) 2전 5푼씩의 고가(雇價)를, 각 부문의 공장(工匠)들에게는 분야에 따라 이

---

353)『正祖實錄』21년 2월 22일 癸巳條.

보다 후한 임금이 일수에 따라 차등 있게 지급되었다.

성역에 동원된 인원수는 1만 1,820명, 연일수(延日數) 37만 6,342일 반, 그 경비는 87만 3,520냥에 곡식 1,500석이 소요되었다.

화성은 축성재료에 있어서도 전통적인 석재와 조선 후기 실학자들의 주장을 수용하여 벽돌을 성재(城材)로 과감히 썼다. 성제사적(城制史的)인 측면에서는 공심돈(空心墩)·포루(砲樓)·옹성(甕城) 등 전례가 없던 방어시설을 갖추었다. 화성성곽은 한마디로 과학적인 축성기술로 돌과 벽돌이 잘 어우러진 아름다운 조형미와 읍성과 군사적 방어성으로서의 다양한 기능을 갖추도록 설계한 것이 특징이다. 정조 말년 왕권의 위용과 장려함을 상징하는 이 시설물은 건축사적 측면에서도 조선시대 최후에 축조된 대표적인 최고의 성곽 건축물로 평가된다.

화성의 축조는 정조가 단순히 억울하게 죽은 선친의 능묘를 보호하기 위한 효심의 발로에서 만든 장려한 성곽 조형물로서 그 의미가 그치는 것이 아니다. 정조는 선친의 원침을 수호한다는 명분으로 수원부를 화성유수부(華城留守府)로 승격시켰다. 이 과정에서 576칸에 이르는 조선 최대의 행궁을 건축하고, 고구려 이래의 축성 전통과 근대적 과학기술이 어우러진 성곽을 축조한 것이다. 화성은 표면적으로 성내 중심부에 왕이 원행 때마다 머물던 행궁과 원침수호의 명분으로 축조된 것이지만 다분히 정치적·군사적 의미를 내포하고 있는 것이다. 더욱이 정조 17년(1793) 이래 정예(精銳)의 친위군영으로 육성, 개편한 장용외영을 이곳 화성에 유진(留陣)시킴으로써 정조는 군사력을 갖춘 이 정치도시를 배경으로 정치적 안정과 왕권강화책을 도모할 수 있었다. 다시 말해서 화성을 건설하게 된 배경에는 정통성과 도덕성 면에서 논란을 빚고 있던 선친의 권위를 높이고 이를 통해 자신의 왕권을 확립하려는 정치적 의도가 담겨져 있는 것이었다.

한편 경기 남부의 대도회로서 화성신도시의 건설은 조선사회의 시대적 요구를 반영한 것이기도 하였다. 우선 대도시로 발전하던 서울의 팽창이 서울 북쪽의 개성, 동쪽의 광주, 서쪽의 강화와 함께 수도권 남부에 새로운 거점 도시를 요구하고 있었다. 그러므로 서울 주변 100리 거리의 1일 생활권인 수원에 화성유수부(華城留守府)를 두어 서울 외곽의 개성, 강화, 광주와 함께 4유수부의 하나로 그 행정적 위상을 높였던 것은 이러한 시대적 요구에 부응한 조치였다.[354] 정조는 특히 화성에 장용외영(壯勇外營)을 두어 서울 외곽 방어의 핵심 기지가 되도록 하였다. 국왕의 친위군단인 장용영(壯勇營)의 강력한 군대가 화성에 집결되어 화성유수부는 어느 지역보다 중요한 군사적 거점으로 부상하였

---

354) 한영우·배우성, 「조선시대 관찬지도 제작의 역사적 배경」, 『海東地圖』, 서울대 규장각, 1995.

다.[355) 화성신도시의 건설을 통하여 수도권은 서울 사방을 옹위하는 행정 군사의 거점을 연결하는 형태로 모습이 정리되었다.

또한 화성성역은 당시 조선사회가 당도했던 여러 변화를 받아들여 그 성과를 활용하는 현실주의적 지향성을 보이고 있었다. 서울과 삼남을 잇는 시흥대로가 개설되고, 능행시 한강을 건너는 배다리 가설에 신진 상업세력인 경강(京江) 상인들의 상선(商船)을 동원하여 그 대가로 세곡(稅穀) 수송의 특권을 주는 등 사상(私商)의 성장이 정부에 의해 뒷받침되는 양상도 나타났다. 축성작업에 백성을 강제동원하는 방식(부역노동)을 청산하고 임금노동을 채택하여 작업효율을 높이고자 하였던 것도 임노동자층이 광범위하게 형성되었던 당시의 사회적 변화에 부응하는 것이었다.

화성성역에서는 전통적 지식과 기술에 중국으로부터의 외래적 지식과 기술이 종합되어 적용됨으로써 정조대의 새로운 문화건설 방향이 구체적으로 드러나기도 하였다. 임진왜란 이래 서애 유성룡과 반계 유형원이 일찍이 제안하였던 축성방식과 숙종과 영조 대의 전국적 축성 경험 등 전통적인 것을 광범위하게 수용하였다. 동시에 중국으로부터 배워온 북학(北學)의 성과도 적극 활용되었다. 화성의 모든 시설물들의 건설과정과 외관에는 전통적 토대 위에 외래적 요소를 적절히 접합시키는 창의성이 특징적으로 드러났다. 이런 선진적 구상들이 정조의 후원 아래 실천되었다. 이 과정에는 정조의 지도력 아래 조선의 경제적·문화적 역량 등이 총동원되었으며 화성은 이런 과정을 거쳐서 왕조 중흥과 왕권 강화의 표상으로 창출되었던 것이다. 그런 뜻에서 화성은 유교적인 왕도정치와 혁신정치, 문운(文運)의 융성을 아울러 꾀하던 계몽군주 정조의 정치적 위용을 나타낸 것이라 할 수 있다. 아울러 실용지학(實用之學)을 숭상하던 호학(好學)의 왕권과 결탁한 이 시대 진보적인 관료와 실학 사상가들의 이상을 상징화한 건축물로서도 각별한 역사적 의미를 갖고 있는 것이다.

---

355) 이태진,「정조대의 왕권 강화와 장용영 경영」,『조선 후기 정치와 군영제 변천』, 한국연구원, 1985; 최홍규,「조선 후기 수원성 축조와 장용외영제」,『지역별사료조사위원회의발표논문집』, 국사편찬위원회, 1991; 오종록,「중앙 군영의 변동과 정치적 기능」,『조선정치사(하)』, 청년사, 1990; 배우성,「정조년간 무반군영대장과 군영정책」,『한국사론』24, 1991.「순조전반기의 정국과 군영정책의 추이」,『규장각』14, 서울대 규장각, 1991; 강문식,「정조대 화성의 방어체제」,『한국학보』82, 일지사, 1996.

나오는 말

우리 민족이 중국의 변방에 있으면서 중국에 흡수되지 않고 수천 년의 역사를 지속해 왔다는 것은 어쩌면 하나의 기적과 같은 일이다. 그러나 이는 단순한 기적이 아니다. 중국의 한족(漢族)보다 군사적 힘이 강하여 중국을 지배했던 몽골족, 만주족과 같은 민족도 결국은 한족의 문화에 흡수되어 역사의 무대에서 사라져 갔다. 하지만 우리 민족은 중국보다 결코 군사적·정치적·경제적 힘이 강하지도 않았지만 지금까지 독자적인 역사를 이어오고 있다. 그 이유는 바로 '문화적 힘'이다. 좀 더 정확히 말하자면 선진적인 문화를 적극적으로 배우고, 이를 더욱 발전시켜 우리의 독자적인 문화로 승화시켜 온 결과인 것이다. 인도에서 발생하여 중국을 거쳐 들어온 불교문화를 한 차원 발전시켜 세계 최고 수준의 불교문화를 이루어낸 통일신라의 불국사와 석굴암과 같은 불교문화를 보라. 중국 송나라의 목판 인쇄술과 자기(磁器) 기술을 배워 세계 최고의 인쇄술과 청자(靑磁)를 만들어낸 고려의 문화 수준을 보라. 중국의 유학을 받아들여 중국을 능가하는 세계 최고 수준의 유교 철학을 완성한 조선의 성리학자들을 보라. 이것이 바로 우리 민족이 지금까지 독자적인 역사를 이어오고 있는 힘의 원천이다. 우리보다 선진 문화를 받아들이는 데 조금도 주저하지 않았고, 받아들인 문화에 안주하지 않고 더욱 승화, 발전시켜 그 문화를 뛰어 넘어온 역사……. 이것이 바로 우리 역사의 참모습이다. 우리가 이러한 우리 역사의 전통을 바르게 이어받는다면 21세기는 바로 우리가 주도하는 시대가 될 것임을 의심치 않는다.

과거를 잊지 않는 자에게 원하는 미래가 올 것이다.

참고자료

1. 원전 자료

『經國大典』
『高麗史』
『舊唐書』
『大典會通』
『東京雜記』
『東國輿地勝覽』
『東國李相國集』
『東文選』
『東史綱目』
『梁書』
『北史』
『三綱行實圖』
『三國史記』
『三國遺事』
『三國志』
『宣和奉使高麗圖經』
『續大典』
『隋書』
『新唐書』
『新增東國輿地勝覽』
『輿地圖書』
『掾曹龜鑑』
『熱河日記』
『魏書』
『日本書紀』
『朝鮮王朝實錄』
『周書』
『增補文獻備考』
『漢書』
『後漢書』

2. 단행본

佐藤信, 『日本古代の宮都と木簡』, 吉川弘文館, 1977.

경주문화재연구소, 『월성유적 발굴조사보고서·남산신성유적발굴조사 보고서』, 1985~1993.

고혜령, 『고려후기 사대부와 성리학 수용』, 일조각, 2001

駒井和愛, 『中國都城·渤海研究』, 雄山閣出版, 1997.

국사편찬위원회 편집부, 『한국사』, 국사편찬위원회.

國史編纂委員會, 『韓國古代金石文資料集』 Ⅲ, 國史編纂委員會, 1995.

權悳永, 『韓國古代金石文綜合索引』, 학연문화사, 2002.

김석형, 『조선봉건시대 농민의 계급구성』, 신서원, 1993.

김경수 편저, 『영산강 삼백오십리』, 향지사, 1995.

김동욱, 『종묘와 사직』, 대원사, 1990.

김순자, 『한국 중세 한중관계사』, 혜안, 2007.

김용섭, 『조선 후기 농업사연구』, 일조각, 1971.

김종복, 『발해정치외교사』, 일지사, 2009.

김태영, 『조선전기 토지제도사연구』, 지식산업사, 1983.

김한배, 『우리 도시의 얼굴찾기-한국 도시의 경관변천과 정체성 연구-』, 태림문화사, 1998.

나주시, 『나주시 문화재도록』, 2000.

나주시, 『나주시의 문화유적』, 1999.

나주시·목포대학박물관, 『나주목의 재조명』, 1990.

노중국, 『백제정치사연구』, 일조각, 1988.

대동문화연구원, 『한국사상대계Ⅱ, 사회·경제사상편』, 성균관대학교 대동문화연구원, 1976

박용운, 『고려시대사』(상), 일지사, 1985.

박용운, 『고려시대사』(하), 일지사, 1987.

박용운, 『고려시대 개경연구』, 일지사, 1996.

박진철, 『조선시대 향리층의 지속성과 변화』, 한국학술정보, 2007.

백형모, 『호남의 풍수』, 동학사, 1996.

斯波義信, 『宋代商業史研究』, 風間書房, 1968.

서울시사편찬위원회, 『서울육백년사』, 1977.

성균관대학교 대동문화연구원, 『한국사상대계 Ⅳ -성리학사상편-』, 성균관대학교 대동문화연구원, 1984.

손보기 편, 『장보고와 청해진』, 혜안, 1996.

손정목, 『일제강점기 도시계획연구』, 일지사, 2002.

손정목, 『조선시대도시사회연구』, 일지사, 1977.

송기호, 『발해정치사연구』, 일조각, 1995.

신정일, 『다시 쓰는 택리지 ②-전라·경상 편』, 휴머니스트, 2004.

신천식, 『여말선초 성리학의 수용과 학파』, 경인문화사, 2004.

신형식, 『백제사』, 이화여대출판부, 1992.

신호철, 『후백제 견훤정권연구』, 일조각, 1993.

안승준, 『조선전기 사노비의 사회 경제적 성격』, 경인문화사, 2007.

양은용, 『도선연구』, 민족사, 1999.

역사학회 편, 『노비·노예·농노-예속민의 비교사』, 일조각, 1998.

영암군 편, 『선각국사 도선의 신연구』, 영암군, 1988.

오영훈, 『신라 王京에 대한 고찰』, 1992.

오종근, 『나주지방 구전민간신앙』, 도서출판 정, 1997.

완도문화원, 『장보고의 신연구』, 시사문화사, 1985.

유봉학, 『꿈의 문화유산, 화성-정조대 역사 문화 재조병』, 신구문화사, 1996.

유형원 외 저, 강만길 외 역, 『한국의 실학사상』, 삼성출판사, 1976.

윤무병, 『역사도시 경주의 보존에 대한 조사』, 1972.

이규목, 『도시와 상징』, 일지사, 1992.

이기백, 『한국사신론』, 일조각, 2002.

이수건, 『한국중세사회사연구』, 일조각, 1984.

이애희, 『조선전기 성리학 연구』, 경인문화사, 2002.

이영훈, 『조선 후기 사회경제사』, 한길사, 1988.

伊原弘, 『中國人の都市と空間』, 原書房, 1993.

이재범, 『슬픈 궁예』, 푸른역사, 2000.

이존희, 『조선시대지방행정제도연구』, 일지사, 1990.

이훈상, 『조선 후기의 향리』, 일조각, 1990.

전형택, 『조선후기노비신분연구』, 일조각, 1989.

조동일, 『한국문학사상사시론』, 1978.

조선기술편찬위원회, 『조선기술발전사 3-고려편』, 1994.

村山智順 著/崔吉城 譯, 『朝鮮의 風水』, 민음사, 1993.

최창조, 『좋은 땅이란 어디를 말함인가: 한국풍수사상의 이론과 실제』, 서해문집, 1990.

최창조, 『한국의 풍수사상』, 민음사, 1998.

최희림, 『고구려 평양성』, 1978.

편집부, 『한국사특강』, 서울대학교출판부, 1990.

平木實, 『朝鮮後期 奴婢研究』, 지식산업사, 1982.

賀業鉅/윤정숙 역,. 『중국 도성제도의 이론』, 이회, 1995.

하현강, 『한국중세사연구』, 일조각, 1995.

韓國古代社會研究所 編, 『譯註 韓國古代金石文』 Ⅲ, 駕洛國史蹟開發研究院, 1992.

한국사특강편찬위원회 편, 『한국사특강』, 서울대학교출판부, 1990.

한국사학회, 『한국서화자료집』, 2001.

한국실학연구회, 『한국실학사 연구』, 민음사, 1998.

한국역사연구회 고대사분과, 『고대로부터의 통신』, 푸른역사, 2004.

한국역사연구회, 『조선정치사(상)』, 청년사, 1990.

한국역사연구회, 『조선정치사(하)』, 청년사, 1990.

한국철학회, 『한국철학사(상),(중),(하)』, 동명사, 1987.

한규철, 『발해의 대외관계사』, 신서원, 2005.

한기문, 『고려사원의 구조와 기능』, 민족사, 1998.

한길사편집부, 『한국사』 전 27권, 1994.

한영우, 『조선전기 사회경제연구』, 을유문화사, 1983.

許興植, 『韓國金石全文』 古代篇, 亞細亞文化社, 1984.

3. 논문

강문식, 「정조대 화성의 방어체제」, 『한국학보』 82, 일지사, 1996.

강태호, 「신라 도성의 공간구조 형성과정에 관한 연구」, 『경주사학』 제15집, 1996.

고동환, 「조선초기 한양의 형성과 도시구조」, 『지방사와 지방문화』 8권 1호, 2005.

고영진, 「성리학의 연구와 보급」, 『한국사 28』, 국사편찬위원회, 1996.

국사편찬위원회, 「조선초기의 경제구조」, 『한국사24』, 국사편찬위원회, 1994.

김용만, 「조선중기 사노비 연구」, 영남대 박사학위논문, 1990.

김윤곤, 「대동법의 시행을 둘러싼 찬반량론과 그 배경」, 『대동문화연구』 제8집.

금장태, 「조선 후기의 실학사상」, 『한국철학사(하)』, 동명사, 1987.

吉田光男, 「朝鮮近世の王都と帝都」, 『年譜 都市史研究』 7, 1999.

김갑동, 「고려시대 나주의 지방세력과 그 동향」, 『한국중세사연구』 제11호, 2001.

김갑동, 「고려시대의 산악신앙」, 『한국종교사상의 재조명』, 1993.

김갑동, 「고려시대의 성황신앙과 지방통치」, 『한국사연구』 74, 1991.

김갑동, 「고려시대의 호장」, 『한국사학보』 5, 1998.

김갑동, 「고려태조 왕건과 후백제 신검의 전투」, 『박병국 교수 정년기념 사학론총』, 1994.

김경삼, 「고구려초기의 수도형식에 대하여」, 『조선고고연구』 2, 1998.

김경숙, 「16, 17세기 노양처병산법」, 『역사와 현실』 67, 2008.

김광수, 「장보고 세력의 흥망의 역사적 의미」, 『장보고와 청해진』, 혜안, 1996.

김광수, 「장보고의 정치사적 위치」, 『장보고의 신연구』, 시사문화사, 1985.

김당택, 「고려시대의 나주」, 『나주목의 재조명』, 나주시·목포대학박물관, 1990.

김동우, 「발해의 지방통치체제 운영과 그 변화」, 『한국사학보』 24. 고려사학회, 2006.

김두진, 「고려초기의 법상종과 그 사상」, 『한우근 박사 정년기념 사학논총』, 지식산업사, 1981.

김두진, 「朗慧와 그의 禪思想」, 『역사학보』 57, 1973.

김두진, 「了悟禪師 順之의 禪思想」, 『역사학보』 65, 1975.

김문경, 「당대번진의 한 연구-고구려 유민 이정기 일가를 중심으로-」, 『성곡논총』 6, 1975.

김상현, 「신라삼국통일의 역사적 의의」, 『통일기의 신라사회연구』, 동국대 신라문화연구소, 1987.

김성준, 「고려 말의 정국과 원·명관계」, 『한국사 20』, 국사편찬위원회, 1994.

김성준, 「고려와 원명관계」, 『한국사 8』, 국사편찬위원회, 1974.

김순자, 「여말선초 대원·대명관계 연구」, 연세대학교 사학과 박사학위논문, 2000.

김영수, 「한국 자본주의 가치관의 역사적 전통: 조선시대 개성상인의 상업활동을 중심으로 한 고찰」, 『동아연구』 제43집, 2002.

김영하, 「신라의 삼국통일을 보는 시각」, 『한국고대사론』 9, 한길사, 1988.

김용덕, 「중상론과 기술학의 도입론」, 『한국사』 14, 국사편찬위원회, 1983.

김재근, 「장보고 시대의 무역선과 그 항로」, 『장보고의 신연구』, 시대문화사, 1985.

김재명, 「고려시대의 경창」, 『청계사학』 4, 1987.

김주성, 「백제 사비시대 정치사연구」, 전남대 박사학위논문, 1990.

김준석, 「탕평책 실시의 배경」, 『한국사 32』, 국사편찬위원회, 1997.

김철준, 「후삼국시대의 지배세력의 성격」, 『한국고대사연구』, 지식산업사, 1975.

김태영, 「科田法의 成立과 그 性格」, 『한국사연구』 제37호, 1982.

김태영, 「려말선초 성리학 왕정론의 전개」, 『조선시대사학보』 14, 2000.

김태영,「조선 후기 실학에서의 현실과 이상」,『한국사상사방법론』, 한림과학원총서 58, 1997.

나종우,「홍건적과 왜구」,『한국사 20』, 국사편찬위원회, 1994.

노중국,「백제 왕실의 남천과 지배세력의 변천」,『한국사론』 4, 1978.

노중국,「사비시대의 지배세력」,『백제정치사연구』, 1988.

노태돈,「나대의 문객」,『한국사연구』 21・22합집, 1978.

문명대,「신라 법상종(유가종)의 성립문제와 그 미술-감산사 미륵보살상 및 아미타불상과 그 명문을 중심으로-(하)」,『역사학보』 63, 1974.

문철영,「여말 신흥사대부들의 신유학 수용과 그 특징」,『한국문화』 3, 1982.

민덕식,「고구려 평양성의 도시형태와 설계」,『고구려연구』 15집, 2003.

민덕식,「신라왕경의 도시설계와 운영에 관한 고찰」,『백산학보』, 1986.

민덕식,「고구려 평양성의 축조과정에 관한 연구」,『국사관논총』 39, 국사편찬위원회, 1992.

박광용,「영조대 탕평정국과 왕정체제의 정비」,『한국사 32』, 국사편찬위원회, 1997.

박광용,「정조대 탕평정국과 왕정체제의 강화」,『한국사 32』, 국사편찬위원회, 1997.

박방룡,「신라왕경의 사찰 조영」,『미술사학』 13, 1999.

박방용,「도성・성지」,『한국사론』 15, 국사편찬위원회, 1985.

박방용,「신라 왕도의 수비」,『신라문화』 9, 동국대신라문화연구소, 1992.

박종기,「고려 말 왜구와 지방사회」,『한국중세사연구』 24, 2008.

박진숙,「발해의 지방지배와 수령」,『국사관논총』 97, 국사편찬위원회, 2001.

박한설,「라주도행대고」,『강원사학』 1, 1985.

박현숙,「웅진 천도와 웅진성」,『백제문화』 30집, 2001.

박홍규,「정도전의 경제사상」,『아세아연구』제50권 3호, 2007.

방학봉,「정혜공주묘지와 정효공주묘지에 대한 비교연구」,『발해문화연구』, 이론과 실천, 1991.

배우성,「정조년간 무반군영대장과 군영정책」,『한국사론』 24, 1991.

배우성,「정조의 유수부 경영과 화성 인식」,『한국사연구』 127, 2004.

배종호,「성리학의 수용과 그 의의」,『한국사론』 18, 1988.

서성호,「고려전기 수공업연구」, 서울대 박사학위논문, 1997.

서성호,「한국중세의 도시와 사회」,『동양 도시사 속의 서울』, 서울시정개발연구원, 1994.

서영수,「신라통일외교의 전개와 성격」,『통일기의 신라사회연구』, 동국대 신라문화연구소, 1987.

서정석,「공주지역의 산성」,『국립공주박물관기요』, 창간호, 2001.

서정석,「백제 웅진도성의 제 문제」,『백제문화』 제30집, 2001.

손수인,「新中國時期渤海考古學的進展」,『白山學報』 35, 白山學會, 1988.

손정목,「XII. 세계최고의 계획된 신도시- 화성」,『조선시대도시사회연구』, 일지사, 1977.

손태현・이영택,「견사항운시대에 관한 연구」,『논문집』 16, 한국해양대학, 1981.

송기호,「발해 정혜공주묘비의 고증에 대하여」,『한국문화』 2, 서울대학교 한국문화연구소, 1981.

송화섭,「조선시대 사전제도와 금성산신」,『한국문화와 역사민속』, 신아출판사, 2003.

송화섭,「풍수비보입석과 불교민속」,『한국사상사학』 제17집, 2001.

신상화・장희순,「평양의 도시형성에 관한 연구-평양성의 축성 경위를 중심으로-」,『지역개발연구』 제12호, 2004.

신석호,「여말선초의 왜구와 그 대책」,『국사상의 제문제』 3, 국사편찬위원회, 1959.

신안식,「고려전기의 축성과 개경의 황성」,『역사와 현실』, 38, 2000.

신형식, 「삼국통일의 역사적 성격」, 『한국사연구』 61·62 합집, 1988.

신형식, 「한국고대사에 있어서 한강유역의 정치·군사적 성격」, 『향토서울』, 1983.

신호철, 「후백제견훤 연구(Ⅰ)-견훤 관계 문헌의 예비적 검토-」, 『백제논총』Ⅰ, 1985.

신호철, 「후백제의 지배세력에 대한 분석」, 『두계 이병도 박사 구순기념 한국사논총』, 1987.

양기석, 「백제 성왕대의 정치개혁과 그 성격」, 『한국고대사연구』 4, 1991.

양은용, 「도선국사 비보사탑설의 연구」, 『선각국사 도선의 신연구』, 영암군, 1988.

양정필, 「19세기 개성상인의 자본전환과 삼업자본의 성장」, 『학림』 제23집, 2002.

閻萬章, 「關于渤海貞惠公主墓志考釋中的一些問題」, 『遼金史論集』(陳述 主編) 3, 書目文獻出版社, 1987

오종록, 「중앙 군영의 변동과 정치적 기능」, 『조선정치사(하)』, 청년사, 1990.

유봉학, 「정조대 정국 동향과 화성성역의 추이」, 『꿈의 문화유산, 화성-정조대 역사 문화 재조명』, 신구문화사, 1996.

유봉학, 「정조의 화성 건설과 산업진흥책」, 『한국실학연구』 2, 2000.

유봉학, 「조선 후기 개성지식인의 동향과 북학사상 수용: 최한기와 김택영을 중심으로」, 『규장각』 16, 1993.

유봉학, 「북학사상의 형성과 그 성격」, 『한국사론』 8, 1985.

유승주, 「조선 후기 유황광업에 관한 연구」, 『이홍식 박사 회갑기념 한국사학논총』, 1969.

윤홍기, 「왜 풍수는 중요한 연구주제인가?」, 『대한지리학회지』 제36권 제4호, 2001.

윤홍기, 「한국 풍수지리 연구의 회고와 전망」, 『한국사상사학』 제17집, 2001.

이근우, 「신라의 도성과 일본의 도성」, 『신라문화』 26집, 2005.

이기동, 「신라 금입택고」, 『진단학보』 45, 1978.

이남석, 「웅진지역 백제유적의 존재의미」, 『백제문화』 26, 1997.

이범직, 「성리학의 역할」, 『한국사 26』, 국사편찬위원회, 1995

이성무, 「조선초기의 향리」, 『한국사연구』 5, 한국사연구회, 1970.

이영, 「고려 말 왜구의 허상과 실상」, 『대구사학』 91, 2008

이영, 「동아시아 국제 질서의 변동과 왜구 -14세기 후반에서 15세기 초를 중심으로-」, 『한일관계사연구』 36, 2010

이영호, 「신라중대 왕실사원의 관사적 기능」, 『한국사연구』 43.

이영훈, 「고문서를 통해 본 조선시대 노비의 경제적 성격」, 『한국사학』 9, 1987.

이영훈, 「조선사회 솔거·외거 구분 재고」, 『추언 권병탁 화갑기념 논총 한국근대경제사 연구의 성과』 2, 1989.

이영훈, 「한국에 있어서 노비제의 추이와 성격」, 『노비·노예·농노-예속민의 비교사』, 역사학회 편, 1998.

이용범·서영수, 「7세기 전반기 동아세아정세와 신라」, 『통일기의 신라사회연구』, 동국대 신라문화연구소, 1987.

이용범, 「삼국간의 대립과 그 양상」, 『통일기의 신라사회연구』, 동국대 신라문화연구소, 1987.

이우성, 「조선전기 성리학과 사대부」, 『한국학논집』 2집, 1975.

이원교, 「전통건축의 배치에 대한 지리체계적 해석에 관한 연구」, 서울대 건축학과 박사학위논문, 1992.

이존희, 「조선왕조의 유수부 경영」, 『한국사연구』 47, 1984.

이종욱, 「백제의 좌평」, 『진단학보』 45, 1978.

이종훈, 「해방 후 중국에서 발굴된 발해유적들과 그 성격」, 『역사와 사회』 8, 彩文硏究所, 1992.
이태진, 「정조대의 왕권 강화와 장용영 경영」, 『조선 후기 정치와 군영제 변천』, 한국연구원, 1985.
이해준, 「생활사 연구의 역사민속학적 모색」, 『역사민속학』 제13호, 2001.
이 현, 「호남벌에 터를 닦은 고도」, 『지방행정』, 1991.
이현군, 「조선시대 한성부의 형성배경과 입지적 특성」, 『한국도시지리학회지』 제8권 1호, 2005.
이현종, 「왜구」, 『한국사 8』, 국사편찬위원회, 1974.
장지연, 「여말선초 천도논의와 한양 및 개경의 도성계획」, 서울대 석사학위논문, 1999.
전기웅, 「나말여초의 대일관계사 연구」, 『한국민족문화』 9, 1997.
전룡철, 「고려의 수도 개성성에 대한 연구(1)」, 『력사과학』 2호, 1980.
田中俊明, 「왕도로서의 사비성에 대한 예비적 고찰」, 『백제연구』 21, 1990.
전형택, 「조선 후기의 사노비 정책」, 『성곡논총』 18, 1987.
정만조, 「조선 후기의 양역변통논의에 대한 검토」, 『동대논총』 제7집, 1997.
정승모, 「조선시대 석장의 건립과 그 사회적 배경」, 『태동고전연구』, 제10집.
정옥자, 「실학과 근대의식」, 『한국사특강』, 1990.
정은정, 「고려전기 개경의 도시기능과 그 변화」, 『한국중세사연구』 제11호, 2001.
町田章, 「中國都城との比較」, 『古代の都城』, 季刊考古學 第22號, 雄山閣, 1988.
정창수, 「제10장 조선조의 종교와 민속신앙」, 『한국사회론』, 사회비평사, 1995.
정청주, 「궁예와 호족세력」, 『전북사학』 10, 1986.
조인성, 「태봉의 궁예정권연구」, 서강대학교 박사학위논문, 1991.
지두환, 「성리학은 조선사회를 어떻게 변화시켰는가」, 『한국사시민강좌』 40, 2007.
지승종, 「조선전기 노비신분에 대한 사회사적 연구」, 서울대 박사학위논문, 1993.
차용걸, 「백제의 제천사지와 정치체제의 변화」, 『한국학보』 11, 1978.
채희국, 「발해의 정혜공주묘와 정효공주묘에 대하여」, 『조선고고연구』, 1988
蔡熙國·全浩天 譯, 「高句麗の城の特徵」, 『東アジアと日本』, 吉川弘文館, 1987.
천관우, 「한국 실학사상사」, 『한국문화사대계』, 고려대학교 민족문화연구소, 1970.
최두진, 「新羅末 金海地方의 豪族勢力과 禪宗」, 『한국사론』 4, 1978.
최병헌, 「도선의 생애와 풍수지리설」, 『선각국사 도선의 신연구』, 영암군, 1988.
최병헌, 「羅末麗初 禪宗의 社會的 性格」, 『사학연구』 25, 1975.
최병헌, 「新羅下代 禪宗九山派의 成立」, 『한국사연구』 7, 1972.
최창조, 「민중과 풍수사상」, 『말』, 1989년 12월호.
최홍규, 「정조대의 화성경영과 장용외영 문제」, 『경기사학』 창간호, 1997.
최홍규, 「조선 후기 수원성 축조와 장용외영제」, 『지역별 사료조사위원회의 발표논문집』, 국사편찬위원회, 1991.
秋山日出雄, 「南朝都城 '建康' の復原序說」.
河上邦彦, 「동아시아의 도성과 원지」, 『東北아시아의 고대도성』, 1996.
한영국, 「호서에 실시된 대동법(하)」, 『역사학보』 14, 1961.
한영국, 「조선 중엽의 노비결혼양태(상)」, 『역사학보』 제75·6합집, 1977.
한영우, 「조선왕조의 정치·경제기반」, 『한국사』, 10, 국사편찬위원회.
한영우·배우성, 「조선시대 관찬지도 제작의 역사적 배경」, 『해동지도』, 서울대 규장각, 1995.

색인

박진철

경희대학교 사학과를 졸업하였다. 대학원에서는 역사교육을 전공하여 교육학 석사학위를 취득하였고, 한국사 전공으로 문학박사가 되었다.

조선대·원광대·광주대·동신대·열린사이버대학교 등에서 강의했다. 성균관대학교 연구교수를 지냈으며 현재는 조선대학교 사학과 초빙객원교수로 재직 중에 있다.

주요 저서로는『조선시대 향리층의 지속성과 변화』(2007),『저항과 지향』(2011) 등이 있고, 공저로『한말 일제하 나주 지역의 사회변동 연구』(2008)가 있다.

논문으로는「조선시대 향직운영체계의 변화와 나주의 호장층」(2004),「조선시대 나주 지방 이서의 조직과 담당가계」(2005),「조선 후기 향교의 청금유생과 재지사족의 동향」(2006),「1693년 ≪중기≫를 통해 본 전라도 나주 목의 군비 실태」(2009),「고문서로 본 17세기 조선 수군 전선의 무기체계」(2009),「조선시대 지방 거주 사족의 사회적 지위 유지 노력과 사마시」(2010) 외 여러 편이 있다.

한국사의 시공

초 판 인 쇄 | 2012년 6월 8일
초 판 발 행 | 2012년 6월 8일

지 은 이 | 박진철
펴 낸 이 | 채종준
펴 낸 곳 | 한국학술정보㈜
주　　소 | 경기도 파주시 문발동 파주출판문화정보산업단지 513-5
전　　화 | 031) 908-3181(대표)
팩　　스 | 031) 908-3189
홈 페 이 지 | http://ebook.kstudy.com
E-mail | 출판사업부 publish@kstudy.com
등　　록 | 제일산-115호(2000. 6. 19)

ISBN　978-89-268-3371-1 93910 (Paper Book)
　　　　978-89-268-3372-8 98910 (e-Book)